인격형성에 미치는

아동기 감정양식

Leon J. Saul

이근후 · 문홍세 · 박영숙

圖書出版 하나醫學社

"아이를 키운다는 것은 막중한 책임이다."

Anna Meigs Haiman

그러나 그 일은 훌륭히 성취되어질 수 있다.

"사랑하는 아버님"

"75년의 삶은 특별한 축하를 받을만한 일이예요. 그러나 이런 뜻깊은 생신을 축하드리고 이와같이 의미있는 삶을 축하드리면서 과연 이 딸이 아버님께 무엇을 축하선물로 드릴 수 있을까요? 이정표와 같은 이러한 삶에 대해 느껴지는 감정을 적절하게 나타내 줄 어떤 사물도 생각나지 않는군요. (그리고 이제 사람들은 과거에 그러했듯이 이정표를 세우지 않아요.) 그러나 이제 저는 한 어머니로서 알 수 있어요. 부모와 자식사이에서 교환되는 진정한 선물이란 만져질 수 없는 것이며 확연히 눈에 보일 수 없는 것이며 되돌려지기 어려운 것이라는 사실을."

"아버님과 저를 이 세상에서 아버지와 딸로 만들어 준 별들에게 혹은 다른 우연의 힘에게 무한한 감사를 드린다는 말 밖에는 달리 좋은 말이 떠오르지 않는군요. 아버님같은 분이 이 세상에 존재하시고 그리고 우연히도 제가 아버님과 어머님같은 분들에 의해 이 세상에 태어나게 되었다는 사실이 저에게는 얼마나 큰 행운이었는지! 아버님께서는 진실과 지혜, 부드러운 가르침으로 저를 키워 주셨고 이런 점들은 아버님을 직접적으로 알았던, 축복받았던 이들로 부터 태어난 자손들에게 길이 길이 영향력을 미치면서 보호될 거예요."

"제가 청년기 때 아버님의 꾸준한 사랑과 관심을 견디기 못하고 그 가치를 자주 간과했던 일들이 기억나요. 그럼에도 불구하고 저는 아버님의 사랑으로 부터 최고의 것을 얻을 수 있었어요. 아버님의 인격은 저의 일상생활에서, 그리고 저와 아이들과의 관계에서 강한 힘이 되었어요. 한 인간으로서 그리고 한 어머니로서 저의 인생과 목표는 아버님과 어머님의 인생에 대해 바치는 선물이예요. 이와 같은 사랑과 감사의 마음을 생신 선물로 이용할 수 있도록 해주신 아버님의 크신 은공을 아버님이 알아 주셨음 해요.

아버님이 저에게 주셨고 지금도 주고 계시는 무한한 친절과 위안을 저는 조금도 보답할 수 없어요. 아버님의 성취에 대해 빛나는 선물을 드리고자 하는 저의 마음을 받아 주시기 바랍니다. 감사합니다.

사랑을 보내드리면서

Cathy”

머 리 말

Sydenham은 Hippocrates 정신을 회생시키고, 다시 그의 관심을 환자에게로 돌렸다. 그는 환자의 개별적 증상을 별개의 질병 실체로 여기지 말고, 환자의 반응을 전체적인 것으로 관찰 할 것을 주장하였다.

Alvis E. Greer, Evolution of Medicine,

정신신체 의학의 발달은 여러 질병에서의 감정적 요소에 대한 관심이 증대되고 있으며 의학 기술의 과학적 발전에 대한 관심이 증대되고 있음을 보여주고 있다. 이는 개인차가 많은 의사 개인의 본래적인 심리학적 능력에 의존하기 보다는 환자의 감정 생활을 바탕으로 하는 지식과 이런 지식을 수집하는 체계적 방법에 의존하는 경향성을 의미한다. 이러한 점에서 아동기 감정양식의 이해와 이에 대한 인식은 성인 환자에게 나타나고 있는 이러한 양식의 결과와 부딪치고 있는 의사에게 상당한 공헌을 하게 된다. 특히 이러한 양식은 소아과 의사에게 유용할 것이다. 왜냐하면 만약 소아과 의사가 이러한 양식을 자각할 수 있고, 이러한 양식이 시작되어지고 있는 상태(statu nascendi)에서 이러한 양식을 볼 수 있다면, 그는 환자 가족의 친구이자, 안내자, 상담자로서 이러한 양식에 대해 이로운 방향으로 영향을 줄 수 있고, 이에 따라 어린이와 부모에게 온갖 고통을 가져다 줄 미래의 정신 병리를 예방해 줄 수 있는 입장에 있기 때문이다. 직관이란 불평등하게 분배되는 재능이며 실제로 교육에 의해 얻어지는 것이 아니다. 그러나 아동기 감정양식의 원천, 성질, 효과는 가르쳐질 수 있고 체계적으로 학습되어질 수 있는 것이며, 이에 따라 의사는 환자를 전체적인 인간으로 이해하는 심리학적 수단을 획득하게 된다.

그러므로 이 책은 분석적 정신치료자를 위해 쓰여지기는 했으나, 모든 의사들, 특히 감정장애의 예방과 관련 있는 소아과 의사, 정신신체 상태에 관심있는 내과 의사나 다른 의사들, 그리고 인간성의 이해에 보다 과학적 기초를 제공하고자 하는 모든 의사들에게 도움이 될 것이다.

아동기 감정양식의 원천과 그 효과에 대해 알려진 모든 사실로 미루어 볼 때 훌륭한 육아방식이란 어떤 것일까? 무엇보다 훌륭한 육아방식이란 기술의 문제가 아니라 대부분 감정적인 것이며, 아동을 키울 책임이 있고, 아동 가까이에 있는 사람들의 아동에 대한 감정이나 감정 결여의 문제이다. 즉 훌륭한 육아방식이란 어린이를 사랑하는 문제이며, 이러한 사랑은 단순한 애정의 과시나 신체적 표현이 아니며, 만약 애정 표현이 지나치게 과장된다면 영구적인 정신장애의 원인이 될 수도 있다. 진정한 사랑이란 보상에 대한 기대없이 상대방에게 이익이 되는 방향으로 관심을 갖는 것이다. 진정한 사랑이란 어린이와, 어린이의 행복과 신체적, 감정적 발달을 도와주는 진정한 관심임을 의미한다. 이는 어린이의 개인화를 존중하고 자아 존중을 포함한 어린이의 욕구와 감정을 인정해 주는 것을 의미한다. 어린이의 입장에 서서 어린이를 감정적으로 이해하려고 노력하며, 감정적으로 그의 편에 서며, 어린이를 돕는 것을 의미한다. 만약 품성이 좋은 부모가 이러한 감정이 거의 없는, 감정적으로 냉담한 사람에게 아이를 맡긴다면, 그 부모가 아무리 모든 일을 정확히 한다고 할지라도 사랑의 결핍은 어린이에게 일생동안 해를 가할 수 있다. 중요한 점은 어린이에 대한 좋은 감정이지, 기술의 학습이 아니다 (물론 이런 기술이 사랑과 존경, 공감적인 감정적 이해의 분위기속에서 이용된다면 가치있을 것이다).

지도적 입장에 있는 성인은 무기력한 어린이를 훈련시킬 수 있고, 예법을 가르치고, 어른의 우월한 힘으로 이러한 점을 강요할 수 있다. 그러나 어른과 동일시하고, 어른을 모방하고, 어른처럼 행동하는 아동의 경향성을 어른이 통제할 수는 없다. 이러한 디렘마는 오래된 속담 "내가 이야기한대로 행동하라. 그러나 내가 행한대로는 행동하지 말라"에서 간명하게 표현되고 있다. 이러한 일은 어린이에게 불가능하다. 우리 모두는 두가지 주된 양식으로 다른 사람과 관계를 맺는다. 한가지는 상대방을 대상으로 삼는 인간관계 양식인데, 상대방에게 의존하고, 화를 발산하고, 성적으로 즐기고, 노예처럼 착취하는 방식이다. 다른 하나는 다른 사람과 동일시하고, 내면화하고, 모방하고, 따르는 양식인데, 이런 양식은 대부분 무의식적이다. 우리는 의식적으로 모방할 수도 있으나, 어린이의 동일시와 내면화는 거의 대부분 또는 완전히 무의식적이다. 만약 당신이 어린이에게 폭력을 사용한다면 어린이는 이를 동일시하고, 이와 같은 양식으로 다른 사람을 다룰 것이다. 어린이는 당신을 미워하게 되고 당신과의 동일시에 저항하게 되지만, 폭력적인 경향성은 역시 존재할 것이다. 이것이 보다 나은 세계를 만드는 기본 문제의 정수이다. 어린이를 보다 좋은 사람으로 키움으로써 만이 그러한 일이 성취될 수 있다. 그러나 유아적이고, 적대적이고, 신경증적인 부모가 어떻게 하여 그들의 자녀를 성숙되고, 책임감있고, 독립적인 성인으로 키울 수 있겠는가? 어렵기는 하겠지만, 아동기양식의 본질을 보다 철저하게 이해함으로써 이러한 문제와 과제를 명료화할 수 있을 것이다.

이 책의 주요점, 즉 아동기 감정양식과 성인생활 감정양식의 특수한 연관성은 임상 실제에서 분석가에 의해 오랫동안 시사되고 이용되어져 왔으나 저자가 알기로는 이러한 주제가 명시적으로, 분명하게, 그리고 구체적인 방식으로 문헌상에 제시된 적은 한번도 없었다. 그러므로 이 책은 오랫동안 알려져 왔던 것을 토론한다는 비판을 받을 수 있는 입장에 있다. 그러나 가르치고 치료하면서 획득한 저자의 경험으로는 이러한 지식이 보다 예리하게 명료화됨으로써 보다 효과적으로 사용되어져야 할 필요성이 시급하다는 것이다.* 이 책에서와 같이 목표 지향적으로 사용될 때 이와 같은 지식이 얼마나 효율적으로 될 수 있는지 주목할 만한 일이다.

그 동안의 저자의 경험은 일반 개업활동을 중심으로 한 것이었다. 이러한 경험은 주로 중류계층 환자를 중심으로 한 것이었고 하류계층, 상류계층 환자와의 경험은 적었다. 그러므로 이러한 결과들이 일반적으로 적용될 수 있는지, 또는 일부 사회계층에 제한되어야 하는지에 대한 의문이 제기될 수 있다. 아마도 후자의 입장이 취해지지는 않을 것 같다. 이 책에서의 이론적 설명은 일생동안의 정서장애를 야기시키는 아동기동안의 충격적 영

* 최근 발달되고 있는 정신분석 개념을 알아 보기 위해 다음의 문헌을 참고 할 것 : *Modern Psychoanalysis*, ed. by J.Marmor, New York : Basic Books, 1968.

향을 다루고 있다. 이러한 점들은 인종과 종교, 피부 색깔, 또는 사회경제적 지위에 상관없이 전세계의 모든 인간에게 보편적인 것이다. 실제 인간 이외의 고등동물 역시 이러한 진실을 나타낸다. 경험있는 생태학자, 수의사, 또는 동물 사육사들은 동물의 현재 행동을 보고 그 동물이 과거에, 특히 어린 시기때 어떻게 사육되어져 왔는가를 쉽게 이야기할 수 있다.

일반적으로, 과학적 기술은 그들의 관심을 지지해 주는 사실적 자료를 제시한다. 그러나 정신분석의 전문적 논문들은 대부분 에세이 형태를 취하고 있다. 이는 아마도 자료가 지나치게 방대하기 때문인 것 같다 (자료란 환자의 말 그대로의 기록이다). 그리고 Freud 자신의 문학적 취향과 재능, 설득력있는 스타일 때문이며, 대부분의 초기 분석가들이 과학분야가 아닌 인문분야 출신이었기 때문인 것 같다. 에세이 형식의 이러한 전통은 장단점이 있다. 저자는 화학, 물리학, 신경생리학을 거쳐 정신분석에 접하게 되었고 저서의 주요점을 지지해 줄 적절한 자료를 제시하려고 노력하고 있다. 많은 분석가들은 권위있게 저술하면서 아버지나 어머니 전이를 자극시키는 저자들을 따르는 경향이 있다.그러나 본 저자의 목적은 관찰 가능한 사실에 의해 입증되어 질 수 있는 견해를 발전시키려는 것이다. 그러므로 엄청난 양의, 말 그대로의, 또는 거의 말그대로의 임상적 자료를 제시함으로써 독자가 저자의 견해와 상관없이 그 자신의 결론에 도달할 수 있도록 하였다.

시대와 장소가 다르더라도 육아방식의 보편성이 존재한다는 증거는 「*History of Childhood Quarterly*」에 나타나고 있다. 자연에서 동물의 초기 생활 경험의 영향은 Jane Goodall-van Lawick와 같은 생태학자의 탁월한 현장연구(*In the Shadow of Man*에 수록됨)에서 드러나고 있다.

이러한 관점은 다른 행동과학 영역에서 아동기양식을 긴요하게 이용하도록 유도한다. 예를 들면 인류학자는 외적 상황에 대한 즉각적인 반응과 구별되는 인격의 내적 동기에 접근할 수 있는 임상기법을 필요로 한다(Robert A. LeVine의「*Culture*, *Behavior and Personality*, Aldine Press」, 1973 참고). 아동기양식의 결정요인과 역동적 진단의 체계적 진술이 인류학과 심리학, 그리고 다른 행동과학의 연구 방법을 제공하는데 쉽게 적용될 수 있을 것으로 보여진다.

이 책에서 사용되는 아동기 감정양식이라는 용어를 이해하기 위해서는 무엇보다도 마음속에 있는 주요한 감정 세력들을 충분히 익히는 것이 필요하다. 이러한 동기와 반응들은 저자의 「감정적 성숙*Emotional Maturity*」(제 3판, 1971)에 기술되고 논의되어지고 있다. 이러한 동기와 반응에는 어머니나 어머니 대리인에 대한 아이의 지속적, 퇴행적, 원초적인 의존성과 독립을 향해 나아가는 전진적인 추진성이 포함된다. 또한 어린이의 욕구 가운데 사랑을 받고자하는 리비도와 상대방에게 사랑을 주고자 하는 성숙한 능력이 포함되며, 흔히 성숙의 실패로 일어나는 열등감, 이기주의, 경쟁심, 권력에의 욕구가 포함되며, 양심의 형성과 그 세력, 훈련과 표준이 포함된다. 그리고 투쟁의 결과로서 적개심, 폭력, 죄의식, 불안이 뒤따르고, 도피의 결과로서 모든 형태의 퇴행과 수치감이 뒤따르는 투쟁-도피반응이 포함된다. 또한 욕구로서의 성적 충동과 표현 통로로서의 성적 충동이 포함되며, 이러한 모든 측면에서의 현실 지각이 포함된다.

일단 이러한 기본 동기와 반응을 충분히 익히고 난 후에는 인격과 인격장애의 이해를 위하며, 각 개인내에서의 이러한 요소들의 상호작용에 대해서도 충분히 알아야 한다. 소수의 눈, 코, 입의 특징들이 혼합됨으로써 명백히 차이가 나는, 독특한 수백만개의 인간 얼굴이 만들어지듯이 이러한 소수의 기본적 동기와 반응들이 무수한 감정양식으로 혼합되어 St. Francis로 부터 Hitler에 이르까지 광범위한 개인의 특성과 인격장애의 핵심이 이루어지게 된다. 그러므로 우리는 감정 세력과 반응에 대해, 또한 그들의 빈번한 상호관계에 대해 깊이 알고 있어야 한다.

저자는 이러한 점들을 각 사례에서 충분히 기술함으로써 이러한 점들이 수용되고 치료작업의 건전한 기초로 이용될 수 있도록 하였다. 그러나 인격의 강도는 예외적으로 충분히 기술되지 않았는데 그 이유는 이러한 인격강도가 자세히 기술되지 않음으로써 독자가 이를 스스로 분석해보도록 하기 위해서였다. 아동기양식에 존재하고 있는 다른 사람들-대상이었거나 동일시되었던-에 대한 호의적이고 긍정적인 감정을 검토해 본다면, 인격적 강도의 원천을 발견하는 것이 어려운 일은 아니다.

Leon J. Saul

이 책을 번역하면서

초기 아동기 경험이 인격형성의 기초가 되며 나아가서 인격장애의 핵심적 요소가 된다는 점은 심리학, 정신의학 분야에서 널리 인정되고 있는 바이다. 따라서 인격장애로 부터 비롯되는 정신장애를 다루는 정신치료 영역에서 초기 아동기 경험은 인격과 인격장애의 이해 뿐만 아니라 치료에 있어서 해답의 열쇠가 된다고 볼 수 있다. 이러한 의미에서 Saul박사의 「Childhood Emotional Pattern」은 정신치료의 핵심적, 기초적 부분을 다루고 있는 역저이다.

Saul박사는 인격장애를 다루는 정신치료에서 개인의 초기 아동기 감정양식을 정확하게 이해해야 할 필요성을 강조하면서, 이러한 감정양식을 명료하게 공식화로 요약하고 있다. 이러한 공식화 역동진단이 사례 요약이나 말 그대로의 기록에서 제시됨으로써 각 사례들의 공식화 진단과정을 독자로 하여금 학습할 수 있도록 기회를 제공해 주고 있다. 이러한 점에서 특히 이 책은 초보 정신치료자가 정신치료의 기초 영역을 학습할 수 있게 해 준다. 그리고 정신치료를 시행하는 정신과의사, 임상심리학자, 그외 정신치료자 뿐 아니라 예방적 기능을 담당할 수 있는 소아과의사, 내과의사, 가정의에게도 유용한 정보를 제공해 준다.

이 책은 I 이론적 영역, II 임상관찰과 사례, III 아동기 감정양식과 연관되는 심리학적 주제, IV 미연구 영역의 주제가 다루어지고 있다. 이 가운데 IV부에서는 예리한 주관적인 식견으로 정신치료와 연관되는 주제를 논의하면서 이를 정신치료 영역에서 이용할 수 있도록 제공하고 있으며, IV부에서는 현대 물리학적 입장에서 정신분석의 정신결정론을 반박할 수 없음을 반증하면서 다시 한번 치료자의 겸허한 자세를 강조하고 있다.

이 책을 번역하면서 두 가지 문제가 제시되었는데, I부, 8, 9장에서 꿈해석이 압축된 사례 제시로 인하여 이해가 어려웠고 보다 자세한 사례 제시가 아쉬웠다. 다음은 아동기 감정양식(Childhood Emotional Pattern)을 문맥에 따라서는 정서양식으로도 번역하였는데, 결과적으로 혼란을 주고 있으므로 다음 기회에 감정양식으로 통일할 예정이다.

이 책은 1986년 6월부터 1988년 5월까지 약 2년동안 이화여자대학교 의과대학 신경정신과교실에서 정신치료 원강시간(매주 목요일 오전 9시부터 10시까지)에 숙독하였다. 이 시간에 참여하였던 분들은 최종진, 주문희, 연규월, 우행원, 이미화, 박경화, 김미경, 정희진, 이인길, 박영숙, 문홍세, 이근후 여러분들이었다.

제22장에서 나오는 현대 물리학의 불확정성 원리는 이대 물리학과 신승애 교수의 배려깊은 도움으로 이해될 수 있었으므로 이에 깊히 감사드린다.

제14장 부골화(sequestration)개념은 이대부속병원 정형외과 최기홍 교수가 도움말을 주셔서, 보다 정확한 이해가 가능하였으므로, 감사드리는 바이다.

이 책을 번역하는 번역자의 한계로 부족한 번역 및 이해부분은 관심 깊은 동학 여러분의 따뜻한 충고 말씀으로 메꾸어지기를 기대한다.

1988년 동대문 진료실에서

역자 씀

차 례

제 1 부 : 이론적 영역

그는 사물에 너무 가까이 접근함으로써 그의 시력을 상하게 만들었다. 아마도 그는 한 두 부분은 매우 분명하게 볼 수 있겠지만, 결국 전체적으로 사물을 보는 시야를 잃어버리게 될 것이다. 지나치게 철저한 경우도 역시 마찬가지이다. 진실이란 항상 그렇게 철저한 가운데 있는 것은 아니다… 지나친 심오함으로 인해서 우리는 당황하게 되고 사고는 약화된다.

Edgar Allen Poe,
The Murders in the Rue Morgue

1

초기 감정적 상호작용

전체적으로, 이론과 정신분석적 지식(더욱더 정확해지고 있는)은 상호 밀접한 접근을 상실해 가고 있다…… 우리의 이론은 너무 일찍 일정한 체계로 발전되었으며, 독단적으로 엄격해지는 경향이 있다. 우리의 치료 기법 역시 마찬가지이다. 그러므로 우리의 이론과 치료는 보다 덜 지시적이고, 보다 비판적이어야 한다.

Franz Alexander,
The Scope of Psychoanalysis.

2 차대전이 끝난지 얼마 지나지 않은 어느날, 가까운 동료와 나는 담소하고 있었다. 그는 막 교육집담회를 시작하려는 참이었는데, 그 자리에 나를 초대하였다. 그는 매우 흥미로운 사례가 발표될 것이라고 이야기하였다. 그는 아버지로 부터의 배척과 어머니로 부터의 과잉보호로 문제가 야기된 한 젊은 남자의 사례에 대해 이야기하였다. 그는 예민한 관찰력과 날카로운 통찰력으로 이 젊은 남자에 대해 이야기하였고, 나는 흥미를 느끼면서 그의 초대를 받아들였다. 그러나 집담회가 진행되면서, 이 흥미로운 젊은이와 그의 부모들은 상징의 바다와 리비도 수준으로 그 모습이 사라져 버렸고 따라서 나는 이 토론이 살아있는 실제의 인간에 대한 것인지 의심스러웠다.

유아는 성기에 의해 지배받게 되는 특수 성감대, 입과 항문을 이용하는 "다형적 성도착자(Polymorphous Perverse)"라고 표현될 수 있을 것이다. Freud의 리비도 이론은 우리의 정신적, 감정적 생활의 많은 부분이 기본적으로 신체적인 것임을 우리에게 알려주는 점에서 중요하다. 그 뿐만 아니라 Freud는 구강적, 항문적, 성기적 성욕 문제와, 성격 특성의 문제는 어린이의 양육, 대변 훈련, 성적 표명에 책임이 있는 인물과의 문제를 시사한다고 말하였다. 이는 아동과, 아동주변에서 양육을 맡고 있는 인물과의 정서양식을 의미하며 이러한 양식은 지나친 허용이나 억압, 태만, 오용된 위탁으로부터 발전될 수 있다.

물론, 나는 환자들에게서 에디프스 컴플랙스를 흔히 보아 왔다. 그러나 에디프스 컴플랙스는 공공연하게 성적으로 유혹적이었던 어머니 밑에서 성장했던 한 젊은 남자의 사례에서 가장 솔직하게 드러났다. 그는 세살 때 무대위에서 춤추고 있는 어머니와 아버지를 떼어 놓기 위해 무대위로 뛰어 올라 갔다. 그는 전쟁동안 어머니를 그의 곁에 붙들어 두었고, 4년이 지나 아버지가 제대하고 집에 돌아왔을 때 그는 격분하였다. 에디프스 컴플랙스는 모든 사람에게 똑같이 중요한가? 그의 어머니가 그렇게 유혹적이지 않은 경우에도 중요한가? 그렇다면 왜 어떤 사람들은 에디프스기를 성공적으로 "통과"하는가? (Freud, 1924). 그리고 왜 다른 사람은 그렇지 못한가? 임상 관찰은 에디프스 컴플랙스의 강도, 그 해결의 정도는 부모의 성격과 행동—예를 들면 어머니의 신체적 유혹, 아버지의 강함과 약함, 아버지의 부재, 형제 자매의 유무, 잠자리 환경등—에 따라 달라질 수 있음을 보여준다. 이와 같이 에디프스 컴플랙스는 아동기 감정양식의 하나이며, 그 세부적 형태는 0—6세 까지의 모든 생활환경과 개인차에 따라 달라지는, 극히 개인적인 감정양식이다.

나는 한 남자 환자의 거세 공포를 명백하게 관찰한 적이 있었는데, 그의 아버지는 그가 이웃집 소녀와 한번만 더 성유희하는 것을 발견하면 "잘라버리겠다"고 심하게 위협을 하였다. Freud는「*Outline of Psychoanalysis*」와 같은 후기 이론에서 어머니가 아버지로 하여금 소년의 성기를 잘라버리겠다고 위협하도록 만드는 것은 보편적 경험이라고 하였다. Freud는 이러한 위협의 효과는 "양적 관계"의 문제라고 기술하였다(1940, p.183).*

실제 임상에서 남근 선망은 때로는 매우 분명하게 나타나고 때로는 그렇치 않다. 한 소녀는 인공 남성 성기를 자신에게 만들어 달고 깔때기 모양의 기관을 통해 소변을 누었다. 그러나 이 문제 역시"양적인 문제"였다. 그녀의 남동생은 남자였기 때문에 그녀보다 훨씬 더 귀여움을 받았다. 남동생이 태어나기 전, 그녀가 아주 어릴때 부터, 부모들은 그녀를 남자로 키웠고, 그녀에게 권투, 레슬링, 그외 다른 "남자다운 스포츠"를 가르쳤다. 여기서 남근 선망은 아동기 양육방식에 대한 반응-오직 남자만이 수용되고 사랑받을 수 있다는 감정에 대한 반응-으로 이해될 수 있다. 그러나 이러한 것이 모든 여성의 보편적인 정신생물학적 특성인가? 자신이 여성임을 기꺼이 즐기는 여성은 단지 그들의 남근 선망을 억압하고 있는 것일까?

이러한 환자들에게 있어서, 성감대나 에디프스 컴플랙스, 거세 컴플랙

*「*Outline of Psychoanalysis*」에서 Freud는 다음과 같이 진술하였다.

어머니는 소년의 흥분이 그녀와 관계되고 있음을 잘 안다. 그녀는 이러한 상태가 계속되도록 허용하는 것은 잘못이라고 생각한다. 그녀는 소년이 성기를 마음대로 조작하는 것을 금하는 것이 올바른 행동이라고 믿는다. 마침내 어머니는 가장 가혹한 방법을 선택한다. 그녀는 소년이 반항의 수단으로 이용하고 있는 성기를 거세하겠다고 위협한다. 일반적으로 보다 무섭고 확실하게 위협하기 위해 그녀는 소년의 아버지로 하여금 이러한 행동을 실행하도록 위임한다. 그녀는 아버지에게 이야기하여 아버지가 성기를 잘라 버리게 하겠다고 이야기한다. 거세 위협의 효과는 다양하며 예측하기 어렵다. 위협은 아버지, 어머니와 소년과의 전반적인 관계에 영향을 미치며, 결과적으로 일반적인 남자, 여자와의 관계에 영향을 미치며,……그의 성생활은 흔히 영구적으로 금욕적으로 된다.

Freud가 "흔히"라고 말한 이 마지막 문장에 주목해 보자. 거세의 실제 위협은 그 자체로 외적인 요인이며, "흔히"를 해명해 줄 다른 다양한 요인들이 있다. 그러므로 여기서 우리는 아동기 정서양식은 어머니, 아버지와 상호작용하는 아동의 본능적 성욕에 의해서, 그리고 아동의 성욕에 대한 부모의 반응에 의해서 결정된다는 점을 알 수 있다.

이것이 내가 해군에서 4년동안 보아왔던 것이다.-개인들의 특수한 감정적 취약점에 따라 충격이 가해지고, 이에 따라 개인들은 "전투 피로(*combat fatigue*)"를 각기 다양한 정도로 경험한다. 개인을 돕기 위한 중요한 과제는 인격의 강도와 취약점에 따라 인격 형성을 이해하고, 충격이 어떻게 취약점에 영향주는가를 이해하는 것이다(*Saul*, 1971).

스, 남근 선망으로 인한 어떤 선천적 경향성이 존재한다고 하더래도, 그 자체만으로 환자의 인격이 형성되는 것은 아니며 환자의 생활이 결정되는 것도 아니며 초기 아동기동안 그에게 중요했던 인물과의 상호작용에 의해 이러한 점들이 최소화되거나 극대화 될 수 있다. 이러한 감정의 상호작용은 *Freud*에 의해 "정신 역동"으로 불리워졌으며(1923), 열 역학, 전기 역학과 유사어인 이 용어는 힘의 상호작용의 개념을 나타내며, 이러한 사례에서는 감정적 세력의 상호작용을 의미한다. *Freud*와 그의 공헌 가운데 가장 중요한 것은 정신역동 과학의 탄생이다. 이는 무의식의 발견, 자유연상을 통한 무의식에의 접근, 생활사, 꿈 해석과 같은 위대한 발견의 논리적 귀결이다(*Freud*, 1900).

과거와 현재에 있어서 *Freud*가 합리적, 비합리적으로 어떻게 비판 받든지간에, 그리고 치료가 어떤 결과를 가져오든지간에, 그의 작업의 핵심은 심리학에 대한 확고하고 영구적인 공헌, 즉 "역동적 무의식(*dynamic unconsciousness*)"의 발견이며, 개인이 완전히 자각하지 못하고 있는, 무의식적인 동기적 힘과 반응들의 상호작용이 모든 개인에게 존재한다는 사실의 발견이다. Columbus는 자신이 발견한 것을 잘못 판단한 훌륭하지 못한 항해자였으며, 관리자로서 실수를 저질렀지만, 다른 사람이 항해하지 않았던 곳을 그가 항해하였으며, 새로운 대륙을 발견하였다는 것이 중요한 점이다. 그는 그것을 행하였고 그곳에 갔다. Freud 역시 그러하다. Freud는 역동적 무의식을 발견하였으며 그곳에 갔다. 그는 대부분 자유 연상에 의해, 그리고 꿈의 해석이라는 왕도에 의해 그곳에 도달했고 다른 사람에게 그곳에 어떻게 가는지를 보여 주었다. 그의 치료적 효율성은 역동적 무의식의 과학적 발견과 크게 연관되지는 않는다. 이러한 과학적 지식이 보다 효과적인 치료로 발전하자면 수년, 또는 수십년이 걸릴 것이다. 치료의 효율성, 기간, 경비에 상관없이, 분석 치료는 합리적이고 인과론적이라는 커다란 이점이 있는데, 그 이유는 분석 치료가 개인의 인격을 형성하고 개인의 고통과 증상을 야기시키는, 각 개인에게 있어서 "행동의 동기가 되는", 그러한 정서 세력과 반응을 이해하는 방식에 기초를 두고 있기 때문이다. 바로 이러한 발견이 위대한 진전이다. 그러한 발견의 응용은 또 다른 문제이다. 이는 현대 전기학의 Farady 대발견과 유사하며, 이 발견은 계속 발전되고 있다.

감정적 세력들의 상호작용에 대해 알고자 하는 사람은 치료 장면에서 만나는 모든 환자로 부터, 그리고 그가 읽는 모든 저서와 전기 작품속에서, 그리고 자신의 일상생활 속에서 계속 배워 나가야 한다. 그리고 나서야 Freud가* "항상 푸른 관찰의 영역(*the ever green fields of observation*)"이라고 불렀던 정신적 현실과 동떨어진 미숙한 이론이 형성될 위험이 줄어들게 될 것이다.

오랫동안 환자를 관찰하고 수십년 동안 동료들의 논문을 읽은 후에야, 나는 진정한 분석가란 환자의 증상과 인격의 장점과 취약점을 만들어 내는 정서적 상호작용을 탐색하는 사람이라고 생각하기에 이르렀다. 이제 우리는 분석가가 찾고 있는 것을 간단한 몇 구절로 요약해 보기로 하자.

References

Freud, S. (1900): The interpretation of dreams, *S.E.* 4, p. 231.*
______ (1923): The descriptive and the dynamic unconscious, *S.E.* 19.
______ (1924): The dissolution of the oedipus complex, *S.E.* 19, p. 173.
______ (1940): Outline of psychoanalysis, *S.E.* 23, p. 183.
Saul, L. (1971): *Emotional Maturity*, Third Edition. Philadelphia: Lippincott, p. 207.

* 이 책에서 인용된 Freud 논문은 모두가 Standard edition에서 인용된 것이며, "S.E."로 기록될 것이다.

2

감정양식의 일부 요소들

압축된 체계적 공식화를 시도하기 전에, 우리는 감정양식의 몇가지 필수 요소를 고찰해 보아야 한다.

이 가운데 하나는 투쟁－도피반응이며, 이러한 반응은 모든 정신 현상, 즉 꿈, 증상, 일상 생활속에서 나타난다.

Walter Cannon(1929)은 「*Bodily Changes in Pain, Hunger, Fear and Rage*」에서 동물과 인간 실험에 의해 (예 : 중대한 축구 경기나 중요한 시험을 앞둔 학생) 스트레스를 받는 동안 신체의 생리활동은 도피나 투쟁 반응의 위급 대처반응을 하도록 자극되어 진다는 점을 밝혔다. Cannon은 위급반응을 연구하였으나 이와 같은 도피 또는 투쟁반응이 일반적인 생물학적 적응 기제(*biological mechanism of adoptation*)－압박 요인으로 부터 도피하거나 그러한 요인을 파괴함으로써 압박을 줄이려는 시도－라는 함축성이 그의 연구에 내포되어 있다. "신경증"－Freud에 의해 "정서 장애"라는 용어로 광범위하게 사용되었던－이란 내적 압력을 받으면서, 대부분 퇴행 경향성으로 나타나는 도피 시도와 적개심, 분노, 파괴성으로 표현되는 투쟁적 시도를 유도하는, 알려지지 않은 원인에 대해 어느 정도 만성적으로 가동되는 것이다. 도피와 투쟁반응은 모두 다른 인격내에서 다른 방식으로, 그리고 다른 정도로 표현되고 방어되어 진다. 사회학적으로 도피는 널리 퍼져있는 알코올중독, 약물중독, 종교적인 수동적 철수에서 뚜렷하며, 투쟁은 범죄, 잔학 행위, 폭력 사용에서 뚜렷하다. 도피와 투쟁은 억압되더라도, 분석가에 의해 임상적 증상형성에서 관찰되어지며 이러한 점들은 대부분 꿈에 나타난다.

나의 생각으로는 분석 이론을 단순화시키고, 치료에 도움되는 적응기제로서의 투쟁－도피 개념의 가치와 힘을 분석가들이 충분히 인식해 오지 못한 것 같다. 이 개념은 모든 환자들에게서 보여지는 가장 흔하고, 강력한 힘 가운데 두가지 요소, 즉 적개심(또는 "적대적인 공격심"으로 불러도 좋을 것이다)과 퇴행에 대해 생리적으로 확고한 근거를 제공해 준다. Freud는 Cannon의 논문을 인용하지 않았으나 「*Outline of Psychoanalysis* (1940)」에서 이 개념을 아동기 신경증의 원천으로 다루고 있다.

> 무기력한 자아는 도피에 의해(억압에 의해) 이러한 문제들을 막아내는데, 이러한 도피는 나중에 비효율적임이 판명되며 더 이상의 발전을 저해하는 영구적인 장애를 초래한다.

Freud는 투쟁반응, 즉 적개심이나 공격성에 대해서는 언급하지 않았다. 그는 이에 대한 자세한 임상 연구를 한번도 발표하지 않았으나 「Schreber 사례(1911)」, 「*Beyond the Pleasure Principle* (1920」, 「*Civilization and Its Discontents* (1930)」에서 이점에 대해 논의한 적이 있다. 「*Outline of Psychanalysis*」에서 죽음의 본능이란 용어로 그의 결론을 요약하고 있다(1940, p.148).

Freud는 이어서 신경증의 기초가 어떻게 세워지는가에 대해 기술하고 있다(1940, p.183).

> 우리는 일생에 걸쳐 드러나는 부분에 대해 어느정도 확실하게 이야기할 수 있다. 신경증은 훨씬 이후까지 그 모습을 드러내지 않는다 하더라도 초기 아동기동안(6세까지) 형성되는 것으로 여겨진다.… 모든 사례에서 신경증은 그 출발지점인 아동기에 이러한 조짐이 나타난다… 우리는 최초의 아동기동안 이러한 경향성을 보다 쉽게 설명할 수 있다. 신경증은 우리가 아는 바와 같이 자아기능 장애이다. 따라서 자아가 약하고 미성숙하며 견뎌내지 못했기 때문에 성장후, 보다 쉽게 처리할 수 있는 문제를 다루는데 실패한다는 사실은 놀랄바가 아

니다.

이 시기는 "1－6세"라고 간단히 불리워질 수 있는, 임신으로 부터 6세 또는 7세에 이르는 아동기이다. 이 기간은 임신기부터 출생기까지 포함된다 (출생전의 신체적, 감정적 조건이 태아에 미치는 효과에 관한 관찰이 증가되고 있기 때문에 이러한 개념이 바람직하다). 대략적으로 정신증과 기타 심각한 장애의 원천은 0－2세, 0－3세에서 찾아볼 수 있으며, 신경증과 보다 가벼운 장애의 원천은 0－6세에서 찾아볼 수 있다.

세부적인 구체화가 매우 중요하다. 우리는 환자를 이해함에 있어서 Anne Freud(1937)에 의해 설정된 목표를 성취하기를 희망한다.

> 오늘날 우리는 정신분석 작업을 다음과 같이 정의해 볼 수 있을 것 같다. 인격을 구성한다고 보여지는 세가지 요소에 대한 충분한 지식을 획득하고, 이들의 자아와의 관계를 알고, 자아의 내용과 경계 및 그 기능을 탐색하고, 외부 세계, 원본능, 초자아가 자아 형성에 끼친 영향을 알아 보고, 원본능에 대해서는 본능들 즉 원본능의 내용을 설명하고 그들이 겪어온 변천을 따라 추적해 보는 것이 정신분석 작업이다.

그러나 모든 분석가는 세부점과 세목 보다도 **주된 특징**을 반드시 알아야 한다. －이러한 **주된 특징**을 아는 것이 필요불가결하다. 분석가는 환자를 이해하여야 한다. 다시 말하면 환자의 문제를 야기시킨 핵심적 역동을 알아야 한다. 환자의 정신건강 및 장점의 원천과 역동을 아는 것도 중요하지만 ("갈등－자유 영역"을 포함하여 : Hartmann, 1964), 분석가의 첫번째 임무는 정신병리를 교정하는 것이며, 따라서 분석가는 **모든** 역동은 아니라 할지라도 병리적인 역동을 확실히 이해해야 한다. 병리적 역동이란 간단히 말하면 감정 교류의 아동기양식 가운데 병리적 역동 부분, 즉 충격적이라고 입증되어지는 부분이다. "역동(*dynamics*)"(정신 역동)이란 "감정적 힘의 상호작용(*interplay of emotional forces*)"을 의미하며, 이러한 상호작용이 역동적 균형을 이루게 된다. 그리고 아동기란 앞서 언급된 바와 같이 Freud에 의해 "0－6"세로 정의된 아동기를 의미한다.

분석가는 아동기 정신병리가 얼마나 집중적으로, 그리고 확산적으로 성인의 마음에 영향 주었는가를 알아야 하며, 단일 증상과 같은 보다 세부적인 표명으로 부터 인격장애와 같은 보다 일반적으로 보다 광범위하게 확산된 결과에 이르기까지, 그 전체적인 효과에 대해 알아야 한다.

저자가 오랫동안 경험해 왔던, 또 다른 개념은 "정신 건강"의 개념으로서 문헌에서(예, Hartmann, 1964) 토의된 바 있다. Freud는 이를 "일하고 사랑할 수 있는 능력"이라고 실용적으로 정의하였다. 저자는 정신 역동적 공식이 다음과 같은 기본 요소를 내포하며, 따라서 (1) 적절한 성숙 (2) 적절한 적응이라는 두가지 기본요소로 환원 될 수 있다고 생각한다. 이러한 정의는 기본적인 개념을 나타내 주며 발달과 적응의 세부적 측면을 함축하고 있다.(Saul, 1971, p.347). 물론 우리는 "평균적으로 기대되어질 수 있는 환경" 내에서 지적 손상이나 신체적 손상이 없는, 생리적으로 건강한 개인에 대해서만 이야기하고 있다(Hartmann 1964).

Freud가 반복하며 지적하였듯이, 신경증과 정신증, 그리고 정신건강사이에는 명백한 경계선이 없다. 그것은 전적으로 정도의 문제이다. 정서적 성숙이란 개인에게 어느 정도의 충족과 안정감을 제공해 주며 개인이 처한 환경내에서의 상대적인 충족과 안정감을 의미한다. 자신의 생활조건이나 생활방식이 아닌, 내적인 감정적 증상만을 불평하는 환자들에서 적절한 적응이 가능할 뿐만 아니라 실제로 관찰되고 있다. 예를 들면 한 젊은 부인은 남편과 자녀, 친구, 수입, 생활방식에 만족하고 있으나 재난이 임박했다는 불안 때문에 치료 받으러 오게 되었다(Saul, 1971). 정서적 생활의 다른 문제와 마찬가지로, 정서적 성숙 역시 정도의 문제이다. 이상적 성숙에 접근할 수 있을지는 모르지만 완전히 실현할 수는 없을 것이다. 저자는 이에 관한 분석적 개념의 책을 저술한 바 있다(Saul, 1971). 간단히 말하면, 감정적 성숙이란 부모에게 의지하는 유아적인 의존성으로 부터 벗어나 상대적으로 독립해 나아가는 상대적인 발달의 성 성취이다(Parens and Saul, 1971) 예를 들면 분리-개인화 과정과 같다(Mahler, 1965). 성숙이란 사랑에 대한 어린이의 강력한 욕구로 부터 벗어나 사랑을 줄 수 있는 능력이 발달되는 것이며 극단적인 자아도취와 경쟁심으로 부터 벗어나 대상에게 관심을 베풀고, 아버지, 어머니와의 동일시, 형제자매와의 동일시에 의해 서로 의지해가면서 살 수 있는 능력이 발달되는 것이다. 이는 초자아와의 상대적인 조화(초자아는 이러한 발달의 결과이다)이며 억압된 아동기 정서양식의 지배로 부터 벗어나 상대적으로 자유로워지는 것이다. ―이러한 결과로 현실에 대한 어느 정도의 정확한 지각이 생기고, 지나친 좌절없이, 지나친 투쟁―도피반응으로 인한 부당한 적개심과 퇴행없이, 현실과 조화롭게 느끼고, 생각하고, 행동하는 융통성이 생기게 된다.

References

Cannon, W. (1929): *Bodily Changes in Pain, Hunger, Fear and Rage.* New York: Appleton.

Freud, A. (1937): *The Ego and The Mechanisms of Defence.* London: Hogarth, pp. 4-5.

Freud, S. (1911): Psychoanalytic notes on an autobiographical account of a case of paranoia (dementia paranoides), Part II, *S.E.* 12.

——— (1920): Beyond the pleasure principle, Parts I-VII, *S.E.* 18.

——— (1930): Civilization and its discontents, Part VI, *S.E.* 30, p. 117.

——— (1940): Outline of psychoanalysis, *S.E.* 23.

Hartmann, H. (1964): Psychoanalysis and the concept of health, in: *Essays on Ego Psychology.* New York: International Universities Press.

Mahler, M. (1965): On the significance of the normal separation-individuation phase, in: *Drives, Affects, Behavior*, Vol. 2, ed. M. Schur. New York: International Universities Press, pp. 161-169.

Parens, H., and Saul, L. (1971): *Dependence in Man.* New York: International Universities Press.

Saul, L. (1971): *Emotional Maturity*, Third Edition. Philadelphia: Lippincott.

3

아동기양식의 형성

일생동안 지속되는 감정양식이 어릴 때 성격이 조형되는 시기동안에 형성된다는 사실은 민속 속담과, 철학자와 소설가, 시인들에 의해 오랫동안 알려져 왔었다. 예를 들면 "일곱살이 될 때까지 나에게 어린이를 맡긴다면, 당신은 그 어린이의 나머지 일생을 가져도 좋다", "잔가지가 굽게 되면 나무가 굽어지게 된다", "사과는 나무로 부터 멀지않은 곳에 떨어진다", "요람을 흔드는 손이 세계를 움직인다".*

과학자의 노력은 끝없고 세세한 사실의 누적으로 미지를 탐색하는 것 외

* Glass, J.C(1974) : 여름 산에서의 명상, New York : Knopf, p.291, Edna St. Vincent Millay에 의한 시 "왜소한 나무"가 있음.

만약 내가 고통스럽게 자란다면,
잎이 마르고 시든 열매처럼,
비틀어지고 제대로 크지 못한 나무처럼,
나의 젊음을 고통스럽게 견디어야 한다.
만약 나의 큰 나뭇가지가 굽어진다면,
황량한 집, 내가 다시는 밖을 볼 수 없는,
바다와 하늘을 바라 볼 수 없는 그 집에서,
나는 숨어서 견디면서 밖의 날들이 지나가는 것을 들을 것이다.
세찬 바람은 내가 젊을 때 나의 등을 굽게 만들며,
내가 비를 두려워하는 것은 그것이 또다시 나를 괴롭힐까 두려워서이다

에, 자료들의 기초가 되는 원리들을 가장 단순한 공식으로 환원하는 것이다. Freud의 역동개념은 부모에 대한 초기 양식이 성인생활에서 타인에게 전이되고, 초기 6세까지가 중요하다는 것인데, 이러한 개념은 신경증이 갈등과 방어라는 그의 진술과 결합될 수 있으며 이러한 방식으로 이 모든 개념들은 신경증과 여러 심인적 정신증의 핵심적 역동에 대한 간결하고 단일한 공식화로 압축될 수 있다. 이는 분석가가 환자를 이해하기 위해서, 그리고 치료의 근거로 사용하기 위해서 찾아내려고 하는 각 환자에 대한 공식화를 제공해 준다.

아동기양식에 대한 Freud의 공식적 설명은 그 용어 그대로는 아니지만, 제 1 장에서 지적되었듯이 Freud의 리비도 이론에 함축되어 있으며, Freud가 Breuer와 만난 초기 당시, 예를 들면 Anna가 Breuer에게 팔을 두른 것은 초기 아동기양식이 Breuer에게 전이된 결과라고 Freud가 지적했을 그 당시에(1925) 벌써 나타나고 있다. 아동기양식 또는 핵심적인 감정적 결성은 어린이와 그에게 가장 중요한 인물과의 감정적 상호교류 양식이란 의미로 우리가 사용해야하는데, 이러한 아동기양식은 특히 0－6세 사이에서 형성된다(Saul, 1971, pp.186－189). "감정양식(*emotional pattern*)"이란 에디프스기 양식 또는 전에디프스기 양식 모두를 포함하기 때문에 이는 적절한 용어이며, 이 용어는 Freud가 강조한 본능을 다루는 자아의 어려움과 다른 분석가들이 강조한 신경증적 문제를 야기시키는 환경의 영향 모두를 포함하고 있다. 아동기의 잘못된 환경은 본능적 힘을 강화시킴으로써 약한 자아는 후기에 나타날 정신병리, 즉, 핵심적 정신병리 없이는 본능적 힘을 조절할 수 없게 된다. 말할나위 없이 양식이란 고정된 구조가 아니라 어떤 평형상태에서의 역동적인 감정 세력의 균형이다.

예를 들면, 어릴때 어머니로 부터 배척 받았던 소녀는 일생동안 배척받는다는 느낌을 갖게 되고, 그녀의 남편과 자녀들, 친구들이 아무리 그녀에게 헌신적이라 할지라도 이러한 감정으로 부터 유발된 분노를 계속 느끼게 될 것이다. 또 다른 예로는, 자신보다 나이가 많고 더 크고 강한 형이나 어머니, 아버지에 의해 고통 받았던 남자는 일생동안 지속되는 권위상에 대한 두려움과 증오의 양식을 형성하게 된다. 그러므로 특히 6세 이전의 배척, 박탈, 과잉보호, 유혹, 죄의식, 수치감을 유도하는 정신적 취급이나 신체적 위협 및 학대, 또는 이러한 점들의 혼합, 그리고 또다른 태만이나 과실에 의한 잘못된 양육방식이 신경증적 감정세력의 상호작용 양식을 만들고 이러한 양식은 일생동안 지속되는데 어린이의 약한 자아는 이러한 양식을 이해하지 못하고, 말로 표현하지 못한다. 지속적인 아동기양식에 대한 개념을 설명하기 위해 Freud는 자신의 개인적인 예를 제시했는데 자신보다 한살 위인 조카, John에 대해 Freud는 다음과 같이 기록하였다

> 내 나이 세살이 될 때까지 우리는 떨어질 수 없었다. 우리는 서로 사랑하고 서로 다투었으며, 이러한 아동기 관계는 나의 후기의 동료관계에 결정적인 영향을 주었다.

이어서 Freud는 이러한 관계를 지적하였다.

> 이러한 아동기 관계는 모든 나의 교우 관계와 모든 나의 적들과의 관계의 원천이 되었다. 어떤 의미로 나의 모든 친구들은 이러한 최초의 인물의 화신이었다…… 나의 감정생활은 항상 아주 친한 친구와 증오하는 적을 갖도록 요구하였다. 나는 항상 이러한 두 대상을 새롭게 내자신에게 제공할 수 있었고 흔히 한 개인이 친구도 되고 적도 되는, 아동기의 이상적 상황이 완전하게 재현되는 경우도 있었다……(1900).

임신기부터 성장하는 유기체가 환경과 상호작용한다는 점이 사실로 여겨지며, 이러한 상호작용 양식은 제 4 장에서 자세히 언급되어질 것이다. 출생당시 부터 어린이는 선척적인 본능적 충동과 반응에 따라 그를 양육하고 그 곁에 가까이 있는 인물과 상호작용한다. 이러한 상호작용은 6－7세에 이르러 그 기초가 어느 정도 고정되는 양식을 만들어내며, 이러한 상호작용은 개인에게 독특한 것이다. 어떤 두 개인도 동일한 기질이나 운동성, 지능, 기타 태도를 갖추고 태어나지 않기 때문에(Fries and Woolf, 1971), 또한 임신부터 6 세까지 (“0－6”세) 동일한 감정과 동일한 신체적 세력, 조건에 의해 영향받는 일이 없기 때문에, 개인의 독특성이 성립된다. 초기 생

활에서 형성된, 타인과의 상호작용 양식은 나머지 생활동안 그 핵심이 변화되지 않고 지속된다. 즉 이러한 양식이 바람직한 경우라면 성숙을 촉진하는 방향으로 개인의 성인 행동에 영향을 준다. 만약 이러한 양식에 문제가 되는 인간관계 요소가 내포되어 있다면, 이러한 양식은 정신병리의 핵심을 이룬다. 예를 들면 사랑받지 못했던 어린이는 계속 사랑받지 못한다고 느끼고 이에 대해 분노감을 느끼는 경향이 있을 것이다. 만약 지배를 받았던 어린이가 있다면 그는 권위상에 의해 계속 지배받거나, 아니면 권위상에 대해 적대적으로 될 것이다. 다시 말하면 아동기의 가장 중요했던 인물에 대한 감정양식은 인생과정에서 다른 개인에게 전이된다. 정신분석은 (1) 이러한 아동기 양식을 연구하려고 노력하며(이러한 양식은 대부분 무의식적이다) (2) 증상을 일으키는 이러한 양식의 부분들, 즉 원천적으로 증상의 원인에 영향주는 양식들을 이해하고 이러한 이해를 치료적으로 이용하려고 노력한다(Saul, 1972).

References

Freud, S. (1900): The interpretation of dreams, *S.E.* 4.

______ (1925): Joseph Breuer, *S.E.* 19, p. 280.

Fries, M., and Woolf, P. (1971): The influence of constitutional complex on developmental phases, in *Separation-Individuation*, ed. J. McDevitt and C. Settlege. New York: International Universities Press.

Saul, L. (1971): *Emotional Maturity*, Third Edition. Philadelphia: Lippincott.

______ (1972): *Psychodynamically Based Psychotherapy*. New York: Science House.

4

치료적 태도의 공식화

분석가가 환자를 다음과 같은 태도와 질문으로 관찰하면서, 가능한 한 구체적으로 역동의 핵심을 체계적으로 설명하려고 시도하는 것은 앞서의 논의에 따르면 타당한 것이다.

병리역동적 아동기 양식의 주요 특징은 무엇이며 이러한 양식은 생활속의 감정 사고, 행동면에서 그리고 전이에서 (1)어떤 방식으로 (2) 얼마나 집중적으로, 또는 확산적으로 전체 인격에 영향을 주고 있는가? 그리고 이러한 역동내에서 투쟁-도피반응, 적개심과 의존, 퇴행 경향성은 어떤 현상으로 나타나며 어떻게 이러한 양식이 환자의 증상과 고통을 야기시키는가?

임상적 자료는 2부에서 제시되어질 것이다. 이러한 역동진단 공식화는 지남력, 이해, 치료에 유용하다고 저자가 발견하였던 방식에 따라 전개될 것이다. 이러한 역동진단 공식화는 장기 분석 동안 재검토 면담시간(stock-taking sessions)에 이용될 수 있다. 일부 환자들은 이러한 진단방식을 치료적으로 효율적인 방식으로 그들 자신의 정신역동을 공식화하는 지침으로 사용함으로써 이를 효과적으로 이용하도록 유도될 수 있다. 물론 이는 지적인 공식화이지만, 이러한 통찰이 감정적 자각을 훈습해 나가는데 상당한 도움을 줄 수 있다. 말할나위 없이 분석가와 환자는 이러한 정신역동적 아동기 양식이 자유연상과 꿈, 아동기 자료, 전이, 그리고 생활속에서 발견될 때 항상 주시하고 있어야 한다.

때로는 아동기에 부모 뿐만 아니라 조부모, 아주머니, 아저씨, 형제들과 같은 친척들과 좋은 관계를 맺음으로써, 성인에게 존재하고 있는 아동기 양식이 상당히 융통성이 있는 경우가 있다. 이와 같은 경우는 성인생활에서 다양한 좋은 관계를 맺을 수 있는 기초가 마련되어져 있다. 그러나 때로는 이러한 기초 방식이 매우 엄격하게 고정되어 있어서, 반사와도 같이 고정된 방식으로 개인의 성인생활을 끌어가는 경우도 있다. 정신분석의 주요 목표는 개인의 무의식적 아동기 양식의 엄격한 자동성으로부터 개인이 자유로워지도록 도와주는 것이다. 이를 성취해 나가는 첫번째 단계는 통찰인데 (통찰은 단지 첫단계에 불과하다) 이러한 무의식적 양식을 의식화시키는 것이다. 자아는 (1) 의식과 현실감각을 포함하는 지각, (2) 기억과 이성을 포함하는 통합, (3) 결정과 책임을 내포하는 수행기능으로 이루어지는 고차적 능력이기 때문에, 감추어져 있는, 무의식적, "신경증적", 자동적인 (*automatic*)아동기 반응양식—이제는 분석에 의해 의식적인 문제로 변형되어진—을 자아가 의식적으로 다룰 수 있다. 신경증의 무의식적 역동은 개인이 이해할 수 있고, 생활속에서 연습에 의해 해결해 나갈 수 있는 의식적 문제로 바뀌어지게 된다.

한 남자는 지나치게 의존적이고 복종적이었으나 이를 깨닫지 못했다. 단지 그는 분노와 불안, 지나친 야망, 타인과의 문제를 야기시킨, 결과적인 현상인 열등감만을 깨닫고 있었을 뿐이다. 그 근원을 알고 난 후 그는 의존심과 복종적 태도를 줄이기 시작했으며 점차 부모에 대한 이러한 아동기 양식에서 벗어날 수 있었다. 통찰은 무의식적인 신경증적 양식을 의식적 문제로 바꾸어 놓았다. 첫번째 단계에서 환자는 그 자신의 역동을 이해하고 그의 감정문제를 직시함으로써, 그의 모든 이성과 결단력을 동원하고 생활속의 연습을 통하여 그 문제를 해결하고 벗어날 수 있게 되는 것이다.

이제 정신결정론에 대한 중요한 질문이 제기되어 진다. 환자는 어느 정도 그의 무의식적 아동기 양식의 자동적인 지배로 부터 벗어나게 된다. Freud가 말한 바와 같이 "원본능이 있었던 곳에, 이제 자아가 존재한다(*Where id was, there now is ego.*)."

이는 정신생활과 감정생활의 결정적, 인과적 상태로 부터의 해방을 의미하는가? 결코 그렇치는 않다. 오히려 이러한 결정적 요인들은 이제 보다 넓고, 다양하고, 복합적인 양식으로 작용할 수 있게 된다. 이는 학습능력, 적응력의 증대를 의미하며, 개인의 선택과 행동에서 선택 범위가 넓혀짐을 의미한다. 인간관계와 크고 작은 결정과 활동에서, 집에서나 일상생활속에서, 보다 많은, 보다 넓은 선택권이 주어지게 된다. 이제는 외적, 내적 환경에 대한 반응들이 그 종류와 수가 증가된다. 적응력이 증대되고, 개인 자신의 태도 뿐만 아니라 환경을 변화시키는 능력도 역시 증가된다. 환경을 변화시키려면 강한 현실지각과 상상력과 책임감, 의지력과 같은 능력이 요구된다. 정신분석 문헌에서 일에 대한 책임의 문제는 거의 완전히 무시되었던 반면, "의지"의 문제는 미미한 정도의 관심밖에 끌지 못하였다.

모든 개인에게 감정적 상호작용 양식이 존재하며 이러한 양식은 성숙으로 나아가는 발달을 자극할 수도 있고, 보다 신경증적(정신병리적)으로 고착되어 발달을 방해할 수도 있다는 점이 분석가의 임상관찰에 의해 확인되어진 하나의 확고한 사실로써 수용되어질 수 있다는 것이 저자의 생각이다.

그러나 내가 아는 한에 있어서는 이러한 초기 양식들이 형성되고 일생동안 지속되는 현상이 이제까지는 철저하게 탐색되어지지 않았었다. Freud는 이 문제를 「*The Ego and The Id*(1923)」에서 논의하였으며 이에 대한 일부 분석이 Therese Benedek의 「*Parenthood as a Developmental Phase*」에서 나타나고 있는데 아동에 대한 기술에서 그녀는 다음과 같이 진술하고 있다.

> …욕구의 충족이나 좌절과 관련되는 감각, 정서 및 욕구 "대상"의 내면화는 일관성있는 의사소통의 기초가 된다. 대상관계의 연속성이 유지됨으로써, 대상

> 관계의 기억, 충동 경험의 기억이 더해져서 대상의 표상 및 자기 표상으로 축적되어지며 정신장치 구조의 핵심이 된다… 내면화와 동일시는 충동에 의해 동기지워진 대인관계에 대한 기억 흔적이 일생동안 축적되어지는 과정을 일컫는 용어들이다.

아동기 양식을 형성하는 세부적 과정이 무엇이든지 간에, 기본적 과정은 비교적 단순하며, 조건화, 학습, 또는 정신분석 구조론으로 표현되어질 수 있다. 핵심은 건강한 "이미지"의 형성이다. 예를 들면 한 어린이는 맏이로써 열열한 기대를 받고, 흠뻑 사랑을 받고, 대단히 존중받으면서 자랐다. 그는 사람들이 그를 사랑하고 존중한다는 이미지를 갖고 성장하였고 자신에 대한 이러한 견해는 마음속에 내면화되었다(조건화 되었다고 볼 수 있다). Freud는 어머니의 사랑에 의해 내면화된 Goethe의 자기 확신이 그의 성공에 결정적 영향을 끼쳤다고 논의하면서 이러한 점을 언급하였다. 이와 대조적으로, 한 소녀는 여섯번째 자녀이자 막내로써 소홀히 다루어지고, 관심이나 주의를 받지 못했다. 성장후 그녀는 자신이 수용받지 못하는 이방인이며, 누구에게도 가치가 없고 의미없는 존재라는 느낌을 계속 갖고 있었다. 그녀는 이러한 종류의 이마고를 발전시켰다. 그녀의 아동기 권위상은 그녀의 초자아의 기본 부분을 차지하였다. 또 다른 아동은 아버지가 죽을 때까지 안정되고 화목한 집안에서 자랐다. 아버지 사망후 이 어린이는 그녀의 애정욕구를 완전히 어머니에게 고정시켰는데, 이때 어머니는 생계를 꾸려나가고 재혼을 궁리하면서 이 어린이를 배척하였으며, 이 어린이는 어머니를 계속 원하고 기다리면서 어머니의 배척으로 인한 분노(감추어지고, 억압되어진)를 느끼기 시작했다. 이러한 양식은 그녀의 결혼생활에서 계속되었다.

다른 말로 바꾸어 말하면, 어린이는 그에게 감정적으로 중요했던 인물이 그를 취급한 양식에 어떤 방식으로든 적응하며, 무의식적으로 동일한 양식을 항상 유지시킨다. 만약 어머니가 항상 사랑을 주었다면, 어린이는 이러한 점을 예견하도록 학습되어지며, 이에 조건화되며, 그가 형성하는 이마고는 바로 이러한 경험이 기초가 된다. 이러한 점이 가장 중요한 요소라고 여겨진다. 그외 나머지 문제들 –예를 들면 충동과 기억의 연합, 대상관계와 동일시의 과정–은 아무리 중요하다 하더라도 부차적인 문제에 불과하다.

References

Benedek, T. (1959): Parenthood as a developmental phase, *J. Am. Psychoanal. Assn.* 7(3): 389–417.

Freud, S. (1923): The ego and the id, *S.E.* 19.

5

아동기 양식의 형성과 변천

"정신역동은 운명이다."

모든 아기들은 어떤 잠재력을 가지고 태어난다. 이러한 잠재력 가운데 어떤 부분이 선천적인 것인지, 어떤 부분이 임신기 자궁내 어머니의 영양조건, 활동, 감정상태, 그리고 그외 여러 조건들에 대한 반응을 나타내는 것인지는 불확실하다. 얼핏 보더라도 어떤 병원의 애기방에서든 현저한 개인차가 두드러진다. 그러나 그들의 선천적 능력과 잠재력은 그들이 어떤 종류의 성인으로 성장해 나갈 것인가를 결정하는 일부 요인에 불과하다. 나머지 요인은 그들이 태어난 물리적, 정서적 환경내에서 생후 몇 주, 몇 달, 몇 년동안 성장하는 방식, 특히 성격형성에 영향력이 가장 강한 초기 6년 동안의 성장방식이다. 이와 같이 작고, 미숙한 유기체에게 여러 강력한 힘들이 부딪쳐 온다; 가정의 물리적 조건, 가정의 경제적, 감정적 안정도, 형제 자매가 있는가, 어린이가 맏이인가 막내인가, 아니면 중간인가, 특히 중요한 점은 부모의 성격으로서, 부모의 성격이 사랑을 주고, 이해하고, 지지적인가 또는 무관심하고 배척하고 심지어는 신체적으로 학대하는가 (Horney, 1937: Alexander, 1940, 1961). 가족들 사이의 폭력이 거의 보편적임을 드러낸 한 연구에서 가족내 폭력의 빈도가 통계적으로 확증되어졌다(Straus 등, 1976). 일반적으로 여성과 자녀들이 희생자이다. 다른 통계는 다음과 같은 점을 보여주고 있다.

- 미국에서 매년 아동학대는 약 1,000만 사례정도 발생한다.

- 모든 살인자의 30－35%는 가족내에 또 다른 살인자 가족원이 있다.
- 이혼 사례의 20－40%에서 신체적 폭력문제가 개입되어 있다.
- 한 도시연구에서 모든 폭력의 약 50%에서 남편과 아내가 개입되었다.
- 다른 연구에서 고등학교 고학년 학생의 62%는 가정에서의 폭력을 보고하였다.
- 부모의 84－89%는 자녀 양육시기에 신체적 처벌방식을 이용하고 있다.

이제 우리는 우리의 본능을 안내자로 삼아야 할 정도로 사나운 자연속에 살고 있지는 않다. 우리는 사회속에서, 문화속에서, 문명속에서 살고 있다. 그리고 이러한 지역사회속의 생활은 어느 정도의 본능 통제를 요구한다 (Freud, 1927). 어린이는 사랑과 안정, 이해를 필요로 할 뿐만 아니라, 사회화 되어야 하며, 작은 원시족이든, 또는 거대하고 복잡한 산업사회이든, 조직화된 지역사회이든, 어린이는 그 사회내에서 살아가는 것을 배워야 한다.

미국 사회에서 이러한 사회화는 여러가지 이유로 항상 어렵다. 그러한 이유 가운데 하나는 어린이의 천성과 부모의 성격, 결혼생활의 부부관계이다. 어린이는 쉽게 충족되어지 않는 신체적 욕구를 갖고 있는데, 유아기의 적절한 수유, 청결 특히 배설에 대한 청결과 같은 욕구들이 있다. 배설훈련 과정은 시간 조절, 감수성, 판단, 인내를 요구한다. 그리고 안식처, 의복, 수면에 대한 적절한 조건화가 요구된다. 그리고 어린이가 자신을 해치지 않는지, 심하게 아프지 않는지를 살피는, 주의깊은 보살핌이 필요하다. 모든 이와 같은 신체적 욕구 이외에 사랑과 감정, 안정감, 중요한 존재라는 느낌과 같은 정서적 욕구가 있다. 이에 더하여, 이러한 모든 점들은(이는 하루의 모든 시간이 소모되는 작업이다) 아이가 성장하고 변화함에 따라 새롭게 조절되어야 하므로 명백한 종결지점이 없으며, 부모의 관심과 수고는 성, 독립, 책임감과 같은 새로운 문제가 절정을 이루는 청소년기까지 연장되어져야 한다. 부모의 수고에는 결코 완전한 종결이 있을 수 없으며 단지 자녀가 자라서 자신을 돌볼수 있을 만큼 충분한 독립과 책임감을 성취하는

20세 이후에야 부모의 수고는 상대적으로 줄어들게 된다.

임신의 순간부터 부모가 자녀를 위해 감당 해야하는 모든 일들은 명백하게 정의되어지기 어렵다. 모든 부모들은 자녀 양육이라는 거대한 과제를 단순화 하기를 바라겠지만, 자녀양육이란 지적으로 진술되어질 수 없으며 가르쳐질 수 없으며, 일정한 방식으로 제시되어질 수 없다. 불행하게도, 이런 일은 가능하지 않다. 생후 1년짜리 유아에게 적절한 식사와 육아법은 생후 2,3년의 아동에게는 맞지 않는다. 어린이는 끊임없이 변화한다. 기본적인 점은 부모가 어린이의 끊임없는 욕구에 대한 변함없는 주의와 무한한 인내와 더불어 어린이를 위한 따뜻한 감정, 민감성, 존중감을 지니고 있어야 한다는 점이다. 사소한 일일지라도 어린아이를 돌봄에 있어서는 에너지와 자제력이 요구된다.

또 다른 주요한 문제는 부모 자신들에게 있다. 어머니는 어린이의 끈질긴 요구로 인해 지치고 신경질적으로 되고, 휴식과 기분전환을 위해 집으로부터 벗어나고 싶다고 생각하기에 이른다. 아버지는 생활비를 벌기 위한 직장 업무로 피곤하게 되고, 어린이의 시끄러운 요구를 견디지 못하고, 아내와 아이에게 퉁명스럽게 대하게 된다. 어떤 어린이들은 태어 날 때부터 애교가 넘쳐서 그들의 반응은 마음을 흡족하게 해주는 보상을 주는 반면, 다른 어린이들은 긴장되어 있고 어른에게 안기려 하지 않는다.

야생동물이 새끼를 키우는 것을 관찰해 보면 통찰력을 높혀 줄 것이며 심지어 인위적인 사육장 내에서의 관찰 역시 도움이 될 것이다. 새끼 동물과 그 어미는 본능에 의해 지배되며, 온통 원본능에 지배되며 자아와 초자아 기능은 매우 약한 상태에 있다. 예를 들면 판단과 선택, 결정이 있지만, 매우 빈약하며 사회적 규범과 이상은 없다. 그렇다고 야생의 새끼동물이 그들의 사회에 적응할 필요조차 없다는 이야기는 결코 아니다. Jane Goodall-van Lawick의 침팬치 관찰은 명백하게 적응문제를 밝혀주고 있다.(1971) (오랑우탕과 고릴라를 연구한 다른 학자로는 Birute Galdikas-Brindamour와 그녀의 남편 Rod, 그리고 동물학자 Dian Fossey가 있다.) 그러나 야생 새끼 동물의 적응은 자연의 천성으로 이루어지며, 학대받는 아동의 부모에게서 보여지는 것과 같은 어미동물의 가학증 및 투쟁-도피반응으로 인하여 희생물이 된 새끼동물에 대해서는 알려진 바가 없다(Richette, 1969, Steele, 1970 : Chase, 1976). 일부 아비동물들은 새끼 기르는 과정에 관여하지 않으며 어미동물은 새끼동물을 아비동물로 부터 보호해야하는 경우도 있다는 것이 사실이다－그러나 이러한 보호는 아비의 적개심으로 부터 새끼를 보호하는 것이 아니라, 아비의 음식에의 욕구로 부터 새끼를 보호하는 것이다.

인간과 동물을 비교할 때 유아는 새끼동물에 비해 훨씬 더 복잡하며, 대체로 25년 이상의 긴 세월동안 부모에게 훨씬 더 많은 요구를 한다. 부모들은 그들의 자녀외에도 많은 관심거리를 갖고 있으며, 많은 부모들은 복잡한 사회속에서 그들의 길을 발견하기 위해 악전고투한다. 그리고 흔히 부모들은 그들 자신의 과거 양육방식과 이에 따른 아동기양식으로 말미암아 신경증적 상태에 있다.

중재적 상황이 Erik Erikson의 잘 알려진 저서「*Childhood and Society*」(1950)에서 다루어지고 있다. 그러나 나는 여기서 Buffalo 인디언족 추장자녀인 Long Lance에 의해 쓰여진 과학서가 아닌 훌륭한 자전적 저서에 대해 언급하고자 한다(Long Lance, 1928). 이 책에서 그는 그 자신이 Blackfoot 인디언으로 성장했던 아동기를 기술했는데, 이때 그의 종족과 다른 종족은 북부 대평원에서 거주하고 있었다. 소년들은 위대한 무사, 성공적인 사냥꾼, 투사로 성장하게 된다. 무의(巫醫)가 되는 소수의 젊은이를 제외하고는 직업 선택의 여지가 없다. 소녀들은 아내와 어머니로 성장하게 되고, 가사일을 하게 된다. 그들 역시 직업선택의 여지가 없다. 소녀들은 용사가 될 수 없으며, 소년들이 만약 용기와 용맹성, 불굴의 정신이 결여된다면 그들은 여자아이로 자라게 될 것이라고 위협받게 된다. 아이들은 천막집에서 그들 부모와 함께 자며, 전체 부족이 그들 가족이다. 범죄는 용서받지 못하며, 거짓말 역시 마찬가지이다. 어떤 불명예라도 전체 부족앞에서 비판받는다.

오늘날의 한 젊은이의 상황을 예로 들어보자. 작가가 되려고 하지만 그런 직업으로는 안정된 생계를 꾸려나갈 수 없음을 알고 공업학교에 다니고 있는 한 젊은이는 이러한 좌절로 인하여 젊고 아름답고 재능있는 그의 아내와 심각한 갈등을 겪고 있다. 이러한 젊은이의 상황과 앞서 제시된 인디안족의 젊은이의 상황은 어떻게 다른가? 또 다른 젊은이의 상황은, 직업적으로는 안정되어 있으나 직속 상관이 그에게 끊임없이 담배와 마티니를 즐기면서 점심식사를 하도록 강요함으로써, 마침내 그는 자신의 건강이 악화되었음을 느끼고 이러한 긴장이 그의 충실하고 참을성있는 가족에게 영향을 미치고 있으므로 현재 직장보다 조건이 더 나쁜 다른 회사로 옮기려고 하고 있는데, 이러한 젊은이의 경우와 인디언족의 젊은이의 경우와는 어떻게 다른가?

이와 같은 진술에서 주요점은 다음과 같다. 동물에 비해 복잡한 유아는 복잡한 산업사회에서 악전고투하고 있는, 피곤하고 신경증적인 부모의 자녀로서, 그의 부모나 가족 가까이에 있는 다른 사람과 상호작용하면서, 출생부터 6－7세까지의 기간동안, 성격이 형성되는 효과가 강한 이 시기동안, 어떤 방식으로든지 조건화되어 진다. 이러한 경험들은 0－6세 사이 그들에게 가장 중요했던 사람들에 대한 감정적 반응양식을 형성시킨다. 이러한 양식은 일단 형성되면, 눈에 보이지는 않는다 하더라도, 개인의 나머지 생애동안 그 핵심적 부분이 지속된다. Freud가 말한 바와 같이 일단 우리가 겪어온 아동기 경험은 우리 모두의 마음속에 살아 있게 된다. 이러한 아동기 경험이 인격의 핵심이다. 우리의 0－6세 양식은 우리의 운명이며, 어떤 사람에게는 고결한 정신의 기초가 되며, 다른 사람에게는 여러가지 정신병리의 기초가 된다. －정신 신체적 문제, 신경증, 정신증, 도착증, 약물중독, 그리고 개인적인 적개심으로 표현되거나 공공연한 범죄로 표현되거나 정치적인 것으로 합리화되거나 어떤 가치있는 이유가 붙여지는 범죄로 표현되어 나타나게 된다.

이제 우리의 사회는 정서장애자들은 소수에 불과하고, 정상적이고 건강한 인격의 소유자들이 대부분인 그런 집단으로 보기는 어렵게 되었다. 오히려 대다수 사람들은 병적인 아동기 양식을 갖고 있다 (이러한 양식은 내적인 고통으로, 타인에 대한 명백하거나 은밀한 적개심으로 나타나게 된다). 이제 우리는 이 세상에 가득찬, 인간이 만든 불행과 고통에 대해 더 이상 놀라지 않으며, 오히려 이와 같은 악과 고통에도 불구하고 어떻게 이와 같이 사회가 잘 유지되고 있는가에 대해 놀라게 된다.

병리적 아동기 양식을 갖고 있는 젊은이가 배우자를 만나 결혼하는 연령에 이르게 된다. 문제가 되는 양식이 조만간 상호간에 드러나기 마련인데, 왜냐면 감정적으로 상호작용할 만큼 가까이 있는 사람들 사이에서는 이런 일이 필연적으로 일어나기 때문이다. 사회의 모든 수준과 부분에서 증명되는 바와 같이, 결혼이 어려운 적응이라는 이유는 바로 이러한 점 때문이다. 대다수의 남자와 여자는 문제가 되는 아동기양식을 가지고 있으며, 이들이 함께 만났을 때 결혼생활이나 부모 역할수행에서 문제가 발생한다는 사실은 놀랄 바가 아니다. 결혼의 병리와 문제는 필연적으로 그들의 자녀에게 영향을 미치는데, 이러한 현상은 아동기 병리적 양식이 그의 일생동안 지속되고, 이에 따라 다음 세대에게 전달된다는 사실을 확인해 준다. 이러한 병리적 양식이 신경증, 정신증, 중독증, 도착증, 범죄, 전쟁 그리고 세계 도처 인간들 사이의 적대감과 잔혹성의 일상적 표명을 만들어 내기 때문에, 가장 중요한 과업은 인류의 이와 같은 병리적 이동기 양식의 전달을 어떤 방식으로는 저지해야 한다는 것이다.

적절하고, 조화롭고, 행복한 결혼생활을 유지해 나가면서 정서적으로 건강한 자녀를 키울 수 있는 적절한 환경을 제공하려면, 부모가 모두 적절하고, 조화롭고 행복한 아동기 감정양식을 가지고 있어야 한다. 그렇지 않으면, 문제가 되는 배우자의 양식이 상대방의 양식과 엇물리면서 서로 조화되기를 바랄 수 밖에 없으나, 이는 위험한 일이다. 예를 들면, 아동기 때 심한 정도는 아니었으나 배척 받았던 한 여인과 결혼한 상대방 남자는 어머니로 부터 어느 정도 배척 받았으나 아주머니로 부터 귀여움 받았고, 아버지로 부터 충분한 신뢰와 사랑을 받았기 때문에 그의 아내에게 충분한 애정과 지지를 줄 수 있었고 이에 따라 그녀의 아동기 양식은 조절될 수 있게 되었다. 만약 이 여인이 아동기때 보다 심하게 배척 받았더라면, 그녀는 남편이 그녀에게 따뜻한 애정과 지지를 주는데도 불구하고 아동기양식에 따라 결혼생활에서 배척 받고 있다고 느끼게 되었을 것이다. 또 다른 예는 어느 정도 어머니로 부터 지배받았던 한 남자의 경우이다. 그의 아내는 남편의 의존심과 복종심을 인식하고 있으나 그녀 자신의 역동은 부분적으로 이러한 욕구를 충족시켜 줄수 있었으며 한편으로는 남편으로 하여금 이러한 욕구로 부터 벗어나도록 강요하고 있었다. 결혼초기에 그녀는 남편에게 날카롭게 이야기 하였다. "나는 당신의 어머니가 아니예요. 그런 식으로 나를 대하지 말아요!" 그들은 이런 식으로 서로 역동적으로 보상하면서 안정된 결혼생활을 이룰 만큼 충분히 밀착되어 있었다.

만약 여러분이 확실하게 행복한 결혼을 하려고 원한다면 여러분 자신이 0-6세의 좋은 아동기 양식을 경험했어야 한다. 여러분 자신의 양식이 적절한 양식인지를 어떻게 알 수 있을까? 가장 직접적인 방법은 정신분석적으로 훈련받고 경험을 쌓은 전문가를 방문하며 1-3회의 면담으로 이를 발견할 수 있다. -전문가는 정신분석가, 역동적 입장의 정신과의사, 정신분석 수련을 받은 심리학자나 사회사업가가 있다. 만약 이러한 일이 가능하지 않을 때는 여러분이 독자적으로 독서를 함으로써 여러분 자신을 알 수 있게 될 것이다(Saul, 1971).

만약 여러분에게 결혼 배우자가 있다면 결혼 전에 그 사람에게 여러분 자신의 0-6세 양식을 알리고, 또한 그 사람 양식도 여러분이 알도록 하는 것이 바람직하다. 이는 어느 정도 기술이 필요하며, 한번에 가능하지 않을 것이다. 그러나 각 배우자는 그 자신의 동기 양식과 역동에 대해 알고 있어야 한다. 왜냐하면 앞서 이야기한 바와 같이 결혼에서 이러한 양식이 상호관계에서 발전되는 일이 필연적으로 일어나기 때문이다. 어떤 여인은 0-6세때 어머니와 나쁜 관계를 경험했었는데, 만약 아내와 자식을 사랑하는 안정된 아버지와 동일시할 기회가 없었던 남자와 결혼하게 된다면, 그녀는 엄청난 일에 부딪치게 된다. 이러한 일은 안정되고 사랑스런 아내를 원하는 남편의 경우에도 마찬가지이다. 이를 위해서는 아내되는 여인이 이러한 상황을 이룰 수 있는, 0-6세때 기본적으로 형성된 아동기 감정양식을 갖고 있어야만 한다.

References

Alexander, F. (1940): Psychoanalysis revised, *Psychoanal. Quart.* 9: 137–165.
______ (1961): *Scope of Psychoanalysis.* New York: Basic Books, pp. 407–409, 424–439.
Chase, N. (1976): *A Child is Being Beaten.* New York: Jason Aronson, Inc.
Erikson, E. (1950): *Childhood and Society.* New York: W. W. Norton.
Freud, S. (1927): Civilization and its discontents, *S.E.* 21.
Goodall, J. (1971): *In The Shadow of Man.* Boston: Houghton-Mifflin.
Horney, K. (1937): *The Neurotic Personality of Our Time.* New York: W. W. Norton.
Long Lance (1928): *Long Lance.* New York: Farrar & Rinehart.
Richette, L. (1969): *Throwaway Children.* Philadelphia: Lippincott.
Saul, L. (1971): *Emotional Maturity*, Third Edition. Philadelphia: Lippincott.
Steele, B. (1970): Working with abusive parents from a psychiatric point of view, DHEW Publ. No. OHD 75-70.
Straus, M., Gelles, R., and Steinmetz, S. (1976): Violence in the family: An assessment of knowledge and research needs, a speech given at a meeting of the American Association for the Advancement of Science, Boston, January 1976.

* * * * *

For further information on the battered child, see "Selected References on the Abused and Battered Child" from the National Institute of Mental Health, and also the following references:

Elmer, E. (1967): *Children in Jeopardy: A Study of Abused Minors and Their Families*, with the research assistance of B. Girdany, T. McHenry, and J. Reinhard. Pittsburgh: University of Pittsburgh Press.
Elmer, E., and Gregg, C. (1968): Developmental characteristics of abused children, *Annual Progress in Child Psychiatry*, pp. 555–567.
Fleming, G. (1967): Cruelty to children, *British Medical Journal*, May 13.
Green, A. (1968): Self-destructive behavior in physically abused schizophrenic children, *AMA Arch. General Psychiatry* 19(2): 171–179.
Greengard, J. (1967): The abused child: a second look after state legislation, *Medical Science*, May.
Gladstone, R. (1971): Violence begins at home: the parent's center project for the study and prevention of child abuse, *J. Am. Acad. Child Psychiatry* 10(2): 336–350.
Guttmacher, A. (1967): Unwanted pregnancy: a challenge to mental health, *Mental Hygiene* 51(4): 512–516.
Helfer, R. (1968): *The Battered Child.* Chicago: University of Chicago Press.
Holter, J., and Friedman, S. (1968): Principles of management in child abuse cases, *Am. J. Orthopsychiatry* 38(1): 127–136.

Johnson, B., and Morse, H. (1968): Injured children and their parents, *Children* 15(4): 147–152.

Kliman, G. (1968): *Psychological Emergencies of Childhood.* New York: Grune, p. 154.

Kunstadter, R. (1967): The battered child and the celiac syndrome, *Illinois Medical Journal*, September.

Laury, G., and Meerloo, J. (1967): Mental cruelty and child abuse, *Psychiatric Quart. Supplement* 41(2): 203–254.

Havens, L. (1972): Youth, violence and the nature of family life, *Psychiatric Annals* 2(2): 19–29.

Martin, H. (1970): Antecedents of burns and scalds in children, *British J. Med. Psychology* 43(1): 39–47.

——— (1970): Parents' and children's reactions to burns and scalds in children, *British J. Med. Psychology* 43(2): 183–192.

Myers, S. (1967): The child slayer: a 25-year survey of homicides involving preadolescent victims, *AMA Arch. General Psychiatry* 17(2): 211–213.

Oliver, J., and Taylor, A. (1971): Five generations of ill-treated children in one family pedigree, *Brit. J. Psychiatry* 119: 473–480.

Ostow, M. (1970): Parents' hostility to their children, *Israel Ann. Psychiat. and Related Disc.* 8(1): 3–21.

Rascovsky, A. and M. (1969): On filicide and its meaning in the genesis of acting out and psychopathic behavior in oedipus, *Psychoanal. Quart.* 38(2): 345–346.

Rheingold, J. (1967): *The Mother, Anxiety, and Death: the Catastrophic Death Complex.* Boston: Little, Brown.

Silver, L. (1969): Does violence breed violence? Contributions from a study of the child abuse syndrome: brief communications, *Am. J. Psychiatry* 126(3): 404–407.

Silver, L., et al. (1971): Agency action and interaction in cases of child abuse, *Social Casework* 52(3): 164–171.

Silver, L., et al. (1969): Child abuse syndrome: the 'gray areas' in establishing a diagnosis, *Pediatrics* 44(4): 594–600.

Steele, B. (1968): Parental abuse of infants and small children, a study of the effect of early infantile experience on adult parenting behavior, *Bulletin Phila. Assn. Psychoanal.* 18(4): 209–213.

Terr, L. (1968): The battered child rebrutalized: ten cases of medical-legal confusion, *Am. J. Psychiatry* 124: 1432–1439.

Wasserman, S. (1967): The abused parent of the abused child, *Children* 14(5): 175–179, Sept.-Oct.

Zalba, S. (1966): The abused child, *Social Work* 11(4): 3–16.

——— (1967): The abused child: a typology for classification and treatment, *Social Work* 12(1): 70–79.

——— (1971): Battered children, *Trans Action* 8(9)(10): 58–61.

6

아동기 감정양식의 발견

아동기 양식을 발견하는 시기

엄격한 정통적 정신분석시기였던 수년전, 환자 이해에 대해 나와 토론하고 있던 동료가 다음과 같이 말하였다. "대략 150시간이 지난 다음에야 어느 정도 환자를 이해하게 될 겁니다."이러한 입장은 여러 가지 면에서 올바르지 않는 것으로 생각되어 진다. 만약 분석가가 환자에 대해 충분히 이해하고 있지 않다면 어떻게 치료를 권유할 수 있을까? 정신분석이 금기증이 아닌지를 어떻게 분석가가 알 수 있겠는가? 그리고 치유되기를 기대하는 것이 무엇이라고 어떻게 알 수 있겠는가? 피분석가가 무작정 일주일에 며칠씩, 카우치에서 오랫동안 자유연상을 하기만 한다면, 대단한 정신적 해방이 일어날 것이라고 생각한다면, 이런 생각은 어느 정도 주술적이고 비과학적인 것이다.

분석가는 첫회 면담부터 곧 바로 환자를 이해하려고 노력하여야 한다. 실제로 초기 몇회 면담은 환자의 진단과 주요 역동, 특히 환자의 고통과 증상을 야기시킨 정신병리적 역동에 초점을 맞추어야 한다. 만약 이러한 과제가 첫회 면담이나 초기 몇회 면담동안에 성취되지 못한다면, 절호의 기회가 상실되어 버린다. 이러한 일이 대단히 중요하기 때문에, 첫회 면담에서는 충분한 시간이 허용되어져야 하며, 2시간 정도까지 허용되어져도 좋다. 이러한 초기 면담의 기회는 대단히 중요한데, 왜냐하면 이 때는 전의식수준의 자유연상이 쏟아져 나오기 이전으로서, 보다 객관적으로 관찰할 수 있는 분위기가 제공되어지며, 또한 환자와 분석가가 보다 깊이 전이와 역전이 감정에 개입되기 이전이며, 이러한 점들이 사고와 지각에 영향을 미치기 이전이기 때문이다.

그러므로 많은 환자를 다루어 본 임상경험과 이성적 결론은 환자에게 가장 유익하고, 적절한 정신분석 과정을 위해서는 첫회 면담이나 대체로 초기 몇회 면담동안 환자의 주요 역동(특히 환자의 정신병리 역동(pathodynamics))이 체계화되어야 한다는 것이다. 따라서 초기 면담은 주로 진단을 내리기 위해 행해지는데, 증상을 기술하는 임상적 진단이 아닌, 중심 역동에 대한 근사치일지라도 "역동적 진단"이 내려져야 한다.

이는 분석이 진행되는 동안 분석가와 환자가 꾸준하게 모든 역동을 계속 탐색하지 않는다는 의미는 분명 아니다. 시간이 지나고 분석 작업이 진행되면서 그 골격이 변할 수는 있겠지만, 최초 면담이나 초기 면담동안 역동진단의 골격이 명백하게 인식될 수 있고, 이에 따라 치료를 시작해 나갈 수 있는 틀이 제공된다면, 훨씬 덜 어렵고 보다 정연하게 치료가 진행 될 것이다. 분석가는 초기 면담시간에 내린, 역동진단에 지나치게 매료되지 않아야 한다. 왜냐하면 그는 증대 되는 자료, 탐색, 통찰에 따라 역동에 대한 이해를 계속 변화시킬 수 있어야 하기 때문이다. 그러나 이러한 일은 명백한 중심 역동에 대한 견해없이, 150시간 동안 길을 헤매는 것 보다는 훨씬 덜 위험하다.

아동기 양식을 발견하는 방식

1. 훌륭한 초기 분석 태도는 환자가 자발적으로 이야기하게 하면서 분석을 시작하는 것이다. 일반적으로는 환자가 보다 자유롭게 이야기를 쏟아 놓을수록 더 좋으나 우리는 환자의 중심역동을 식별하는데 필요한 것이 무엇인지를 알 때까지는 환자에게 자유연상을 요구하지 않는다. 환자가 자신의 주된 문제(chief complaints)를 털어 놓겠지만, 우리는 명료하고 예리하게 그의 문제점을 알고 발현시기, 경과, 그 당시의 주변환경, 그리고 가능한 유발 환경을 확실히 밝히고자 한다. 내가 보았던 한 여자환자는 질출혈 증상이 있었는데, 그녀는 자신이 암에 걸린 것 같다고 두려워하고 있었다. 그

녀는 자신의 두려움을 부정하였으나 음식을 먹을 수 없었으며, 조그만 자극에도 토하고 약을 먹는데도 잠을 잘 수 없으며, 설사제와 관장제를 써도 장이 움직이지 않는다고 나에게 호소하였다. 그녀는 격렬하게 역공포적 태도를 보였으나, 그녀의 신체마비는 그녀의 공포를 시사하였다.

2. 분석가는 증상과 별도로, 환자의 현재의 감정양식, 환자의 "생활 방식"을 포함한 직업, 취미에 대한 주요한 리비도의 투자, 그리고 전형적인 하루 일과에 대해 알고 있어야 한다. 드물지 않게 이러한 양식은 부모 대리자인 배우자에게 그의 아동기 양식을 보다 정확하게 반복하고 있는 것이다.

3. 그리고 나서 분석가는 환자에게 그의 아동기 감정 배경에 대해 질문하기 위해 잠시동안 그의 이야기를 중단시켜야 되겠다고 부드럽게 이야기한다.

과거력 수집은 과학이라기 보다는 예술에 가까운 것인데, 우리의 특별한 경험에 의하면, 일반적인 내용으로 부터 특수한 내용으로 진행해 가는 것이 좋다. 그러므로 우리는 항상 일반적인 질문을 먼저한다. "출생후 6세나 7세까지의 생활에서 당신의 주요한 감정 특징은 무엇이었다고 생각합니까? 대부분의 사람들은 이 기간에 대해 잘 기억하지 못하지만 당신은 그 기간에 대해 대략 어떤 감정을 갖고 있읍니까?" 이러한 질문이 의미하는 것은 가능한 한 적게 "유도"함으로써 환자 자신이 중요하다고 선택하는 것에 대해 주목할 수 있다는 것이다. 그러나 이 시기에 우리는 환자의 초기 감정관계를 체계적으로 끌어내야 하기 때문에 환자가 지나치게 옆길로 벗어나도록 내버려 두어서는 안된다. 그러므로 다음 질문은 보다 구체적인 것이다. "출생후 6세정도까지 당신에게 감정적으로 가장 중요했던 사람, 또는 사람들은 누구였나요!" 그리고 나서 필요하다면 우리는 가족전체 뿐만 아니라 가족 개개인들, 어머니, 아버지, 모든 형제자매에 대해, 그리고 다른 구성원, 아주머니나 아저씨, 조부모, 유모, 또는 다른 조력자, 심지어는 애완동물에 대해서 까지 질문한다.

이와 같은 0~6세 아동기 양식에 대한 탐색은 흔히 중심 역동에 대한 아이디어를 제공하며 상당히 자세한 부분까지 탐색해 들어가는 것이 바람직하다. 그리고 나서 이러한 탐색에서 제시된 내용이 다른 세부적 정보에 의해 검토될 수 있으며, 이러한 대략적인 중심 역동에 대한 아이디어를 갖고 있음으로써 나중에 상당한 시간이 절약된다.

이에 따라 최초의 기억(*earliest memories*)을 환자에게 묻게 되는데 이때 분석가는 규칙적이거나 지속적인 기억에 대해 묻는 것이 아니라, 대체로 2세나 3세, 또는 그 이전에까지 거슬러 올라가는 사소하고도 불확실한 기억의 흔적과 단편에 대해 묻고 있다는 점을 명백히 밝힌다. 이러한 최초의 기억은 무의식을 해석하는 분석적 기법이 요구되는 그러한 내용을 제공해 준다.

이후에는 꿈에 대한 질문이 자연스럽게 뒤따른다. 특히 반복되는 꿈, 아동기의 꿈, 그리고 현재까지 계속되는 꿈에 대해 질문한다.

만약 0−6세 양식이 최초의 기억이나 꿈과 잘 들어 맞고, 이러한 기억과 꿈에 의해 지지되어진다면, 그리고 현재의 생활방식과 증상을 매우 잘 설명해 주는 것처럼 보인다면, 환자의 중심역동의 예비 진단이 적중 지점에 있지는 않는다 하더라도, 어딘가 표적물 근방에 있다는 확신을 내릴 수 있게 된다. 최소한 우리는 치료과정에서 변형되어질 수 있는, 길을 밝혀주는 길잡이용 진단을 얻을 수 있으며, 이는 치료 목표가 어떠해야 한다는 것을 우리에게 말하여 준다. 이제 우리는 환자를 이해하고 있는 입장에서 작업해 나가고 있으며, 외과의사가 병에 대한 명백한 판단없이, 그가 목표로 하고 있는 것이 무엇인지 모르는 채 수술하는 것처럼, 환자의 핵심적 역동에 대한 조망없이 환자의 자유연상을 이해하려고 환자 뒤에서 더듬거리고 있는 그러한 입장에 있지는 않다.

환자의 중심역동을 탐색하는 동안 분석가는 환자가 자신의 사랑, 증오, 두려움, 야망, 좌절, 그리고 이와 비슷한 여러가지 점들을 이야기하는 것을 듣는다. Chaucer에 의해 발전되어지고, Shakespeare에 의해 경이롭게 개선되어진 상용영어(다소간 와전되고 속어에 의해 변화된)는 "자기 도취증"이나 "에디프스적"과 같은 포괄적이고 기술적인 정신분석 용어보다 훨씬 더 명료하고 정확하게 일상적 감정 색조를 표현해 내며, 일반적으로 보다 더 섬세하게 표현할 수 있다. 그러므로 분석가가 환자를 이해하고 환자와 대화할 때 이와 같은 기술적 용어를 피하는 것이 좋다. 환자와의 대화는 환자 자신의 "감정적 표현"에 따르는 것이 현명하다. 이러한 환자의 표현은 그 자신의 입장에서는 논리적이므로 유용하다고 여겨진다. 왜냐하면 이는 환자 자신의 감정과 느낌을 전달해 주며, 이러한 감정들이 본능(성과 같은), 동기(야망이나 죄의식 같은), 반응(도피－투쟁 반응을 나타내는 분노나 도피)의 세력들의 결과임을 매우 정확하게 암시하기 때문이다. 환자의 표현에 있어서 본능, 동기, 반응에 대한 포괄적 또는 협의적 정의가 사용되지 않는다 하더래도, 그와 같은 내용들이 드러나고 있다.

일반적으로 개념을 명료화하기 위해서는 "에디프스 컴플랙스" 또는 "거세 컴플랙스"와 같은 컴플랙스내에서의 모든 감정 세력들의 상호작용을 함께 생각하기 보다는, 각 감정세력들을 개별적으로 분리하고 이러한 세력들을 컴플랙스내의 다른 감정세력과의 상호관계속에서 보는 것이 도움이 된다. 예를 들면, 책임감이 따르는 독립에의 욕구와 의존적인 퇴행적 후퇴는 두가지 주요한 감정 세력이다. 의존적이면서, 수동적인 퇴행적 경향성은 빈번하게 열등감을 불러 일으키고, 약하고 유아적이라는 수치감을 일으키며, 이러한 감정은 분노감을 느끼게 하고, 때로는 강하고 독립적으로 되고자하는 과장된 보상적 욕구를 만들어 낸다. 뒤이어 이러한 세력들은 흔히 사랑에의 욕구와 상호작용하며, 이는 또다른 감정 세력과의 연결을 유도한다. 그러므로 분석가는 각 감정 세력 및 가장 빈번한 세력들의 연결에 대해 철저하게 잘 알아야 하지만, 기본적인 감정 세력들을 분리시켜서 그 진상을 올바르게 볼 수 있어야 한다(Saul, 1971, 25장).

각 환자의 아동기 역동양식을 식별하는 것이 용이해지거나 어려워 지거나, 성공하거나 실패하는 것은 역동에 대한 분석가의 지식과 경험, 그리고 과거력을 수집하는 분석가의 기술(이는 역동에 대한 친숙도와 밀접한 관계가 있다)에 달려 있다. (Saul, 1972, 5장) 그러나 이러한 성공과 실패가 저항을 포함한 환자의 역동 자체에 달려 있음은 말할 나위 없다. 그러나 알려진 어떠한 정보라 할지라도 치료의 목표를 알고 전이와 저항을 예견하는데 더할나위 없이 중요하며, 분석 치료에서 환자의 감정들이 강력한 세력으로 나타날 때 이들을 처리할 수 있게 해준다. 아는 것이 힘이며 사전 주의가 최선의 무장이라는 사실은 분석가에게 확실한 진리이다. 예후에 대해, 치료 기간이나 어려움에 대해, 그리고 예상되는 치료 결과에 대해, 어떤 아이디어를 갖는 것은 분석가 뿐만 아니라 환자에게도 역시 중요하다. 분석이 치료적으로 잘 진행되지 않는 경우에는 0-6세 아동기 양식에 대한 주의깊고, 철저한 검토가 그 이유를 발견하게 해 주는 수단이 된다.

일반적으로 각 환자의 0-6세 감정양식을 분석가가 요약하고 정리해 본다면, 이러한 요약은 환자 역동의 핵심을 드러내며, 이러한 핵심은 몇구절의 짧은 공식화로 환원될 수 있고, 카드에 기록되어질 수 있다. 그리고 나서 이러한 공식화가 환자와 함께 자세하게 토론될 수 있다. 만약 분석가와 환자가 그 정확성에 동의한다면, 두 사람은 이를 베껴서 사본을 만들어 가질 수도 있다. —분석가는 그의 기술을 위하여 사본을 만들고, 환자는 대부분 그의 아동기 감정 양식으로 부터 유래되는, 거의 대부분 무의식적인, 그 자신의 동기와 반응에 대한 지각을 넓혀가면서, 치료적 경험으로 부터 얻은 통찰을 일상생활 속에서 사용할 때 참고하고자 사본을 만든다. 그러므로 이러한 공식화는 "역동적 진단"을 제공하며, 이는 생활속에서 치료적으로 도움이 될 수 있으며, 무의식을 더욱 더 의식화시킴으로써 통찰을 높혀 줄 수 있다.

개인적으로, 나는 내 자신이 공식화하였던 역동 진단에 대해 항상 만족을 느끼지는 않는다. (제 2 부, "임상 관찰" 참고). 이러한 공식화는 최초의 시도였으며, 이제는 이러한 공식화를 보다 잘 내릴 수 있다. 그러나 이러한 공식화는 역동을 명료화하고 치료를 돕는 효과가 있으며, 대부분의 환자에게서 유효 적절하다고 저자는 확신한다. 만약 다른 분석가가 공식화를 시도한다면, 그들은 보다 정확하고 효율적인, 그들 자신의 공식화 탐색 과정을 발전시킬 것이다. 이러한 진단 공식화를 위해서는, 치료 면담시간 외의 연구와 노고를 필요로 한다. 그러나 나는 이러한 점에 있어서 환자에게 권리가 있다고 생각한다.

References

Saul, L. (1971): *Emotional Maturity*. Philadelphia: Lippincott, Chap. 25.
——— (1972): *Psychodynamically Based Psychotherapy*. New York: Science House, Chap. 5.

7

Elsie Deville의 면담 기록

다음의 환자는 저자가 교육 목적으로 수련의들이 참석한 자리에서 면담하였던 환자이다. Elsie Deville는 병원 외래 진료소에 다니고 있었는데, 대단히 매력적이고, 면담에 대해 상당히 의욕적—열렬하다고 까지 볼 수 있을 정도로—이었다. 우리의 면담 시간은 단지 한시간에 불과하였으나 면담기법은 앞장에서 기술된 기본 양식에 따랐다. 이 기록의 가치는 말그대로의 기록(*verbatim*)이라는 점이다. 면담동안 분석가는 속기법에 따라 환자가 말하고 있는 내용을 정확하게 간단히 적어 둘 수 있으나, 환자에게 이야기하는 내용에 신경 쓰면서 동시에 기록한다는 것은 대단히 어려운 일이다. 녹음은 분석가로 하여금 이러한 압력으로 부터 해방되도록 해주고, 정확한 기록을 할 수 있도록 해준다. Elsie와의 이 면담은 받아쓰기 기계와 마이크를 사용하면서 진행되었다. 이 장치는 충분히 잘 들리지는 않으나 최소한의 말그대로의 자료를 제공해준다.

이번 면담에서 나는 환자의 주된 관심과 직업에 대해 이야기하면서 순수하고 현실적인 바탕에서 치료 동맹관계를 형성하려고 노력하면서, 0—6세에 대한 주요 질문을 될 수 있는 한 자연스럽게, 알아차리지 못하게 진행해 나갔다. 내가 바라는 만큼 명백하게 Elsie의 중심 역동을 끄집어 낼 수 있기 전에 시간은 흘러가 버렸고, 나는 중심 역동으로 부터 명백한 역동 진단을 추출해낼 수 없었다.

이 환자는 나이가 마흔 세살이며 약 6년전 이혼하였다. 그녀는 약 일년 전부터 치료 받기 시작했는데 이때 심하게 우울하였고 McDermott박사에 의해 소개되었다. 외래 진료소에서 치료 받기 시작하던 당시, 그녀는 처음 몇달동안은 더 심하게 악화되었고, 매우 격렬하게 감정을 폭발시키고, 일을 할 수 없었고, 잠도 자지 못했고, 히스테리칼한 울음 발작을 일으키곤 하였다. 그 당시 그녀의 사고내용은 의미있는 관계를 갖기에는 자신이 이미 너무 늙었으며, 더 이상 매력이 없으며, 지난 5년동안 계속되던 관계는 충분히 잘 이루지지 못해서 상대방 남자가 그녀의 욕구를 채워줄 수 없다는 것이었다. —그리고 그녀는 이 점에 대해 굉장히 화가 나 있었다. 동시에 그녀는 나에게 지독하게 화를 내었다. 나는 그녀에게 앞으로 그 남자를 만나지 말라든가, 다른 관계를 찾아보라는 식으로 이야기함으로써 그녀의 기대를 채워 줄 수는 없으며, 내가 어떻게 하라고 직접적으로 그녀에게 이야기 해주지 않는다면, 그녀가 나에게 몹시 화를 낼 것이라고 느끼고 있었다.

그 무렵 그녀는 자살을 생각하기에 이르렀고, 나는 그녀를 매우 강하게 다루어야만 하였다. 나는 그당시 그녀에게 매우 화가 나있었다. 그녀의 과거력에는 경조증시기—강한 활동시기—와 몹시 사기가 저하되고 우울해지는 다른 시기가 포함되어 있었으며, 이러한 기분 변화에 대한 명백한 이유는 드러나지 않았다. 그녀는 진정되기 시작하였고 히스테리 발작이 사라졌으며 그 뒤 약 10개월 동안 그녀는 문제의 근원을 이루고 있는 것으로 보여지는 부모와의 관계에 대한 통찰력을 얻기 시작하였다.

간단한 가족력은 다음과 같다.

그녀의 어머니는 이민 온 이태리계로서 매우 열심히 일하고, 완벽한 여인이었고, 도덕적이고, 지배적이며, 엄격하였다. 그녀는 조건부 사랑을 주었다. 만약 네가 착하다면, 너는 사랑을 얻을 것이며, 네가 착하지 않다면, 사랑을 얻지 못하게 될 것이다. 그녀의 아버지는 수동적이고 약한 사람으로서 너무나 희미하고 멀리 있는 존재여서, 그가 40년동안이나 같은 일을 했음에도 불구하고 Elsie는 아버지가 무슨 일에 종사하고 있었는지 조차 알지 못하였다. 그녀는 아동기동안 어려움을 겪었다. 가족은 가난하였다.

그녀는 몹시 사랑하던 남자와 약혼하였으나, 왜 그런지 잘 이루어지지 않았다. 그는 더이상 가난하게 살고 싶지 않다는 그녀의 경제적 욕구를 채워줄 수 없었다. 그녀는 과거를 보상해 줄 사랑과 아름다움의 이미지를 원했기 때문에 화려한 하이티흑인과 사귀게 되었고, 대단히 화려한 이 권모술수가의 이미지에 끌려 결혼하고 두 자녀를 낳았지만, 실제 결혼은 처음부터 비참했다. 그녀는 노예처럼 느꼈고, 12년간의 비극적 결혼생활 후에 이혼하였다….

나는 그녀의 문제를 더이상 자세하게 이야기하지는 않겠다. 나는 그녀의 문제는 우울증이며, 이제는 더이상 적절한 관계를 맺지 못하고 "이미 한물갔으며", 더이상 자신에게 남겨진 것이 없다는 느낌들과, 이러한 파괴적 태도와 관계로 부터 자신이 벗어날 수 없다는 느낌이라고 말했다.

SAUL박사의 설명 :

실제로 나는 이러한 종류의 면담에 늘 두시간을 허용하는데 오늘은 한시간 밖에 시간이 없었기 때문에 그녀의 현재 생활과 현재의 불만에 대해 조금 묻고 나서 Dalton박사가 언급한, 그녀의 아동기 양식과 관계가 있는 주제로 돌아 가겠다고 생각하였다. 그리고 어떻게 그녀가 그렇게 짧은 시간에 그렇게 면담에 잘 응했는지 의아하게 생각한다.

분석가 : 나는 Dalton박사의 말을 전적으로 받아들일 생각은 없읍니다. 다시 말하면, 내가 당신에겔 직접 질문하면서 면담을 시작하겠읍니다. 내가 알기로는 당신은 음악을 가르치고 있다고요?

환 자 : 네

분석가 : 고등학교인가요?

환 자 : 네

분석가 : 어떻게 가르치나요… 배당된 부분을 가르칩니까, 아니면 악기를 다룹니까, 어떤 식으로 하나요?

환 자 : 내가 다니는 종합고등학교는 음악반에 악기부, 성악부, 이론부, 피아노부가 있어요…

분석가 : 당신이 이 모든 것들을 다 가르치나요?

환 자 : 네, 그래요.

분석가 : 화음과 여러 악기도 가르칩니까 ?

환　자 : 네

분석가 : 피아노도…… ?

환　자 : 주로 피아노를 가르쳐요.

분석가 : 주로 피아노라…… 그럼 상업 음악인가요. 고전 음악인가요 ?

환　자 : 음, 악보를 읽는 것이 기본적 기술이예요. 그리고 난 다음에 실제로 다른 악기로 바꾸어 갈 수 있어요. 그래서 우리는 악보를 읽어요…… 물론 재즈는 전혀 가르치지 않아요. 그것은 즉흥곡이예요. 그래서 학생들은 고전 음악, 대부분 진지한 음악을 공부하죠.

분석가 : 그렇다면 즉흥적으로 악보를 읽는 것이 아니라 음악을 배우는 것이군요… 학생들이 즉흥적으로 악보를 읽을 필요는 없나요 ?

환　자 : 네, 악보를 읽도록 훈련시키는 이론반이 있는데, 그 반에서 그렇게 하죠.

분석가 : 당신은 음악 가르치는 것을 좋아합니까 ?

환　자 : 대단히 좋아해요 !

분석가 : 진정으로 그렇습니까 ? 그것이 당신에게 도움이 됩니까 ?

환　자 : 네, 그래요.

분석가 : 왜, 옛말에 이런 말이 있죠. "자기의 일을 찾은 사람은 행복한 사람이다" 그 나머지 내용은 다음과 같죠. "그에게는 더 이상 다른 축복이 필요치 않다."

환　자 : 나는 학생들과 있는게 즐거워요. 음악에 대해서는 그렇지 않지만, 반에서 학생들과 공부할 때 실제 나는 그렇게 느껴요.

분석가 : 아마 둘 다인지 모르죠.

환　자 : 그래요. 나는 음악을 사랑해요. 그러나 내 생각에 젊은이들과 함께 공부하는 것이 우선인 것 같아요.

분석가 : 그렇다면 당신은 직업에 대해 불만이 없나요 ? 대성공인가요 ?

환　자 : 네

분석가 : 하루 일과는 어떤가요. 몇시에 일어나 언제 학교에 가나요 ?

환　자 : 8시 25분이예요. 하루가 매우 짧아요. 우리 학교는 점심시간이 없어요. 우리는 계속 일하다가 1시 25분에 끝마쳐요. 그래도 3시 이전에는 학교를 떠나지 않아요. 나는 방과후에는 늘 학생들을 만나요.

분석가 : 내 추측에는 당신은 대단히 건강한 체질을 갖고 있군요!

환 자 : 칭찬해 주시니 기분좋군요. 일에 대해, 그리고 내 자신에 대해 생각하기 시작하는 때는 방과후예요!

분석가 : 그 점에 대해 좀 더 이야기 해주시겠읍니까?

환 자 : 학교에 있을 때는 나의 전체 자아를 느끼는 것 같아요. 그러나 내가 학교를 떠나면, 나는 숨을 쉴 수도 없고 움직일 수도 없는, 내가 조절할 수 없는 무슨 일이 일어나고 있다는 느낌을 갖게 되요.

분석가 : 직업이란 그렇게 대단한거죠. 그러나 세상이 그렇게 심하게 나쁜 것 만은 아니잖아요?

환 자 : 최소한 나의 경우는 그래요.

분석가 : 물론, 누구에게나 쉽지는 않아요. Elsie당신은 그렇게 생각하지 않나요? 당신은 모든 일을 아주 쉽게 하고, 모든 일을 아주 잘 해나가는 그런 사람을 알고 있나요?

환 자 : 어떤 이들은 일을 매우 잘 해나가는 것처럼 보여요. 당신도 일을 매우 잘 해나가고 있는것 처럼 보여요.

분석가 : 그러나 나는 이 일에 오랫동안 종사해 왔어요. 당신이 방과후에 왜 그렇게 어렵게 느껴지는지 좀 더 구체적으로 이야기 해 볼까요?

환 자 : 여러가지 일들이 있어요…… 첫째 내 아들부터 이야기해 보죠…… 나에게 아들과 딸이 각각 한명씩 있는데, 그들은 이제 상당히 잘 자랐어요. 그러나 나는 그들에게 전적으로 책임을 느껴요. 이는 대단한 압박이예요. 나는 현재 결혼하지 않은 상태이지만, 내가 과거에 결혼했을 때 열심히 일했으나 허무감을 느꼈어요. 나는 음식을 만들고 온갖 일을 하면서 항상 집안에 있었어요.나는 집이 나에게 어떤 의미가 있다고 느끼지 못했고, 공허감을 느꼈어요. 이상하게도 집으로 가는 것이 호텔로 가는 것과 같이 느껴졌어요. 나와는 관계없는 곳처럼 느껴졌어요.

분석가 : 아이들은 지금 몇살인가요?

환 자 : 아들은 곧 스무살이 되고, 딸은 열여섯이예요.

분석가 : 아들은 어디에 있나요?

환 자 : 나의 아들은 시카고 대학에 다니고, 딸은 10학년이예요.

분석가 : 동떨어져 있다는 느낌은…… 왜 그럴까요?

환 자 : 그 당시 남편은 나를 이해하거나 나를 중요하게 생각했던 것 같지 않아요. 그의 행동에서 그렇게 느꼈어요…… 항상 그랬어요. 아이들 뒤치닥거리로 해야 할일이 많아서 나는 항상 바빴어요. 지금 생각해 보면 나는 그들과 진정하게 이야기해 본적이 없어요. 그들을 진정으로 이해해 본적이 없어요.

분석가 : 요즈음도?

환 자 : 아니요. 뒤돌아 볼 때 그런 식으로 느껴져요. 뒤돌아 생각해 보면 그 일이 지금 일어나고 있는 것처럼 느껴져요.

분석가 : 요즘에는 어떤가요?

환 자 : 훨씬 나아요. 아이들이 때로는 나와 이야기하고 싶어하고, 그들이 나에게 올때…

분석가 : 그럼 당신은 좋아하나요?

환 자 : 오, 물론이예요. 기분이 좋아요.

분석가 : 그러나 방과 후에 무엇이 당신을 괴롭히느냐고 내가 물었을 때, 당신은 당신의 아이들이라고 대답하지 않았나요?

환 자 : 물론, 나는 아이들 이야기부터 시작했죠…… 그 일이 문제인 것은 사실이예요. 나는 실제로 죄의식을 느끼고 있는데 무엇보다도 결혼에 대해, 특히 하이티인과 결혼 했기 때문에 죄의식을 느껴요. 그 결혼은 성공하지 못했어요. 그것은 타 종족과의 결혼이었고, 나는 아이들을 그런 상황에 빠뜨린데 대해 대단히 죄의식을 느끼고 있어요.

분석가 : 당신의 아이들 말인가요?

환 자 : 네, 그래서 나는 모든 일에 대해 항상 조심하곤 했어요…… 아이들이 성공하지 못하지 않을까, 성취하지 못하지 않을까, 너무나 염려했기 때문에, 나는 아이들을 위해 모든 일을 해야 했어요…… 그러나 실제로는……그래요, 나는 그들이 신경증적인 행동을 저지르

지 않을까 염려하고 있었던거예요.

분석가 : 당신은 그런 점을 발견했나요?

환 자 : 아니요, 내 아들이 한번은 신경증적으로 되었을 때 잠시 약간의 경련이 있었으나, 이로 인해 내가 괴로운 만큼 그에게는…… 고통스런 일은 아니었어요. 나는 아주 사소한 일에도, "아, 그가 지금 어떻게 되어가고 있구나"라고 생각하곤 했어요…… 그는 매우 영리했어요. 그는 학교에서 성적이 평균 "A"이고, 썩 잘 지내고 있어요. 그러나 모든 일이 나에게는 어렵게만 느껴져요.

분석가 : 당신의 마음속에서 그렇다는 말인가요?

환 자 : 그래요.

분석가 : 당신은 다소 과잉보호적인 어머니이군요? 어찌됐든 지나치게 불안한……?

환 자 : 지나치게 걱정하죠. 알아요.

분석가 : 그래서 아이들에 대해 고통스러워지는군요. 그러나 실제 문제는 그들에게 있다기 보다는 당신 내부에 있는것 같군요?

환 자 : : 그래요.

분석가 : 아이들은 잘 지내고 있는 것 같은데…

환 자 : 네

분석가 : 자, 그러면 어떤 다른 일이 당신을 괴롭히나요?

환 자 : 나 자신이죠…… 내가 작년에 여기에 처음 왔을 때 나는 아무도 나를 걱정해 주지 않는다고 느꼈어요. 일생동안 나를 염려해 준 사람은 아무도 없었어요.

분석가 : 그게 사실인가요? 그런 느낌이 언제까지 거슬러 올라가나요? "일생동안 결코 없었다"라고 이야기 했는데, 당신의 인생은 당신이 태어나기 9개월전부터 시작되었어요. 나는 출생 당시를 출발점으로 정하겠어요.

환 자 : 나의 어머니는 항상 매우 바빴었다는 그런 기억이 나요…… 우리는 가난했어요. 나는 부모나, 어느 누구와도 진정으로 아야기 해본 기억이 없어요. 어떤 대화도, 어떤 경험도 기억에 없어요. 어머니가 다리미질을 한다든가 그런 기억만 있어요. 예를 들면……

그들을 바라보던 기억은 있으나, 그들과 어떤 종류의 대화를 나누어 본 적은 한번도 없었어요.

분석가 : 당신은 다른 형제자매들과 함께 자랐나요?

환 자 : 네, 위로 나보다 16개월 위인 언니가 있었는데 지금 캘리포니아에 있어요.

분석가 : 언니는 어떤 감정적 문제가 없나요?

환 자 : 글쎄요. 언니는 3번 결혼하였으나, 공처럼 공중을 튀어다니는 것 같애요. 그녀는 한번도 정착해 본적이 없어요—그녀는 매우 융통성이 있는것 같애요.

분석가 : 아, 그녀는—세번 재혼한게 그렇게 여러번 결혼한게 아닌—캘리포니아에 있군요. 마지막 질문을 다른 식으로 표현해 보면, 일곱살 이전의 당신 생활의 주요 특징, 또는 특징들은 무엇이었다고 생각하나요?

환 자 : 주요 특징은…… 매일 똑같은 규칙적인 일과의 반복이었어요. 일요일에는 교회에 갔구요.

분석가 : 매일의 일과는 어떠하였나요?

환 자 : 아침 식사부터 시작해 보면, 그 점에 대해서는 기억이 안나지만… 거기에 앉아 있었던 기억은 있으나 무슨 말을 했다는 생각은 안나요. 나는 어른이 되엇을 때 "당신은 무언가 말할 수 없나요?"라는 말을 항상 했어요. 모두들 "음"하면서 침묵했어요. 하루 일과는 완전히 일정했어요. —아침에 일어나면 옷은 항상 세탁되어 있었고, 잘 다려져 있었고…… 옷장 안에 있었어요. 모든 것은 질서정연하고…… 나는 학교에 갔었는데…… 나는 학교를 좋아했었어요. 나는 집에까지 걸어왔고 피아노 연습을 했어요. 그랬어요. 우리는 파티를 열지 않았고, 사람들이 집에 왔던 기억이 없어요. 우리 집엔 전화가 없었고, 라디오나 그런 것도 없었어요. 대단히 틀에 박힌 생활방식이었어요.

분석가 : 시카고에서의 생활이었나요?

환 자 : 네, 세살되던 해 나는 3년동안 유럽에 있었어요.

분석가 : 당신이 지금까지 이야기한 것이…… 당신은 출생당시 부터 세살때까지를 기억하지 못하거나 아니면 당신이 기억하지 못한다고 생각

하거나…… 그러나 당신은 지금까지 이야기한 것이 어릴 때 실제 그랬었다고 생각하나요?

환　자 : 네, 틀림없이 그런 식이었다고 거의 확신해요.

분석가 : 그러면 동떨어진 느낌은 정서적 관계의 결핍인가요? 당신은 규칙적인 일과를 이야기했으나 그것을 이야기할 때 친밀감이 결여되어 있기 때문에 그런 일과가 불만스럽다고 이야기한 것처럼 들렸어요. 그점에 대해 내가 틀렸나요?

환　자 : 나는 정규 일과에 대해 이야기하고 있었다고 생각했어요. 그러나 이제 다시 생각해 보니, 나는 항상 대단히 멋있는 아동기를 보냈다고 이야기하곤 했어요. 어릴때 걱정했던 기억은 없어요…… 내 어린 시절은 올바른 아동기 같이 여겨졌어요.

분석가 : 안정되어 있었나요?

환　자 : 그때 내가 어떻게 느꼈는가를 말해야 한다면, "아니요, 나는 안정감을 느끼지 않았어요"라고 말해야 겠군요. 그 이유는 알 수 없어요. 왜냐하면 우리 부모들은 매우 근면하였고, 집에서 조리한 식사를 했고, 모든 것이 나를 위해 마련돼 있는 그런 적절한 상황이었기 때문이죠. 그러나 내가 안정감을 느꼈다고 생각지 않아요…… 나는 불안정 했어요.

분석가 : 그러면, 주요 특징은 정규적 일과였는데, 당신의 감정은 무엇을 느꼈나요?

환　자 : 내가 그런 점을 느꼈다고 생각해요…… 피아노를 치고 연습했던 기억이 있는데, 피아노를 치면서 그런 상황에 있지 않고 위대한 음악가가 된다는 공상을 하곤 했어요. 그것이 나의 세계처럼 느껴졌고, 연습하고 있을 때 어떤 감정이 있었던 것처럼 여겨졌어요. 밤에 대해 생각이 나요—내 침실은 굉장히 작은 방이었는데, 거기에 창문이 있었고, 그 창문에서 보면 공장들이 보였어요. 나는 언젠가는 이런 것을 보지 않게 되리라고 생각하곤 했어요. 나는 나무가 우거진 아름다운 장소에 있을 거고, 나를 무지 무지 사랑하는 잘 생긴 남자가 있을거라고. 내가 피아노를 치고 있을 때 이러한 공상이 나의 생활속의 가능한 현실이었어요.

분석가 : 당신의 아버지는 어떤 일을 하셨나요?

환 자 : 아버지는 공장에서 일하셨어요.

분석가 : 어머니는 어떤 일을 하셨나요?

환 자 : 어머니는 한 세탁소에서 20년동안 하루도 빠짐없이 일하셨어요. 이것이 바로 우리 어머니 방식이예요.

분석가 : 아직 어머니가 살아계시나요?

환 자 : 네, 두분 다 살아계셔요.

분석가 : 건강하신가요?

환 자 : 네, 아버지는 심장병이 있어요. 어머니는 계속 그런 식으로 지내고 있어요. 끝이 없어요.

분석가 : 그런 식으로—일상적으로?

환 자 : 아, 네, 어머니는 가장 최악의 일과를 보내고 있어요. 그녀는 아직도 매우 열심히, 지독하게 열심히 일하셔요.

분석가 : 어머니는 그 일에 적응 되셨나요?

환 자 : 네, 그렇게 일할 수 있고, 아버지를 돌볼 수 있는 것을 어머니는 행복으로 생각하고 있는것 같아요.

분석가 : 피아노 치기 시작한게 몇살때였나요.

환 자 : 내가 아주 어릴때였어요…… 다섯살이나 여섯살때라고 생각되요.

분석가 : 유럽에 여행 갔을 때 어떤 변화는 없었나요? 유럽 어디였나요?

환 자 : 랜토에 가까운 북부 이태리였어요.

분석가 : 거기서 어떤 변화는 없었나요? 얼마동안 그곳에 있었나요?

환 자 : 3년이었어요. 나는 처음 이태리어로 말했어요. 그리고 여기에 왔을때 나는 이태리 말밖에 못했어요. 어떤 변화는 없었어요. 그러나 우리는 아일랜드인 마을에 살고 있는 소수의 이태리인이었기 때문에, 항상 전쟁으로 괴로웠던 감정이 생각나요. 어머니에게는 네명의 남자 형제가 있었는데, 둘은 이태리군대에 들어갔고, 둘은 미군에 들어갔어요. 물론 모든 사람들이 독일인, 이태리인에 대해 나쁜 감정을 갖고 있었기 때문에, 나는 항상 나는 괴로웠어요. 증오

…… 증오…… 증오였어요. 물론, 나는 성장했어요…… 그러나 특수한 상황을 기억할 수는 없으나 나는 이해하지 못하면서 성장했어요…… 이태리 군대에 가있던 외삼촌이 죽었는데, 어머니가 울던 기억이 나요. 그러나 나에게는 어떤 감정이 일어나지 않았어요. 그때의 그런 감정이 지금 나에게 있어요. 이건은 어리석은 일이다. 왜 당신은 미워하는가? 그게 전부였어요.

분석가 : 당신은 요즘 세상에 대해서도 그런 말을 아직 하고 있군요. 그렇죠?

환 자 : 네, 맞아요…….

분석가 : 형제들이 서로 죽이는 남북전쟁 이야기같군요. 그러나 면담시간이 짧기 때문에, 당신과 주요 문제점을 밝히고 싶습니다. 다시 출생부터 6세까지로 되돌아가 봅시다. 다른 식으로 질문해 보면, 출생부터 6세, 7세경까지 당신의 생활에서 감정적으로 중요했던 사람이 누구였다고 생각되나요?

환 자 : 어머니예요.

분석가 : 당신은 그 점에 대해 좀 더 세부적으로 이야기해 보기를 원하나요? 어머니는 그 시기에 당신의 생활에서 가장 중요했던 인물입니다. 감정적으로 어머니와의 관계는 어떠하였읍니까?

환 자 : 매우 의존적인 관계였어요. 마치 어머니가 사라진다면 세상이 사라져 버릴 것 같고, 어머니가 항상 곁에서 준비해 주셨기 때문에 어머니가 없어진다면 더이상 일과도 없어지고, 나는 학교에도 못가고 아무 일도 할 수 없다는 식이었어요. 어머니는 모든 일을 가능하게 만들었어요.

분석가 : 아버지와의 관계는 어떠하였읍니까? 다시 말하면, 당신의 어머니가 가장 중요한 사람이었고 두번째로 중요한 사람은 누구였읍니까?

환 자 : 대답하기 어렵군요. 왜냐하면 난 아버지에 대해 잘 몰라요.

분석가 : 내가 당신에게 어떤 점을 암시하도록 만들지 말아요. 잠시 생각해 보세요.

환　자 : 외삼촌이었다고 생각해요. 두 외삼촌중 한 외삼촌이 우리와 함께 살았는데, 나는 그 삼촌과 보다 더 가까웠어요.

분석가 : 아버지보다?

환　자 : 아, 네, 아버지보다 더 가까웠어요. 아버지는 어떤 방식으로도 존재하지 않았어요. 선생님은 감정에 대해 이야기하시는데 나는 아버지에 대한 어떤 느낌도 기억하지 못해요.

분석가 : 그러면 어머니로 되돌아 갑시다. 어느 정도 이야기가 빗나가고 있군요. 어머니와의 감정적 관계는 어떠했나요? 나는 당신에게 어릴 때 가장 중요했던 인물에 대해서, 그리고 세부적인 면들에 대해서 물었어요. 내가 아는 바로는 어머니와의 관계에서 가장 중요했던 점은 그녀가 규칙적 일과를 만들었으며, 만약 어머니가 존재하지 않는다면 일상적 일과는 사라져 버릴 것이며 세계도 존재하지 않을 것이라는 점입니다. 동일한 질문인데, 어머니에 대한 당신의 감정적 관계는 어떠했읍니까? 당신의 어머니는 일을 빨리 처리 해내고 주부로서 헌신적이었는데, 그러나 감정적 느낌은 어떠했읍니까? 어머니는 당신을 어떻게 느꼈고, 당신은 어머니에 대해 어떤 감정을 느꼈읍니까?

환　자 : 생각 해봐야겠군요. 지금 내가 느끼는 바로는… 어머니는 주부였으며, 우리를 신체적으로 돌보아주셨어요. 이상한 일이지만, 나는 목욕통을 기억해요. 몇살 때 였는지는 모르겠으나, 목욕하고, 씻던 일들이 생각나요… 아침 식사를 하던 기억외의 다른 기억은 생각이 안나요.

분석가 : 어떤 점이든지, 어머니에 대한 당신의 감정을 기억합니까?

환　자 : 나는 가끔 울고 싶다고 느낄 때가 있었어요. 어머니는 너무 멋있었고, 그렇게 열심히 일하러 가야 했으면서도, 모든 것을 견뎌냈어요. 나는 어머니가 큰 집을 갖지 못하고 있다는데 대해 슬픔을 느꼈고, 아버지가 그런 일을 가능하게 만들지 못한다는데 대해 어느 정도 분노를 느꼈어요.

분석가 : 당신은 어머니와 동일시하고, 아버지가 어머니에게 보다 더 많이

주지 않기 때문에 아버지에게 화가 나고, 어머니에 대해서는. 동정을 느꼈군요.

환 자 : 네, 아버지는 우리를 위해 별로 한 일이 없었어요.

분석가 : 이제 와서 다시 생각해 보면, 이러한 감정들이 상당히 일관된 감정이었다고 생각하나요?

환 자 : 최근까지는 그랬어요. 그러나 지금은 매우 다르게 느껴요.

분석가 : 좋아요. 지금은 어떻게 느끼나요?

환 자 : 분노를 느낀다면, 어머니에 대해 더욱 강하게 분노를 느껴요. 모든 사람에게 모든 일이 저절로 이루어지도록 내버려 두었어야 했다고 느끼기 때문에 어머니에게 분노를 느껴요. 선생님도 아시다시피, 우리가 그나름의 방식대로 존재하고, 성장하도록 내버려 두어야 했어요. 그리고 내가 방금 이야기했던 그런 사람이 되려고 어머니가 노력하시는 반응을 보였을 때 나는 어머니에 대한 사랑을 느꼈어요. 어머니는 내가 그녀를 많이 사랑해주기를 바랬어요. 나는 그점을 알 수 있었어요. 어머니는 실제로 그런 것을 원하셨어요. 어머니는 나를 껴안지 못했어요. 나는 어머니의 어린 시절에 대해 많이 이야기 들었어요. 이태리에서 어머니는 네명의 남동생들을 키웠지요…… 어머니는 모든 일에 대해 책임을 지고 있었고 엄청난 정도의 일을 해 내고 있었고…… 어머니는 일한 기억 밖에 없대요. 그 점이 바로 어머니가 미국으로 이민 오신 이유래요. 왜냐하면 어머니는 학교를 계속 다닐 수 없었고, 일을 해야 했기 때문에 그 곳을 떠났다고 말했어요.

분석가 : 어머니는 작은 도시, 큰 도시 어느쪽에 사셨나요?

환 자 : 산아래 자리잡은 작은 도시였어요.

분석가 : 그리고 농장 소녀처럼 그렇게 열심히 일했나요?

환 자 : 이것은 흥미로운 일이예요…… 외할아버지는 어머니가 아주 어렸을 때 전쟁터로 떠나셨대요. 그 전쟁이 어떤 전쟁이었는 지는 모르지만—외할아버지는 어머니가 여섯살이 될 때까지 외지에 계셨

대요. 어머니는 외할아버지를 실제 몰랐다는군요. 그리고 외할머니도 어머니처럼 일하셨대요. 내가 들은 바로는 외할머니는 "오늘도 좋은 날, 일을 하자"고 늘 말씀하셨대요. 어머니는 시장의 집에서 청소하시곤 했대요. 그래서 어머니는 집에 올 시간이 없어서 …… 시장의 심부름으로 장보러 갈 때 외할머니를 보러 집에 급히 들리곤 했대요. 나는 어머니에게 물었어요. "그래, 외할머니와 무슨 말을 하셨나요?" 그러면 어머니는 외할머니가 일을 잘 하고 있느냐, 열심히 하고 있느냐는 이야기를 물었다고 나에게 이야기 하셨어요…… 그리고 그때 어머니의 나이는 불과 열살이나, 열한살밖에 되지 않았대요. 이런 이야기를 듣고 나서 나는 어머니를 좀더 잘 이해할 수 있었고, 적개심이 사라졌어요.

분석가 : 그점이 당신을 이해하기 어렵게 만드는군요…… 왜냐하면 당신이 어머니의 성장배경에 대해 알고 있었다면 당신은 어머니에 대해 동정적이었을거고, 따라서, 어린아이인 당신에게 어떤 점이 부족했었는지, 어머니에게 어떤 면으로 적개심을 가지고 있었는지를 내가 알아내는 것이 어렵겠군요. 당신이 좀더 컸을 때, 여섯살이나 일곱살 이후로 어떤 변화가 있었나요?

환　자 : 아무 것도 변하지 않았어요.

분석가 : 어머니와의 관계는 여전했나요?

환　자 : 절대적으로 같았어요.

분석가 : 당신은 어머니가 집안일을 해내고, 당신을 위해 "일했다"고 말했는데, 나는 그런 느낌이 들지 않는군요…… 당신은 어머니가 당신을 껴안지 않았다고 까지 이야기 했어요.

환　자 : 어머니가 그랬던 기억이 전혀 없어요…… 어머니가 나를 껴안는다든가, 그런 종류의 접촉이 한번도 없었어요.

분석가 : 당신은 그것이 상실이었다고 생각하나요? 당신은 받지 못했던 것을 받고 싶어 했나요?

환　자 : 네, 그렇다고 생각해요. 왜냐하면 지금 내가 어머니와 이야기 나눌 때 내가 원하는 것이 바로 그점이기 때문이예요. 그래서 나는 어머니에게 이점을 이야기했어요… 이것은 단순하게 들리지만, 그 점은 실제로 내가 원했던 점이었어요. 어머니는 아직도 그런 행동을 취 할 수 없어요. 나는 어머니에게 다가가서 어머니를 껴안지만, 그러나 실제로는 어머니가 나를 껴안아 주기를 바래요.

분석가 : 그것이 아동기 동안의 강한 감정이었다고 생각하나요?

환　자 : 아동기 때 그런 것을 생각했는지는 모르겠어요. 그러나 그것이 대단히 중요했다는 것은 느끼고 있어요. 이제는 이런 점을 좋게 느끼고 있어요. 그점에 대해 그전보다 더 좋게 느끼고 있다고 느껴요.

분석가 : 그러나 내가 그점에 대해 물어 보았을 때, 당신은 어머니에 대해 동정적이었고, 아버지가 어머니에게 더 많은 것을 줄 수 있기를 바랬다고 이야기했어요. 어머니가 그렇게 힘든 생활을 하고 있다는 게 당신에게는 가슴이 아팠어요. 그러나 어머니가 그렇게 힘든 생활을 했기 때문이었든지, 아니면 외할머니가 어머니에게 사랑을 주지 않았기 때문이었든지, 이유야 어찌됐든지간에, 나는 당신이 애정 표현과 같은 일을 아쉬워 했다고 이야기하는 것이 정확한지 틀린지 모르겠어요.

환　자 : 네. 정확해요.

분석가 : 어머니와의 관계에서 적절하지 않다고 생각되는 다른 점은 없나요?

환　자 : 내 마음속에서 어머니는 항상 완전하셨고, 모든 일을 완벽하게 처리하셨기 때문에 만약 내가 완전하지 않으면 어머니의 사랑을 받지 못하리라는 그런 감정을 느꼈던것 같애요. 내가 어머니가 하는 것과 같은 일과에 따르지 않고, 교회에 가고 모든 사람에게 친절하게 대하는 등, 온갖 일들에서 어머니와 같이 하지 않는다면, 어머니가 나를 사랑해 주지 않을 것이라고 나는 생각했어요. 내가 그런 식으로 행동하지 않는다면 어머니는 나를 사랑하지 않을 것이라고 느꼈어요.

분석가 : 그래요. 매우 좋습니다. 그점이 매우 분명하게 표현되는 군요. 당

신은 어머니가 말이 아닌 행동, 매우 높은 수준의 행동을 보여주었다고 이야기 했는데 예를 든다면?

환 자: 예를 들면…… 나는 말은 기억하지 못하지만, 기억속에 남아있는 어머니는, 나의 마음속에 있는 어머니의 전체상은 매우 엄격한 기독교인이었어요. 올바른 사람이라는 거예요.

분석가: 부모님은 기독교 신자셨나요?

환 자: 아버지는 천주교인였는데, 이점이 아버지에게 큰 영향을 미쳤다고는 생각지 않아요. 어머니는 실제 청교도였어요.

분석가: 종파는?

환 자: 루터교파였어요.

분석가: 어머니는 매우 엄격한 종교인이었나요?

환 자: 그래요. 우리는 정확하게 교회에 갔어요. 우리가 교회에 나가야만 한다고 어머니가 말했던 기억은 없으나, 교회에 나가는 것은 우리의 생활이었으며, 우리는 정확히 교회에 갔어요…… 내가 고등학교를 졸업할 때까지 말예요. 그리고 나의 생활은 변했어요. 나는 서북부로 갔고, 다른 학생들과 이야기하기 시작했어요. 그리고 나서 나의 인생관은 넓어졌죠. 그러나 그때까지 사람들은 매주 일요일마다 교회에 가고, 내가 추측하는 그런 종류의 일을 하고…… 나는 한번도 그점에 대해 의문을 가져 본 적이 없었어요.

분석가: 외삼촌에 대해 물어보겠어요. 아동기때 그와의 관계는 어떤 종류의 관계였읍니까? 그는 감정적으로 당신에게 두번째로 중요한 사람이었읍니다.

환 자: 내가 그렇게 말한 이유는 그는 그의 방으로 올라가서 하모니카를 불었는데 이런 점 때문에 나는 그를 사랑했어요. 아무도 집안에서 하지 않는 일을 그만이 했기 때문이었어요. 그리고 그가 감정적으로 중요하다고 말한 이유는 바로 그런 점 때문이었어요. 아무도 그와 같은 일을 할 생각을 하지 않았어요. 어쨌든 그는 자유로워 보였고, 그는 자유 정신을 갖고 있었어요. 그리고 나의 어머니는 그를 남동생으로 취급하였고, 그를 돌보고, 어머니는 누구나 돌보아

주셨어요. 그러나 나는… 그가 저녁 식사후 방으로 올라 가서 하모니카를 불렀기 때문에 그를 매우 좋아했어요. 나는 그와 가가워지는 감정을 느꼈어요.

「이 부분에서 녹음이 바뀌면서 빠진 부분이 있다.」

환　자 : 나는 그점에 대해 화가 났다고 추측해요. 나는 가난에 대해 화가 났어요. 내가 아버지를 비난했었나봐요. 인생에서 우월한 입장에 있지 않은데 대해 화가 났었어요. 그런 상황 자체가 화났어요.

분석가 : 어머니에게도 화가 나있었다고 생각합니까?

환　자 : 아니요. 그런 기억은 없어요. 내가 어머니에게 화냈던 기억은 없어요. 요즈음에야 대단히 화가 나요.

분석가 : 왜 이제야 어머니에게 화를 냅니까? 그때 당신이 어머니에게 화를 내었다면, 그 이유가 무엇일거라고 생각합니까?

환　자 : 왜냐하면 중요한 일은…… 마치 어머니는 항상 일만 하시고 어떤 것도 결코 이해하려고 하시지 않는 것 같았어요. 어머니는 어떤 따뜻한 감정도 느끼지 않는 것 같았고, 그런 감정을 표현할 수도 없는 것 같았어요. 어머니는 항상 우리 가족과 그녀의 친구들을 돌봐 주시느라고 바빴어요. 그리고 모든 사람들이 우리 어머니를 칭송했어요…… 그들은 우리 어머니가 살아 있는 성인이라고 생각했어요. 그러나 화가 나는 것은 실제로 그런 점이 누군가를 무시하고 있는 것 같았기 때문이죠. 마치 어떤 사람이 논문을 처음부터 끝까지 검토하고 즉석에서 머리를 맞대어 의논하지만, 그들은 실제로 논문에 흥미가 있는 것이 아니라 그냥 읽는다는 것 자체에 흥미를 느끼는 것과 같아요. 그런 것이 내가 느끼고 있는 그런 감정이며 나는 그런 것을 좋아하지 않아요. 나는 사람들이 잠시라도 나를 쳐다보기를 바래요. 어머니에게 아프다고 이야기했을 때, 그리고 여기에 처음 왔을 때, 내가 원했던 것은 "내가 무엇을 할 수 있는가?"가 아니었으며, 두려움이 아니었어요. 나는 단지 사랑을 원했으며, 포옹을 바랬어요. 내가 어머니를 보았을 때, 어머니가 나를 사랑한다는 것, 그리고 사랑을 표현하는 방식이 나를 항상 돌봐주는 것이라는 점을 순간적으로 깨달았어요……

분석가 : 아동기 때 상당한 애정 결핍이 있었다고 말한다면 너무 이상한 표현이라고 생각하나요?

환 자 : 아니요. 그런 말이 너무 강한 표현이라고는 생각되지 않아요.

분석가 : 혹은, 다소의 결핍이라고 말할 수도 있겠군요. 그런 표현이 적절하다는 점에 대해 안심이 되나요?

환 자 : 네…… 신체적인 사랑의 표현이죠.

분석가 : 알아요. 애정 표현의 결핍이죠. 그리고 어머니가 본보기 인물로서 엄격했던 점이 있죠. —너는 일해야 한다. 너는 일요일에 교회 가야 한다. 너는 모든 사람을 사랑해야 한다. 너는 이러한 높은 기준을 가져야 한다. 엄격성이 있었다고 이야기한다면 지나친 이야기일까요? 이러한 점 때문에 당신은 서북부로 가서 한번도 옆길로 빠지지 않았나요? 당신이 외삼촌을 좋아하는 이유는 그가 하모니카를 불었기 때문이죠. 내가 틀렸는지 모르지만 그가 방으로 올라가서……그랬기 때문에 그는 자유로운 정신의 소유자였던 것처럼 들리는데……

환 자 : 어쨌든 그는 무의미한 일과들을 하모니카 소리로 잘라 냈어요.

분석가 : 어떻게 표현할 수 있을까요? 지나친 엄격성?

환 자 : 어머니가 억압적인 힘으로 그것을 강요했던 것은 아니예요. 어머니는 모범 행위로 그렇게 하셨어요. 그것은 내가 본 유일한 본보기 였어요. 이는 내가 이웃에서 본적이 있었던 그런 종류의 것이었는데, 우리가 그 마을에 도착한 이주일 후 신문에 사진이 실렸는데 "남족 방면에서 가장 깨끗한 시가"라는 제목으로, 그 사진에는 꽃상자가 걸려 있었어요…… 그런 것이 본보기죠. "너는 가야한다. 너는 가야만 한다"고 어머니가 말한 것은 아니었어요……

분석가 : 그러면 어머니는 당신을 때린 적이 없었나요?

환 자 : 네, 한번도 때린 적이 없었어요. 그것은 마치 그녀는 어머니이고, 너는 이 본보기에 따르라는 식이었어요… 그녀는 그런 식으로 해냈어요. Valkyrie*였어요.

분석가 : 지금 나의 마음속에 떠오르는 의문은, 당신이 어머니를 대단히 사랑했기 때문에 억제했던 어머니에 대한 분노가 어떤 것이었는지 모르겠다는 것입니다. 박탈된 그런 어린이들은 항상 어머니를 여신으로 만드는 경향이 있읍니다.

환 자 : 선생님이 바로 핵심을 찔렀다고 생각해요. 왜냐하면 나는 항상 내 자신에게 다음과 같이 이야기 했어요. "어머니는 너무나 아름답고, 너무나 완벽한데, 어떻게 어머니에게 잘못이 있다고 느낄 수 있단 말인가?"그것이 전부였어요. 나는 이제 사십대이고, 이제야 깨닫기 시작하고 있어요…어머니의 전 인생이 자식과 남편에 대한 커다란 희생이었기 때문에 어머니가 그렇게 완벽하고, 그렇게 애정적이라고…, 그것은 한번도 내 마음에 와 닿지 않았는데, 틀림없이 그런 점이 매우 억압되어 있었나봐요. 이제는"어머니, 정말로 모든 사람을 휘두르는 것을 그만 둘 수 없나요?"라고 어머니에게 말할 수 있지만 이전에는 한번도 내 머리속에 이런 생각이 떠오른 적이 없었고, 이야기 할 수도 없었어요. 그리고 이제 어머니는 그것을 좋아해요.…어머니는 나의 변화에 적응해왔다고 생각해요. 그러나 나는 몇년동안 어떤 말도 할 수 없었어요. 나는 모든 사람에게"세상에서 가장 훌륭한 어머니를 가졌다"라고 말하였고, 항상 그래요."나는 어머니가 일을 계속하는 방식을 좋아하지 않고, 어머니가 일을 처리하는 방식을 좋아하지 않는다"고 말할 수 있었던 적은 한번도 없었어요.

분석가 : 나는 당신이 Dalton 박사에게 치료 받으면서 꾸었던 몇가지 꿈에 대해 알고 있읍니다. 그러나 우리는 지금 그 꿈에 대해 자세하게 이야기 할 시간이 없기 때문에 이 모든 점들을 함께 묶어 이야기해 보기로 하겠읍니다. 내 의문은, 당신이 어머니를 몹시 사랑하고, 어머니 역시 당신을 사랑했기 때문에 심하게 억제했던, 어머니에 대한 분노가 있을 것이라는거죠. 어머니는 한번도 당신을 학

* Valkyrie은 북유럽 신화에서 Odin 신의 12시녀중 한 시녀로서 전사한 영웅들의 영혼들 중에서 선택하여 Valhalla에 안내하여 시중을 든다고 함.

대한 적이 없는데 만약 어머니가 당신을 때리거나 어떤 정당하지 못한 일로 학대 했다면, 당신은 어머니에게 몹시 화가 났을 겁니다. 그녀는 항상 선하고, 옳고, 애정이 깊었어요. 우리가 다루었던 두가지 이유－옳은 표현인지 모르겠지만, 신체적인 애정 표현 결핍과 일에 쫓긴 점, 그리고 너무 지배적이라는 점－때문에 어머니에게 화가 났었는지 모르겠군요. 만약 어머니가 집을 좀 더럽게 해놓고 아이들을 안고 있었던들 문제가 달랐을거예요. 사랑에 대한 당신의 욕구는 강화되어, 나이 사십인 오늘날에도 네살 때 충족되지 못한 것 때문에 사랑에 대한 욕구가 그렇게 지나치게 강할 수 있읍니다. 그리고, 이에 대한 분노가 어느 정도 있는 것 같군요. 가족 분위기와 어머니가 당신에게 제시했던 엄격한 기준이 분노를 야기시켰는데 왜냐면 그런 일들로 인하여 당신은 외삼촌처럼 자유롭지 못했기 때문이죠. 그래서 어머니에 대한 분노의 감정은 있었지만, 그런 감정은 억제되어야만 했었죠. 어머니가 당신을 사랑했던 방식과 당신을 돌보았던 방식, 그녀가 천사같다는 점들 때문에 당신은 어머니에게 화를 낼 수 없었어요. 그리고, 지금은 당신 자신에게 화를 내는 경향이 있군요. 그런 것은 납득하기 어려운 일이죠…… 내가 이점을 믿게 되기까지는 역동정신의학 분야에서 몇년이 걸렸어요…….

당신에게 묻겠는데…… 당신은"피학증"이라는 말을 알고 있나요? 자신을 괴롭히는 식으로 일을 처리하는 방식 말예요.

환 자 : 네.

분석가 : 당신도 알다시피 Winston Churchill이 자기 자신의 흥미를 안다는 것은 대단히 어려운 일이라고 말했기 때문에, 나는 이점을 지나치게 강조하고 싶지는 않군요. 이 세상은 우리 자신을 발견하기에는 너무 어렵고 복잡하기 때문에 이런 점들이 억제되는 것은 아니예요. 그러나 이런 두가지 이유로 어머니에 대한 분노감을 억압했다면, 어머니가 당신에게 너무 친절하여서 그런 감정을 어머니에게 나타낼 수 없었기 때문에 당신은 자신을 불행하게 만드는 방식으

로 당신의 인생을 끌어가는 경향이 있다고 생각되는군요. 예를 들면 불행한 결혼을 한다든가 그런 일이죠. 당신은 미모를 지녔고, 교사이고, 예술가이며, 이런 모든 점이 당신에게 유리한 점들이죠. 그런데 왜 당신은 일이 잘못되고 있다는 것을 결혼후에도 발견할 수 없었나요? 내가 이해하는 바로는, 당신은 거의 즉각적으로 발견했다는거죠.

환 자 : 그말이 맞아요. 결혼하기 전에 이미 그런 일이 일어났었다고 생각해요. 나의 결혼이 이러한 점이 드러난 첫번째 경우는 아니었어요.

분석가 : 당신은 자신을 해치는 어떤 일을 하고 있었다는 점에 대해 이야기하고 있나요?

환 자 : 네, ……그 결과로 19살때 나는 첫사랑에 빠졌었죠. 그때 나는 그 사람과 육체적으로 가까운 사이였는데, 일이 잘 안되었을 때 내 자신이 이 세상에서 제일 나쁜 사람이라고 느꼈어요. 내가 사랑에 빠졌을 때는 그런 일이 악한 일로 여겨지지 않았으나, 사랑이 끝났을때, 나는 부도덕하고, 정말 썩어빠진 사람이라는 생각이 들었어요.

분석가 : 이것은 약간 다른 문제입니다. 육체적 사랑도 포함된 연애에 당신이 빠졌을 때, 그런 행동은 어머니의 기준에 반항하는 것이었고, 그래서 당신은 죄의식을 느꼈지요.

환 자 : 네……

분석가 : 그리고 나서 당신은 자신을 처벌했지요. 그런데 당신의 조울증 변화가 그렇게 대단치 않았다는 점이 이상하게 생각되는데, 이와같은 초기 훈련과 근면의 윤리 강령에 의해, 그리고 그러한 행동외는 다른 행동을 할 수 없도록 엄격하게 제한 받음으로써 그렇게 피곤한 상태였다면, 당신이 이러한 모든 제한에서 벗어나고, 그것들을 깨뜨렸을 때, 당신으로 하여금 놀랄만한 감정을 느끼도록 하는 이 두꺼운 양심의 층……

환 자 : 그리고 나서 내가 다시 일하러 돌아왔을 때 내가 느낀 점은……

분석가 : 죄의식이 심해졌을 때 당신의 양심이 당신을 쓰러뜨렸겠군요.

환 자 : 맞아요. 그리고 항상 학교에서 기분 좋게 느껴지는 이유가 바로 그 점 때문이라고 생각되요. 나의 개인적 생활과는 대조적으로…… 학교에서 나는 나 자신이 올바르고 훌륭하다고 느끼고 여왕처럼 느껴요. 나는 놀라운 감정을 느껴요. 그것은 무서운 힘이 아닌 강력한 힘에 대한 그런 느낌인데, 나는 파도를 타거나 창작을 하거나, 또는 산책할 때 그런 멋진 감정을 느껴요. 나는 어린이들을 사랑하고 내 자신을 사랑하며 놀라운 감정을 느끼지만 내가 학교를 떠날 때면 이 모든 일들이 나를 괴롭히죠. 나는 첫사랑이 깨졌던 그 해를 기억하고 있는데…… 그것은 죽음 처럼 끔찍하였고, 나는 아무 것도 할 수 없었고, 음악도 들을 수 없었고, 그래서 나는 결혼해야겠다고 생각했어요…….

분석가 : 반동으로 말인가요?

환 자 : 네, 너무나 고통스러워서 나는 더이상 그런 식으로 살 수 없었어요.

분석가 : 나는 그 점을 지나치게 단순화하기를 바라지 않습니다. 그러나 이런 상황을 음악 용어로 이야기 할 수 있다면, 당신의 동기내에는 다양한 주제가 있다고 생각되는군요. 피학증－당신에게 향하는 분노는 물론 어머니의 기준을 위반했다는 죄의식, 사랑의 상실(그것은 당신의 첫사랑이었고 당신은 그것을 얻었으나 지금은 상실한)－이 있습니다. 그래서 이것은 실제로 햇살과 같이 당신의 감정적 갈등이 얽혀있는 지대－최대 저항지대, 감정적 취약부분－에서 당신에게 타격을 준 것입니다. 그점은 모든 사람에게 견디기 어려운 것이긴 하지만, 당신의 성장배경으로 볼 때 그것은 특히 과민한 부분이었지요. 이런 점이 Dalton박사와 이미 작업했던 것에 어떤 새로운 점을 추가했는지 모르겠지만, 그가 이러한 모든 점에 대해 당신을 도울 수 있으리라고 확신합니다.

환 자 : 나는 지금 마치 새로 태어난 것처럼 기분좋게 느껴져요. 내가 여기 들어올 때보다 훨씬 기분이 나아요.

분석가 : 당신이 그렇게 할 수 있다는 점이 대단합니다. 당신도 알다시피,

> 통찰만으로는 모든 점을 해결 하지는 못하지만, 그것은 첫단계입니다. 만약 무엇이 일어나고 있는지를 당신이 알 수 있다면, 당신은 거기에 대해 어떤 일을 할 수 있지요. 마치 당신의 어머니에게 그랬던 것처럼—당신은 이러한 일을 어머니와 함께 이야기하였지요. 만약 어떤 일이 일어나고 있는지 당신이 모른다면 당신은 그런 상황에 의해 지배받게 됩니다. 그러나 우리는 이제 여기서 멈추어야겠군요.
>
> 나는 당신이 음악을 전공하는 것을 기쁘게 생각합니다. 당신이 문제를 가졌던 첫번째 음악가는 아니지요…… 당신에게는 좋은 동료들이 있어요. 당신도 알다시피, 베에토벤은 귀머거리였고, 자살의 시련을 겪었어요. 그는 실제로 우울했었고, 들을 수 없었어요. 그리고 음악이 그의 생활의 전부였어요. 당신이 그의 편지를 읽어 본 적이 있는지 모르겠군요. 그는 결심했어요. "아니야, 나는 맹세코, 이 불행이 나를 쓰러뜨리게 내버려두지 않을거야, 나는 자살하지 않고 살아갈 뿐만 아니라, 나의 음악과 함께 앞으로 나아가겠다."
>
> 그 결과 그는 첫번째 심포니를 작곡하였지요. 그는 설흔살이 될 때까지 작곡하지 않았어요. 행운이 있기를 바랍니다. Elsie.

여러분이 알고 있으리라고 믿어지지만, 이것은 "훌륭한 자아"이다. 그녀는 현실을 지각하는 훌륭한 힘을 가지고 있고, 이성의 힘을 갖고 있으며, 행동과 실천적 기능을 통제하고 있었다. 여기에 더하여, 여러가지 일거리가 있었다. 그녀는 음악적 재능을 갖고 있었으며, 그녀의 일을 사랑하고 있었으며, 이는 누구나 좋아하는 그런 사례이다. Dalton 박사가 이 환자를 나에게 소개하였을 때, 나는 놀랐다. Elsie를 아름답다고 얘기하는 것은 조금도 과장된 얘기가 아니다. 그녀는 단순하고 우아하게 옷을 입고 잘 치장하고 있었다. 그녀의 태도는 유쾌하였다. 그녀는 자신을 소개할 때 뿐만 아니라 면담 동안에도 내내 미소지으면서 침착한 태도를 보였다. 그리고 20명의 수련의들이 주목하고 침묵하면서 경청하고 있는 것을 알지 못하고 있는 것처럼 보였다.

나는 면담 처음부터, 이렇게 침착하고 매력적이고 매혹적인 여인에게서 어떤 종류의 역동이 나올것인지 궁금하였다. 나중에 역동의 일부가 드러났을 때, 나는 많은 수련의와 관찰자들이 이와같은 매력 이면의 Elsie 인격의 복잡한 무의식적 기제를 알아차릴만큼 충분하게 빈틈없이 주의를 기울이고 있었을 것인지 의심스러웠다. 분명히 나나 어느 누구도 우리의 이야기에서 무슨 이야기가 나올지, 우리가 어떤 종류의 미지의 세력을 노출시킬 수 있을지 미리 상상할 수는 없었을 것이다. Elsie는 자신을 지키는 훌륭한 방어를 가지고 있었는데, 이는 다른 사람과 친밀해짐으로써 자신의 내적 좌절을 충족시키려 하거나, 이런 좌절들이 심해졌을 때 다른 사람들에게 화를 내고 자신의 적개심을 터뜨리거나 자살 충동으로 자신의 좌절감을 다른 사람에게 전가하는 경우와는 다른 방어였다.

8

아동기양식에 이르는 왕도, 치료 초기의 꿈, 열가지 또는 그이상

정신치료 작업에서 주요 문제는 어떻게하여 환자에 대한 간결한 심리 진단을 내리는가이다. 형식적인 진단용어는 대부분 기술적인 수준에 머무르며 개별적 사례에 충분할 만큼 특정적이지 못하다. 각 환자의 정신병리의 윤곽을 부각시키려면, 정신역동적, 경제적 용어에 의한 진단적 진술이 갈등과 자아상태 뿐만 아니라 심리구조의 주요 부분을 전달해 주어야 한다. 이 장은 이러한 시도를 예시해 준다.

환자 자신의 심리적 통찰을 시사해주는 환자의 최초의 대화내용과 초기 꿈의 중요성이 잘 알려져 왔다(Freud, 1909). 말 그대로 기록된 분석 면담에서 사례의 발생적 정신역동의 공식화를 추출해 내려고 시도하면서, 우리는 초기 면담과 꿈들에서 제공되어지는, 시간이 절약되는 지름길을 발견하였다(Saul, 1940). 이러한 경험은 분석의 초기 꿈들이 흔히 사례의 핵심을 제공해 준다는, 일반적으로 인정되어진 관찰결과를 재확인하여 주었다. 이러한 결과는 많은 사례들의 분석 후기과정에서, 또한 여러 다른 사례들의 전체 꿈 연구에서 증명되어 졌다. 실제로 가장 정확하고 완전한 공식화는 전체 사례와 모든 꿈들을 검토한 뒤 초기 꿈으로 되돌아 감으로써 얻어질 수 있다. 그러나 이런 방법은 시간이 걸리며 보다 손쉬운 방법으로는 최초의 10가지 또는 15가지 꿈만으로도 만족할 만한 공식화가 내려질 수 있다. 이 꿈들은 흔히 계시적인데 그 이유는 아직 이 꿈들이 전이와 해석, 저항의 자료에 의해 영향받지 않은 상태이기 때문이다.

모든 사례에서 적절한 공식화가 구해질 수 있는 것은 아니며, 꿈들이 적절하게 잘 이해된 경우에만 가능하다. 저항이 지나치게 강하거나 자료가 너무 혼란스럽거나 충분히 체계화되지 않은 경우는, 실제적인 체계적 공식화가 가능하지 않다. 그러나 이러한 경우는 예외적이다.

과거력과 현재 상황에 대한 유용한 정보가 수집된 후 초기 10가지 꿈이 하나 하나 검토되고, 필요하다면 그 이상의 꿈들이 연상에 따라 검토된다. 가능한 한 철저하게 꿈들이 이해된 다음, 꿈에서 드러나는 주요 경향성에 대한 공식화가 시도되어야 한다. 각 꿈마다 이러한 경향성이 기록된 후, 공통적인 주요 특징을 알아보기 위해 모든 꿈과 주요 경향성의 기록이 검토된다. 이 과정의 목표는 주요 경향성에 대한 공식화를 탐색해 보려는 것이며 모든 꿈에서 드러나고 있는 이러한 경향성의 상호관계를 알아보려는 것이다. 여러 다른 심리상태에서의 꿈 유형에 대한 연구가 여러 연구자들에 의해 행해졌다(Hitschmann, 1935).

모든 꿈들에는 상당히 다양한 자료가 내포되어 있기 때문에 어떤 특징에만 관심을 제한함으로써 공식화 영역을 제한하는 것이 도움이 된다고 입증되어 졌다. 개개 꿈들이 가능한한 철저하게 검토되지만, 과거력과 생활장면, 연상에 비추어 꿈의 현재몽 내용 가운데 가장 명백한 경향성만이 해석되어진다. 너무 깊은 자료나 현재몽에서 단지 희미하게만 암시되는 그런 자료들을 해석되지 않는다.

두번째로 고려되어야 할 점은 현재몽 가운데 꿈 꾼 사람의 인격이 담당하고 있는 역할에 주의를 기울임으로써 억압의 종류나 정도, 자아상태에 대해 알게 된다는 것이다.

세번째로 고려되어야 할 점은 갈등해결에 의한 충족, 투쟁-도피반응(적개심과 퇴행)의 종류와 정도를 내포하고 있는 갈등상황이 검토되어져야 한다. 특히 이러한 점들이 현재몽 내용에 나타날 때 주목되어야 한다.

이와 같은 점들을 포괄하는 공식화는 정신역동적 진술과 진단의 일반적 목적에 적합하다. 물론 모든 사례와 꿈에는 밝혀지지 않은 문제들이 있기 때문에 공식화가 결코 완전한 것은 아니다. 특정한 검토를 위해 부가적인 공식화가 요구된다. 예를 들면 주는 것과 받는 것 사이의 균형과 같은 특정한 요인을 강조하는 경우이다.

어떤 사례에서든지 주요한 아동기양식을 포함하는 기본 정신역동을 이해하기 위해서는 단지 "고르게 주의를 분배하는(*evenly hovering attention*)" 이상의 작업이 분석가에게 요구되어 진다. 분석가가 시간 시간마다의 면담 내용을 분석하는 방법외에 환자를 이해하는데 도움이 되는 다른 두가지 방법이 있다. 첫번째 방법은 이미 토의된 바와 같이 6세까지의 주요 감정양식을 검토하는 것이다. 두번째 방법은 치료 초기의 꿈을 검토하는 것이다. 첫번째 방법은 한시간이나 그 이상의 분석시간이 요구되어지며 또한 자세한 기록이 요구되어 진다. 두번째 방법은 치료 초기 10번째까지의 꿈과 연상이 기록되어져야 한다. 이러한 분석가의 부가적인 노력의 결과로 환자의 주요 정신역동이 이해되어 지고, 이러한 이해에 따라 정규적 치료가 진행된다면, 치료가 단축되고 치료 목표가 보다 안전하게 달성되는 보상이 주어지게 된다.

다음에 제시되어지는 꿈들은 정신분석 외의 목적, 즉 고혈압 환자의 연구 목적 수집되어진 것이었다(Saul, 1940). 따라서 이 꿈들은 보다 더 객관적이고 유용하다고 볼 수 있다. 첫번째 환자 Maxwell Clark는 40대의 성공한 사업가로서 개인회사를 경영하고 있었다. 아동기 때 그의 어머니는 성적으로 매혹적이었고 소유욕이 강하고 엄숙하고 지배적이고 통제적이었으며 그녀의 사회적 야망을 위해 환자를 이용하였고 남편보다 아들을 더 좋아하였다. 환자의 누이는 한번도 어머니로 부터 벗어나 본 적이 없었으며 마치 어머니의 노예처럼 지냈다. 낮은 사회계층 출신인 그의 아버지는 잔인하였고 술을 과음하였는데 그는 술을 마심으로써 부인의 지배에 반항하고 있었다.

첫번째 꿈(8회 면담때 보고됨)에 앞서 7회 면담이 진행되는 동안 연상된 내용은 금지된 성적 상황에 대해 벌을 받을거라는 두려움에 관한 것이었다. 이러한 연상들의 일부는 다음과 같다(첫번째 연상은 초기 기억이다). 다섯 살 때인가 그는 어머니, 누이와 함께 침대에 누워 있었는데, 성적인 호기심을 가지고 그들에게 접근하였다가 두려움 때문에 멈추었다. 14살 때 그는 한 소녀의 다리를 만지려는 찰나 어머니에게 들켰다. 한번은 어떤 여인과 호텔에 들어 갔는데, 호텔직원이 두려워서 그는 숙박부에 서명할 수 없었다.

초기 꿈들에서 환자의 심리적 경향성이 보다 확실해질 것이다. 거의 대부분의 꿈에서 내용이 생략되고 변경되어지면서 전형적인 상황이 반복적으로 일어난다. 즉 환자는 직접적이거나 또는 승화된 성적인 상황속에서 한 여인과 함께 있는데 다른 사람 —대부분 남자—을 두려워하거나 때로는 그 사람에게 도전하기도 한다.

역동의 공식화를 위해서는 최소한 열가지 꿈을 이용하는 것이 좋다고 증명되어 졌으며 이 사례에서는 열가지 꿈이 이용되어졌지만 간결한 여섯가지 꿈만으로도 이 사례의 핵심이 충분히 노출되어질 수 있었다. 나는 현재몽의 내용만으로도 정신역동이 밝혀질 수 있는 그런 사례를 선택하고자 하였다. 그러므로 연상을 충분히 다루지는 않았다. 완전히 해석하려고 시도하지 않았으며 단지 주요 경향성만을 명료화하고자 하였다.

꿈 1*

(a) 환자는 분석용 카우치에 누워 있다. 그 옆 의자에 앉아있는 분석가는 "이야기하라!"고 말하면서 마치 축구감독처럼 그를 독촉하고 그에게 압력을 가하고 있다. 환자는 이 점에 대해 분개하지 않는다.

(b) 환자는 C양과 함께 극장안에 앉아 있다. 세명인가 네명의 남자들이 망원경으로 노출된 그녀의 가슴을 훔쳐보고 있다. 환자는 이에 대해 대단히 분개한다.

연상은 환자가 C양과 은밀한 관계를 맺고 있음을 나타내며 그는 이 관계를 그만 둘 것인지, 아닌지에 대한 회의와, 이에 따른 불안으로 고통스럽다. 첫번째 꿈(a)에서의 전이 의미는 그는 고백하기를 주저하고 있고 분석가가 그를 격려해 주기를 바라고 있다. 두번째 꿈(b)은 감추어진 것을 분석가가 보는데 대한 저항이 나타나고 있다. 첫번째 꿈은 보여지고 있는 어떤 것, 명백한 성적인 것에 대한 저항을 나타내고 있으며 C양과의 은밀한

* 꿈의 일련 번호들은 분석에서 제시된 순서를 나타낸다.

사랑을 고백하도록 유도하고 있다. 이 애정관계는 너무 불안하여서 이 관계를 끊어야 하는지, 이 문제로 그는 고통스러워 하고 있다.

꿈의 첫번째 부분은 한 남자에 대한 수동적 복종을 나타내고, 고백에 대한 망설임을 나타내며(카우치에 누워있고 분석자에게 독촉받고 있다) 이러한 상황은 환자가 부정하고 있는 분노를 야기시키고 있다. 두번째 부분에서 한 여자에 대한 이성애적, 구강적 애착을 포기하는 경향성이 보여지며 여성과의 동일시가 드러나고 있다. 환자는 반동적 반응, 분노를 보이고 있다.

꿈 2(악몽)

환자는 C양과 함께 침대에서 성교하려는 생각없이 잠들려는 순간이다. 청교도적인 사업가 미스터 O가 환자를 방문하였는데 환자는 방에 누워있는 것이 C양이라는 사실을 미스터 O가 알지 못하도록 C양을 감추려고 애쓴다. 그는 무지무지한 공포를 느끼고 울려고 하지만 울 수 없다.

연상에서 환자가 증오하고 두려워하고 반항하는 아버지상, 그의 상사가 드러났다.

이 꿈은 아마도 이 환자의 가장 전형적인 꿈인 것 같다. 이 꿈에서 그는 금지된 성적 상황을 들키고 나서 강한 두려움을 느낀다. 환자는 그의 적개심을 아버지상에게로 투사하고 있으며 아버지상에 대한 피학적 소망 때문에 여성과의 관계가 마비되고 방해받게 된다. 그리고 이 아버지상은 첫번째 꿈에서처럼 바라보는 형태로 다시 등장한다. 이와같이 바라보는 행위는 그가 동일시하고 있는 여성에게로 향해지고 있다. 전이 의미는 명백한데 분석가에게 이 연애사건을 숨기려는 것이다. 환자는 분석가가 그의 아버지나 어머니처럼 청교도적이고 감시적이고 처벌적일거라고 예상하고 있다.

꿈 3

어떤 속좁은 교인이 그에게 송어(이 송어는 여성이며 그의 아내와 딸이다)를 요리하도록 부탁하였다. 그는 요리 준비를 하고 있었으나 불속에 송어를 떨어뜨렸고 그리고 나서 자신을 책망하였다. 그는 이 송어가 비싼 만큼 맛이 있을까 궁금하였다. 송어는 불에 타서 재가 되어 버렸다. 그리고 나서 그 자리에는 진보적인 성과 매춘에 관한 책들이 있었다.

또 다시 엄격한 초자아와 성의 대립이 분명히 드러나고 있다. 또한 나타나고 있는 주제는 복종 및 의무에 대항하는 적대적인 항변이다. 그는 송어에 대해 아내의 호사스런 미각을 연상하고 ,그리고 그녀를 없애버리고 싶고 그녀에 대한 그의 의무에서 벗어나고 싶다는 자신의 강렬한 적대적 소망을 연상해 낸다.

이 꿈에서 환자는 어머니에게 복종하기를 거부하고 있으며 그의 어머니는 교회에 다니는 사람으로 나타나고 있는데 실제로 어머니는 그를 위해 아내를 선택해 주었고 아내에 대한 의무를 그가 다하도록 바라고 있다. 그의 반항적인 분노가 아내에게로 돌려짐으로써 그는 아내를 없애고 싶어하고 이에 따라 죄의식을 느끼고 있다(실제로 그는 아내와 이혼하였다). 그는 합법적인 성에 대해 도전하고 부정행위를 바라고 있다.

꿈 6

그는 여성 출입이 허용안되는 남성 전용 크럽의 승강기속에서 어떤 뻔뻔스런 여인을 만났다. 이 꿈에서 환자는 다시 금지된 성적 상황속에 있다. 그는 남성들에 대한 두려움 때문에 여성에 대한 감정을 억제하며 동시에 여성과 같이 있음으로써 남성들에게 도전하고 있다. 그는 자신이 뻔뻔스러워질 것 같으며 그러나 이 점이 두렵다고 이야기했는데 여기서 여성과의 동일시가 어느 정도 드러나고 있다.

꿈 7

환자는 C양이 통증으로 소리지르는 것을 듣고 있다. 그는 잘 아는 의사가 있느냐고 물으려고 그녀에게 가까이 가려고 했지만 그의 아내가 이를 막고 있었다.

이 꿈은 여자들과 데이트하는 것을 그의 어머니가 방해하는 상황에 대한 또 다른 분노이다. 또한 여성에 대한 그의 적대감을 보여주며 분석가와 의사에 대한 연상에서 여성에 대한 그의 피학적인 동일시가 나타난다. 이러한 점이 그의 연상에서 명백해 졌고 나중에 꿈에서 분명해 지는 내용을 예고해 주고 있는데 환자는 분석가에게 느끼고 있는 적대감을 여성에게로 돌렸다(원래 어머니에게로 향했던 적대감).

꿈 9

C양이 분석가의 위치에 있으며 환자의 뒤에 있다. 그는 그녀의 손님이다. 그녀는 거의 아무것도 입지 않고 환자에게 기대고 있다. 그는 행복하다.

이 꿈에서 환자는 그의 여인과 산책하면서 자신의 아내처럼 되지 말라고 그녀에게 이야기 하면서 우울했다고 연상했는데 앞서의 자료가 보여주듯이 그는 아내를 어머니와 동일시하고 있다.

이 꿈에서 아름다운 여인이 분석가와 대치되고 있는데 초자아와 여성사이에 갈등이 있으며, 갈등의 해결책은 여성과의 동일시 방식으로 구해지고 있다. 이런 형식의 꿈은 이 환자에게 흔하지 않다. 환자는 해결되지 않은 불안한 갈등상황속에서 꾸었던 다른 꿈과는 달리 이 꿈에서 더 많은 충족을 자신에게 허용하고 있다. 연상에 보여주는 바와 같이 이러한 충족은 절충적인 해결책이다.

현실에서와 같이 그는 꿈에서도 벗어날 수 없는 남성, 아버지상에 대한 두려움 때문에 여성(어머니나 누이상)에게 성적으로 공격적인 상황이 전개되면 마비되어 버린다. 그는 수동적인 여성에 대해 수동적이거나 억제적이거나 또는 거부적이며 환자나 여성 혹은 두 사람을 관찰하거나 위협하는 남자에 대해 수동적이다. 이러한 현재몽 장면들은 유혹적인 어머니에 대한 환자의 성적인 매료와 아버지에 대한 두려움을 부분적으로 나타낸다. 동시에 어머니의 지배에 대한 그의 적대적인 반항을 나타내는데 그는 이러한 저항을 여자뿐만 아니라 남자들에게도 전이하고 있다. 그의 여성에 대한 적개심은 어머니에 대한 적개심이 다른 여성에게로 전치된 것이며 남성들에 대한 그의 경계심은 아버지와의 경쟁심이 전치된 것이다. 또한 해결책의 부재가 전형적이다. 그는 (1) 여성과의 동일시, 자존심의 상처 및 분노없이는 복종할 수 없으며 (2) 참을 수 없는 불안없이는 반항할 수 없으며(성적으로나 다른 면으로) 자유를 발견할 수 없다.

이와같이 치료 초기의 현재몽은 연상 없이도 환자의 무의식을 볼 수 있는 통로를 제공해 주는데 분석가는 이 통로를 통하여 오랜 시간의 연상에서 볼 수 있는 것 보다 더 단순하고 명료하게 극적인 형태로 정신역동을 볼 수 있다. 일상생활과 전이에서 나타나는 미로와 같은 환자의 반응 가운데서 꿈은 매우 효율적으로 그리고 편리하게 정신역동의 핵심을 드러내 보여준다. 환자는 일상적인 외부상황에 대한 반응들 대부분을 잠자면서 일시적으로 벗어 던져 버린다(이러한 수 많은 외부 조건에 대한 반응 때문에 연상이 복잡하게 된다).

또 다른 환자의 초기 꿈은 방금 기술된 환자와 거의 동일한 전형적인 상황을 보여준다(Alexander, 1959). 두가지 꿈이 다음에 제시되어질 것이다.

꿈 1

환자는 호텔에서 어떤 여자와 함께 있다. 그는 다른 사람들의 눈에 띄일까봐 개방된 방을 피하고 그렇지 않은 방으로 그녀와 함께 갔는데 그 방에는 한 남자가 카우치 위에 누워서 잠들어 있었다.

그는 여자에 대해서는 부정한 성관계를 연상했고 남자에 대해서는 산업스파이를 연상했다.

따라서 이 꿈은 첫번째 환자에 의해 보여진 것과는 다소 차이가 있는 위치에서 동일한 갈등을 보여주고 있다. 그는 금지된 여자와 함께 있는 것을 남자가 볼까봐 두려워서 아무 것도 하지 않는다.

꿈 2

그는 상사와 유명한 어떤 여자와 함께 있다. 그는 비밀로 술을 마신다. 그는 그 여자가 자기와 함께 있기를 원한다고 생각하여 상사를 따돌리는데 성공하지만 환자는 상사가 술 마시는 자기 모습을 볼까봐 두려워한다. 역시 아무 일도 일어나지 않는다.

이 환자 역시 남자와 여자가 함께 있는 상황속에 있으며 남자에 대한 두려움 때문에 여성에 대한 성적 감정이 억제된다. 어두운 장소에 대한 선호경향성, 처음으로 부모의 성교장면을 보았던 경험과의 연관성, 그리고 남자와의 동일시와 여자와의 동일시가 분명하다. 그러나 이 환자는 술을 마심으로써 다소 충족을 얻는데 초기 꿈들에서 주로 이성관계에 대한 대치로서 음주가 나타나며 그리고 아버지에 대한 도전으로 음주가 나타난다.

Roy Grinker 박사는 앞서의 두 사례와 유사한 핵심적 갈등을 겪고 있는 한 남자의 꿈을 나에게 제공하여 주었는데 다음과 같다.

꿈 1

환자는 무슨 일로 불쾌한 상황에서 한 기혼여성의 집으로 가서 그녀와 성교를 하려고 한다. 그는 옷을 벗는데 애를 먹는다. 그때 그녀의 남편이 들어오고 그리고 나서 환자의 어머니가 들어온다.

꿈 2

환자는 가슴이 빈약한 금발머리의 여인과 이야기하고 있다. 그가 데이트를 청하자 그녀는 그에게 기대었는데 이 때문에 그녀의 가슴이 그에게 닿았다. 성적으로 흥분되어 그는 겉옷과 조끼를 벗고 있었는데 그때 그는 한 무리의 권위있는 남자들이 식당에 있는 것을 보았고 그 자리에서 움직일 수 없게 된다.

여기에서도 우리는 환자가 아버지상에 대한 두려움으로 성적 상황에서 마비되는 것을 본다. 구강적 요소, 특히 젖가슴의 부분 역시 앞서의 사례들과 유사하다.

한 젊은 여인이 분석 초기에 이 꿈들을 제시하였다.

꿈 1

나이든 한 남자에게서 여자들이 저녁식사 초대를 받았으나 환자는 초대받지 못했다. 아버지에 대한 여동생과의 구강적 경쟁—수용받고자 하는 욕구의 좌절

꿈 2

한 소년이 환자에게 침을 뱉는다.

피학적, 수용적으로 더럽혀 짐.

꿈 3

환자가 어떤 소녀와 연필 때문에 싸우다가 싸움을 중단할 때 한 남자교사가 옆에 서 있다.

아버지로 인한 여동생과의 경쟁—좌절

환자는 구멍이 뚫리고 더러운 물이 흐르는 가방을 가지고 있다.

피학적, 수용적으로 더럽혀 짐.

꿈 5

환자가 누군가를 위하여 짐꾸러미를 골라낸다. 남에게 주는 것이 어느 정도 억제되어 있음.

공식화 : 애정을 받으려는 경쟁(아버지를 놓고 여동생과 경쟁)은 항문기 수준의 적대감(더럽히는 것)을 야기시키고 이에 대한 죄의식으로 인해 다음과 같은 결과가 발생되었다. (1) 과잉 보상적인, 그러나 다소 억제적인 베푸는 행위, (2) 환자에게로 적개심이 되돌려짐(피학적으로 더럽혀짐). 이와 같이 피학적으로 더럽혀지는 경향성, 수용적인 경향성은 수용되고자 하는 소망을 심하게 억제한다.

사례를 공식화하는 이와같은 방법은 환자가 공개되지 않고 단지 연구 목적으로 정신분석 사례의 기록만이 제시될 때 특히 유용하다. 여기서 이러한 공식화는 특히 가치있는 방식임이 입증되고 있는데 왜냐하면 기록들이 너무 방대하여 그 기록을 모두 읽자면 시간이 너무 많이 소모되기 때문이다. 간략하게 기술된 이 장에서 다른 공식화는 포함되어지지 않는다.

우리는 유사한 핵심적 갈등이 약간 다른 상태에서 나타나고 있는 경우들을 흔히 볼 수 있다. 예를 들면 한 남자 환자는 빈번하게 성적 상황에서 방해받는 꿈을 꾸었다. 그는 음식을 날라다 주는 여성에 의해 자주 이러한 방해를 받았고 꿈은 그녀와의 만족스러운 구강적 관계로 종결되었다. 다른 사례들에서는 이전의 여자 환자의 갈등처럼 핵심적 갈등 자체가 다르다. 앞에서 보고된 사례들의 꿈에서 한가지 특징은 적개심과 성욕의 위치인데 이 모두는 항상 자극되고 있으며, 비록 표현되기 직전이기는 하지만, 계속 좌절되고 있다. 그러므로 이 방법은 다른 정신신체증상과 정신신경증에서 핵심적 갈등과 그 위치를 비교하는 편리한 방법이다.

이제까지 진술된 내용을 요약하면 다음과 같다.

1. 대략 초기의 10가지 꿈과 그 연상을 분석하고 갈등상황의 공통적 특징, 자아의 역할, 방어방식을 검토하고 명백한 자료에 대한 해석을 내림으로써 대부분의 사례에서 환자의 주요한 심리적 특징을 분별하는 것이 가능해 진다.

2. 그러므로 이 방법은 여러 정신신체증 상황과 정신신경증 상황에서 그 핵심적 갈등과 위치를 비교할 수 있는 편리한 방법이다.

References

Alexander, F. (1959): Psychoanalytic study of a case of essential hypertension, *Psychosomatic Medicine* 1(1):159.

Freud, S. (1909): Notes upon a case of obsessional neurosis, *S.E.* 10, p. 158.

Hitschmann, E. (1935): Beitrage zu einer Psychopathologie des Traumes, II. *Intl. Ztschr. f. Psa.*, XXI, p. 430.

Saul, L. (1940): Utilization of early current dreams in formulating psychoanalytic cases, *The Psychoanal. Quart.* 9:453–469.

9

치료중의 다른 꿈들

꿈으로 부터 기본 갈등상황을 공식화하는 것은 연구 목적을 위해서 가치있을 뿐만 아니라 여러 사례의 실질적 이해와 조정을 위해서 가치있으며, 강한 저항에 의해 기본 갈등이 가리워져 있는 경우는 더욱 그러하다. 꿈속에서 여러 변형된 내용으로 나타나는 주요 갈등상황을 알아보기 위해 꿈이 검토됨으로써 주요 문제가 보다 명료한 초점속에 드러나게 되며(주요 갈등을 다루는 환자의 다양한 방법이 함께 이용되면서), 이에 따라 분석가는 다른 방법으로는 성취하기 어려운 기본 갈등에 대한 통찰을 얻게 된다.

Ⅰ. 기본 갈등의 공식화를 위해 꿈이 이용된 예로서 Cyril Mitchell 사례가 간단히 소개될 것이다.

두살부터 서너살까지 아직 어린애였을 때 Cyril은 이웃 집에 사는 놀이 친구에게 계속 구타 당하였다. 이러한 경험으로 그는 불안을 느꼈고 어머니에게 강하게 의지하게 되었다. 그 결과 고착이 형성됨으로써 성인이 되고 출세가도를 달릴 때 그는 강한 퇴행의 감정을 느끼게 되었다. 분석이 진행되면서, 그는 두가지 꿈을 보고하였다.

첫번째 꿈에서 아직 결혼한지 일년밖에 안된 그의 젊은 아내가 그와 이혼하려고 하였다.

두번째 꿈에서 그는 멕시코 군대에게 잡혀서 감옥에 감금되어 있었는데 그 군대가 허술하여 그는 도망할 수 있었다. 그는 동굴에서 피난처를 발견하였으나, 그 동굴속에는 공룡이 있었다. 그때 그는 공룡과 이야기할 수 있음을 깨달았고, 그는 공룡이 이성적인 동물임을 알았다.

멕시코 군대와 감옥에 감금되어 있다는 내용에 대해 그는 고등학교때 감옥에 갇혔던 경험을 연상하였다. 공룡에 대해서는 이성적이지만 동시에 위협적인 분석가를 연상하였다. 위협에 대해서는 누구든 타인에게 지나치게 의존적으로 되면 타인의 지배를 받게 된다는 점을 연상하였다. 동굴은 그에게 아동기와 놀이, 어머니를 회상시켜 주었고, 또한 기회있을 때마다 집에서 어머니와 함께 지냈던 일을 회상시켜 주었다. 꿈의 요지는 그가 성인생활의 책임을 벗어나고자 원한다는 것이었다. 그는 아내에 대한 책임으로부터 벗어나고자 하는 꿈을 꾸었고, 또한 경제적으로 자립하고, 독립하도록 훈련받는 학교에 다니면서 직업적인 책임을 감당하는 상황으로부터 벗어나고자 하는 꿈을 꾸었다. 그는 결혼과 직업의 모든 책임으로부터 도피하고자 하였고, 과거로 되돌아가서 어머니에 의해 보호받는 어린 아이가 되고자 원하였다. 그는 실제로 생활의 목표를 정하는데 도움을 받았고, 보다 더 독립적으로 되고자 분석가와 함께 분석을 하고 있는 상황에 있었다. 그러므로 그의 눈에는 분석가가 위협적인 존재로 비쳐지고 있었다. 물론 나 자신은 환자의 초자아에 동조하지 않는 것이 현명하다는 것을 알고 있었다. 부인과 학업을 포기하는 일은 그의 인생을 망치게 할 것이며 신경증적 장애를 초래할 것이라는 해석이 불가피하였다. 여기서 우리는 환자의 아동기 양식이 꿈에 반영되고 있음을 보는데, 이 사례에서는 두가지 꿈으로 분산되어 나타나고 있다. 또한 꿈이 아동기 양식을 어떻게 확인시켜 주는가를 알 수 있다. 꿈속에서 적개심이 분명하게 드러나고 있다. 이 기간동안 환자는 그의 어머니와 아내 모두에게 신경질을 부리고, 안달하고, 때로는 잔인하게 대함으로써 강한 분노를 표현하였다. 적개심이 일어나는 이유는 이러한 감정이 그의 투쟁－도피반응의 일부였기 때문이었다.

그는 아내와 직업에 대한 책임을 벗어던지고 싶다는 유혹을 느끼는 한편, 이러한 도피 소망에도 불구하고 그런 책임을 계속 이행하고 있고, 이러한 책임을 맡아야 하는 자신의 입장에 대해 분노를 느끼고 있었다(책임"에 대한 장을 참고할 것).

II. 몇년전, Q양의 꿈이 두드러기의 정서적 요인 연구를 위해 기록되어졌다(Saul, 1941). Q양에게 두드러기가 나타나던 당시의 꿈이 면담에 포함되어 있었다. 그러므로 기록의 원래의 목적은 아니지만, 꿈이 어떤 일관된 양식을 나타내는지를 알아보기 위해 연속적인 꿈이 기록되어 있는 환자의 면담기록을 검토해 보고자 한다. 꿈들은 방금 기술된 환자의 꿈과는 상당히 다른 양식으로 나타나고 있으며, 실제 또한 그러하다. 이 기록은 우리가 여기서 검토하고 있는 현상에 대한 또 다른 예를 보여줄 것이다. 환자의 꿈에서, 특히 분석 초기에 나타나는 환자의 꿈에서 초기 아동기에 형성되어진 기본 양식과 그 외양과 세부적인 점들이 변형된 양식으로 나타나고 있다.

다음은 원래의 기록으로 부터 추출된 것이다.

Q양은 쾌활하고 약간 살이 찐 20대 중반의 여성이다. 그녀는 일시적으로 온몸에 심한 두드러기가 나고 특히 얼굴과 눈 부위에 두드러기가 났는데, 이 증상은 일반적으로 인식되어진 특정한 알러젠에 대한 전형적 반응이 아니었으며, 집중적인 피부검사, 알러젠이 제거된 식사, 알러젠이 제거된 방, 등의 철저한 검사 및 치료에서 어떤 단서도 발견되지 않았다.

한편으로 그녀는 감정적으로 흥분되어 있었다. 그녀는 편두통, 무월경증, 대식증 경향, 무력감, 악몽, 불안증으로 고통받고 있었다. 그녀는 모든 이러한 문제들을 그녀의 "과민성" 탓으로 돌렸다

생활경험과 반응

그녀의 어머니는 이혼하고 난 다음 그녀의 아버지와 재혼하였는데 이때 그들의 나이는 스물살이 되지 않았었다. 환자가 한살 반일때 여동생이 태어났고 소문에 의하면 두살 때 어머니는 아버지의 구타로 사망하였다고 한다. 곧이어 아버지는 이혼녀와 재혼하였고 환자가 네살 때 아이들은 고아원에 각기 보내졌다. 일년 뒤 1917년 아버지는 징집을 면제 받기 위해 아이들을 다시 집으로 데려왔다. 그는 항상 비합법적이고 음성적인 기업에 참여하였고, 몇번 감옥에 가기도 하였다. 환자는 여섯살이 될 때까지 계모에 의해 양육되었다. 그러나 계모는 환자가 하지 않은 일(예를 들면 가구를 망

가뜨렸다든가)로 환자를 비난하기 시작하였고, 아버지로 하여금 환자의 고백을 받아 내도록 강요하였다. 아버지는 이 일을 성적인 냄새가 풍기는 잔인한 방법으로 처리하였다. 그는 환자의 옷을 벗기고 부지깽이로 그녀에게 화상을 입히고, 목욕탕 욕조속에 그녀를 처넣기도 하고, 겨우 몸만 가린 누더기를 입혀 밖에 나가도록 강요하는 등등의 방법을 취하였다. 환자가 호소한 바와같이 이러한 취급은 그녀가 아버지로부터 받은 유일한 관심의 표현이었다. 아이들이 자라 일을 도울수 있게 되자 곧 아이들은 아버지의 식당과 매춘굴에서 잡일을 하게 되었다. 그들은 자신들이 학대받고 고되게 일하고 있음을 알았고, 이웃의 배타적 태도와 낙이 없음을 알고 있었다. 아이들은 좋은 어머니와 좋은 아버지를 간절히 원하였다. 폭력과 난잡한 성에 노출된 채 그들은 의심많은 다른 부모들에 의해 또래 아이들과의 교제가 금지되어 졌는데, 다른 부모들은 성행위에 대해 이 아이들을 비난하였고, 만약 다른 아이들과 함께 있는게 발각된다면 그들을 쏘아버리겠다고 위협하였다. 환자가 열한살 때 환자는 세번 자살 시도를 하였다*.

열두살 때 그녀는 이웃 도시에서 직업을 얻는데 성공하였다. 첫 봉급으로 그녀는 아이스크림을 사서 먹는데 다 써버렸다. 일을 열심히 하여서 그녀는 여동생을 데리고 와서 함께 살았고, 여동생이 학교에 가도록 도와 주었다. 환자는 비서직에 유능하였고, 여동생이 스물 두살이 되어 결혼할 때까지 그녀를 돌보아 주었다. 여동생이 결혼하자 환자는 무섭게 외로웠다. 그녀는 같은 나이 또래의 N양의 도움을 받았는데 N양은 환자를 자기 집으로 데리고 가서 가난하고 감정적으로 긴장된 자기 가족과 함께 살게 하였다. 이 즈음 환자는 그 나이또래의 젊은 남자와 사귀고 있었는데 그녀는 이 남자와의 우정에 의지하게 되었으나 이 남자는 성적인 요구가 없었으며, 그의 경력과 결혼에 대한 열망에도 불구하고 결혼을 가능하게 해줄 직장을 발

* 한번의 자살 시도는 매우 심각하였다. 이 자살시도로 그녀의 팔과 손목이 잘려져서 다섯바늘을 꿰매야 했다. 이전에는 과산화수소를 마셨고, 다른 경우에는 한 병의 검은 알약을 삼키고 자살시도를 하였다. 세살 때 그녀는 문에서 넘어져 다리를 다쳤고, 열살 때 뛰다가 넘어지면서 다친 다리에 아직도 깊은 상처가 남아있다.

견할 수 없었다.

환자는 어린 시절의 더럽고 문란했던 환경을 극복하고자 끊임없이 투쟁하였으나 단지 부분적으로만 성공하였다. 그녀는 게이 식당에서 춤추는 훌륭한 왕자 애인에 대해 공상하였고, 야간 학교, 연극 집단, 토론 집단 등에 참여하면서 자신을 발전시키기 위해, 맹렬히, 그러나 자신을 억제해 가면서 노력하였다. 그러나 꿈에서 그녀는 빈번히 아버지를 대표하는 잔인한 남자에 의해 공격 받는 가난한 환경으로 되돌아 가곤하였다. 그녀는 아버지와 완전히 인연을 끊으려고 노력하였으나 그럴 수 없었다. 그녀는 아버지에게 감정적으로 의존하였고, 아버지를 증오하고 두려워하고 사랑하고 동정하였다. 아버지에 대한 피학적 의존 때문에 그녀는 성적으로 억압되고 무감각하였다.

분석 받는 동안 그녀는 한번도 솔직하고 공개적인 성적인 꿈을 꾸지 않았다. 그녀의 성적 욕망은 단지 총이나 큰 지팡이를 든 남자에 의해 추적당하는, 극단적인 피학적 형태로만 나타났고, 한번도 충족되지는 못했다. 항상 희미하게 위장된 아버지상의 남자들이 등장하고 있었다. 그녀의 생각으로는 성에 대한 극단적인 두려움은 그녀의 아동기 경험으로 인한 성훈련의 결여, 성욕이 비열한 것이라는 인식에 따른 성욕의 억압, 그리고 여동생과 계모와 아버지에 대한 그녀 자신의 적개심으로 인한 죄의식으로 부터 비롯된 것이었다. 또한 분석 받는 동안 그녀는 단 한번도 임신과 관련된 꿈을 꾼적이 없었다.

신델레라 이야기와 같은 환자의 과거력은 사랑과 로맨스에 대한 백일몽 외에는 기쁨도, 도피도 가능하지 않았던 불우한 환경속에서 힘들고, 학대받던 아동기를 나타내 준다. 성인이 되어서 그녀는 아동기의 강렬한 소망을 계속 간직하였으나 이러한 소망은 두려움으로 인하여 정상적인 성생활을 통해서 충족 될 수 없었다.

그녀는 수염을 기르고, 이해심이 깊고, 도움을 주는 상류사회의 멋진 남자를 꿈꾸었는데, 그러나 그는 다리가 마비되어, 결코 결혼을 할 수 없다는 것이었다. 그리고 실제 생활에서 그녀는 이와같은 남자에게 의지하게 되었는데 그는 그녀에게 우정을 주고 그녀를 이해하지만 성적인 요구는 하지 않는 그런 남자였다.

1. 10월 5일, 최초 면담에서 환자는 분석 때문에 불안하며, 어머니와 함께 사는 다른 아이들이 부러웠다고 이야기하였고, 약혼자가 직장을 얻게 되면 결혼하게 될 것이며, 그녀의 교육과 아버지가 밀수업자라는 점 때문에 열등감을 가지고 있으며, 과거에 그녀가 보상을 생각치 않고 남을 도와 주었던 식의 도움을 자신이 바라고 있음을 이야기하였다. 주요 주제는 사랑과 도움에 대한 그녀의 절망적인 소망이었다.

2. 일주일 후 그녀는 윗 입술이 부풀어서 왔는데, 아침에 일어나 보니 그렇게 되어 있었다고 이야기하였다. 그 전날 밤 그녀는 꿈을 꾸었다. "아버지가 잘 있거라 하면서 사무실로 왔어요"그녀는 계속 이야기하기를 항상 의사들이 두려워으며, 그들에게 이야기하기가 부끄러웠다고 하였다. 그리고 나서 그녀는 아버지와 어머니의 결혼, 어머니에 대한 아버지의 소문난 구타, 환자를 비난했던 계모의 선동으로 인해 환자를 고백하게 하려는 아버지의 잔인한 행동, 고아원으로 환자를 보낸 일들을 이야기하였다. 연상에 따라 꿈은 아버지에 대한 환자의 갈망과 동시에 아버지를 떠나려는 환자의 소망을 나타내는 것으로 보여졌다. 환자는 마치 분석이 아동기때 고백해야 했던 상황과 동일한 것이냥, 그녀가 아버지에게 경험했던 양식대로 분석가에게 반응하고 있었다. 그녀는 분석가의 도움과 사랑을 원하였으나 아버지처럼 분석가가 그녀를 처벌하고 내쫓을까봐 두려워했다. 여기서 우리는 그녀의 소망과 기대가 일어나지만(이 경우는 분석가에 대한), 그러나 좌절될 것 같다는 두려움이 뒤따른다는 사실을 알게 된다.

3. 한달이 지나면서 환자는 지난 몇주 동안 거의 매일밤 흐느껴 울고 눈물로 벼개를 적시면서 잠에서 깨어 난다고 보고하였다. 이와같이 잠을 깨는 것은 어릴 때 부터 거듭되어 온 반복적인 꿈을 꾼 다음이었다. 이 꿈은 아주 긴 꿈이었고 그 끝부분만 기억되었는데, 그녀가 매혹적인 어떤 사물을 손으로 붙잡으려는 순간 손가락사이로 그것이 빠져 나가버려서 지독하게 실망한다는 내용이었다. 때로 그것은 하얀 출렁거리는 자루속의 어떤 인물이었다. 그 대상은 그녀의 "소망과 야망, 실현될 수 없는 공중 누각"을 회상시켜 주었다. 그녀는 그 인물이 그녀의 어머니라고 생각하였고, 이 반

복적인 꿈은 그녀가 그리워하던 어머니의 사랑에 대한 아동기 갈망을 반영한다고 생각하였다. 이제 그녀는 자신이 가까이 다가갈 수 없는 어떤 사람에게 가까이 가려고 하고 있는 것 같다고 말하였다. 그리고나서 그녀는 로맨스에 대한 그녀의 강렬한 갈망과 끊임없는 실망에 대해 이야기하였다. 청소년기 때 그녀는 다른 소녀들이 데이트하러 나가거나 파티에 가는 것을 보고만 있었고, 그녀가 그렇게 갈망했음에도 불구하고, 열다섯살때 조차도 데이트, 파티에 가는 것이 허락되지 않았다고 회상하였다. 열네살때 그녀는 열여섯살짜리 소년에 대한 풋사랑을 느꼈는데, 그가 그녀에게 이야기를 걸자마자 그녀가 도망가 버렸던 불운한 경험을 한 적이 있었다. 열네살때 그녀는 사랑에 빠진 한 소년이 자신에게 키쓰해 주기를 갈망하였으나, 그가 그렇게 하려고 했을 때 그녀는 그를 발로 차고 할켰고, 만약 그녀가 키쓰를 한다면 나쁜 여자가 될 것이며 아이를 가지게 될거라고 생각하였다. 책과 영화는 상상력을 멋대로 자극하였다. 어릴 때 그녀는 갈망하던 애정을 한번도 느껴본 적이 없었기 때문에 그녀의 소망은 너무나 강렬하였다.

이제 이와같이 좌절되었던, 성적 소망이 분석가에게로 향하고 있으며, 그 핵심적 내용은 좋은 어머니의 사랑과 정서에 대한 갈망임이 명백해 졌다. 그녀는 이러한 갈망을 남자와의 성적관계를 통해 충족하고자 하였으나 두려움 때문에 그렇게 할 수 없었다.

4. 1월 7일, 환자는 자기의 바구니 안에 다른 여자의 일감이 들어 있어서 어느 것이 누구의 일감인지 이야기할 수 없었던 꿈에서 깨어나면서 몸에 두드러기가 났었다고 이야기하였다. 환자는 울고 있던 다른 여자를 도우려고 했으나, 그녀가 너무 흥분되어 있어서 실질적으로 도울수가 없었다고 이야기하였다. 환자는 이 여자가 현실에서는 사무실에 새로 입사한 여사무원이었다고 말하였다. 이 여자는 환자처럼 어머니가 없었으며, 그녀의 아버지는 그녀에게 동전 한푼 남기지 않고 돌아가셨으며 지금에 와서는 남자 친구마저 죽었다. 환자는 이 여자에게 완전히 동정을 느끼고, 여자 상사 한 사람에게 이 여자를 도와주도록 주선해 보았으나 소득이 없었다. 환자는 도와주기를 거절한 여자 상사에게 화가 났다. 이 꿈은 분석가가 환자를 도와 주지 않는다는 비난이었다. 이 꿈에서 환자는 자신을 외롭고 도움

이 필요한 다른 여자와 동일시하였으며, 그녀가 여동생에게 보여주었던 태도, 즉 보상적인 보호적 태도를 이 여자에게도 보여주었다. 그녀는 이 여자를 위해 배려와 도움을 요청하였고, 환자자신이 바라는 것을 이 여자에게 주려고 노력하였으나 그 노력은 실패되었다. 꿈과 연상으로 미루어 볼 때 그녀의 갈망과 좌절은 자명하였다.

5. 1월 18일, 그녀는 세가지 꿈을 보고하였다. 첫번째 꿈은 총에 맞은 남자에 관한 것이었다. 두번째는 여행에 관한 것이었다. 세번째는 그녀의 손 사이로 빠져 나간 것을 붙잡고자하는 반복적인 꿈이었다. 그 이상의 자료가 생략된 채 이 꿈은 아버지에 대한, 이제는 분석가에 대한 분노를 보여 주고 있는데, 이러한 분노는 좌절된 소망 때문에 일어나는 한편, 그녀의 분노로 인해 그녀가 멀리 떠나게 되고 아버지를 완전히 잃게 될 것이라고 감정 때문에 일어나고 있다.—충족이 손가락 사이로 빠져 나간다.

6. 1월 19일, 환자는 A양에 관한 꿈을 꾸었는데, 지난해 크리스마스때 환자는 그녀의 초대를 받아서 이웃마을에 살고 있는 A양의 가족들을 방문하였고 환자는 그녀를 대단히 좋아했는데 꿈에서 A양은 이런 초대를 다시 하였다. 환자는 초대받아 가는데 대해 매우 불안했는데 정거장으로 가는 도중 나이든 여자와의 약속이 생각났으며 마지막 순간에 결국 가지 못했고, 그녀는 매우 화가 났다. 여기서도 마지막 순간에 좌절이 나타나고 있다.

7. 환자는 아버지처럼 보이는 남자와 결혼하는 꿈을 꾸었다. 그 남자가 환자의 목을 찢었기 때문에 환자는 아무 말도 할 수 없었고, 그는 환자를 없애버리려고 다락에서 환자를 넘어뜨렸고 환자가 소리지르려고 애쓰고 있을 때 달아나 버렸다. 환자는 죽는 한이 있더라도 그 남자 앞에 나타나야겠다고 생각했다. 꿈의 마지막 부분에 대한 연상에서 환자가 분석가에서 얘기하지 않은, 예를 들면 아동기때 이웃집의 어린 소녀와 함께 성적으로 실험했던 그런 일에 대한 처벌이 문뜩 환자의 머리에 떠올랐다. 여기서 우리가 알 수 있는 것은 분석가가 그녀를 처벌하고, 아버지가 위협했듯이 그녀를 없애버릴까봐 두려워서 성적 충동을 고백하기를 두려워하고 있다는 것이다.

8. 환자의 약혼자는 마침내 직장을 구했고, 그녀에게 결혼하자고 독촉하

였다. 그러나 그 지위는 매우 낮고 천한 것으로서 그의 야심에 미치지 못하였고, 환자의 기대에 어긋나는 것이었다. 더욱이 그녀는 일을 계속해야만 할 처지였다. 그날 밤 오른쪽 눈에 두드러기가 났는데 그녀는 약혼자가 아닌 금발 머리 남자와 결혼하기로 되어 있는데 마지막에 그 금발머리 남자를 포기하고 약혼자와 결혼해야 된다는 꿈을 꾸고 난 후에 두드러기가 났다. 연상을 하면서 환자는 분석가가 금발머리가 아니라고 이야기하였고, 몇 주일 전에는 그녀가 결혼하기로 되어 있는 사람이 바로 분석가라는 그런 꿈을 꾸었다고 회상하였다. 이제 그녀에게 결혼이란 분석가와 결혼하려는 희망을 포기하고 분석가가 상징하는 모든 희망을 포기하는 것을 의미하였다.

9. 1월 17일, 그녀는 결혼할 때 입을 순모코트를 약혼자의 어머니가 그녀에게 보내준 꿈을 꾸었다고 말하였다. 환자는 이 코트를 거절하였고, 결혼식때 입기로 결정한 푸른색 간이 나들이복을 사기 위해 쇼핑을 나갔다. 그러나 옷가게에서 그들은 옷을 사지 않았고, 그녀는 몹시 실망하였다. 연상을 하면서 그녀는 하얀 신부복을 포기하였고 실용적인 것으로 만족해야 된다고 느꼈다고 말하였다. 그녀는 푸른색에 대해서는 연상하고 싶어하지 않았는데, 왜냐하면 그녀가 결혼을 앞두고 실제로 우울해 한다는 점이 그녀를 두렵게 만들기 때문이었다. 그리고나서 그녀는 의사와 결혼하는 친구에 대해 이야기를 계속하였다.—분석가에 대한, 이제는 좌절된 환자의 소망.

10. 1월 13일 금요일, 환자는 약혼자와 음식을 먹고 있을 때 군중에게 습격 당하는 긴 악몽을 꾸었는데, 이 꿈은 나이트 크럽을 들어가고 싶어하는 흰 샤틴천 무용복을 입은 한 소녀의 팔을 환자가 꼬집으면서 끝났다. 환자는 그녀에게 매우 화가 났는데, 왜냐면 실제로는 그녀가 그 나이트 크럽에 들어가 춤추거나 노래 부르고 싶어 하면서도 겉으로는 아무렇지 않다는 식의 태도를 취했기 때문이었다. 이 꿈의 앞 부분에는 분노와 죄의식이 나타난 반면 뒷 부분에는 억압되고 좌절된 충동과 노출증이 명백히 보여지고 있다.

11. 2월 2일 목요일, 환자의 월경기간이 막 끝나가고 있을 때 환자는 월경 전 처럼 지난 며칠동안 기분이 너무도 끔찍했었다고 보고하였다. 그

녀는 약혼자에게 화를 냈었고, 피부는 근질거리고, 부풀어 올랐었다. 그녀는 자신과 약혼자가 청중 앞에서 노래를 부르고 있을 때 자신의 허리띠와 드레스가 풀려나가는 꿈을 꾸었다. 또한 아버지가 총에 맞는 그런 꿈도 꾸었다. 아니면 그냥 침대에 누워있으려고 했던 꿈이었는지도 모른다. 이 꿈 역시 전적으로 전이와 관련된 꿈이라는 것이 판명되어 졌다. 노래 부르면서 옷이 풀어 헤쳐지는 것은 분석가에 대한 유혹을 나타낸다. 총을 쏘는 것은 아버지에게로 향했던 기본양식이 바탕이 되는 그녀의 분노를 나타낸다.

요약하면, 이 환자 꿈의 일관된 특징은 기본적으로 사랑받는데 대한 욕구가 있으며, 이제는 성과 결혼의 형태도 나타나고 있는 소망이 충족되어지려는 찰나에 있으나 그 충족을 전혀 이루지 못하게 되고 그 결과 좌절과 분노가 남게 된다는 것이다.

물론, 순박하고, 과거 치료경험이 없는 환자가 치료받을 때 기본적인 아동기 감정양식이 모든 꿈에서 심지어는 초기 꿈에서조차도 솔직하게 나타나는 것은 아니라는 점이 강조되어야 한다. 억압에 따라, 그리고 변화하는 생활조건에 대한 환자의 반응에 따라, 꿈에서 아동기 감정양식의 이런 저런 부분은 다소 파생적으로, 왜곡되어서 나타난다. 그럼에도 불구하고 분석가가 치료초기의 열가지 정도의 꿈을 기록한다면, 비록 조각그림 맞추기와 같이 조각과 파편의 형태로 나타난다 할지라도, 아동기 감정양식이 나타난다는 점을 분석가는 대부분의 사례에서 경험할 것이며 이러한 단편들이 환자를 이해하는데 매우 가치있음을 발견하게 될 것이다.

References

Freud, S. (1930): Civilization and its discontents: *S.E.* 21.
Saul, L. (1941): The emotional settings of some attacks of urticaria, *Psychosomatic Medicine* 3:349-369.

제 2 부 임상적 관찰과 사례

아동기 감정양식을 발견하고 이를 공식화하고, 역동진단을 간결하고 정확하게 내리자면, 개방적인 마음과 기민함, 집중력, 노력 및 맹렬한 지적 작업이 요구된다. 또한 분석적 정신치료를 위해 이러한 양식을 이용하고 진단하는데도 마찬가지이다. 흔히 이러한 기본양식은 환자의 정신적, 감정적 생활을 냉혹하게, 자동적으로 결정하게 되는데 이러한 냉혹한 자동적 상황으로부터 환자를 자유롭게 하는 것은 엄청난 작업이므로, 분석가에게 상당한 에너지와 끈질긴 강인함을 요구하며 신경증이나 다른 정신장애를 일으키는 병리적 양식을 인내하고 극복하려는 결단을 요구한다. 그러므로 여기에서의 좌우명은 북미 토인들의 옛 속담이다.

"현명하고 인내하여라"(*Makokit-ki-ackamimat*)*

다음의 임상 관찰기록은 저자가 1932년부터 1942년까지 시카고 정신분석연구소 재직중 연구 목적으로 비축해 두었던 환자들에 대한 기록들이다. 이들 환자중 한 환자는 전쟁후 한 두시간정도 분석 받기도 하였다. 모든 이름은 가명이며, 특정한 환경과 여러 내용은 원래대로가 아닌, 바뀌어진 것이다. 만약 사례의 주인공이 여러분 주변 인물과 유사점이 있다면 그것은 이러한 양식의 보편성 때문이며 순전히 우연한 일이다.

이 사례들은 그 증상과 상황, 문제, 정신역동이 가장 일반적이고, 전형적이며, 흔히 보여지는 것이었기 때문에 선택되었다. 즉, 박탈과 유혹, 지배, 심한 편애 등등의 주제들이다.

*From *Long Lance*. New York: Farrar & Rinehart, 1928.

10

아동기 양식의 요약과 역동진단

이제는 보다 복잡하고 힘이 드는 작업, 즉 꿈을 이용하는 작업을 마치고, 아동기 감정양식과 정신역동을 이해하기 위한 직접적인 임상 검토로 관심을 돌리고자 한다.

아동기 감정양식과 성인생활의 동기양식(대부분은 무의식적인) 사이의 길은 양방통행적 길이지만, 그러나 항상 그런 것은 아니다. 우리는 분석가로서 이와같은 초기 양식을 분별하고, 성인기동안의 정신 건강과 신경증에 대한 그 효과를 분별하도록 훈련되었다. 그러나 일부 사례에서는 우리는 그 반대의 길로 여행할 수 있다. 만약 충분한 사랑과 존경을 받으면서도 사랑받지 못하고, 결핍되어 있다고 느끼는 사람이 있다면, 이런 양식을 만들어낸 그의 아동기 양식에서 결핍과 사랑의 부족을 찾아 보아야 한다는 것을 우리는 알고 있다. 이유없이 심하게 반항하는 경우도 마찬가지이다. 아마도 그 원천은 이러한 양식을 만들어낸 0－6세 사이의 횡포나 학대에 대한 반항일 것이다. 그러므로 현재의 마음상태에 대한 정신역동은 초기 아동기의 경험－특히 가장 변화가능성이 높은 0－6세의 충격적이고, 조형적인, 그리고 그 효과가 오래 지속되는 경험－을 추적해 볼 수 있는 단서를 제공해준다.

다음 사례에서 우리는 현재의 고통, 생활환경, 현재의 꿈을 검토한 다음 제 6장에서 언급된 두가지 질문 －이것이 주요 역동에 도달하는 가장 직접적이고 빠른 방법으로 보여진다—에 대해 관심을 집중할 것이다.

1. 첫번째, 일반적 질문 : "출생부터 6—7세까지의 기억이나 인상은 무엇이며, 그 동안의 감정생활의 주요 특징이나 특징들은 무엇이라고 생각합니까?"질문의 목적은 환자로 하여금 주요 특징을 선택하도록 하는 것이다.

2. 특정한 질문 : "0—6세까지 당신에게 가장 중요했던 인물이나 인물들은 누구라고 생각합니까?"—그리고 나서, 특정적으로 초기 아동기동안 어머니, 아버지, 개개 형제들, 그리고 중요했던 다른 개인들의 복합적인, 또는 개별적인 상호관계에 대해 질문한다.

3. 이 질문에 뒤이어 최초의 기억이 자연스럽게 이어진다. 최초의 기억들 일부가 이미 회상된 경우도 있으나 이러한 점에 정신이 집중되면 더 많은 기억들이 회상된다.

4. 그리고 나서 아동기의 꿈 특히 반복되는 꿈에 대한 질문이 이어진다.

분석가는 자세하고 완전하게 기록 해 두어야 하며 기록 후 즉시 시간 여유가 있을 때 기록을 검토하면서 읽어 보아야 한다.

이 임상부분을 위해서 시카고연구소에 기록 보관된 환자 가운데 가장 전형적으로 보여지는 환자를 선택하였다.

1. 0—6세 사이 박탈 경험이 있었던 환자.
2. 과잉보호받거나 지배받거나 혹은 이 두가지 체험이 모두 있었던 환자.
3. 열렬히 사랑받았던 외동이, 작은 "왕자"나 "공주", 나중에 동생들에 의해 이런 입장에서 밀려났던 환자.
4. 성적으로 유혹 받고 억제되었던 환자, 또는 성적 유혹을 받기 쉬웠던 환자.

이와 같은 양식은 매우 빈번하므로 다음에 제시된 소수의 사례만으로 이러한 정신역동을 강조하고자 한다.

흔히 다음에 제시되는 예에서 보여지듯이 역동진단(아동기 감정양식과 현재의 정신역동)뿐만 아니라 길게 몇 페이지에 달하는 요약을 정리해 보는 것이 대단히 중요하다. 그 이유는 분석가의 기억이 아무리 좋다하더래도 요약된 내용을 읽어보면 치료에 중요한 핵심적 부분들이 그의 기억속에서 사라져 버렸다는 사실을 발견할 수 있기 때문이다. 또한 이와같은 환자의 핵심적 역동의 임상양상이 상기됨으로써 치료가 촉진되고 그 효율성이 높혀지게 된다. 이렇게 하는 것은 분석가에게는 과외 작업이겠으나 아주 의미있는 작업이다.

다음 페이지에서 우리는 환자의 증상을 일으키는 감정양식, 예를 들면 '병리적 양식', 병리적 역동에 관심을 가지며, 모든 감정과 특성이 포함되는 전체 인격의 공식화에는 관심을 갖지 않는다.

이러한 인격 특성이 환자의 고통을 야기시키는 것은 아니기 때문에 이러한 전체 인격특성에 관심은 갖지만 그 원천을 분석하는 것이 반드시 필요한 것은 아니다. 우리가 증상과 고통을 줄인다면 이러한 시도에 의해 환자 내에 있는 인격의 강점과 긍정적 특성이 보다 자유롭게 나타날 것이며 따라서 환자에게 보다 나은 생활을 가져다 줄 것이다.

저자의 경험으로는 몇달간 치료한 다음, 한시간이나 그 이상의 시간을 이용하여 여섯살이나 일곱살 이전에 중요했던 사람과의 감정교류양식을 검토해 보는 것이 통찰과 치료에 대체적으로 가치가 있었다. 이와 같은 환자의 아동기 양식에 대한 요약은 심사숙고후 한장의 카드에 몇마디 문장으로 정리될 수 있으며 이는 정신병리의 기초를 이루고 증상을 야기시키는 환자 내부에 있는 감정세력들의 상호작용에 대한 "역동진단"을 제공해 준다. 이러한 카드가 복사되어 환자에게 제공될 수 있으며, 이러한 방식에 의해 환자는 분석가가 자신의 주요 문제를 어떻게 이해하고 있는지를 문서로 볼 수 있게 된다. 이와같은 역동진단은 당연히 두 부분으로 나뉘워진다. 아동기 양식과 당면한 현재의 역동이다. 역동진단은 강력한 도구가 될 수 있는데 일상적인 분석기법과 더불어 주의깊게 사용되어져야 한다. 예를 들면 Arlene Rodgers(이 환자 사례는 133 페이지에 제시되고 있다). 내가 그녀의 카드에 아동기 양식의 특징으로 "외로움"이라고 적었을 때 그녀는 상당히 안도감을 느끼면서 이렇게 말했다. "왜 아니겠어요? 나는 외롭다는 것을 느낄 수 있어요!" 그녀는 이야기하기를 그녀의 가족은 행복한 대가족이라고 여겨졌기 때문에 외로움은 금지되었고, 따라서 외롭다는 말은 그녀의 가족에게는 입에 담지 못할 나쁜 말로 여겨졌다.

우리는 정신역동을 한 사람의 마음속에 있는 감정세력들의 역동적 균형

(또는 불균형), 또는 상호작용이라고 간단하게 정의내렸다. 정신역동이란 개념 자체는 체계적 개념이 아니기 때문에 이론적 공식화로 부터 학습되어질 수 있는 것이 아니다. 정신역동을 이해하는데 두가지 어려움이 있다. (1) 중요한 상호작용이 사람마다 다르며, 대체로는 비슷하지만 결코 동일한 것은 아니다. (2) 상호작용은 대부분 당사자 자신에게는 알려져 있지 않다. 즉 대부분 무의식적이다. 그러나 정신역동 연구에 대한 길잡이로서 우리가 제시할 수 있는 방법은 연관되는 주요 감정세력들의 목록을 제시하고 이러한 감정세력, 이러한 감정세력들의 상호작용의 일반적인 경우를 토론하는 것이다(Saul의 정서 성숙, 2부에서 참고, 제 2 장).

이와 같은 기본적, 보편적 정서세력들과 가장 일반적인 정서세력들의 결합상태에 익숙해 지면 관찰자가 찾고자 하는 점에 대해 더욱 기민해 진다. 그러나 쉽게 이러한 점들을 지각해 내려면 무의식을 읽는 수많은 임상훈련을 쌓아야 한다. 경험있는 분석가는 환자가 지각하고 있든지, 못하고 있든지 간에 환자 내부에서 진행되고 있는 것을 지각하고 이해하며, 환자의 무의식속에 있는 세력들과 그 작용을 보다 쉽게 이해할 수 있게 된다. 물론 치료자로서의 그의 임무는 환자의 자각내에 있는 것을 정확히 알아내는 것이지만 어떤 세력들이 환자에게 알려지고 있지 않다 하더래도 경험있는 분석가 자신의 이해는 이에 영향받지 않는다. 정신역동은 치료실에서 뿐만 아니라 일상생활속에서 꾸준하고 다양한 실습으로 학습되어질 수 있다. 보통은 치료실 훈련에 의해서만 임상관찰이 가능하지만, 이 책에서는 지각력있는 독자가 정신역동내에서의 유사점과 차이점을 알아차릴 수 있도록, 또한 초기의 과거력과 최초 기억, 꿈, 증상, 및 생활속의 행동을 통해 나타나는 무의식을 읽는 실습을 할 수 있도록 사례들이 제공될 것이다.

11

0–3세까지의 기간

저자의 생각으로는 과학적으로 이야기한다면, 정신분석적 지식과 정신역동론의 현재 상태는 정확한 것이라기 보다 오히려 대략적인 것이다. 그러나 0세부터 6세까지의 아동기 양식을 아는 것은 훌륭하고 확고한 지침이며, 길을 안내해 주는 본질적인 것이다. Freud가 정확하게 관찰하였던 바와 같이 이 기간은 인격과 정신병리의 형성에 있어서 중요한 기간이다. 그러나 우리가 앞서 지적한 바와 같이 이 기간만을 엄격하게 지키기 보다는 0–3세, 6–16세의 영향 역시 검토하고 평가하는 것이 중요하다.

0–3세는 물론 0–6세의 일부 기간이다. 앞서 이미 언급한 바와같이 이 기간은 보다 심각한 정서장애와 연관되기 때문에 중요한 하위기간이다. 일반적으로 0–6세는 신경증과 연관되는 것으로, 0–3세는 경계선, 또는 보다 심각한 신경증이나 정신증과 연관되는 것으로 생각해 볼 수 있다. 이와 같은 한 사례가 Wilma Blake이다. 이 사례에서는 환자가 세살때 가족이 다른 마을로 이사했기 때문에 0–3세사이에 충격이 있었다는 것이 확실하다*.

* 이 사례나 다음 사례에서 (　)속의 진술은 면담동안 떠올랐던 분석가의 생각을 나타낸다.

Ⅰ. Wilma Blake : 공주

검은 눈과 갈색머리의 윌마는 마르고 키가 약간 큰 편이다. 가족은 그녀가 너무 어려서 기억하지 못할 것이라고 생각하였지만, 다음에 기술되는 사건을 그녀는 옛 집에 가서 기억해 냈고, 그녀의 부모에게 그 사건을 이야기하였는데, 부모들은 그녀의 말이 옳다고 시인하였다. 부모 모두가 면담에 응했으며, 이 기억이 정확함을 확인해 주었다. 그러나 나의 생각으로는 세살 이전의 일이 그렇게 완전하고, 생생하게 회상된다는 것이 어느 정도 이상하다고 여겨진다. 다음에 제시될 이야기에서 세살이후의 이야기도 언급되지만, 세살 이전의 기억이 주로 언급될 것이다.

나는 이 기록이 작성되기 몇년전에 윌마를 만났었다. 그녀는 몇번에 걸쳐 입원해야 할 정도로 심하게 혼란되어 있었고, 동료의사의 치료를 받았었다. 그는 입원환자를 맡아서 치료하는 위치에 있었는데, 이 환자 뿐만 아니라 특히 경계선 정신증을 앓는 젊은 환자들의 치료에 탁월한 능력을 보여 주었다. 이러한 사례들을 치료하면서 그는 보다 신속하게 환자가 퇴원할 수 있도록 해 주었고, 또한 외래에서 이들을 계속 치료함으로써 환자들과 그 가족들의 고통과 경비를 줄여주곤 하였다.

내가 윌마와 면담한 것은 그녀의 요청에 의해서 이루어 졌다. 그녀는 오랫동안 나를 보아왔으며, 나와 면담하기를 바란다고 말하였다. 나는 몇가지 점에서 이 제의를 기꺼이 수락하였다. 나는 그녀를 좋아하였고 어떤 방법으로든 그녀를 돕고 싶었고 그녀가 어떤지에 대해 직업적으로 관심을 갖고 있었다. 나는 그녀의 기본 정신역동에서 해답이 주어지지 않는 몇가지 의문점을 발견하였고, 해답이 탐색되어질 수 있는지를 알고자 원하였다. 퇴행적이고 수동적인 정신증적 철수상태에서 입원한 적이 있었던 그녀가 지속적으로 긍정적 전이를 유지할 수 있었다는 것은 치료적으로 좋은 징조였다.

아동기 양식의 주요 특징을 알아보기 위해 다음과 같은 과정에 따라 질문하는 효율성을 이미 알고 있었던 당시 나는 다음과 같이 질문하였다.

"윌마, 이제까지 당신은 자신이 무엇을 하여 왔으며, 현재 생활이 어떠한지를 나에게 알려 주었는데, 다음에는 0세부터 6세까지 당신이 어떠하였는지를 검토해 보았으면 합니다. 왜냐하면 이런 검토가 유용하다는 것을 많은 경우에서 발견할 수 있었기 때문입니다."

그녀는 쾌히 응답하였다. "당신이 아주 어렸을 때 감정적으로 주요했던 점이 무엇이라고 생각합니까 ?" 일반적이고, 덜 유도적인 질문을 시작하였다.

그녀는 다음과 같이 응답하였다. "출생시 부터 3세까지의 기억은 없어요. 그러나 저는 매우 예쁘고 천진하였고, 대단히 사랑받았다는 이야기를 들었어요. 친구들이 오면 저는 매우 좋아했고, 아주 상냥했었대요. 0세부터 3세까지 일중에서 기억나는 것은 남동생 월트가 어머니와 함께 병원에서 집으로 오던 날이예요. (분명히 이 일은 어머니와 새로 태어난 남동생 사이의 정서적 삼각관계이며, 극도로 사랑 받았던 상황에 대한 자연스런 반응이다). 그 때 저는 두살이 채 안되었어요. 그때 어떤 여자가 —아마 보모같은데—부엌에서 애기 젖병을 소독하고 있었던 기억이 나요. 그리고 나서, 어머니가 월트를 안고 침대에 누워 있었고, 저는 아기를 만져보려고 가까이 갔는데, 어머니는 아기의 머리는 나중에야 단단해지는 연약한 부분이 있으니까 아기 머리를 만지지 말라고 부드럽게 설명해 주셨어요."(이 기억은 월트에 대한 억압된 적개심에 대한 희미한 단서일 가능성이 있다).

"그 다음번의 기억은 침대에 누워 있는데 어머니가 저에게 월트를 안겨 주시던 일이예요."

"세번째 기억은 어머니와 아버지의 침실이었던 큰 방에 관한 것으로서, 그 방은 우리의 출입이 통제되어 있었어요. 그 방에 들어갔는데, 제 기억으로는 어머니가 침대에 앉아 있었어요. 그런데 어머니가 갑자기 날카롭게 소리치셨어요. '왜 잠을 안자고 있니 ?' 그래서 저는 '화장실에 가려구요'라고 말했어요. 저는 어머니가 월트를 돌보아 주고 있었다고 생각했었지만, 정당하지 못한 어떤 일 때문에 제가 야단을 맞는 것처럼 느꼈어요. (어머니로부터의 적개심—어머니로부터의 적개심은 아마도 형제 경쟁으로 인한 윌마의 적개심, 그리고 어린 나이였음에도 느꼈던 이로 인한 죄의식과 상호작용했을 가능성이 있다).

"다음의 기억, 네번째 기억은 네살 위인 엘리스 언니가 월트를 데리고 산보하던 일이예요. 월트는 유모차 안에 있었는데 유모차가 뒤집어졌어요. 엘리스는 '그 자리에 그대로 있어'라고 말하면서 집으로 달려 갔어요. 그러나 저는 그 자리를 떠나서 집으로 달려갔어요." (월트에 대한 또다른 적개심의 암시).

(여기서 주의해야 할 점은 내가 윌마에게 0—3세 사이의 주요 정서적 특징을 이야기 해보라고 요청했던 게 아니라 단지 초기 아동기에 대해서 이

야기 해보라고 요청했다는 것이다).

"0세부터 3세까지 아버지에 대한 기억은 없어요. 아버지가 일하시던 큰 회사가 다른 곳으로 옮겨 갔기 때문에 우리 모두가 이사해야 했던 그 당시를 기억할 수 있기 때문에 그때 제 나이가 세살 이었음을 알겠어요. 우리는 매우 운이 좋았다고 생각되는데 그리 멀지 않은 곳으로 이사할 수 있었기 때문이예요. 우리가 이사하던 날이 기억나요. "(5번째 기억)……"월트와 저는 이삿짐이 꾸려지는 동안 나이든 두 여인과 함께 있도록 다른 곳으로 보내졌어요. 확실한지는 모르겠으나, 그때가 낮잠시간이었다고 생각되는데, 그들은 제가 월트와 같은 방에서 낮잠자도록 해주지 않았어요. 그래서 저는 발작을 일으켜 밖으로 뛰쳐나가 나무 뒤에 숨었어요. 한 여인이 저에게 와서 곧장 집에 들어가지 않는다면 이웃집의 독일산 양지키는 개가 저를 물거라고 이야기 했어요. 저는 겁에 질렸으나 고집스럽게 계속 숨어 있었고, 오줌을 지렸어요. 그러자 다른 여인이 저에게 와서 이야기 하기를 이웃집에 사는 소녀가 이런 일을 좋아하지 않을 거라고 했어요. 이 일은 저에게 무서운 악몽과 같이 느껴지지만 실제 있었던 일이예요. 그 후에 도티가 월트와 저를 돌보아 주려고 왔어요. 저는 그녀에 대해서 희미하게만 기억이 나요. 점심을 그녀와 함께 먹어야 했던 것 같은데, 저는 이를 원하지 않았기 때문에 또 다시 분노 발작을 일으켰어요. 저는 어머니의 방으로 갔는데, 도티는 거기까지 저를 잡으러 왔어요. 도티는 아주 부드럽게 저에게 나가자고 얘기했으나, 저는 그녀가 무섭다고 생각했어요. 저는 그녀를 좋아하지 않았어요. 지금까지도 그녀에 대해 상당히 복잡한 감정을 갖고 있어요. 월트와 저를 돌보아주는 어떤 젊은 사람에 의해 도티가 불에 타 죽거나 아니면 살해당하는 꿈을 꾸곤 했어요."

(월트와의 동일시, 그에 대한 애착, 이에 대한 좌절로 인한 어머니상에 대한 분노, 이 분노는 부분적으로 자신에게로 향해진다).

"언니는 도티가 따뜻하지 않다고 얘기했는데, 도티는 한번도 저를 안아주지 않았고 너무 엄격했어요. 그러나 그녀는 저에게 읽기를 가르쳤어요. 제가 아홉살이 되었을 때 그녀는 떠나갔는데 월트와 저는 미친듯이 기뻐했어요. 이 일은 여름에 일어났었어요. 어머니는 우리에게 그녀가 떠나갈 것이라고 얘기한 적이 없었고, 우리는 그녀가 돌아오지 않을 것이며, 그녀와 작별인사를 나눌 기회가 없을 거라는 사실을 가을이 되어서야 알았어요."
(이러한 초기 기억들 가운데 항상 그녀의 남동생 월트가 등장함으로써 그에 대한 강한 애착을 나타내고 있지만, 동시에 어머니로 인한 질투심 때문

에 그에 대한 적개심이 암시되고 있다. 두번째로 강한 감정적 관계가 있는 사람은 보모 도티인데, 따뜻함이 결여되고 엄격한 태도 때문에 그녀에게 의존하면서도 동시에 적대적 임을 보여주고 있다).

이제 나는 보다 구체적인 질문을 할 때라고 느껴져서 질문하였다. "이러한 아동기동안 누가 정서적으로 중요한 사람이었나요?"

윌마는 생각하려고 애쓰면서 이맛살을 찌푸리고, 한동안 침묵하였다. 마침내 그녀는 말하였다. "아버지에 대한 기억은 없어요. 어머니에 대해서는 매우……(주저하면서)좋은 이미지를 가지고 있으나 한가지 감정만은 아니예요…… 어머니는 접근할 수 없는, 존경받는 위치에 있었어요. 예를 들면, 월트와 저는 날씨가 어떻든지간에 매일 오후 도티와 함께 산보하곤 했어요. 하루는 어머니가 '윌마는 왜 오후에 나와 함께 집에 있지 않지?'라고 말씀하셨는데, 마치 여왕이 집 밖으로 걸어나오는 것 같이 저에게는 느껴졌어요. 어머니는 멀리 계셨어요. 어머니는 손이 닿지 않는 먼 곳에 계셨어요. 어머니가 저를 껴안아 주거나 키쓰해 준 기억은 없어요."

나는 윌마에게 이야기하였다. "이제까지 당신이 이야기한 바로는 어머니에 대한 강렬한 애착이 일어났던 이유는 첫째 아버지에 대한 기억이 없을 정도로 어머니가 중요한 부모 입장에 있었으며 둘째 어머니와 가까이 지내지 못함으로써 어머니에 대한 갈망이 강화되었으며 세째 어머니가 엄격하셨기 때문입니다."

"그 말이 옳다고 생각해요"윌마는 이야기하였다. "예를 들면, 어머니는 한번도 우리를 재워준 적이 없어요…… 항상 도티가 재워주었어요. 후에 유치원에 갔고 점심은 도티와 함께 먹곤 하였어요. 공부 따위의 일로 항상 바쁜 어머니에게는 "안녕"하고 이야기할 시간밖에는 없었어요. 저녁식사는 월트, 저, 도티가 함께 먹었고, 7시30분에 잠자러 가기전 몇분 동안 부모와 함께 지낼수 있었어요. 제가 어머니와 가까이 지내지 못하고, 도티를 좋아하지 않았기 때문에 월트와 무지무지하게 가까웠다고 생각해요. 그러나 우리는 무섭게 싸웠는데 아마도 형제간 경쟁 때문이었던 것 같아요."

"일곱살이 되었을 때, 아버지, 어머니와 함께 식사하는게 허용되었고, 월트 역시 식사하러 왔어요……. 저는 일곱살까지 기다려야 했는데, 월트는 그때 겨우 다섯살이었어요. 그는 일곱살까지 기다리지 않아도 되었어요. 만약 식탁에서 어떤 일이든지 제대로 지켜지지 않으면 '용서 받을 때까지 네 방에 가 있거라'는 식이었어요. 월트는 15분내에 완전히 편안해 지고, 용서받으면서 되돌아 오곤 하였으나 저는 그러지 않았어요. 사람들은 말했어요.

'너는 왜 그렇게 고집이 세니?'저의 오빠 크라우드는 저보다 여섯살 위였어요. 오빠와 저는 친했는데, 크라우드와 제가 한패였고, 이에 맞서서 에리스와 월트가 한패였어요. 크라우드가 집을 떠났을 때 저는 비참했어요."

나는 다음과 같이 이야기하였다. "어머니가 멀리 있고, (2) 당신이 월트에 의해 밀려났기 때문에 어머니에 대한 강한 욕구가 충족되지 못했으며, 이로 인해 당신은 화가 났고, 고집을 부렸던 것처럼 들리는군요. 바꾸어 말하면, 어머니에 대해 거리감을 느끼고 월트로 인해 밀려났기 때문에 어머니와 어머니 대리인물에 대한 요구가 그렇게 강렬하게 지속되었고, 욕구가 강력했기 때문에 좌절감이 심했고, 그래서 당신은 화가 났고, 고집스러워졌던 겁니다."

"네"윌마는 이야기하였다. "어머니는 저에 대한 기록을 갖고 있는데, 어머니는 제가 항상 한 친구하고만 지나치게 밀착되어 지냈으며, 그룹으로는 잘 지내지 못했다고 말씀하세요. (아마 월트에 대한 양가적인, 그러나 밀착된 윌마의 관계양식인 것 같다). 또한 나의 담임선생님이 '윌마는 너무 착해서 탈이다. 나는 그녀의 몸에 진흙이라도 발라 주고 싶은 심정이다. 그렇게라도 한다면 그녀에 대해 훨씬 더 좋게 느껴질 것 같다'라고 말씀하셨던 적이 있는데 어머니는 이 사실을 기록하여 두었어요. (아마도 담임교사는 어머니로 인한, 강하게 억압된 적개심을 감지하고 있었던 것 같다). 제가 원하는 사랑을 얻지 못했을 때, 저는 어떤 사랑도 구하지 않겠다고 단호하게 결심했어요. (아마도 어머니에 대한 양식인 것 같다). 제가 맨처음 발병되어 병원에 갔을 때 저는 간호원과 사이가 상당히 멀었어요. 그들은 매우 친절하였고, 최대로 노력하였으나 저는 반응하기를 거부하였어요."

이 시점에서 나는 윌마에게 물었다. "당신이 바라는 사랑은 어떤 종류의 사랑이며, 과거에는 어떤 종류의 사랑을 원했읍니까?"내가 윌마의 치료를 부탁하여 이제까지 그녀를 치료해 왔던 의사는 Dr.Taylor였다. 윌마는 응답하였다. "테일러 박사는 제가 유아에게만 가능한 그런 사랑을 받기를 바라고 있다고 말씀하셨어요. 그의 이야기에 귀를 기울이기까지 시간이 많이 걸렸어요. 그러나 그의 이야기를 듣기 시작했을 때, 커다란 변화가 일어났어요. 제가 그 이야기에 귀를 기울이기 시작했을 당시, 저는 기숙사 생활 이후 최초로 사귀었던 남자친구, 러셀을 만나고 있었어요. 러셀과 저는 이 점에 대해 토론했어요. 그 역시 행복한 아동기를 경험해 보지 못했어요. 만약 그가 하루라도 안 보이면 저는 무섭게 우울해 져요. 그리고 어쩌다가 제가 멀리 있다가 되돌아보면 러셀이 자리에 누워 있어요. 저는 이 점에 대해 불평하고, 무슨 일이냐고 그에게 물었어요. 그는 말했어요. '나는 너에게 너무 의지하고 있는데 네가 가버렸기 때문이야.'저는 테일러 박사에게, 러셀과 제가 서로 얼마나 의지하는 있는지 이야기하고 싶지 않았어요. 러셀은 어머니가 안계셨어요.… 실제로는 계셨지만, 정서적으로는 존재하지 않았어요.그의 어머니는 사랑을 주지 못했어요. 그녀는 많은 정서적 문제를 갖고 있었고 이혼하였어요. 그녀에게 아이들은 짐이었고, 그녀는 연애를 하고 있었는데, 이런 일 때문에 이혼했어요."

"저의 언니는 우리 부모에 대해 저와는 전혀 다른 기억을 갖고 있어서 언니가 부모에 대해 이야기하면 전혀 다른 가족 얘기처럼 들려요. 언니는 아버지와 어머니가 자기에게 줄넘기, 자전거 타기 등을 가르쳤다고 기억하고 있어요. 저는 부모들이 그랬으리라고 상상도 못하겠어요! 어머니는 너무 엄격하셨고, 지나치게 높은 기대수준을 갖고 계셨어요. 제일 큰 언니—선생님도 아시다시피, 저는 일곱여자 자매 가운데서 제일 막내였어요—가 저에게 바로 위 언니가 왜 졸업하고 일주일 뒤에 결혼했는지 그 이유를 아느냐고 물었어요……. 큰 언니는 제 바로 위 언니가 어머니에게 너무 의존적인데, 남자 친구에게로 이 의존심을 옮긴 것이라고 설명해 주었어요. 그리고 모든 점에서 지배적인 어머니를 피하기 위해 결혼했다고 했어요. 러셀의 가족은 저를 완전히 받아주었고, 저를 가족의 일원으로 받아주었으며, 저의 오빠와 언니들도 러셀을 우리 가족으로 인정해 주었어요. 그러나 어머니는 그를 받아들이기를 거부하셨고, 저는 이 때문에 어머니에게 화가 났어요."

이제 면담 시간이 상당히 지나가서, 윌마에게 몇가지 질문을 할 시간밖에 남지 않았다. 나는 그녀의 어머니가 실제로 그렇게 엄격하고 지배적인지를 확인해 보기 위해, 또한 어머니가 그렇게 멀리 있었다고 이야기한 것이 사실인지를 확인해 보기 위해 질문하였다.

윌마는 확실히 그렇다고 대답하였다. 나는 그녀의 부모를 혼자서, 만난 적이 있었는데, 그녀의 어머니는 항상 그녀의 건강을 염려하고 있는 것 같다고 그녀에게 이야기 하였다. 윌마는 다음과 같이 응답하였다. "어머니는 어릴 때의 진실을 이야기하려고 하지 않아요."

나는 말했다."내 생각에는, 어머니는 그럴 수 밖에 없었을 것이며, 그러기를 원했더라도 그렇게 할 수 없었는지 모릅니다. 왜냐하면 어머니는 그 시절에 당신의 감정이 어떠했는지 충분히 이해하지 못했고, 그녀의 행동이 당신에게 어떤 영향을 줄것인지 몰랐기 때문입니다."

그러자 윌마는 말하였다. "그래요. 러셀의 경우라면 그 이야기가 옳아요. 어머니에게 러셀과 제가 함께 살 것이라고 이야기하였을 때 어머니는 너무나 화가 나서 만약 우리가 죄를 짓고 산다면, 그 일이 어머니를 죽일 것이라고 이야기하셨어요. 이와 반대로 아버지는 매우 자상하셨고, 부성애가 매우 강하셨어요. 아버지는 이해하셨고, 무슨 일이 일어나더라도 제가 아버지의 딸이라고 생각하실 것이며, 어머니를 설득시켜 보겠다고 말씀하셨고, 저를 도우려고 노력하셨어요. 저는 어머니에게 매우 이성적으로 이야기하려고 노력하였으나, 어머니가 너무 화를 내면서 감정 통제를 못해서 무슨 말을 하든 소용이 없었어요. 저는 그냥 앉아서 어머니 얘기를 듣기만 했어요. 이제 어머니는 모든 일에 대해 선생님과 테일러 박사, 병원을 비난하시고, 더 이상 선생님과 어떤 협조도 안하실거예요."

두말할 나위없이 나는 이러한 상태가 윌마 어머니의 일시적 심리상태이기를 바랬으며, 아마도 시간이 지나면 어머니가 진정되어서, 윌마가 어머니의 딸이며, 윌마를 위해 최선을 다해야 한다는 점을 인식하게 될 것이라고 덧붙여서 이야기하였다. 확실히 현재로서는 윌마의 어머니는 문제를 야기시킨 자신의 역할을 직면할 수 없을 것이다……. 윌마가 적절한 치료를 받을 수 있고, 치료 효과를 확고히 유지할 수만 있다면, 윌마의 어머니가 테일러박사와 나를 비난함으로써 자신을 방어해도 괜찮을 것이다. 윌마가 나를 방문하도록 만든 것을 그녀의 아버지가 그 동안 그녀의 지지자였는데, 그녀와 러셀이 몇달안으로 결혼할 것이라고 아버지에게 털어 놓자, 아버지는 그녀가 정신적으로 온전하지 못하다는 사실을 상기시키면서, "네가 충분히 안정되어 있다고 확신할 수 없을 때 어떻게 그런 책임을 맡을 수 있겠느냐?"고 말씀하셨던 일이었다. 그러나 이런 반응은 그녀의 행복에 대한 아버지의 진정한 관심에서 나온 것이기 때문에, 우리는 이 일이 잘 조정되기를 기대하였다. 그러나 그 당시 윌마는 결혼이 죄악이라고 반대하는 어머니와 어버지에게 대항하고 있었다. 당행스럽게도 그녀는 안정을 되찾고 있었다.

나는 테일러박사와 이야기를 나누었는데, 우리는 윌마가 결혼생활을 계속 잘 끌어 가자면 모든 결혼에서 현명하게 처리되야 할 일들을 신중히 처리해야 한다는 점에 동의하였다. 다시 말하면, 어린아이를 갖기 전에 결혼생활이 "자리 잡히는" 것을 보기 위하여 최소한 2년은 기다려야 한다. 이러한 점은 윌마가 미처 생각하지 못한 점으로 보여지는 책임 문제이며 생물학적 경험의 문제였다.

윌마가 기숙사에 있었을 당시 겪었던 최초의 성경험―실제로 약간은 난잡했던―에 대한 다른 기록이 추가된다. 이러한 경험이 난잡했던 이유는 대략 세가지가 있다. 그녀가 나에게 이야기했던 바와같이 의식적인 이유는 남자가 그녀를 원한다는 사실은 그녀의 자아에 대한 명백한 자극제였다는 것이었다. 또한 그녀는 자신이 어머니의 지배 아래 있지 않고 상황을 지배하고 있다고 느꼈다. 그녀는 일정기간 동안 한 남자와 관계를 갖다가 그를 차버리곤 하였다. 그러나 그녀는 한 남자와는 거의 삼년동안 관계를 유지하였다. 그녀가 러셀을 만났을 때 그녀는 이 사실을 모두 그에게 이야기하였다. 그는 처음에는 매우 화를 내는 당연한 반응을 보였으나, 그후에는 이해하게 되었다. 그래서 그녀는 그에게 아무런 비밀도 가지고 있지 않다고 느꼈다. 난잡한 성경험이 있었던 또다른 이유는 그녀는 어머니와의 사이에서 친밀한 경험을 가져 보지 못했기 때문이었다―실제로 월트를 제외하고는 그녀는 누구와도 친밀한 경험을 겪어 보지 못했다. 그러나 그 관계는 강한 갈등이 따르는 관계였는데, 그 관계에 포함된 적개심 때문이었다. 또한 그녀는 크라우드오빠와 약간은 친밀한 관계를 맺고 있었다.

자아에의 자극, 그리고 집에서처럼 어머니에 의해 지배받는 입장에 있지 않고 그녀가 타인을 통제하고 있다는 느낌, 그녀가 겪어보지 못했던 친밀감, 이런 세가지 이유외에도 기숙사로 옮기면서 의존적 애정 욕구가 좌절되고, 이로 인한 분노의 반항 요소도 또한 포함되어 있었다. 이는 혼합된 정서를 불러 일으키는 사건이었지만, 그녀가 집에서 겪었던 좌절된 의존적 애정욕구를 강화시켜 주었다.

이러한 관점에서 볼 때, 러셀과의 관계는 상당한 진전이었는데 왜냐하면 이 관계는 실제적인 상호 동일시, 상호 애정관계를 내포하고 있으며, 결혼하겠다는 그들의 계획에 의해 입증되어지는 것처럼 이 관계는 부부로서 결합한다는 의미를 내포하고 있기 때문이다. 또한 기숙사에서의 성경험은 최소한 부분적으로는 독립선언의 일종이었으며, 가족내에서 그녀가 느꼈던 감정적인 얽매임과 복종, 좌절로부터 그녀 자신을 해방시키려는 시도였다. 비록 엄격한 도덕적 기준으로 볼 때는 이러한 경험이 처녀성의 상실을 의미하고 따라서 지탄 받을 일로 해석되겠지만, 그녀에게 있어서 이 경험은 독립을 향한 첫 걸음이었다. 어쨌든 그러한 첫경험 시기로부터, 이러한 기록이 쓰여진 스물한 살 당시까지, 즉 그녀가 러셀과 일부일처제에 따른 건강한 애정관계를 맺고 있던 그 당시까지 그녀는 성숙으로 향하는 긴 길을 걸어 왔던 것으로 보여진다.

남아있는 분석 과제는 그녀의 아동기 양식에서 이러한 요소들의 강도를 줄이는 것이었다. 즉 대부분 자기에게로 향해지고 있고, 폭력의 증상을 야기시키고 있으면서 입원을 불가피하게 만드는 피학적 경향성, 그리고 자살시도이다. 거의 완전한 철수를 야기시키는 강력한 도피－투쟁 반응의 원인이 되는 아동기양식의 요소들을 줄이는 것이었다. 만약 이러한 아동기 양식에서 감정의 강도가 약화됨으로써 그녀가 더 이상 심각한 증상을 일으키지 않는다면 윌마의 미래 생활의 전망은 낙관적일 것이다. 증상의 강도, 입원의 필요성, 치료의 어려움은 아동기양식이 6세 당시 뿐만 아니라 3세 이전에 매우 강하게 고착되어졌다는 사실로 부터 기인되는 것으로 보여진다.

Pearl Harbor 앞에서 그녀와 러셀은 결혼하였으나, 나는 그 이후의 소식을 들어보지 못했고 그녀의 현재 생활에 대해서는 알지 못하고 있다.

역동진단 : 윌마 브래이크

아동기 : (1) 어머니는 멀리 있었고, 정서적으로 거리감이 있었으며 엄격했던 보모에게 환자와 두살 아래 남동생이 맡겨졌다. (2) 그녀가 두살 때 남동생으로 인해 어머니로부터 밀려나는 경험을 하였다. (3) 지배적이고 엄격

하며, 지나치게 높은 기준을 요구하였던 어머니 태도는 적대적인 반항과 고집을 유발시켰다. (1), (2), (3)항목은 어머니에 대한 (그리고 어머니상에 대한) 지나친 친밀 욕구와 남동생과의 동일시를 유도하였는데 남동생과의 동일시는 적대적인 형제 경쟁, 어머니에 대한 적개심이 혼합됨으로써 강한 투쟁－도피 반응과 함께 죄의식과 불안을 야기시켰다.

현재 : 강화된 의존적 애정욕구와 엄격한 권위 및 통제에 대한 반항은 강한 투쟁—도피반응을 유도하고 있다.

(1) 자살 제스쳐와 진정한 자살시도에 의해 내부로 향해지는 적개심, 위험에 대한 피학적 노출, 그리고 자신의 건강과 이익에 반하는 과도한 섭식이나 지나치게 적은 양의 섭식과 고집.

(2) 사람들로 부터 거의 완전히 철수하고 환청으로 퇴행하는 도피.

강점 : (1) 마침내 그녀가 분석가에게 귀를 기울일 수 있었고, (2) 인간관계 특히 적당한 남자와의 관계를 받아들일 수 있었던 강점은 완전한 자아붕괴 이후에 명백히 드러났다.

II. Terry Westone : 해부적 구조는 운명인가?

테리 웨스톤은 몇년동안 불규칙적으로 나를 만나고 있었다. 내가 그녀를 처음 보았을 때, 그녀는 모든 문제에 있어서 불행했다. 그 때 그녀는 상당히 존경했던, 그녀에게 친절하였던 한 남자와의 관계가 깨어진 직후였다. 또한 한 여인과의 관계도 청산하고 있는 중이었다. 그 여인은 다른 남자와 연애를 시작하고 있었고, 그 남자의 희망에 따라, 그와의 결혼을 진지하게 생각하고 있었다. 그녀는 너무나 심하게 긴장되어 보였으므로 나는 그녀가 무너질까봐 걱정되었다. 이러한 긴장 때문에 그녀와 분석을 시작하는 것이 매우 어려웠다. 이 긴장은 모든 것으로부터 떠나려 하고, 외국으로 나가고 싶어하는 그녀의 경향성, 즉 강한 도피반응과 결합됨으로써 어떤 방향으로 －현재로는 예측하기 어려운－그녀를 유도할 수 있을 것이다. 또한 그녀는 분석 작업을 시작하는데 대해 상당히 불안을 느끼고 있었고, 독립하고자 하고 그러한 작업을 혼자서 감당 하고자하는 열망을 강하게 갖고 있었다. 그럼에도 불구하고 그녀는 분석을 시작하였는데, 이는 이성적 판단에서가 아니라, 후일에 내가 알아낸 바와 같이 아동기 아버지와의 관계에서 비롯된 긍정적인 전이를 바탕으로 하여 이루어진 것이다. 그러한 전이가 실제로 분석을 진행시켰으며, 그러한 점이 없었더라면 그녀는 아마도 붕괴되었을 것이라고 나는 생각한다.

분석이 끝난 후, 최근에 그녀는 0-6세 기간을 검토하기 위하여 다시 나를 찾아 왔다. 그녀는 약 2년동안 나를 치료적으로 만나지 않고 있었다. 그러나 나는 많은 환자들에게서 이와같은 0-6세 사이의 검토가 상당히 효과적이며, 주요 문제를 함께 결합시켜 주는 경향이 있으며, 환자에게 아동기 양식에 대해 보다 명백하게 이해하도록 도와 줌으로써 생활에의 열쇠를 제공해 준다는 사실을 발견하였다. 그러므로 나는 이러한 검토를 테리에게 제안하였다. 그녀는 주저하다가 나중에 이 제안을 거절하였는데 몇 달 동안, 아마 거의 일년정도 현재 생활의 여러가지 일들이 안정될 때까지 이러한 검토를 연기하고 싶어하였다. 전화통화로는 그녀가 언제라고 이야기 하는지 정확하게 알 수 없었으나, 나는 그녀의 의견에 동의하였다. 그러나 그녀는 이삼주일 지나서 나를 방문하였고, 이 일을 신중하게 생각해 보았으며, 기꺼이 이 일을 수락하겠다고 이야기하였다.

그녀가 이렇게 말했을 때 나는 다음과 같이 이야기하였다. "당신의 0-6세 사이의 일을 검토하기 전에, 당신이 나를 맨처음 방문하던 당시를 어떻게 회상하고 있는지를 물어보겠어요. 당신이 이곳에 처음 왔을 때 당신의 주된 문제는 무엇이었읍니까?"

그녀는 응답하였다. "성적으로 반응하는데 문제가 있었다고 생각해요. 확실하지는 않으나, 그랬었다고 생각해요. 그것이 가장 중요한 문제였다고 생각해요."이제 테리는 삼십대 중반이며, 매우 지적이고, 매력적인 기혼 여성으로서, 네 자녀를 두고 있다.

그녀는 계속 말하였다. "선생님을 처음 만나러 왔을 때 나는 개리와 지내고 있었고 그와 결혼을 생각하고 있었는데 어머니가 너무나 강렬하게 반대하셔서 저는 그 문제를 확실하게 생각하지 못했던 게 기억나요. 그 당시 나는 개리를 사랑하고 있는지 확신할 수가 없었고, 이 일에 대해 이야기를 함께 나눌 사람이 있었으면 하고 바랬어요. 내가 실제로 그를 사랑하고 있지 않는게 아닐까 두려웠어요."

나는 말하였다."당신은 전반적으로 그 상황이 적절하지 못하다고 느꼈나요?"

"네"그녀는 이야기하였다. "그러나 불만은 대체로 사랑하는 것과 성적으로 적절하게 반응하지 않는 문제와 연관이 있었는데, 앞의 문제가 원만하지 않다면 나머지 문제가 뒤따라 일어나기 마련이죠."(밝혀진 바에 의하면, 이는 부분적으로만 사실이다).

나는 말하였다."요즈음 당신의 주요 문제는 무엇입니까?"

그녀는 응답하였다."어떤 면으로는 아직도 동일한 문제를 갖고 있기 때문에 선생님을 만나러 오는 것을 몇달간 미루려고 했어요. 이제는 남편이 된 개리에게 나는 아직 자유롭게 반응하지 못해요……. 성적으로 자유로운 것을 의미하죠. 그리고 나는 아직도 남편을 제대로 선택했는지에 대해 의문을 갖고 있어요. 그런 생각을 할 때는 참 불편해요. 그러나 한참동안 그런 식으로 생각하다가도 그 문제를 냉정하게 생각할 수 있으며, 상황이 올바른 것이었다고 느껴요. 그리고 내가 불행하고, 우울하고, 파괴적인 방식으로 행동할 때 그런 문제를 만든 것은 다른 사람이 아니라는 생각이 들기 시작해요. 그러나 나는 더 이상 그런 식으로 행동하지 않으며, 심하게 우울해지지 않고, 일이 상당히 순조로워요."

"자"나는 말하였다. "당신이 나를 처음 만난 것처럼 생각하고, 당신의 출생시부터 6세까지를 검토해 보도록 합시다. 출생시부터 6－7세까지 당신의 생활에서 누가 가장 중요한 사람이었으며 주요한 관계는 무엇이었읍니까?"

테리는 말했다. "아버지, 어머니, 남동생, 특히 어머니와 남동생이죠."

"실제로 세사람만이 중요한 인물이었다는 게 맞습니까?" 내가 물었다.

그녀는 대답하였다. "어머니와의 관계는 심리적으로 가장 중요한 관계였어요. 다음은 남동생과의 관계, 그리고 그 다음은 아버지와의 관계예요."

"누구부터 시작해 볼까요?"

"아버지" 그녀는 응답하였다. "아버지와의 관계는 가장 즐거운 마음으로 기억되는 관계예요. 아버지는 한결같이 자애로우셨어요. 아버지는 나 그대로를 받아주셨어요. 아버지는 나를 데리고 여기 저기 다니시면서, 선물을 사주셨어요. 아버지는 꽤 오랫동안 여행하셨고, 매달 일주일정도는 밖에서 지내셨어요. 기억나는 것은 아버지를 보고 싶어하던 일이 아니라 아버지가 돌아오셔서 선물을 주던 일, 매우 행복했던 일이예요……. 아버지가 돌아오시면 축제 분위기였어요. 항상 어머니는 집안에 많은 일손들을 거느리셨고, 따뜻하고, 한 가족처럼 우리에게, 특히 나에게 대해주는 사람들을 고용하는데 천부적인 능력을 갖고 계셨어요. 그러나 개인적으로는 아무도 생각나지 않아요. 출생시부터 6세사이에 네, 다섯명의 다른 사람들이 있었어요. 일곱살 이전까지 기억나는 일은 유모와 함께 산보가거나 그들이 음식을 먹여주던 일들이예요. 아버지가 나와 함께 놀아 주시던 기억도 나지만, 그러나 어머니가 함께 놀아주던 기억은 나지 않아요. 아마 어머니는 나랑 놀아주지 않았던 것 같아요. 어머니는 나에게 상냥하셨으나, 그런 방식이 어머니가 아이를 다루어야 하는 방식이라고 생각하셨기 때문에 일부러 그렇게 하셨던 것 같아요. 이제는 그 당시 어머니와 외할머니와의 어려운 관계 때문에, 그리고 아버지와의 관계 때문에 커다란 긴장속에서 지내셨다는 것을 알겠어요. 아버지는 외도를 시작했던 것 같아요."

(많은 환자들은 어머니의 무관심이나 배척을 사실을로 직면하지 못하며, 그런 사실을 변명하거나 최소화한다). "실제로 아버지는 나를 좋아하셨지만, 어머니에 대한 기억은 나지 않아요. 어머니가 실제로 나를 좋아하신 것이 아니라, 그렇게 해야 한다고 느꼈기 때문에 어머니가 나를 좋아하는 것처럼 행동했다는 생각이 들어요. 어머니가 얼마나 효율적으로 집안을 꾸려나가셨는지 기억나요. 나는 결코 권태롭지 않았어요. 한가지 즐거운 활동을 끝내면 또 다른 즐거운 활동이 이어지곤 했어요… 이 모든게 어머니가 주의깊게 계획하신대로 진행되었기 때문이죠. 나는 나의 아이들에게 그와 같은 일을 해줄 수 없었어요. 그러나 나의 아이들은 일어나고 있는 일을 모두 알고 있었어요."

"일곱살까지 아버지와 어머니와의 어떤 불쾌한 일이나 두려움에 대한 기억이 나질 않아요. 그러나 동생에 대한 불쾌한 기억이 나요. 나에게 오랜 친구가 한명있는데 나는 그애랑 학교때 부터 친하게 지냈어요. 그는 내가 열살때 한반 친구였으며, 가끔 우리는 만나서 이야기했어요. 나중에 그가 나에게 말하기를, 어렸을 때 나는 너무 불안정하고, 과민하고, 상처받곤 했는데, 주변에서 잘못되어가는 모든 일로부터 상처받곤 했던 생각이 난다고 했어요. 출생시부터 여섯살때까지 아버지와 어머니에 대해 생각나는 것은 이게 전부예요. 그러나 동생에 대해서는 많은 기억이 나는데, 모두 부정적이예요. 나는 그를 갓난 아이였을 때나 그후 자랐을 때나 좋아하지 않았어요. 그러나 그애 때문에 내가 밀려난 기억은 없어요. 단지 동생에 대해 내가 부정적이었다는 기억만 나요. 나와 비교할 때 차이있는 그의 성기에 대해 처음부터 호기심을 느꼈고, 그것에 대해 혐오감을 느꼈어요. 그는 나보다 3년 6개월 아래였어요.

"동생에 대해서는 좋은 일을 기억할 수 없어요. 그에 대한 내 자신의 감정과 행동이 나빴었다는 것을 느꼈고, 그 결과 나는 그에 대한 나의 반응을 아버지와 어머니에게 숨겼으며, 가족 내에서는 내가 동생에게 얼마나 희생적이었는가에 대한 이야기가 전해 내려져 오고 있어요. 그런 일로 인하여 칭찬을 받았고, 다른 반응은 나빴었기 때문에 나는 그런 입장을 취하였고, 따라서 내 자신의 감정을 숨겼으며, 내 자신에게 나의 감정을 숨기는 그런 양식을 만들었어요. 이런 점들이 어머니와 아버지, 남동생과의 주요한 관계를 말해주고 있어요."

"좋습니다." 나는 말했다."이제는 당신의 첫 기억이 무엇인지 말씀해 주시겠읍니까?"

"첫 기억은 어머니가 남동생을 데리고 병원에서 집으로 돌아오던 일이예요. 어머니가 그를 집으로 데리고 올 때 나는 거리에 있었는데 성기가 다른 것을 보고 매우 신기했어요. 그러나 그러한 호기심을 충족시키려고 어떤 일을 했던 기억은 없어요. 앞서 이야기 한 바와같이 내가 그런 행동을 했을 때 나는 강한 혐오감을 느끼곤 했어요. 이러한 첫 기억들을 이야기하는 것이 매우 어려운데 그 이유는 너무 많은 이야기를 들었고 사진을 너무 많이 보았으므로 실제로 내가 기억하고 있는 것과 사진에서 본 것을 구별하는 것이 어렵기 때문이예요. 그러나 작은 방에 있었던 일이 기억나는데 (아마도 육아실의 일부인 것 같은), 나는 매우 고집스러웠어요. 거기서 잠자고 싶지 않았어요. 남동생이 집에 돌아와서 즐거워진 집안 분위기에 나는 어울리고 싶지 않았어요. 이 당시 사진을 많이 보았고 이 당시 이야기를 많이 들었었기 때문에 실제로는 내가 기억하고 있는 것인지를 확신하기가 어려워요. 내가 중심이 되어 즐거웠던 경우가 몇번 있었던게 기억나요. 내 생각으로는 나의 성질은 겉으로는 두드러지지 않은 것처럼 보였던 것 같아요. 실제로 일주일전에도 그런 경우가 있었는데, 이제 이런 일이 어릴때부터 시작된, 나의 행동양식이라는 점을 깨닫고 있어요. 나는 남동생을 보는 것을 반대하지는 않았으나 그의 출생으로 인한 즐거운 분위기에 끼여드는 것을 반대했어요. 호인이었던 소아과의사가 내 동생이 태어난 후 나에게 밥을 떠 먹이지 않도록 충고했어요. 다시 말하면, 이 시기는 남동생이 아기 노릇을 하고, 나는 성장하고, 부모와 동일시해야 하는 시기였어요. 그러나 나는 먹기를 거부하였고, 몸무게가 10파운드나 줄었는데 결국 어머니가 꺾이고 굴복하였어요."

"이 시기의 다른 기억이 생각납니까?" 나는 물었다.

"아니요." 그녀는 대답하였다. "그것이 전부라고 확신해요." 그리고 나서 그녀는 몇분 동안 침묵하였고 나는 아무 말도 하지 않았다. 한참 후 그녀는 말했다."잠깐만, 그래요. 기억이 나요. 나는 작은 방에 있었는데, 구두끈을 묶고 있었고, 끈을 묶는데 시간이 아주 아주 오래 걸렸어요. 무슨 일인가 진행되고 있었어요. 아마 사진사가 거기에 있었던 것 같아요. 그들은 나를 독촉하고 있었고, 나는 천천히 구두를 매우 꼼꼼하게 묶고 있었어요. 그런 행동이 어릴 때부터 있었던 나의 행동양식의 일부예요. 고집스럽고, 내 스스로 하는 양식이예요. 아, 네, 이제 또 다른 기억이 나요……. 그 기억은, 어머니가 나에게 내가 얼마나 이기적인 아이인가를 말했던 것이며, 실제로 그건 기억이상의 것이예요. 그런 일은 아동기동안 내내 연속적으로 일어났어요. 예를 들면 나는 친구와 장난감이나 세발 자전거를 함께 갖고 노는 것을 거절하곤 했어요. 그러나 내 남동생과 나누어 갖는데는 한번도 문제가 없었어요. 항상 주변에 사람들이 있었기 때문에 그런 일은 한번도 없었는데, 그런 일은 가족 체계의 일부였어요—그런 일은 누구라도 행동하는 그런 일이예요."

"남동생과 함께 놀았던 기억이 없어요. 예를 들면 그와 함께 공놀이를 한다든가. 나는 아직도 일을 내 스스로 하려는 고집스런 경향이 있어요. 마치 내 구두를 천천히 신중하게 매던 때와 같이 말예요. (그리고 독립적으로 그런 행동양식을 지켜 나가기 위하여 분석에 의한 도움을 거절했다고 나는 생각했다). 아, 네, 우리 집에는 개가 있었어요. 나는 개를 미워하였으나, 또 다른 허구적인 이야기가 전해지고 있어요. 모두들 내가 개를 사랑한다고 생각했고, 만약 내가 개를 귀여워하지 않는다면, 무언가 나에게 잘못된 일이 있는 징조라고 여겼어요……. 아버지조차도 내가 개에게 가까이 가면 개를 더욱 사랑하기 때문이라고 생각했어요. 나는 그 시기에 개를 싫어했어요. 나는 다른 사람들과 달리 개에 대해 자유롭고 편안한 느낌을 한 번도 가져본 적이 없었어요. 개는 나를 넘어뜨리곤 하였는데, 부모들은 개가 아주 영리하다고 생각했어요. 남동생이 태어날 때 부모들은 개를 얻었는데, 부모들은 이런 일을 매우 자랑스럽게 생각했어요. 그 개는 우리와 함께 성장할 것으로 기대되어졌어요. 남동생, 나, 그리고 개가 함께 성장 한다는 거예요."

(중요한 점은 어머니의 육체적인 실존에도 불구하고 감정적인 부재가 뚜렷하였다는 것이다. 어머니는 천부적인 능력으로 가사 일을 조직화하였으나 감정적으로는 환자와 관계를 맺지 않았다. 테리가 남동생의 출현에 대해 어린이로서 그렇게 강하게 반응한 것은 아마도 이와같은 어머니 사랑의 결핍, 어머니와의 친근감의 결핍 때문이었던 것 같다. 어머니와 안정되고, 좋은 관계가 없는 경우에는 Pat Ralston의 사례처럼 강렬한 질투심의 기초가 형성되는 것 같다(302페이지 참고). 테리가 새로 태어난 남동생의 성기에 많은 관심을 보인 세살 반경에 왜 남동생의 성기에 대해 그렇게 혐오감을 느꼈는지, 그 이유는 이 자료에서 명백하지 않다. 나는 순전히 추론적인 설명을 좋아하지 않는다. 예를 들면, 이 시기가 에디푸스기간이라는 식의 설명이다. 그녀는 어느 정도 어머니 사랑이 결핍되어 있었고, 이러한 박탈은 새 아기에 대한 적대감을 강화시켰으며, 관심과 적대감이 그의 성기에 집중되었던 것으로 여겨진다. 아마도 이에 대한 기초가 될 수 있는 어떤 경험을 그녀가 유모나 다른 일손과 겪었을지 모른다. 그러나 그렇다고

할지라도, 이러한 종류의 자료는 어린 아이에게 성욕이 존재한다는 Freud의 관찰을 지지한다는데 의문의 여지가 없으며, 이러한 성욕이 세살에서 다섯살사이에 절정을 이루는 경향이 있다는 점 역시 말할나위 없는 것이다. 그러나 이 시간에 상당히 명백해 보이는 다른 요소는 출생부터 6세사이의 아버지와의 좋은 관계이며, 그는 일관성있게 상냥했던 유일한 사람이었던 것 같다. 나는 이 관계가 실제로 그녀를 정신적 붕괴에서 구해 주었다고 생각한다. 또한 이 관계는 치료자인 나에 대한 전이가 일어나게 해주었고, 또한 분석치료에서의 나머지 관계가 가능하도록 해주었다. 이 관계가 없었더라면, 그녀는 붕괴되었으리라고 생각된다.

또한 이 관계를 기초로 하여 그녀는 남자와 지속적인 관계를 맺을 수 있었으며, 그 결과 어려움이 있기는 했으나 결혼을 하게 되었고, 아이들에게 상당히 좋은 엄마가 될 수 있었다. 그녀가 이러한 역할을 해 낸 것은 어머니와의 동일시가 바탕이 된 것이 아니고, 아버지와의 동일시가 바탕이 되었다. 그러나 남동생과 그의 성기에 대한 그녀의 적대적이고 혐오적인 반응에 대한 이야기를 들은 후에는 그녀가 남자들과 관계를 맺는데, 특히 적절한 성적 반응을 하는데 문제가 있다는 점에 놀라지 않게 될 것이다.

테리 웨스톤과 함께 출생부터 여섯살까지를 검토한 다음 시간에, 나는 그러한 과정에서 검토된 몇가지 유용한 자료를 발견하였다. 그러나 그런 자료를 확신할 수 있으려면, 먼저 철저하고 빈번하게 그런 자료가 진술되고 검토되어야 한다.

이 시간은 다음과 같이 시작되었다. "출생부터 여섯살 사이에 가장 두드러진 사건이었다고 생각되는 일들을 당신이 재검토해 보지 않겠읍니까?"

"네, 기꺼이" 테리가 대답하였다.

나는 말했다. "지난 시간의 이야기 가운데 기억나는 것은 당신의 아버지와의 관계가 일반적으로 일관성있게 좋은 관계였으며, 한편으로 어머니, 동생과의 관계는 당신이 이야기하였듯이 가장 중요한 두 관계였다는 점입니다. 당신의 어머니는 당신에 대해 느껴야 한다고 생각되는 대로만 느꼈으며, 이는 해답 없는 의문점을 남겼읍니다. 다시 말하면, 왜 당신이 남동생의 출생에 대해 그렇게 강한 반응을 보였으며, 그의 성기에 대해 당신의 호기심이 그렇게 강렬했는가 하는 의문점입니다."

"네," 그녀는 말했다. "그 말씀이 맞아요. 그러나 좀 더 과거로 거슬러 올라가보면, 어머니는 아이를 가졌다는 사실에 대해서는 기쁨을 느꼈으나, 나에 대한 기쁨은 아니었어요. 어머니는 정열적인 여인이었으나 아버지에 대해서만 그랬던 것은 아니었어요. 아버지는 나중에 어머니의 분노에 대해 나에게 얘기해 주셨어요. 외할머니는 아버지가 이혼한 남자라고 아버지와 만나기를 거절하셨대요. 외할머니는 어머니가 지옥같은 생활을 하도록 만드셨어요. 외할머니는 우리를 방문하기를 거절하셨고, 아버지, 어머니, 나, 그리고 내 남동생의 존재를 인정하지 않으셨어요. 이러한 상황은 어머니에게 심한 압박감을 주었어요. 그 당시에는 이해하지 못했던 이러한 일들 때문에 나는 긴장되고, 불안하였고, 어머니에 대해 적대적이었지만 분노를 억제했을 거라고 추측할 수 있을 뿐이예요. 외할머니가 우리 가족을 인정하지 않았기 때문에 어머니는 세상에서 가장 좋은 가족을 만들어야 한다고 느꼈고, 따라서 나는 세상에서 가장 좋은 어린이의 역할에 따르고, 그런 역할을 해냈어요. 나는 그런 역할에 방해가 될 수 있는 모든 점들을 억제했어요. 확신할 수는 없지만, 그러나 내 생각으로는 남동생의 출생에 대해 그렇게 강하게 반응했던 이유 한가지는 남동생이 가족으로 들어오던 당시 나는 이미 너무나 많은, 정말 지나치게 많은 것을 억압하고 있었기 때문인 것 같지만, 확신할 수는 없어요."

"어머니는 처음에 내가 버릇이 없다고 말씀하셨으나, 나중에는 내가 '이기적'이라고 바꾸어 말씀하셨는데, 그 이유는 내가 버릇이 없다면, 그것은 어머니의 잘못이지만, 이기심은 유전적인 것이기 때문이예요. 아버지가 그 생각을 받아들였을 때 나는 실제로 박살이 났었어요. 몇번의 좋은 순간이 있기는 했으나 우리 부모의 관계는 처음부터 끝까지 나빴다고 생각해요. 어머니는 아버지가 벌어다주는 돈을 매우 현명하게 쓰셨어요. 이는 아버지로 하여금 돈을 벌도록 자극하였고, 어머니는 돈 쓰는 것을 즐겼어요. 그러나 두분의 관계는 좋은 관계는 아니었어요."

나는 질문하였다. "그렇다면 왜 당신은 남동생의 출생에 대해 그렇게 강하게 반응했읍니까?"

테리는 말했다. "어머니는 불행하셨기 때문에 나와 함께 놀거나 나를 이해해 줄 만큼 자유롭지 못하셨어요. 남동생이 태어 났을 때, 그의 출현은 부족하나마 내가 가지고 있던 것들을 위협하였어요."

(이 말은 나에게 올바른 것으로 여겨졌다. 그것은 내가 그녀에 대해 알고 있는 것과 일치되고 진실된 것처럼 들렸다. 아직 그녀는 어머니의 무관심과 배척, 또는 애정 결핍 요소를 완전히 인정하고 있지 않았다. 남동생의 출현은 위협 이상의 것이었다. 그것은 실제로 그녀가 조금이나마 가지고 있던 것들을 빼앗아 가버렸다).

"특히 남동생의 성기에 대해 그렇게 강한 반응을 보인 이유가 무엇이라고 말할 수 있읍니까?"라고 나는 물었다.

"그 점에 대해서는 단지 추측할 수 있을 뿐이예요. 나는 일곱살 때 자위행위를 시작했는데 내 추측으로 나의 성적 호기심은 세살 즈음해서 시작되었던 것 같아요. 그런데 어머니는 강한 혐오감을 보이셨고 그런 일에 대해 메스꺼워하고, 심하게 반대하셨어요. 나는 어머니가 그 일을 문제 삼았기 때문에 더욱 강한 호기심으로 반응했어요. 남편과 나는 우리 아이들에게 그 일을 문제 삼지 않아요. 우리 생각으로는 아이들의 성적 호기심은 일반적인 관심과 호기심, 그리고 다른 탐색활동의 부분일 뿐이예요. 그런 일은 그들 놀이의 일부일 뿐이예요. 그 자체로 문제가 되지는 않아요. 그러나 어머니는 그 일에 대해 너무 당황하셨어요. 기억이 나는데, 한번은 내가 무릎에 손을 포개고 있었는데 어머니는 내가 자위행위를 하고 있다고 생각하셨어요. 그러나 실제로는 아니었어요. 어머니는 마치 내가 전혀 아이를 낳을 수 없을 것 같은 그런 표정이었어요. 그러나 모든 세살짜리 어린이들은 성적 부위를 탐색하는데 어느 정도 관심을 갖고 있다고 나는 생각해요."

"이런 일들이 대강 0-6세 동안 일어난 일들인데, 가리워져 있어요. 왜냐하면 내 기억은 일곱살 부터 시작되고 있기 때문이예요. 일곱살때 부터는 더 많은 일이 기억나요. 나는 어머니의 신경질, 빈정거림, 일화적인 일들을 기억하는데 틀림없이 이런 일들은 그 전에도 일어났을 거예요. 예를 들면 나에 대한 어머니의 권위주의예요. 나는 여섯 살 때 학교에 다니기 시작하였고 학교 선생님들을 대단히 좋아 했어요. 단 한분만 제외하고는 모두 점잖으셨어요. 어른과의 관계는 매우 좋았는데 왜냐하면 내가 영리하고 공부를 잘 했기 때문이었어요. 그러나 동료 친구관계는 좋지 않았는데 왜냐하면 내 마음이 기대와 요구로 가득차 있었기 때문이예요. (그리고나서 그녀는 덧붙이기를 대부분 친구관계는 남동생양식에 따른 것이라고 하였다). 나는 남동생과 별로 가깝게 지내지 않았어요. 내가 그에게 책을 읽어 주던 기억이 나지만, 대부분 우리는 각자 따로 지냈어요. 나의 성격은 안달하는 남동생에 비해 느긋하였으나, 나는 대부분 그를 쉽게 내리 누르곤 하였고, 그를 곤경에 빠뜨리곤 하였어요. 두번 어머니에게 맞았던 기억이 나요. 아마 더 맞았는지 모르죠. 한번은 어머니가 저녁 식사 파티를 열고 있었는데 나는 삼층에 있다가 아래 층으로 내려 갔어요. 어머니는 내가 파티를 방해한다고 화를 내셨어요."

"아버지는 매우 충격적인 상황에서 한번 나를 때리셨어요. 나는 집 밖의 도로 변에서 롤러 스케이트를 탔었는데 집안에 스케이트를 신고 들어오는 게 금지되어 있었지만, 한번은 그렇게 했어요. 아버지와 어머니는 내 소리를 들었거나, 융단에 난 자국을 보셨을테지만, 나는 거짓말로 내가 안그랬다고 말했어요. 그랬더니 부모님은 나를 위층에 올려보내고 아버지가 나를 벌 주러 올라 오셨는데 나는 겁에 질렸었어요. 아버지는 나는 때리셨는데, 나는 거짓말을 했음에도 불구하고 부당하게 대우받고 있다고 느꼈어요. 절대로 아이를 그렇게 겁주는 일은 없어야 해요."

"그 당시부터 나의 성적인 공상은 항상 강제적인 요소가 있었어요." 나는 그말이 무슨 뜻인지 테리에게 물었다. 그녀는 다음과 같이 대답하였다. "성적인 쾌감을 갖도록 강요받고 있다고 느끼고, 잡혀있고, 묶여있고, 성행위를 하도록 강요 당한다는 느낌을 의미해요. 그러나 그런 생각은 그 이전으로 거슬러 올라 갈 것 같아요."

나는 말했다. "언제부터라고 생각됩니까?"

테리가 응답하였다. "아마 집안 분위기로 미루어 보아 나는 행복할거라고 기대 되어진 것 같아요. 그러나 그 즐거움이란 부모님들이 나에게 관심을 갖고 내가 무엇을 원하는지를 알아보고 이에 따라 마련해 준 것이 아니라, 부모님이 나를 위해 마련해 준 즐거움이었어요—부모님들은 나에게 귀를 기울이지 않았어요. 예를 들면, 나는 스케이트를 원했고, 스케이트 타기를 원했어요. 그러나 부모님들이 나를 위해 마련해준 일들을 내가 억지로 즐겨야 하는 그런 일들이었고, 나는 마음속으로는 화가 나 있었어요."

"당신의 자위행위에 대한 어머니의 혐오가 영향을 미쳤다고 생각합니까?"

테리는 응답하였다. "그런 확실해요. 만약 섹스가 나에게 강요된 것이라면, 내가 어머니에게 반항하고 있다는 책임을 면하게 되죠. 그 당시 나는 그렇게 하고 싶지 않았어요. 집에서 몇가지 긍정적인 일들도 있었어요. 예를 들면, 어린이 놀이집에서 내가 놀이 친구들로 부터 따돌림 받고 실제 추방을 당했을 때, 나는 주저 앉아 두 세시간 동안 울었는데, 어머니(남동생 역시)는 나에게 매우 상냥하게 대해 주셨어요. 나는 무척이나 불행하고 화가 나서 울었어요(여기서 테리는 이, 삼분동안 침묵한다). 이제는 내가 출생부터 여섯살 때까지 기억난 것을 모조리 이야기했으니까 선생님이 이 대화를 좀 더 잘 끌어가실 수 있겠군요."

나는 말하였다. "우리의 다음 과제는 아동기 양식의 주요점과 현재 문제와의 관련성을 보도록 하는 것입니다."

테리는 말하였다. "네, 만약 나의 아이들이나 남편이 나에게 어떤 요구를 하면 저는 잘 반응하지 못해요. 그러나 나는 대응해야 한다 고 느끼고 이에 대응하는데, 그 방식이 화내는 방식, 너무 꽉조인 방식이예요. 결혼 후 어머니를 방문했을 때, 나는 갓난 아기인 내 아이를 한 명 데리고 갔었어요. 나는 어머니에게 조이의 기저귀를 건네 달라고 요청했어요. 종이 기저귀가 바로 어머니 옆에 있었으므로 어머니가 손을 뻗쳐 나에게 그것을 주는 것은 아무 일도 아니었지만, 어머니는 당황해 하시면서 그런 사소한 일에도 누군가를 부르시는 거예요. 어머니는 항상 나에게 요구를 하셨어요. 안경을 갖다 달라, 무엇을 해달라 등등 수없이 그런 일들을 나에게 시켰지만, 나는 한번도 어머니에게 어떤 요구를 할 수 없었어요. 어머니의 에너지는 데리고 있는 모든 일손을 동원하여 집안을 조직적으로 꾸려 나가는데 모두 소모되었어요. 이러한 어머니의 에너지는 집을 꾸려 나가면서 어머니가 우리를 위해 우리의 생을 살아주는데 소모되었어요. 나는 나의 아이들에게 베풀어 주는 것이 어려웠어요. 나는 아기에게 생명을 주는 것이 두려웠고, 그런 일이 나의 죽음을 예고할까봐 두려웠어요. 나는 지나치게 많이 주는 것이 두려웠고, 아이들의 파티를 열어 주는 것이 어려웠어요. 남편은 아이들에게 선물 주는 일에는 관여하지 않는데, 그가 옳아요. 아버지는 선물 주기를 좋아하셨고 항상 주셨어요. 그게 사람들과 관계를 맺는 방식이었어요. 예를 들면 나의 생일날, 나는 항상 지나치게 많은 선물을 받았어요. 어머니는 주는데 문제가 있었어요. 나도 마찬가지에요. 어머니는 우리에게 어머니가 주어야 할 상황에 말려들지 않도록 미리 계획을 짜곤 하셨어요."

"그런 예를 들 수 있나요?" 내가 물었다.

"네, 예를 들면, 여름 휴가예요. 어머니는 호수에 가려고 계획을 세우곤 하셨는데, 만약에 어머니가 가려고 계획 세우지 않았던 날의 날씨가 몹씨 무덥다고 알려지면, '그래, 더운날이니까 호수에 가자'이렇게 말씀하신 적이 한번도 없었어요. 그럴 때는 항상 '나는 갈 수 없단다, 해야 할 일이 너무 많아'라고 말씀하시는 거예요. 어머니는 우리가 호수에 가는 것을 미리 예정해 놓곤 하셨어요. 어머니는 우리와 함께 어떤 일을 하신 적이 한번도 없었어요. 그런데 그런 일이 내가 나의 아이들과 가장 어려운 점이에요."

나는 말했다. "아이들에게 주는 것이 어렵다는 당신의 어려움은 당신이 어머니와 동일시한 결과라고 말할 수 있을까요?"

"아니요" 그녀는 말하였다. "그렇게 생각하지 않아요. 아, 잠깐만…… 네, 그렇게도 생각할 수 있군요. 어머니는 모든 일손을 거느리고, 그들 모두를 통솔하셨어요. 그러나 그 일은 어머니에게 너무 짐이 되었고, 어머니는 편두통과 긴장속에서 지내셨어요. 사실상, 어머니에게는 사는 것이 너무 무거운 짐이었어요. 아버지와 어머니는 가까운 친구가 없었기 때문에 나는 다른 가족들은 어떤지 보지 못했어요. 내가 선택한 친구들—기젤과 같은–은 어머니와 많이 닮았어요. 기젤은 어머니처럼 계획을 세우곤 했어요. 그렇지만 나는 그런 일이 무언가 잘못된 일이라고 느끼고, 나의 아이들이 올바른 대우를 받고 있음을 확인하려고 노력해요. 나는 어머니와 달리 놀 수 있어요. 어머니는 한번도 놀아 준 적이 없었어요. 어머니는 책을 읽고,

바이올린을 대단히 잘 연주하셨지만, 항상 짜여진 연주를 하셨어요. 어머니는 분위기의 일부분으로 연주하셨어요. 그녀는 아름다운 거실, 책장의 책, 예술품들이 있는 분위기에서 바이올린을 연주하셨어요. 어머니에게는 그것은 성취 이상의 것이었어요. 이런 식으로 무언가를 하는 방식에서 벗어나는 것이 내 문제의 커다란 부분이었는데, 왜냐하면, 자유롭게 어떤 일을 하는 것 보다 이런 식으로 하는 것이 성취였기 때문이예요."

나는 말하였다. "그런 점이 어머니와의 동일시인가요. 그 보다 더 정확하게 말해서 그것이 당신이 투쟁하고 있는 동일시의 일부분인가요?"

그녀는 말하였다. "네, 확실히 그래요."

(다음에 기술되는 점들이 이 시간에 테리와의 면담을 통해서 얻어진 생각이다. 나의 생각으로는 이는 검토해 볼 가치가 있는 것이며 다른 환자와 좀 더 시도해 보려고 한다; 이제 우리는 출생부터 6세까지의 양식에 대해 상당히 명료한 아이디어를 얻게 되었다. 첫번째 과제는 그 아이디어를 조직화하여 구체적으로 표현하고 그에 대한 의견 일치를 보는 것이다. 다음 과제는 양식의 어떤 부분이 오늘날 그녀의 생활에서 문제를 일으키고 있는지를 알아 보는 것이다. 예를 들면, 그녀가 갈등을 겪고 있는 어머니와의 동일시, 즉 아이들에게 주는 것이 어렵다는 점, 보다 좁혀서 이야기하면, 그녀 자신을 자유롭게 내버려두고 그냥 자유롭게 일을 하는 것이 어렵다는 점이다. 이제 우리가 아동기 양식을 가능한 한 명료하게 지적으로 이해할 수 있고, 오늘날 환자의 정서 생활에서 문제를 일으키고 있는 아동기양식의 부분을 볼 수 있다면, 지금 그녀를 괴롭히고 있는 문제를 체계적으로 다룰 수 있고 이에 따라 분석 시간이 훨씬 절약될 수 있다는 생각이다. 이런 일이 훈습 과정에서 요구되어지는 감정적 체험의 필요성을 없애주는 것은 아니지만—우리 모두 익숙해 있고, 잘 알고 있는—그 출발이 지적인 것이었다 할지라도 분석 과정을 가속화시키는데 도움을 준다. 테리는 이미 검토 과정을 통해 자신이 어머니와의 동일시 때문에 어떻게 갈등을 겪고 있는가를 알 수 있었다. 물론 그런 점은 매번의 분석 작업속에서 부각되어질 것이다. 그러나 우리가 그냥 앉아서 환자의 연상을 경청하는 것 보다 환자의 연상을 추적해 나간다면, 훨씬 더 빨리 이런 의문점에 대한 해답이 떠오를

수 있는냐는 것이다.)

출생부터 6세까지의 세번째 검토시간에 그녀는 말했다. "선생님이 말씀하시거나 물으실 게 없다면, 지난 면담 때 충분하지 못했던 점을 내가 먼저 얘기해 보겠어요. 나는 지나치게 이론화했다고 생각해요. 내 문제가 어머니와 남동생으로 부터 발생된 것이라고 일단 믿고나서 부터는 문제가 더욱 어려워 졌어요. 그 후 나는 도발적으로 되었고, 나 역시 그들을 괴롭혔어요. 비교적 아버지와의 관계만이 조용했어요. 나는 막내 딸과의 관계에서 이런 점을 볼 수 있어요. 선생님을 만나고 있으면서 나는 어머니에게 너무 화가 나 있었는데, 이런 감정 때문에 선생님에게 말씀 드린 나의 과거력이 과장되었어요."

나는 말했다. "네, 이런 악순환은 매우 빨리 형성되죠."

"물론이예요," 그녀는 말했다. "그러나 내가 여기서 과거력을 이야기할 때 불평을 과장한 점이 있어요. 그러나 아주 좋았던 일들도 많이 있었어요. 예를 들면 나는 우리 집안에서 어떤 일이 일어나고 있는지를 외부 사람들에게 이야기하지 말라고 아이들에게 얘기하지 않아요. 아마도 이는 그런 일을 이야기하지 말아라, 집안에서 본 일을 누구에게도 이야기하지 말라고 늘 말씀하시던 어머니에 대한 반응인 것 같아요. 지금 당장 내 생활에서의 어려움은 내가 남편을 대단히 좋아하고 그를 존경하지만, 현재 내가 느끼고 있거나 과거에 느꼈던 높이 날으는 사랑의 감정이 어느 정도의 것인지 의아해요. 나는 그 이유를 알 수 있어요. 그에 관하여, 그의 성격에 관하여 …… 다른 말로 하면, 나는 그를 비난할 수 있어요. 그러나 그런 일에 있어서 내 몫은 무엇인지?"

내가 말했다. "정확히, 당신의 아동기 양식의 어떤 부분이 오늘날 당신에게 영향을 주고 있나요?"

"네" 그녀는 말했다. "나는 어떤 점을 알 수 있어요. 남편이 집에 있거나 어디에 있거나 간에 나는 그의 존재를 느껴요. 나는 항상 비판 받고 있다고 느껴요. 나는 비난받고 있으며, 옳지 않으며, 일을 해야 한다고 느껴요. 그는 매우 능률적이예요. 그러나 내가 일을 제안하고 시작할 때, 그 일들은 남편이 기대하는 일이기 때문에 내가 하고 있는 것이라고 느껴지고,

남편에게 심하게 화를 내게 돼요. 이는 어머니에 대한 양식 그대로예요. 어머니는 비판적이고, 지배적이고, 지시적이었어요. 어머니는 내가 일을 하기를 바라셨어요. 그녀는 어떤 방식으로든 나의 인생을 지배하였으나, 만약 조금이라도 여분의 시간이 있으면 나를 불러 일을 하도록 시켰어요. 내가 원하던 일을 할 수 있었던 때도 있었기 때문에 이런 이야기가 과장된 것인지 모르지만 그러나……어떤 한계내에서만 가능했어요. 어릴 때 나는 집에서 평화로운 장소를 갖고 있지 못했어요. 그건 지금도 마찬가지예요. 모든 가족이 밖에 나가고 없을 때만 기분이 나아져요. 나는 아이들(세딸과 한 명의 아들)을 자유롭게 내보낼 수 없어요. 이 점이 나의 가장 약한 점이예요. 나는 남편이 융통성이 없기 때문에 그를 비난하는 경향이 있지만, 어머니가 매우 융통성이 없었기 때문에, 거기에도 역시 나의 어머니에 대한 양식이 있어요."

"당신은 이 검토를 시작했을 때 현재 문제가 주로 사랑하고 섹스하는데 있다고 나에게 말했읍니다."

"네" 그녀는 말하였다. "그리고 나의 아이들에게 주는 것이라고요. 이는 확실히 나의 어머니와 연관되고 있어요. 어머니는 항상 내가 옳지 않다고 이야기하셨으나, 만약 내가 어머니 말씀대로만 정확히 행동한다면, 어쨌든 나에게는 문제가 없을 거라고 말씀하셨어요. 무조건 사랑해 주던 순간이 있었으나, 어머니는 그럴 때 어려워하셨고 나는 어머니 가운데 최악의 것을 나타내는 반면 내 남동생은 어머니의 최대의 것을 나타낸다고 나는 생각했어요. 남동생은 어머니에게 선물과 그런 종류의 것을 주었어요. 내가 나의 친구 리디아에 의해 자극 받는다는 사실을 깨닫기까지 시간이 많이 걸렸어요. 그녀는 어머니가 했던 방식대로 나를 자극했고 나 또한 그녀를 자극하는 이야기를 했어요. 그러나 이제는 이런 일이 어머니에 대한 양식의 반복이라는 것을 알았고 더 이상 그렇게 하지 않아요. 남편에게 아직 그런 방식으로 행동하는지는 잘 모르겠어요. 나는 나의 방식을 잘 알아요. 남편과의 관계는 전보다 더 좋아졌어요. 그가 섹스를 솔선해서 주도하지는 않지만, 내가 그렇게 해요. 그건 내가 섹스를 좋아해서가 아니라 그를 기쁘게 해주고 우리의 결혼을 단단히 묶어두려는 거예요. 그러나 그럴때 나는 내 자신에게 화가 나요. 그러나 만약 내가 섹스를 주도하지 않는다면 남편은 절대로 그렇게 하지 않으며, 그는 자기에게 더 이상 섹스가 필요없고, 내가 섹스에 대해 충분히 자유롭지 못하기 때문에 그런 방식이 더 낫다고 얘기해요. 그러면 나는 화가 나요."

"그러나 나의 문제는 내 몸을 잘 조정할 수 없다는 거예요. 어머니는 내가 이기적이라고 계속 말씀하셨는데, 아마 나는 나 자신에게 이런 식으로 말했던 것 같아요.'좋아요. 엄마가 나를 이기적이라고 생각한다면 나는 이기적으로 굴겠어요.'어머니보다 아버지가 나를 더 좋아하셨는데, 아버지와 어머니가 부부로서 서로 안정된 관계를 갖고 있지 않았기 때문에 아버지의 그런 태도는 나에게 위협적이었으며, 그래서 나는 아버지에게 나 자신을 감각적으로 표현하는 것이 두려웠어요."

나는 말했다. "남동생과의 관계가 사랑하고 섹스하는 문제에 어떤 영향을 주었다고 생각합니까?"

그녀는 말했다. "남동생은 나를 자극했어요. 그는 나보다 더 많은 자유를 누렸어요. 그래서 나는 그에게 분개하였고 이런 감정을 일부 내 남편에게 전이시켰고, 분노의 감정을 풀 만한 곳을 찾았어요. 다시 말하면 나는 남편에게로 적개심을 전이시키고, 그리고 나의 적개심을 정당화 할 구실을 찾고 있었어요. 어머니는 남동생과 나 모두에게 비판적이고 적대적 이었겠지만, 남동생은 분노 발작을 일으키고, 소동을 벌이고 집 밖으로 달아나고, 그 일에 의해 상처 받지 않았던 것 같아요. 그러나 나는 그런 일로 상처 받았어요. 어머니는 최소한 하루에 세번씩이나 나를 울렸어요. 내가 결혼한 뒤로는 다소 줄기는 했어요. 이렇게 나의 분노감정이 자극되었다는 것을 얘기하는 것은 살아가는데 도움이 되지 않아요. 분노감정을 통제하는 게 나아요."

나는 말했다. "물론 그렇죠. 우리는 목적이 있어서 그런 감정을 들추어 내는 겁니다…… 그런 감정이 계속 자극되도록 하려는게 아니라, 그런 감정을 이해하고 그 강도를 줄이려는 겁니다. 정확하게 당신이 친구에 대해 이야기한 경우처럼 말입니다—어머니양식에 따라 당신이 친구로부터 자극 받고 친구를 자극한다는 사실을 알았을 때 당신은 더 이상 그렇게 하지 않았다고 말했읍니다. 바로 그런 점이 우리가 하려고 노력하는 것이지요. 즉 우리가 적개심을 보고 난 다음 그런 감정을 줄이려는 거예요. 그리고 또한 당신은 남편에 대해서도 동일한 일이 일어난다고 말했읍니다. 남편과 친구에 대한 적개심이 단순히 어머니에 대한 전이양식이라는 점을 알게 된다면 당신은 어릴때 어머니에게 느꼈던 감정을 남편이나 친구에게 전이시킬 이유가 없다는 것을 깨닫게 되지요. 그러므로 나아지는 겁니다."

"네" 그녀는 말했다. "그건 사실이예요. 그런 식으로 일이 일어나고 있었어요. 나는 남편이 나보다 자유롭게 보여지기 때문에 그에게 화를 내는 거예요. 어머니가 벨을 누르면 나는 어머니에게 가야 했어요. 다시 말하면, 나는 어머니로부터 명령을 받아야 했어요. 이제 나에게 어머니처럼 행동하는 사람은 나의 막내딸인데, 그애는 나에게 즉각적인 요구를 해요."

나는 말했다. "남동생이 처음 집에 왔을 때를 회상해 본다면 당신이 동생의 성기에 대한 혐오라고 불렀던 그런 감정이 사랑하고 섹스하는 현재의 문제에 어떤 영향을 미쳤다고 생각합니까?"

그녀는 말했다. "나는 그것을 지적으로 알 수 있어요. 나는 그에게 대단한 혐오감정을 느꼈기 때문에 만약 그게 여동생이었더라도 같았을거예요. 왜냐하면 그가 집에 오자마자 식구들은 나를 돌봐 주는 것을 멈추었어요. 그들은 하루에 세번씩 나에게 음식 떠먹여 주는 것을 중단하였고 나는 남동생을 위해 자리를 비켜 주어야 했어요. 그러나 이런 일들이 확실히 기억나지는 않아요."

"당신은 최소한 두가지 요인이 있었다고 말하고 있는 것 같군요. 그중에 첫번째는 혐오입니다."내가 말했다.

"네"그녀가 말을 가로막으면서 말했다. "틀림없이 혐오예요"

"그런데 다른 의문점은 혐오가 남동생의 성기에 특정하게 향하게 된 이유가 무엇이라고 생각합니까?"

테리는 말했다. "어머니는 아기를 신체적으로 돌보는 것을 싫어했어요. 한번은 어떤 이유로 어머니가 친구의 사내아기를 돌보아 주어야 했어요. 어머니는 아기의 성기를 아주 꼼꼼하게 닦아 주었어요. 그게 무얼까요? 나는 사내아이들은 깨끗이 닦여져야 하는 일종의 딱지와 같은 무엇을 가지고 있다고 이해했어요. 그리고 어머니는 사내아이의 성기를 아주 세밀하게, 그러나 눈에 띨만큼 심한 혐오감을 보이면서 닦아주었어요. 그래서 아마도 나는 남성 성기에 대한 어머니의 혐오감을 물려 받았나봐요. 오늘날까지 나는 만약 아기의 기저귀를 갈아주어야 할 때면 사내아기 보다는 여자 아기의 기저귀를 갈아 주어요. 그러나 내 남편과의 관계에서는 이런 점을 볼 수 없어요. 나는 남편의 성기를 좋아하고 그것을 보고 느껴요. 그러나 다른 남자의 성기에 대해서는 혐오감을 느껴요. 나는 그들의 성기는 사내아이의 것 같고, 어린아기의 것 같으리라고 생각해요. 나는 실제로 내 생활속에서 이러한 일들을 잘 풀어 나가고 있어요. 고통스럽고 당황스러울 때 나는 내가 느끼고 있는 감정이 무엇인지를 확실히 알아내고 나서 아동기양식을 찾아요. 나는 이런 일을 생활속에서 내내 잘 해오고 있어요. 물론 내가 심하게 상처받지 않았을 때만 이렇게 할 수 있어요. 그러나 나는 단지 다른 사람만을 탓해서는 안된다고 깨닫고 있어요. 내가 원하고 있는 것이 무엇인지를 알아야만 해요……. 집에 혼자 있고 싶다는 나의 욕구와 같은 나의 소망을 알아야해요. 나는 왜 이런 양식이 있는지 아동기 양식을 찾아야 해요."

"두번의 지난 면담시간에 선생님에게 이야기한 후 나는 약간 우울해졌어요." 나는 테리에게 그 이유가 무엇이냐고 물었다. 그녀는 잠시 주저하더니 대답하였다. "왜냐하면 어머니가 훌륭한 경청가였기 때문이예요. 그러나 나는 어머니의 사랑을 얻기 위해 어머니에게 모든 것을 이야기 해야 한다고 느꼈어요. 다시 말하면 나는 이야기하지 않고도 무조건적으로 얻을 수 있어야 했던 어머니의 사랑을 얻기 위해 이야기해야만 했어요."

나는 말했다. "바로 이런 일이 우리가 함께 이야기하고 있는 것과 같은 일이 아닐까요? 어머니에 대한 오래된 양식이 남편과 아이들과의 좋은 관계를 방해하고 전이에서 나와의 관계를 방해하도록 내버려 둔다는 것은 창피한 일입니다." 그녀는 충분히 동의하였다. 나는 마음 속으로 만약 그녀가 나와 함께 얼마동안의 분석 작업을 계속해 나가고 훈습해 나가면서 전이 해결의 효과를 받아 들인다면 훨씬 빠르고 효율적으로 이러한 모든 점들을 해결해 나가리라고 생각했다. 그러나 그녀는 자신의 생활 속에서 문제를 해결하는데 상당한 진전이 있었다고 느끼고 있으며 그녀의 남편은 그녀가 다시 분석받는 것을 반대하였기 때문에 나는 분석의 필요성을 강요하고 분석을 다시 시작하도록 하는 것이 올바르지 않다고 느꼈다. 그녀가 그대로 나아가도록 내버려 두고 그녀 스스로 문제를 해결해 나가도록 하는 것이 나을 것이다. 우리는 치료적 관계를 유지해 나갈 것이라는데 동의하였고, 근본적으로 전이와 역전이에서 우호적인 관계를 가졌었고 현실적으로 나는 그녀를 한 인간으로서 대단히 존경하였고 그녀 역시 나를 좋아하였다고 생각되기 때문에 앞으로의 경과는 만족스러울 것이다. 그래서 우리는 일이 어떻게 되어가는지 볼 수 있도록 짧은 편지를 보내자고 하였다. 모든 일이 잘 되어 갈 것이며, 그녀가 출생부터 6세까지의 검토에서 무엇인가를 얻을 수 있을거라는 점은 의심할 여지가 없어 보였다. 그녀는 감정적으로 솔직하고 용기있는 젊은 여성이었으므로 언제든지 필요할 때 나를 방문하는 것을 주저하지 않을 것이다.

결국 테리는 그녀의 역동을 훈습하기 위해 특히, 전이를 좀 더 훈습하기 위하여 나를 다시 만나러 왔다. 그녀는 이 마지막 단계에서 일주일에 한번만 왔으나 면담시간마다 상당한 변화와 진전이 있었다. 전쟁후 그녀는 나에게 편지를 썼는데 일년에 약 두번 정도 편지를 썼다. 그녀와 남편사이에서 일이 순조롭게 잘 되어가고 있었으며 그녀는 친구들을 사귀었고, 그녀의 아이들은 훌륭하게 자랐다. 그녀는 동성애와 자아 붕괴의 위험으로 부터 벗어나 대체로 만족스런 안정된 생활을 하고 있다는 것이었다.

역동적 진단 : 테리 웨스톤

아동기 : (1) 어머니에 대한 의존적 애정 욕구의 박탈

(2) 세살 반의 나이였을 때 남동생의 출생으로 조금이나마 "내가 가지고 있던 것"을 빼앗겼고 이러한 상황이 남동생에 대한 적개심을 유발시켰다.

(3) 어머니에 의해 지나치게 비판받고 비난 받았던 경험

(4) 권위적인 어머니에 의해 지나치게 통제받았던 경험

(5) 거리감이 있었으나 좋은 관계였던 아버지와의 관계

현　재 : 박탈당하고 있고 성공하지 못하고 있다는 느낌과 통제 받고 있다는 느낌, 어머니와의 동일시 갈등, 반항적이고 억제적인 투쟁 - 도피반응과 억제된 적개심, 죄의식 이런 감정이 사랑을 베풀고 (특히 자식들에게) 사랑하고 성생활하는데 장애를 가져오고 있다.

강　점 : (1) 독립에의 욕구 (2) 동기를 직면하려는 용기 (3) 신체적인 활력과 자기, 남편, 자식을 위해 변화되고 행복해지려는 투쟁 정신

III. Arlene Rodgers : "신델렐라"

이 환자는 40세 가량의 가정주부인데, 여러가지 모호한 불만들을 가지고 있으며 이 불만들은 "불행"이라는 한 단어로 모두 요약되어지고 있지만 이 불행이란 단어는 쉽게 정의 되지는 않는다. 그녀는 여섯 형제자매 가운데 막내였다. 보통 때와 마찬가지로 출생부터 대략 여섯살까지의 인간관계가 검토되고 최초의 기억이 검토되었는데 이러한 과정에서 그녀의 세계가 보다 잘 이해되어졌고 그녀가 살고 있는 정서적 분위기를 알려주는 정보들이 수집되어졌다. 출생부터 여섯살까지 가족과의 주요 정서적 관계에 대한 인상을 말해보라고 내가 알렌에게 요청하기 전에 그녀는 최초의 기억을 자세히 말하기 시작하였으므로 나는 그녀의 회상을 들었다.

"나의 최초의 기억은,"하고 알렌은 이야기하기 시작했다. "약 세살때예요. 난로위에서 방금 내려놓은 핫소스를 잡으려고 그 속에 손가락을 담갔을 때, 나는 세째와 네째 손가락에 심한 화상을 입었어요. 핫소스를 식히려고 높은 장소에 놓아두었는데 나는 주전자 속에 들어있는 핫소스를 보았던 거예요. 기억나는 다음 일은 어머니와 내가 이층 욕실에 있었는데, 어머니는 내 손가락을 치료해주고 있었고, 어머니가 나에게 관심을 보여주고 있었기 때문에 나는 기분이 매우 좋았고 기뻤어요."(적개심 - 자기에게로 향해진 적개심, 주의를 끌려는 강한 욕구)

"나의 두번째 기억은 내가 칸막이 너머로 밖을 내다보고 있었는데 그것이 아마도 어린이 침대였던 것 같아요. 밖은 밝게 볕이 들어 아름다워 보였어요. 나는 아기 놀이집을 가져본 적이 없었기 때문에 그것은 아기용 침대였으리라고 생각해요. 다시 말하면 기억나는 바로는 나는 이러한 칸막이

에 갇혀서 아름다운 날씨를 바라보고 있었어요. 아버지가 저녁때 '얌전히 잠자러 가야지'하고 말씀하시던 기억이 나요. 잠자러가지 않는다고 나를 때렸던 것은 아버지였으며 내가 밤에 물마시고 싶어 했을 때 나에게 물을 먹여준 것도 역시 아버지였어요."(갇혀있다는 느낌, 적개심의 뿌리, 그리고 다시 관심을 끄는 행위에 대한 강조)

"나의 세번째 기억은 좀더 자라서 다섯살 때인데 편도선 수술을 했어요. 작은 통속에 있는 거즈에 에테르가 부어지고 나에게 이 거즈가 덮혀졌어요. 그것은 대단히 원시적인 방식이었어요. 나는 분리되는 듯한 놀라움을 느꼈어요. 동시에 네 가족이 그 의사의 치료를 받게 되어 있어서 그 의사는 모든 아이들을 한꺼번에 치료했다고 기억되요. 나는 책상위에 있었어요. 실제로 두려운 것은 아니었지만 내가 깨어났을 때 어머니가 내 옆에 있었고 그 때 어머니가 잠을 자고 있었는지 어땠는지는 잘 모르겠어요."(다시 적개심의 뿌리와 관심에의 요구)

나는 알렌에게 또 다른 기억이 없는지 물었다. 그녀는 말했다. "더 어렸을 때는 기억하지 못하지만, 다섯살 즈음의 다른 일을 기억하는데 (네번째 기억) 우리는 회선반이 달린 칼가는 기계가 있는 헛간에 있었고 우리가 그것을 돌리면 마치 사이렌 소리처럼 들렸는데, 우리는 불자동차 놀이를 했어요." 환자는 이제 '감정이 올라오기 시작하고' 있으며, 다시 말하면, 계속해서 다른 기억을 제시하고 있다. "또한 이 때쯤(다섯번째 기억) 어떤 유괴사건이 뉴스에 보도되었는데 그것 때문에 나는 너무 두려웠어요. 잠자러 갈 때 창문에 있는 층계의 꼭대기에서 나를 잡으러 오고 있는 두 손을 보게 될 것 같았어요. (다시 환자에게로 향해지고 있는 적개심의 주제) 나는 그 즈음에 보았던 장미 뜰에 있던 일본산 풍뎅이잡이 기계를 기억하고 있어요. (여섯번째 기억)"

그녀는 말하였다. (일곱번째 기억) "또한 여섯살 이전에 나는 아버지가 자동차길에서 낙엽을 태우시던 기억이 나요." 나는 그녀에게 또 다른 기억이 더 없는지 물었다. "네" 그녀는 응답하고 여덟번째 기억을 계속 이야기해 나갔다. "두가지 일이 내 마음속에 강하게 남아 있어요. 나는 목욕통 옆에 달려 있던 비누곽을 기억해요. 그리고 어머니가 나를 목욕시키려고 약

이 인치의 물을 받았고 나는 항상 떨렸던 기억이 나요. 너무 추웠지만, 어머니는 비누로 나의 엉덩이를 씻어 주셨는데 이 일이 항상 괴로웠기 때문에 나는 목욕하기를 싫어 했어요."(다시 자신에게로 향해지는 적개심)

"또 다른 기억은?" 나는 물었다.

"네" 그녀는 계속 아홉번째 기억을 생각해 냈다. "나의 할머니는 항상 할머니 방에서만 지내셨어요. 할머니는 항상 양말이나 다른 것들을 꿰매셨고 항상 남에게 도움이 되는 일을 하셨어요. 나는 할머니의 무릎에 앉아 있곤 하였고 우리는 함께 노래를 불렀어요. 이는 매우 즐거운 기억이예요. 할머니는 항상 나를 좋아하셨어요". (관심 받고 있다는 강한 인식)

물론 이제 나는 이러한 기억들로 부터 상당히 명백한 인상을 받았다. 그러나 환자의 해석을 먼저 받아 들이는 것이 대체적으로 좋은 방법이다. 그러므로 나는 알렌에게 이러한 기억들로 부터 어떤 인상을 받았느냐고 물었다. "네,"그녀는 대답했다. "그래요. 이런 모든 기억들이 나에게 무력감과 절망감을 보여주고 있다고 생각해요. 안전한 장소를 찾아 헤매고 보호받지 못하고 방황하고 어떤 연결을 발견하지 못하고 있다는 느낌이예요. 전혀 보호받지 못했어요……. 전혀."

"우리가 갖고 있던 장난감 목마처럼……보호받지 못했어요. 왜냐하면 여섯 형제 자매가 모두 그 장난감을 갖고 놀아야 했고 전혀 감독이 없었으니까요. 나는 굉장한 두려움을 갖고 있었어요. (불안을 유발시키는 자기에게로 향한 적개심의 주제)예를 들면, 나는 어머니의 침실로 통하는 마루방에 들어가곤 했는데 거기에는 아무도 없었어요……아무도 주변에 없었어요. (애정어린 관심의 결여) 나는 항상 언니 곁에서 잠을 잤어요. 우리는 방을 같이 썼어요……. 언니는 나보다 몇살 위였어요. 우리는 각자 침대를 썼어요. 언니는 실제로 침대에 있었고, 나는 아기 침대에 있었지만, 항상 돌보아 줄 사람이 없었어요. 집안은 텅 비고 쓸쓸했어요. 어떤 누구와도 접촉이 없었고 누군가가 창문으로 들어올 것 같다는 공포만 있었어요. 온통 텅 비어 있었어요. 복도는 텅 비어 있었고 어머니 방 역시 텅 비어 있었어요. 집안은 깨끗했지만 비어 있었고 사람들이 없었어요. 할머니는 다른 수준에 있었어요. 그 수준은 좋았지만, 기본 수준은 공허했어요. 나는 실제로는 아버지와 밀착된 관계를 갖고 있지 않았어요. 그는 밤에 나에게 물을 먹여주곤 하였으나, 그게 전부였어요.

아버지와 어머니는 더블 침대를 썼지만 역시 공허했어요. 훨씬 나중에까지도 어머니, 언니와 접촉이 실제로 없었고, 그후에도 어느 누구와도 접촉이 없었어요. 세살 때쯤 할머니와의 접촉이 있었어요. 다섯, 여섯살때 나는 가끔 아버지의 무릎에 앉아 있었지만 어머니와의 연결은 기억나지 않아요. 아버지, 할머니, 언니와 유일한 연결이 있었어요. 내가 배운 모든 것은 방어적인 것이었어요. 그때 우리는 두명의 가정부를 포함하여 아홉식구가 살고 있었으나 매우 쓸쓸했어요. 내가 대처했던 유일한 방식은 언니, 두명의 오빠, 그리고 어머니에 대해 나 자신을 방어하는 방식이었어요. 특히 어머니에 대해서, 진정으로 어머니로부터 나 자신을 방어하고 언니와 오빠들의 맹공격을 육체적으로 견뎌내야 했어요. 또한 나는 그들과 관계를 유지해야 했어요."

"접촉이 없었다는 당신의 말이 무슨 의미인지 나는 알고 있읍니다만, 그러나 확실히 하기 위하여 그 점을 나에게 좀 더 설명해 주겠읍니까?" 나는 말했다.

"내가 말하는 것은" 알렌은 말했다. "나는 관심을 받지 못했다는 거예요. 아무도 나에게 관심을 주지 않았어요. 나는 무시당했고 아무도 나에게 어떤 관심이나 주의를 기울이지 않았어요. 나는 어머니가 관심을 줄 수 없었다고 생각해요. 어머니가 일생동안 누구와 접촉을 가졌던 적이 있었는지 의심스러워요."

나는 말했다. "이러한 기억과 현재의 생활과 어떤 연관이 있다고 봅니까?"

"네" 그녀는 말했다. "확실히 그렇다고 생각해요." 그러나 그녀의 반응을 이야기하기 전에 이러한 기억들이 분석가인 나에게는 어떤 의미로 받아들여지는지 검토해보기로 하자. 그녀의 첫번째 기억은 어머니로 부터 관심을 받는다는 내용이었지만, 그녀가 관심을 받을수 있었던 것은 손가락에 화상을 입었기 때문이었다. 다음은 아기 침대의 칸막이 속에 갇혀 있었고 즐거운 일로 부터 차단되어졌다는 내용이었다. 또한 다섯살 경에 편도선 수술 받았던 대사건은 불쾌한 것이었지만, 마취에서 깨어보니 그녀가 갈망하고 그리던 어머니가 곁에 있었다는 내용이었다. 찬물에 목욕하고 추워하던 기억은 화상 입은 손가락과 유사한 기억이다. 그리고 그녀가 가까이 접근할 수 있었고 무릎에 올라 앉을 수 있었던 아동기의 대상은 그녀의 할머니였다. 그후 그녀는 아버지의 무릎에 올라 앉을 수 있었으며 이는 그녀에게 커다란 의미가 있었다.

아버지와의 관계양식은 잠자러 가지 않는다고 그녀를 때렸다는 점에서는 어머니의 관계와 유사했지만 그래도 물 먹고 싶을 때 아버지가 자기에게 물을 가져다 주었다는 점을 그녀는 기억하고 있다. 유괴 당할까봐 두려웠던 기억은 다른 해석이 가능하며, 아마도 이번 면담 중에 이 기억을 꿈처럼 다룰 수 있는 시간이 있었다면 우리는 기억의 일부를 명료화 했을 것이다. 첫 번째로 알렌은 유괴당하여 집에 있지 못하게 될 것이라고 느꼈을 것이며 이는 그녀가 그렇게 박탈 당하던 집으로 부터 벗어나고자 하는 소망일 수 있다. 그리고 또한 적개심과 공포는 아마도 약간의 죄의식과 함께 분노가 억압된 결과일 수 있다. 그러나 나는 이런 모든 가능성을 환자에게 말하지 않고 그녀가 생각하고 있는 것이 무엇인지, 마음속에서 현재 생활과의 관련성이 무엇이라고 생각하는지를 물었다.

알렌은 말했다. "내가 아는 바로는, 아무도 나와 접촉하지 않았기 때문에 나는 타인과 접촉하는 것이 나에게 허락되지 않았다고 느꼈고, 그 때문에 나는 내 인생에서 많은 사랑스런 사람들과의 친밀한 관계를 상실했어요. 그건 슬픈 일이예요. 너무 늦긴 했지만 나는 나의 가장 큰 아이, 큰 딸과 접촉했어요. 그러나 그 다음 아이, 아들과는 그러지 않았어요. 그리고 그 다음 두 아이, 둘다 딸인데, 그 애들과 약간 접촉을 했지만 그들 역시 방어적이예요."

이 시간 면담을 기술하면서 내가 전달하지 못한 점은 환자에게 미친 어린 시절 경험의 엄청난 영향이다. 생활에서의 그녀의 불행, 그녀의 주된 불만은 거의 대부분 이웃과의 격리, 남편과의 소외로 부터 빚어지고 있었다. 그녀는 일외에는 아무 일도 하지 않으며 가족을 끌고 나가는 일 이외에는 아무 일도 하지 않는다고 불평하였다. 그녀는 이웃이 차겁다고 느꼈고, 일이외에는 할 일이 없어서 일하고 또 일하고, 누구의 도움도 받지 못하고 온통 혼자이며 아무도 그녀를 상관하지 않는다고 느꼈다.

이 말에 이어 나는 말했다. "당신은 이제 이것이 이웃의 잘못이 아니라는 것을 알고 있습니다. 단지 당신 자신의 감정일 뿐입니다. 왜냐하면 당신이 서, 너살 때 가족에 대해 느꼈던 정서양식을 나이 사십인 오늘도 그대로 이웃에게서 계속 느끼기 때문입니다."

"네"그녀는 말했다. "선생님 말씀이 무슨 뜻인지 알겠어요. 이웃의 잘못도 아니지만, 그러나 내 잘못도 아니예요……. 나는 그 점을 알 수 있어요. 그것은 내가 어릴 때 양육되어졌던 방식의 잘못이예요."

"바로 옳은 말씀입니다." 나는 그녀의 통찰에 대해 얼마간의 지지와 인정을 보내면서 응답하였다. "그점이 바로 사실입니다. 그러나 우리의 관심은 어떤 점을 비난하거나 잘못을 지적하자는게 아니라 문제의 성질을 인식하고 문제를 해결하기 위해 노력하자는 것이지요."

이와 같은 초기 기억만을 다루었던 이번 면담에서 이 환자는 이미 상당한 분석 작업과 통찰을 성취했음을 드러냈는데 이 한번의 면담은 환자의 치료와 인생에 있어서 전환점이 되었다. 그녀는 남편과 이웃에 대한 분노의 감정을 나에게 터뜨리곤 하였으며 항상 분노로 가득 차 있었다. 이번 면담 이후 그녀는 보다 침착하고 사려깊게 문제를 생각해 볼 수 있을만큼 상황을 충분히 이해하게 되었다. 이 면담 이전에는 동일한 문제에 대한 나의 해석에도 불구하고－다시 말하면 아동기 박탈과, 이러한 박탈로 인한 그녀의 강한 요구와 좌절감－그녀는 항상 신중하고자 노력하면서도 나에게 극단적으로 요구하곤 하였다. 그러나 이번 면담이후 그녀는 나에 대한 진정한 동일시와 진정한 성찰을 보여주었다－보다 중요한 것은 그녀의 남편과 아이들에 대한 배려가 증가되었던 점이다.

모든 사례에서 또는 거의 모든 사례에서 얼마간의 시간이 지나면서－아마 일년이나 이년의 분석기간－마치 우리가 서로 처음 만나고 있고, 그전에는 치료가 행해지지 않았던 것 처럼 한 두시간의 면담 동안 환자의 초기 과거력을 다시 정리해보는 것이 치료적으로 대단히 유익하다는 것을 나는 알았다. 출생부터 6세까지의 재검토 결과가 항상 알렌의 경우처럼 극적이지는 않았으나 나는 이 방법이 항상 효과적임을 발견하였다—왜냐하면 이 방법은 환자의 문제를 유도했던, 변경되어져야 하고 성숙되어져야 하는 기본적인 아동기양식을 명료화 할 수 있기 때문이다.

역동진단 : 알렌 로저스(환자와 함께 작업한)

아동기 : 여섯 형제자매중의 막내 ; 관심의 박탈, 무시되어지고 교육받지 못했고, 격려받지 못했으며(특히 개인적 관계에 대해), 모른다고 경시되어졌다. 어머니에 의해 천한 일을 하는 노예처럼 부려지고 특히 아버지와 어머니의 편의를 위해 환자가 대신 일을 하여야 했다. 환자는 한 개인으로 존중되어지지 않았고 환자의 미래 생애를 위한 배려가 없었다(형제들의 경우도 마찬가지). 그녀의 가족이 "커다란 행복한 가족"이 되기 위해서 외로움은 억제되어야 했다. 많이 울고 두통을 앓았던 언니의 경우는 예외였다. 9년동안 여섯아이가 태어나고 모두 무질서하게 분주하였고 돈에 인색하면서 먹는 것과 옷 입는 것을 강조하였던 소용돌이 속에서의 외로움, 어머니의 무관심은 언니에 대한 지나친 애착을 유발시켰고 언니는 어머니 이상의 존재였다. 형제자매들, 특히 환자보다 귀여움 받던 언니에 대한 열등감과 질투 : 환자는 신데렐라였다.

현　재 : 그녀가 과거에 받지 못했던 것에 대한 지나친 욕구—관심, 인정, 수용, 귀하게 여겨지고, 존중받고, 격려받고, 가르침 받는 것에 대한—이러한 것을 받았다고 여겨지는 타인에 대한 선망, 주고 받는 것 사이의 불균형은 좌절감을 유도하고 투쟁-도피 반응을 일으키는데 이러한 반응은 거의 반사적인 적개심으로 나타나거나 친구나 사회접촉으로 부터 현실적으로 철수하는 경향성으로 나타나는데 적개심은 대부분 자아에게로 돌려지고 불안과 피학증을 유발시킨다.

강　점 : (1) 인내와 끈질긴 노력 (2) 자식들에 대한 헌신 (3) 결국 이기고야 말겠다는 자기도취적 욕구

IV. Hortense Thompson : 정서적 영양 결핍

홀텐즈 톰슨은 금발머리의 키가 크고 매력적인, 활력과 에너지가 넘치는 여인이다. 그녀는 삼십대 초반의 기혼여성으로 세 자녀를 두고 있다.

그녀와 삼년 동안의 작업 분석을 한 다음, 나는 홀텐즈에게 여름 휴가를 떠나기 전에 출생부터 6세까지 검토해 보도록 요청하였다. 그러나 그녀는 이 요청에 따르지 않았고 나는 그녀로 부터 소식을 듣지 못했다. 그러나 나는 가을에 그녀를 위해 한 시간의 면담시간을 비워 두고 있었다. 9월이 되어서도 그녀로부터 소식이 없자 나는 전화를 했다. 그녀는 일주일후쯤 나를 방문하겠으며 출생부터 6세까지의 검토를 시작하겠다고 말했다. 일주일 후에도 역시 아무 소식이 없었다. 그리고는 마침내 편지가 도착했는데 그녀는 학위 과정을 중단했으며 어떤 사람들은 정신 분석을 받고 뚜렷하게 도움이 되었으나 그녀는 그런 사람들 가운데 끼지 못하는 것 같다……. 치료를 중단하기로 결정했다고 씌여 있었다.

홀텐즈는 대인관계의 어려움과 심한 논문작성의 어려움 때문에 분석 받으러 왔는데 이 때문에 그녀는 수업 도중의 간단한 소논문도 쓸수 없었다. 또한 그녀는 시험 공포증으로 고통 받고 있었다. 이제 그녀는 상당히 호전되어서 박사학위 종합시험을 통과하였고 박사학위 논문을 쓰는 일밖에 남지 않았었다. 다시 말하면 여기까지 끌어 오고 그녀에게 일생의 관심과 직업을 갖도록 해 줄 수 있는 학위를 취득하기 직전에 있었는데 홀텐즈는 치료를 중단하고 학위를 취득하려는 노력을 포기하기로 결정하였다.

물론 전화로는 이런 이야기를 전혀 하지 않고 나는 그녀가 출생부터 6세까지의 재검토를 위해 치료 받으러 오기를 바란다고만 말했다. 그녀는 동의하였고 나는 약속시간을 정했다. 나는 필요하다면 재검토를 하는데 두시간이나 두시간 삼십분 정도 시간을 낼수 있도록 비교적 이른 아침 시간에 약속시간을 정했다. 일정기간의 분석 이후에 출생부터 6세까지를 재검토하는 것이 상당히 효과가 있음을 알게된 지금 이러한 면담을 보고할 가치가 있다. 이러한 면담은 아주 명료하고 효과적으로 분석 주제를 정리하도록 해 준다.

홀텐즈는 좋은 결혼을 하여 남편과 잘 지내고 있으며 아직 덜 자란 세명의 자녀가 있다. 이는 그녀가 결혼생활이나 자식과의 관계에서 문제가 없음을 이야기하려는 것이 아니라, 그녀는 남편이 얼마나 좋은 사람인가를 인식하고 있었으며 자식들에게 잘 대해 주려고 노력하였다는 것이다. 그녀는 가족에 대한 의무를 수행함에 있어서 어느 정도 긴장하고 있었는데, 그녀에게 대인관계 장애가 있다는 사실에 비추어 본다면 이는 놀랄만한 일이 아니었다. 분석을 받는동안 그녀는 학위과정을 통과하는 문제를 포함하여 온갖 종류의 문제에 휘말려 들었다. 나는 이러한 점이 어느 정도는 저항임을 인식하였다. 학위과정을 통과하고 직장에서 승진하는 일이 그녀에게 매우 중요하였기 때문에 나는 그녀와 함께 문제를 탐색하는데 시간을 투자하고 이러한 문제를 밀고 나아갈수 있도록 그녀의 자아를 지지하는데 많은 에너지를 투자하겠다고 작정하고 있었다. 이제 우리는 바야흐로 성공의 문앞에서 있었다.

그녀가 분석실에 들어왔을 때 나는 즉각적으로 말했다. “일이 어떻게 되어가고 있는지 당신에게 물어보지 않겠어요. 항상 당신이 휘말리는 모든 현실에 대해 얘기 듣고자 하는게 아닙니다. 내 생각에는 우리가 집중하여서 출생부터 6 세까지를 재검토하는 작업을 먼저 해내야 한다고 생각합니다. 그리고 나서, 당신이 원한다면 현재의 일을 나에게 이야기할 수 있읍니다. 출생부터 6 세까지에 대한 두가지 질문을 하겠읍니다. 하나는 일반적인 것인데 즉, ‘출생부터 여섯살이나 일곱살때 까지 당신의 생활에서 주요한 특징은 무엇이었읍니까?’

그녀는 대답하였다. “이별, 소외, 외로움, 작다는 것.”

나는 말했다. “이러한 점에 대해 나에게 좀 더 이야기 해 주겠읍니까?”

그녀는 응답하였다. “선생님의 질문은 내 기분을 몹시 상하게 하는데 왜냐하면 그 질문은 소외감과 작다는 느낌이 어떤 기분이었는지를 나에게 생각나도록 만들기 때문이예요. 맨 먼저, 내가 두 살때 이층 목욕실에서 오빠가 닫혀진 좌식변기에 앉아서 무엇인가 먹도록 강요당하던 일이 기억나요. 가끔 나는 그게 오빠가 아니라 내 자신이었다고 생각해요. 그리고 오빠나 나에게 무엇인가를 먹도록 강요했던 사람은 몸집이 큰 가정교사였어요. 그러나 곁에 서서 오빠를 바라보면서도 그를 도울 수 없었던 건 나였다고 생각해요. 오빠와 나는 아래층에서 먹고있는 부모들과 떨어져서 이층에서 먹고 있었다는 게 중요한 점이예요. 또한 나는 이런 일들이 일어났던 시기를 기억하는데 왜냐하면 내가 세살때 우리는 덴버에서 시카고로 이사갔었기 때문이예요. 그리고 내가 두살 때 덴버에 있었을 때 나는 하반신 마비의 전쟁상이용사를 본 적이 있었는데 내 자신이 매우 이상하고 작게 느껴졌어요. 나는 그들이 매우 크다고 생각했고, 마치 그들이 대말을 타고 앉아있는 듯 느꼈어요. 나는 아버지나 어머니와 함께 있지 않았고, 그들에 의해 보호받지 못했고 매우 외롭게 느꼈어요."

"그리고 덴버에 있을 때 큰 침실이 있었는데 그 방은 어두웠어요. 나는 사람들과 함께 다른 방에 있고 싶었어요. 나는 그 큰 방에 완전히 혼자 있었고 겁에 질려 있었어요. 또 덴버에서 세살이 되기 전 어떤 열매를 땄던 생각이 나요. 하늘은 파랗고 아름다웠어요. 그러나 그때 역시 나는 혼자였어요. 편도선 수술을 받았을 때도 역시 혼자였어요……. 나는 불안하고 무력하고 두려웠어요. 나는 수술대 위에서, 그리고 수술실에서 내 얼굴에 천이 덮어질 때 몽롱한 기분을 느꼈어요. 그들은 마스크를 사용하지 않았어요. "

"우리가 시카고로 이사했을 때 나는 어린애 같이 작고 무기력하게 느꼈던 기억은 나지 않으나 낯설고, 소외되고, 분리된 기분을 느꼈던 기억이 나요. 우리가 시카고 집으로 이사 갔을 때 나는 집에 비해 내 자신이 무척 작다고 느꼈어요. 아버지는 처음으로 집안 어디엔가 계셨어요. 식료품 저장실이 있었고, 내가 그 안에 있었고, 그 문은 내가 열수 있을 만큼 충분히 작았던 것이 기억이 나요. 너무나 말라 있어서 어머니는 나를 위해 마실 수 있도록 냉동실에 우유를 저장해 두셨어요. 한번은 우유를 마시려고 들어갔다가 나는 병에 든 우유를 엎질렀어요."

"우리가 처음 그집에 들어갔을 때 나는 겨우 세살이었는데, 거실 창문의 높이에 다가 내 키를 쟀어요. 그리고 아버지와 어머니가 나에게 화를 냈을 때 나로 하여금 집 밖으로 달아나게 만들었던 모든 사소한 일들이 생각나요. 도망쳤을 당시 내 나이는 대략 세살이거나 네살때였어요. 그리고 세살에서 네살사이에 나는 귀가 아파서 치료를 받았어요. 우리는 센트 루이스에 사는 조부모님을 방문했어요. 그 분들은 트윈 침대를 사용하셨는데 할머니는 항상 방에서 손자들과 함께 잘 수 있도록 할아버지가 딴 방으로 가시기를 원했어요. 내 고막이 터진게 그 당시였어요. 피고름이 나서 의사에게 갔는데 그 의사는 매우 크게 보였고 나는 작게 느껴졌고 그가 두려웠어요. 나는 세살 때 귀가 아팠었어요. 그 때 나는 약간 상한 부활절 달걀을 먹었던 것을 기억해내고는 그 달걀이 내 귀를 아프게 만들었다고 생각했어요. 오랫동안 나는 달걀 먹기를 거부했었어요."

"얼마 지나서, 어디에선가 네살 때쯤 나는 귀 때문에 래디윰 치료를 받았어요. 그 치료에 이어서 끔찍한 일이 일어났어요. 다섯살인가 여섯살때 이러한 처치를 받은 이후, 나는 현기증이 나서 의자에게 떨어졌고 이빨이 하나 부러졌어요. 그 당시에 나는 곪아서 빼야하는 젖니가 하나 있었어요. 그 때 내가 어떻게 해서 강제로 잠을 자게 되었는지 기억해보려고 해요……. 거기에 한 남자와 마스크가 있었고 나는 억지로 잠을 자도록 강요되어졌는데 끔찍한 냄새가 나지는 않았지만 나는 무섭게 두려웠어요. 이렇게 두려웠던 것은 언젠가 한번 내가 마스크를 썼던 일이 있었기 때문이었는데 오빠가 내 손가락이 끼여있는데 차 문을 닫았을 때였어요. 나는 공포에 질려 있었어요. 그때는 소풍가던 중이었는데 사람들은 모두 떠나가 버리고 유모가 나를 데리고 병원에 갔어요. 너무 무서웠어요. 몇바늘을 꿰매었어요. 내가 발버둥치고 소리지르고 게우고 해서 강제로 묶여야 했어요. 다섯살 때인가 여섯살 때쯤 나는 완전히 혼자서 집을 뛰쳐 나왔어요. 나는 모든 것을 보따리에 집어 넣고 가져 갈수 있도록 쌌어요. 나는 사람이 살지 않는 집으로 도망 가서는 그 집 현관에 마냥 앉아 있었어요."

"내가 아직 세살이었을 때 여자 친구 한명이 있었어요. 친구들도 있었고 적들도 있었어요. 그 후로 나는 그들을 보지 못했어요. 나는 남자 친구 한명과 무섭게 싸웠지만, 시카고에서는 학교에 대한 즐거운 기억이 있어요……. 즉 세살부터 네살까지 나는 이젤에 그림 그리는 것을 좋아했고, 유화 붓 씻는 것을 좋아했어요. 우리는 간이 침대에서 낮잠을 잤는데 우리가 잠들려고 할 때 누군가가 나타나서는 우리의 등을 가볍게 문질러 주었어요.

매우 좋았어요. 그러나 약 일년 후에는 다른 아이들이 언덕 아래로 나를 쫓아오고 나에게 돌을 던졌어요. 학교에서의 그 밖의 일은 기억나지 않아요."

"여섯살무렵 나는 읽는 것을 배웠어요. 나는 읽기를 좋아했어요. 친구 한 명이 있었는데 그 여자아이와 나는 함께 앉아서 책을 읽곤 했어요. 그럴 때문 가까이에 앉아 있곤 했는데, 아마도 다른 아이들이 나를 골탕먹이기 전에 사무실로 들어와 피신하려고 그랬던 것 같아요."

"오빠와의 관계가 언제 시작되었는지 모르겠어요. 그는 나보다 세살 반 위였어요. 그러나 나는 학교에서 어머니에게로 전화가 걸려 왔던 날을 기억해요. 오빠가 축구인가 무엇을 하다가 다쳤다고 알려 왔어요. 어머니는 오빠를 보러 갔고, 나도 함께 갔어요. 오빠에 대한 다른 기억은 희미해요. 유모와 내가 작은 테이블에 앉아서 먹고 있었어요. 큰 테이블에 있었던 게 누구였는지 잘 모르겠어요. 그 즈음에 나는 악몽을 많이 꾸었어요……. 한번은 유모가 내 방으로 들어왔고 한번은 내가 부모님의 방으로 들어갔어요. 떨어지는 악몽을 많이 꾸었어요. 만약 그것이 이별이 아니라면 그것이 무엇인지 나는 알지 못해요. 나는 너무 자주 이별을 하여서 이별이 두려워요."

"또한 이성적인 나이 이전에—즉 여섯살이나 일곱살 이전에—나는 무슨 알약을 먹었어요. 나는 목욕통에 기어오르고, 밖에서는 야외파티가 진행되고 있었고, 평상시처럼 나는 혼자 목욕탕에 있었어요. 나는 성 유희가 언제부터 시작되었는지를 모르겠어요……. 그것은 다섯살에서 여섯살 사이였다고 생각해요."

환자는 이 시기의 17가지 기억들을 제시하면서 출생부터 6세까지, 특히 출생부터 3세까지의 주요 특징에 대한 나의 첫번째 질문에 대답하였다. 이제 그녀는 침묵하고 있었고, 그래서 나는 말했다. "보다 구체적인 다른 질문을 하겠어요. 출생부터 6세까지의 기간중 당신의 생활속에서 정서적으로 가장 중요했던 인물은 누구였읍니까?"

그녀는 말했다. "잘 모르겠어요." 그녀는 조금 주저하더니 덧붙였다. "그러나 나의 본능은 그게 가정부라고 말하고 있어요. 몇가지 다른 기억들이 떠올라요.…다섯살때쯤 사진사와 화가가 있었고, 우리의 모습을 사진 찍거나 그림 그리곤 했어요. 두살 때부터 나는 눈이 나빴고 눈운동을 했어요. 눈을 치료받기 위해 어디론가 끌려 갔어요. 그들은 나에게 백과사전에 있는 인쇄물을 읽히려고 했어요. 내가 백과사전을 처음 읽은 것은 그때였어요. 나는 코끼리에 대해 읽었던 기억이 나요. 유모가 나를 길렀던 사람이었으니까 이 생각이 나는데 그녀는 사진에 잘 나오게 하려고 나를 내내 씻기고 빗기고, 머리와 옷을 다듬어 주었어요."

나는 말했다. "당신은 유모가 당신에게 가장 중요했었다고 나에게 이야기했읍니다. 그 관계에 대해 좀 더 말해 보세요."

홀텐즈는 말했다. "좋아요. 그녀는 내가 말했던 바와 같이 나를 키웠어요. 학교에서 내가 돌아오면, 그녀는 집에 있었어요. 또한 그녀는 나를 데리고 치과의사에게도 갔었어요. 나는 네살 때부터 치열교정기를 사용했었어요."

나는 물었다. "유모외에 다음으로 중요했던 사람은 누구였읍니까?"

"선생님의 질문은 나를 무척 외롭게 느끼도록 만들어요." 홀텐즈는 말했다."그 밖에 다른 사람은 없어요. 친한 친구였던 한명의 여자애만이 나와 함께 놀았어요. 그녀는 형제나 자매들이 없었어요. 아마 그래서 내가 그애에게 중요했던 것 같아요. 그 애가 우리 집으로 오는 것보다 내가 그애 집으로 놀러 갔었어요."

나는 물었다. "어머니는 어떠했읍니까?"

그녀는 응답하였다. "어머니 기억은 안나요. 아마도 어머니가 있었고, 아마 중요했겠지만, 센트 루이스에서의 일 밖에 생각이 안나요. 덴버에 있었을 때 어머니나 아버지 또는 오빠 기억이 실제로 안나요. 그러나 그들은 틀림없이 내 주변에 있었어요. 물론 우리가 시카고에 있었을 때도 그들은 내 곁에 있었어요. 네 살때인가 다섯살 때 어머니가 나를 데리고 학교에 갔던 기억이 있으며 학교에서 오빠가 다쳤다고 전화 왔던 날이 기억난다고 선생님에게 말했었죠. 어머니가 완전히 집에 안계셨던 것이 아니라, 어머니와 관계를 갖지 못했던 거예요. 나는 어머니가 집에 계신다는 안도감을 느꼈지만, 관계가 발전되거나 구체화 되지는 않았어요."(이는 대인관계에 대한 현재 문제를 시사한다)

그녀는 침묵하였고, 내가 물었다. "어머니와의 관계에 대해 더 얘기할 게 있읍니까?"

홀텐즈는 고개를 분명하게 흔들었다. "아니요." 그리고 나서 그녀는 말했다. "나는 어머니가 위기의 순간에는 계셨다고 느꼈어요……. 치과의사에게 가야 한다거나 그럴 때죠. 그때 어머니는 계셨고, 그녀의 의무를 수행하였어요. 의무이상의 것을 하셨어요."

"아주 분명하게 학교에서 일학년 때의 일이 생각나요. 내가 기억하는 것은 실제로 학교 선생님이예요. 그 선생님은 아름답고 따뜻한 사람이었어요. 이름이 '제인'이었는데……."

홀텐즈는 다시 침묵하였고 내가 물었다. "집에서 뛰쳐나왔던 기억이 납니까? 왜 그랬죠?"

그녀가 응답하였다. "어머니에 대해 굉장히 화가 났었다는 기억 밖에 없어요. 무슨 일이 있었는지는 생각나지 않아요." (아마도 어머니에 대한 의존적 애정 욕구의 좌절에 대한 반항이었을까?)

"어머니와의 관계에 대한 화제를 중단하고 싶지 않습니다. 더 얘기할 게 있다면?" 내가 말했다.

그녀는 주저하더니 말했다. "아니요. 더 할 얘기가 없어요."

"그러면 어머니 다음으로 정서적으로 중요했던 사람은 누구였읍니까?"

"대답할 수가 없어요." 홀텐즈가 말했다. "아무도 없었어요……. 나에게 감정적으로 중요했던 사람은 없었어요. 내가 알고 있는 유일한 사람은 제인이예요. 그런 사람이 없다는 뜻이 아니예요. 단지 기억이 나질 않아요. 아마도 내가 단지 모든 것을 덮어버리고 있는지 모르죠."

나는 말했다. "아버지 이야기를 해봅시다."

"아버지는 따뜻했다는 기억이 나요." 그녀가 말했다. "그러나 아버지는 한번도 주변에 계시지 않았어요. 아버지는 나중에는 그러셨지만, 처음에는 나를 때리거나 얕잡아 보는 일이 없었어요."

"아버지와의 관계에서 또 다른 일이 있읍니까?"

"아니요." 그녀는 말했다. "애완용 개가 있었는데 그 개는 약간 냉담하고 다소 위엄이 있었어요. 그 후로 나는 개들과 훨씬 잘 지냈어요."

나는 오빠와의 관계에 대해 질문하였다. 그녀는 대답하였다. "내가 다섯 살 때 오빠가 다쳤다고 학교에서 전화가 왔었다는 기억이 나요. 그 시기에 다른 기억은 없어요. 물론 변기에 앉아 음식이 강요되던 초기 기억이 나지만, 오빠에 대한 현실적인 기억은 훨씬 나중이예요. 시간이 지나서 오빠가 친구들을 집에 데리고 오면 그들은 게임을 하였고 나를 골리곤 하였어요. 그때가 내 나이 여섯살 때인가, 아마도 일곱살 때였던 것 같아요."

"아…… 잠깐만, 우리 부모에 대한 일이 한가지 생각났는데 어머니인데, 밤에 오빠와 내가 기도하고 있을 때 방에 들어왔어요. 우리는 함께 잠을 자지는 않았으나 함께 기도했어요."

"정서적으로 당신에게 중요했던 또 다른 사람이 있읍니까?"

"요리사와 가정부가 있었던 것 같아요." 그녀가 말했다. "바느질을 맡아 해주던 브리지트가 처음부터 곁에 있었다고 생각해요. 그녀는 내가 결혼했을 때 비로소 내 곁을 떠났고 몇 가지 이유로 나의 어머니에게 화가 나 있었기 때문에 내 결혼식에 참석하는 것을 거절했어요. 그녀는 나에게 매우 다정했고 내가 잘 보호받지 못하고 있다고 생각했어요. 그녀는 요리사가 쉬는 날 일주일에 한번씩 집에 왔었어요. 나는 누구보다도 그녀를 생생하게 기억해요. 가끔 그녀는 나를 자기 집으로 데려 갔는데 그녀는 매우 가난했어요. 나는 일곱살 전까지는 하인들과 함께 있던 희미한 기억이 있는데, 그러나 나중에는 하인들이 다른 사람들이었어요."

"아동기에 반복되었던 꿈이 있읍니까?"

"아니요." 그녀는 말했다. "떨어지는 악몽 외에는 다른 꿈은 없었어요."

나는 물었다. "그후로는 반복되는 꿈이 있읍니까?"

"그래요." 그녀는 말했다. "대학시절 내내 떨어지는 꿈을 꾸었어요. 아무도 나를 믿지 않지만, 나는 절벽이나 건물에서 떨어지는 거예요. 내가 땅을 짚으려고 해서가 아니라 극도로 두렵게 만드는 끔찍한 소외감 때문에 깨곤했지요. 공포속에서 꿈을 깨곤했어요. 항상 깨어날 때는 춥다고 느꼈어요."

나는 홀텐즈에게 말했다. "당신은 당신의 말이 사실이 아니고 무언가 숨기고 있는지 모르겠다고 암시했어요. 그러나 무엇을 왜 숨기려는 것입니까?"

그녀는 대답했다. "적개심…… 아마 적개심인것 같아요. 질투심으로 인한 오빠에 대한 적개심, 또는 곁에 없는 아버지에 대한 적개심, 또는 다른데 관심을 갖는 어머니에 대한 적개심들이 있었던 것 같아요. 생각해 보면 나는 발달해 나가는 어린이로서 반응을 표현하고자 원하였으나 언어의 구사력이 부족하였고, 감정을 표현할 수 없었으며, 그래서 임시 방편을 사용했는데, 그런 방법은 역기능적이었고, 아무도 나에게 귀를 기울이지 않았고, 나는 감정을 전달할 수 없어서 좌절되었고 가족은 이것이 문제라고 깨닫지 못했고, 그래서 나는 이러한 점에서 무능해졌던 거예요. 일이 잘못되었을 때 아버지는 유아적인 분노를 터뜨리면서 당신을 표현하셨어요. 작은 어린 아이같다는 뜻이 아니라, 실제로 유아 같았다는 뜻이예요. 아버지와 어머니가 모두 문제가 있는 사람들이었고 오빠도 그랬다고 생각해요. 그리고 나도 그런 경향성이 있어요."

나는 말했다. "당신은 매우 중요한 질문을 제기했읍니다……. 당신의 동일시는 어떠했읍니까?"

그녀는 말했다. "부모들이 기도를 듣기 위해 올라올 때를 제외하고는 나는 부모들과 동일시하지 않았어요. 왜냐하면, 그때만이 가깝고 따뜻했기 때문이예요. 그러나 나는 부모의 행동을 반영하고 있기 때문에 어떤 점에서는 부모와 동일시 했던 게 틀림없어요."

"당신 자신의 정체감 결여를 스스로 느껴본 적이 있읍니까?"

"물론이예요."그녀는 응답했다."물론이죠……만약 내가 그들에게 화가 났었다면 그들과 동일시함에 있어서 양가적이었을 게 틀림없어요. 그러나 달리 동일시할 사람이 없었어요."우리는 이점에 대해 짧게 토론하였고, 나는 사람들이 부모 한사람 또는 두사람 모두와 동일시하는 문제로 갈등을 겪지 않으며 실제로 훨씬 더 많이 동일시한다는 점을 지적하여 주었다……. 사람들은 부모를 닮으려고 원하며, 부모에게 맞는 생활을 하고 있지 못하다고 느낀다. 아마도 홀텐즈의 자아 정체감에 대한 불만은 부분적으로 그와같은 양가성 때문인 것 같다.

그녀는 말했다."어머니나 아버지를 닮으려고 원하는 사람이 실제로 있나요? 부모에게 무지무지하게 존경하는 점이 있기는 하지만, 대체적으로는 아니예요. 그러나 지난 삼년동안 우리가 이러한 점을 알았다고 하더라도 이런 일이 나에게 치료적으로 도움되는 것 같지는 않아요…소용이 없어요."

나는 그녀가 실제로 손안에 들어온 학위를 중단한 이유는 그러한 깨달음이 치료적이지 않았기 때문이 아니라 전이속에서 부모에 대한 양식을 나에게 반복하고 있었기 때문이라고 지적해 주었다. 즉 나에 대한 적개심이 강해서 그녀 자신이 실패하는 댓가를 치루고서라도 나를 꺾으려고 하고 있다. 나는 그 속에 피학증의 잔재가 있다고 생각했다. 이런 지적에 그녀는 동의하였고, 내가 무슨 말을 더 하기 전에 그녀는 나에게 아직 그녀를 만날 시간이 있는지, 정규적인 치료를 자신이 계속할 수 있는지를 물었다.

내가 이 사례를 내 놓은 것은 출생부터 6세까지의 재검토가 이 사례에서 강한 효과를 보여주고 있기 때문이다. 나는 실제로 이 보고서에 드러난 것과 같이 자료에 대한 해석도 하지 않았고 질문 외에는 아무 것도 하지 않았다. 그러나 질문에 대해 대답해가는 과정에서 그녀는 점점 명료하게 자신의 정신 역동을 보았고 무엇을 훈습하여야 하는지를 이해하였다.

물론, 분석치료로 삼년안에 문제가 해결된 것은 아니었는데 그 이유는 문제가 출생부터 6세까지의 것이라기 보다 출생부터 3세까지의 것이기 때문이었음을 나는 지적하여 주었다. 문제는 실질적으로 출생당시 까지 거슬러 올라갔고 3세 이전 기억들에 의해 문제가 입증될 수 있었다. 그러므로 출생부터 6세까지를 있는 그대로 검토함으로써 그녀의 저항은 대부분 무너졌고 그녀는 분석을 계속해 나가고 문제를 훈습하고자 원하였다. 마지막으로 그녀는 확증적인 이야기를 하였다. "내가 얼마나 자주 선생님의 건강을 염려했는지 기억하시죠? 이제 나는 선생님이 죽을까봐 걱정하고 있었다는 사실을 이야기할 수 있어요. 선생님이 전이에 대해 나에게 이야기해 주신 내용에 비추어 볼때, 이런 걱정은 소외되고 작게 느껴지고 좌절되는 나의 감정양식의 일부로서 선생님에 대한 직접적인 적개심인 것 같군요." 이와 같이 말함으로써 그녀는 아동기 양식과 전이를 직접 연관시켰고 또한 주로 억제되어 있는 양식 즉 적개심에 대한 통찰을 보여 주었다. 소외감, 외로움, 작다는 느낌으로 인한 투쟁-도피 양식속에서 투쟁부분이 분노를 일으키고, 이러한 감정이 완전히 억제되어지는 것을 볼 수 있다. 그리고 그녀는 피학적으로 이러한 분노를 자신에게로 돌렸으며 이와 결합되어진 도피 부분은 그녀로 하여금 사람들로부터 철수하도록 만들었고 그녀의 손안에 들어온 박사학위 취득으로 부터 철수하도록 만들었다.

역동진단 : 홀텐즈 톰슨

아동기 : 출생부터 3세까지의 박탈, 그리고 3세부터 6세까지 환자는 "단지 작은 아이일 뿐"이었다. 어머니는 환자를 치과의사에게 데려가는 일과 같은 의무 수행은 적절히 행하였으나, 어머니와의 관계는 결여되어 있었다. 아버지로부터 어느 정도 따뜻한 느낌을 받았으나 아버지는 환자 곁에 계시지 않았다. 부모들은 세살 반 위인 오빠를 훨씬 편애하였다. 오빠와 그의 관심은 중요한 것으로 받아들여졌으나 환자는 전혀 그런 대접을 받지 못했고 환자는 단지 "작은아이"에 불과했다. 환자는 어머니, 아버지, 오빠와 동일시하기에는 너무 그들에게 적대적이었다. 환자는 분리, 소외감, 외로움, 작다는 것을 느꼈다.

현　재 : 사람들과의 관계 형성의 장애, 학문적인 논문작성의 어려움, 아버지와 어머니 특히 오빠가 하는 일은 중요하다고 느끼는 반면, 환자의 관심은 중요하지 않으며 단지 놀이에 불과하다고 느낀다. 아직도 어머니와 아버지의 태도는 이와 같은 식이며, 부모는 아직도 환자보다 오빠를 더 귀중하게 여기고 있다. 충분하게 사랑받지 못했다고 느끼고, 이는 투쟁-도피반응을 유도한다. 대부분 억제되어 있는 적개심은 대인관계나 일에서 억압을 유도하고 정신신체 증상을 유도한다. 도피에 의해 철수하고 포기하는 경향성이 야기된다.

강　점 : 우수한 지능과 현실감, 활력, 용기, 정직성, 결단력, 인내, 독립적인 정신.

Ⅴ. Dottie Reardon : 정신증적 인격

도티는 삼십대 후반의 젊은 부인으로 작은 키는 아니지만, 중간보다 약간 적은 키에 매혹적이고 아름답다고 밖에 표현할 수 없는 검은 눈동자의 여인이다. 게다가 그녀는 지적이고 정력적이고 교육분야에서 상당히 책임있는 업무를 맡고 있다. 도티가 나를 만나러 왔을 때 그녀는 즐겁게 이야기하였으며 나로 하여금 동정을 느끼도록 만들었다. 그러나 그녀는 내가 시카고를 떠날 때 다시 만나보고 싶지 않았던 유일한 환자였다. 나의 동료 정신분석가 한 사람이 나에게 그녀를 만나 줄 수 있느냐고 자문을 구하였고 나는 이러한 요청에 따랐다. 그 분석가는 나에게 그녀가 밤새 내내 전화를 해서 자기를 깨운다고 하소연하였다. 그리고 "유령 마리나"처럼 전화를 해서 그와 그의 아내가 잠자는 것을 방해하면서 끈질기게 달라 붙는다고 하였다.

첫번째 면담에서 그녀는 앞으로 나를 골탕먹일 준비로 아첨하였다. 그녀는 고통속에서도 아름다왔다. 그녀가 나를 발견한게 행운이며, 다른 정신과 의사들이 그녀에게 가했던 박해와는 다르게 내가 그녀를 도와 줄 유일한 사람이라고 그녀가 느끼고 있다는 것이었다. 그녀 말에 따르면, 첫번째 정신과 의사는 정신분석 훈련을 받지 않았던 사람이었고 나에게 그녀를 의뢰한 분석가는 중대한 실수를 저질렀다는 것이다. 그녀는 내가 그녀를 직접 치료할 수 없음을 알고 있었고, 내가 적당한 사람에게 그녀를 소개해 줄 것이라고 확신하고 있었다.

나는 그녀의 아동기양식을 알아보려고 시도했으나 그녀의 다변은 성공적인 연막전술이었고 나는 두 가지 중요한 질문에 대한 대답을 얻어내지 못하였다—출생부터 3세까지의 극심한 결핍감을 제외하고는. 그녀는 어머니에게 몹시 매달리고 있었는데, 그러나 그녀의 어머니는 자기 자신의 사회생활에 몰두해 있었고, 심하게 도티를 배척하였다. 이는 확실히 지금 도티가 현재 생활에서 발전시키고 있는 양식에 부합된다. 주의를 끌려는 그녀의 강렬한 욕구가 불같았고 그녀가 누군가를 붙들고 얘기할 수 있게 되면 다인을 비난하면서 끊임없이 마구 욕설을 쏟아 놓았다.

첫번째 비난의 화살은 그녀의 결혼에 돌려졌다. 끊임없는 관심을 요구하면서 남편을 독살스럽게 볶아 대었기 때문에 폭발적인 행동이 터질 것 같았으나 그녀는 결국 남편을 몰아내 버리고 말았다. 남편은 그녀가 성적으로 심하게 병들어 있다는 것을 알았으나, 그녀는 이에 대한 현실적 지각이 없었다. 그녀에게는 이 일이 단지 다른 사람이 그녀를 학대한 또 다른 예에 불과했다. 관심 받고자하는 도티의 욕구와 관심을 받지 못했다는 분노는 어머니 양식에 따른 것이었고 이러한 감정이 너무나 강렬하여서 그녀의 현실지각과 자아통제를 붕괴시켰다.(전문 용어로는 현실검증과 통제의"자아"기능) 나는 그녀의 치료를 테일러박사에게 의뢰하였는데, 그는 앞서 이 책의 윌마 브레이크 사례에서 소개되어진 적이 있었다. 그는 이러한 종류의 경계선 정신증 환자를 치료하는데 탁월한 능력을 갖고 있었다. 물론 그녀는 오래 지나지 않아서 그에게 그녀의 아동기양식을 행동화하였다—한 밤중에 그에게 전화하고, 낮동안의 작업에 지쳐있는 그를 깨우고 만약 그가 그 시간에 얘기할 수 없다고 말한다면 배척받았다고 느낀다는 것이었다. 그녀는 또한 자살하겠다고 위협도 하였다. 실제로 도티는 공격적으로 요구하고 적대적이었으며 현실과 동떨어져 있었기 때문에 사람들은 그녀가 매력적이고 아름답다는 것을 알아차리지 못했고, 단지 그녀가 지독하게 불쾌한 존재라고 생각하였고 그녀에게 적대감정을 느끼도록 자극 받았다. 그녀는 이를 알아차리고는 사람들이 그녀를 증오한다고 불평하였다.

처음에 그녀는 정신이 맑고 스스로를 통제할 수 있을 때만 나에게 전화했다—잠깐동안 이야기 나눌 누군가가 있다는 것을 확인하려는 식으로. 그러나 그녀는 다른 두명의 정신과 의사를 만나고 나서 그들에게 동일한 양식을 반복하였고, 그리고 내 차례가 왔다. 그녀는 어느날 저녁에 통상적으로 저녁식사를 하는 시간에 전화를 했고, 내가 1시간 30분동안만 자유롭게 있게 해달라고 얘기했을 때 화가 나서 전화를 끊었다. 나중에 다시 전화해서 그녀는 다음과 같이 말했다.

"선생님은 테일러 박사가 나에게 어떻게 했는지 모르실거예요. 선생님이 나를 그 사람에게 소개시켜 주었기 때문에 그가 유능하고 나를 도와 줄 수 있다고 믿었는데 그가 얼마나 나를 미워하는지 상상도 못하실거예요……."

나는 그녀가 말하는 도중에 끼어 들면서 물었다."당신이 만나본 다른 정신과 의사들은 어떠했읍니까?"

그녀는 대답할 수 있을만큼 마음을 진정시키지는 못했으나 대답하였다. "그들은 모두들 더 공부해 해야만 해요." 그리고 나서 그녀는 증오심을 마구 쏟아 놓았는데 이러한 증오심은 그녀가 받았던 타인의 배척과 학대로 합리화되고 정당화되고 있었다. 나는 가까스로 다시 말을 가로막으면서 물었다. "당신을 돕기 위해 내가 할 수 있는 일이 무엇인가요?"

이제 그녀는 30분동안 전화하고 나서 사납고 비현실적인 상태에서 나에게 분노의 화살을 맞추어 나갔으나, 다소는 억제되고 누그러진 상태였다. "난 이제껏 선생님을 믿어 왔는데 이제는 그렇지 않아요. 더 이상 선생님에 대한 신뢰감이 없어요."

나는 대답하였다. "미안하군요. 그러나 그것이 중요한 것은 아닙니다. 내 생각에 중요한 점은 당신을 돕기 위해 내가 무슨 일을 할 수 있는가 하는 점입니다." 이말을 듣고 그녀는 꽥 고함을 지르고는 전화를 탕하고 끊어버렸다.

나는 그녀가 정신증적 인격을 가지고 있다고 판단했는데 왜냐면 아동기양식이 망상적 경향성이나 한정된 망상적 정신증으로 나타난 것이라기 보다는 전체 인격을 침범하여 그녀의 "자아"—예를 들면 이성, 통제, 현실감—를 압도하였기 때문이다. 입원하지 않고 정신분석적 방식으로 치료되기에는 그녀의 "자아 강도"가 충분하지 않았다. 이 가엾은 여인은 너무나 불쾌한 존재여서 그녀 자신을 모든 인간으로부터 고립시키고 있었다. 만약 마지막 애정적 연결이 끊어진다면 아마도 그녀는 자산히거니 아니면 악성적인 정신증환자가 될 것이다. 물론 그녀는 병원에서 얼마동안 지내보라는 충고에 대해 마치 그 충고가 그녀에 대한 폭력과 같은 것인냥 반응하였다.

어떤 접근도 효력이 없는 것으로 여겨졌다. 만약 어떤 사람이 도티에게 멀리 있다면 이는 배척의 증거이며 그녀의 분노를 정당화한다. 만약 어떤 사람이 내가 그랬던 것 처럼 동정적이라면 이러한 태도는 어머니에 대한 기대와 요구의 아동기양식—좌절되고 분노와 증오를 일으켰던—을 자극할 것이다. 따라서 "망상증환자에게는 결코 아무 것도 주지말라"는 오래된 충고의 좋은 예가 된다.

아름답고 비극적인 이 여인을 만나기 몇해 전에 나는 사람들에게 인기가 없다고 호소하던 한 남자를 치료했던 적이 있었다. 그는 단지 신경증적이었고 도티처럼 정신증 상태는 아니었다. 즉 그의 "자아", 그의 지각, 이성, 통제는 건전했고 우리는 그의 문제에 대해 이야기할 수 있었다. 처음에 그는 상당히 호감가는 인상이었으나, 시간이 지나면서 그는 요점없는 긴 전화를 하고 약속시간에 지각하고 전화를 끊으려하지 않고 구두에 진흙과 더러운 것을 묻혀오고 벽을 더러운 손으로 문질르고 적대적으로 비꼬아 말하는 여러 행동을 하면서 나를 짜증나게 만들었다. 확실히 그는 대단히 불쾌한 인격의 소유자였으나 단지 신경증적이었을 뿐 정신증적 상태는 아니었다. 우리는 분석할 수 있었다. 그는 자신의 적대감이 어떻게 행동화되는지를 인식하고 그가 친구가 되고 싶어하고 호감 받고 싶어 하는 사람들에게 이러한 적개심이 어떻게 역효과를 일으키는 지를 알 수 있는 현실감을 충분히 지니고 있었다. 그리고 조만간에 우리는 그의 아동기양식을 "훈습"할 수 있었고, 사람들의 마음을 사로잡는 대신 등을 돌리게 만드는 그의 요구와 적개심을 줄여 나갈 수 있었다. 그러나 가엾은 도티는 모든 인간관계에서 그녀 자신이 무엇을 하고 있는지 조차 깨닫지 못했다. 그녀를 설득하려는 모든 시도는 대인관계와 그녀 자신을 파괴시키는 폭발적인 분노와 증오를 유발시킬 뿐이었다.

Irene : 건강한 정신역동

드물지 않게 우리는 출생시부터 사랑과 이해, 존중을 받으면서 성장한 운좋은 성인들은 만나게 되는데, 그들은 아주 건강한 출생부터 6세의 아동기와 성인생활을 위한 건강한 정신역동의 기초를 가지고 있음이 확실하다. 이렌느는 이러한 운좋은 사람들 가운데 한 사람이었다. 삼십대인 그녀는 부모, 형제들과 훌륭한 관계를 맺고 있었으며, 또한 남편, 자식들과도 좋은 관계를 맺고 있었다. 이렇게 건강한 사람이 직업적인 일로 나를 찾아오는 일은 드물다.

그녀가 나를 만났을 때 이렌느는 한살, 네살짜리 두 아이가 있었다. 그녀는 자식들로 인해 자기에게 부과되는 책임과 요구가 매우 힘겨웁다는 것을 알았고, 이로 인해 짜증이 나고 화가 났다. 더욱이 그녀가 힘이 부족하다는 생각 때문에 자기 자신에게 화가 났다. 처음에는 이와같은 정신역동이 인식되어지지 않았다. 그녀가 알고 있는 전부는 갑자기 울음이 터져 나오고 이 때문에 수치감을 느끼게 된다는 것이었다.

단지 한시간동안의 대화를 마치면서 이렌느는 어린이를 길러내는 것이 얼마나 어려운 일이며, 얼마나 속박 받는 일이며, 그녀의 과거의 자유를 얼마나 방해하며, 두 아이들이 그녀의 시간과 주의를 얼마나 요구하고 있는가를 깨닫기 시작했다. 그리고 그녀는 이러한 일에 대한 그녀의 내면적 항의가 얼마나 정당한 것인가를 깨닫기 시작하였다. 그리고 이 일은 매일매일의, 매달매달의 일이기 때문에 짜증나고 저항하는 일없이 이러한 책임을 완전히 잘 받아들이도록 기대하는 것은 현실적이 아님을 알았다. 이러한 점을 깨닫고 이렌느는 정서적으로 놀랄만치 안정되었고 더 이상 치료 받을 필요가 없어졌다.

그녀의 인생은 순조롭게 진행되고 있었다. 그러나 그녀는 자신이 다시 임신하였음을 알았다. 이는 조만간 그녀가 기저귀를 차고 있는 두 아이를 갖게 된다는 것을 의미했다. 작은 아이는 아직 6개월이 채 안되었으며 큰 아이는 막 일년 반이 지나고 있었는데, 이때 이렌느는 다시 나를 찾아 왔다. 두번의 연속적인 임신으로 인한 신체적 피로에다가 그녀의 큰 아이는 천성적으로 매우 활발했고, 과잉 활동적인 경향도 보이고 있었다. 그 아이는 외향적이고, 사랑스럽지만, 너무 활동적이어서 전체 집안을 뒤죽박죽으로 만들고 견디기 힘들게 만들었다. 두명의 갓난 아이들과 함께 이러한 상황은 어느 누구도 감당하기에 어려운 상태였다. 이렌느는 자신의 막중한 책임을 자각하고 있었으며 이에 대응하려고 노력하고 있었다. 동시에 그녀는 화가 나고 분노가 치밀어 오르고 있음을 깨닫고 있었다. 실제로, 면담을 시작하는 그녀의 첫마디는 "선생님은 적개심을 어떻게 다루시나요?"였다.

나는 자세히 물었다. 그녀는 남편과의 멋진 관계를 보호하고 싶다는 점을 특히 강조하였다. 이렌느는 그들 두 사람은 보기 드문 행운을 얻었다고 느꼈다. 그들은 서로 몹시 사랑하고 있었는데, 이는 드물게 보는 멋있는 관계였고, 그녀는 어떤 방식으로든 이 관계를 변화시키고 싶지 않았다. 큰 회사를 운영하고 있는 그녀의 남편은 야심적으로 열심히 일하였다. 그는 일을 위해 아침 일찍 집을 나갔다가 비교적 밤 늦게 집에 돌아 왔으며, 부탁받지 않더라도 집안의 허드렛 일을 힘차게 해치웠다. 그 역시 지나치게 많은 책임을 지고 있었으며 집에 돌아와 정서적인 지지를 받고 원상 복귀가 되어지지 않는다면 그의 일을 지속해 나가는 것이 어려웠다. 이렌느는 이 점을 인식하고 있었으며 이 점이 그녀를 가슴아프게 했다. 그녀는 남편에게 더 많은 것을 주어야 한다고 느꼈고, 짜증내면서 행동하는 자신을 발견할 때 그녀는 자신을 증오하였다. 그위에다 그녀는 그들 사이의 밀착된 애정관계를 잃을까봐 두려워하고 있었다.

이미 개인이 자기자신의 정신역동을 잘 알고 있을 때 의식적으로 억제되어 있는 적개심을 조절할 수 있도록 어떤 방법으로 치료적으로 도울 수 있을까? 이는 아마도 실행의 문제인 것 같다. 나는 이렌느와 함께 그녀의 전체 상황을 검토함으로써 그녀가 마음속에서 전체 상황을 명료하게 정리할 수 있도록 하였다. 우리는 남편과 가정, 세 어린 자식들—한 명은 지나치게 활동적이고, 두 명은 아직 기저귀를 차고 있다—에 대한 책임이 실제로 엄청나다는 사실을 토론하였다. 이러한 무한정한 짐을 분노에 찬 항의없이 수행한다는 것은 지나치게 무리한 요구이다. 그러나 현실이 그러하니까 그녀는 집으로부터 벗어나는 시간을 만들도록 최선을 다해야 한다. 그녀는 남편과 공개적으로 일들에 대해 이야기해야만 한다—이미 그녀는 그렇게 하고 있었다.

다음의 옛말이 이렌느에게 해당된다고 여겨졌다. "청춘의 사랑도 아름답지만, 가장 아름다운 사랑은 인생의 폭풍우를 견디어 낸 사랑이다." 그녀와 남편 모두 이 말속의 지혜를 알았으며 이는 그들이 인생의 가장 어려운 시기 중에 있음을 깨닫도록 도와주었다. 만약 그들이 몇년동안 과도한 책임과 의무에도 불구하고 사랑을 지켜낼 수 있다면 그들은 가장 최악의 장애를 극복할 수 있을 것이다. 이러한 상황이 영원히 지속되지는 않을 것이다—곧 자식들이 성장할 것이며, 아기들 때문에 매일 밤 부모들이 잠을 설치게 되는 일은 곧 사라지게 될 것이다.

이렌느는 그들 부부가 사교적으로 만났던 어떤 젊은 부부에 대해 얘기해주었다. 그들은 어느 정도 자기네 부부와 유사한 상황에 있었다. 남편은 과로하고 사다리를 막 올라가기 시작하고 있었다. 그의 아내는 집과 아이들에 대한 책임의 짐을 지고 있었다. 그들에게는 네 자녀가 있었다. 이 젊은 부부는—loyd와 Candy—그들의 책임에 눌려 불안정해 졌다. 그들은 신경을 곤두세우고 상호간에 적대적으로 되었다. 불행하게도 대부분의 결혼생활에서 각 배우자는 상대방에게 자신의 감정을 전가하는 경향이 있는 것 같다. 로이드와 캔디사이에서 적개심은 서로의 사랑을 약화시키기 시작하였다. 예리한 관찰자인 이렌느는 이 사실을 눈치챘다. 그 젊은 부부의 상황이 이렌느로 하여금 나를 찾도록 자극하였다. 그녀는 자신의 결혼생활에서도 똑 같은 일이 일어나는 것을 원치 않았다. 나를 두번째 방문했을 때 이렌느는 로이드와 캔디의 사랑은 이제 고갈되어서 자식들이 더 자라서 부모의 이혼을 보다 잘 견딜 수 있을 때까지 기다리는 것이 아이들을 위해서 좋을 것이라고 느끼고는 있지만, 결혼생활을 계속하는 것이 별 의미가 없다는 것을 부부가 느끼고 있다고 이야기하였다.

많은 다른 사람들 처럼 자아붕괴의 예방 목적이 아닌, 그녀와 남편사이의 사랑을 가로막을 수 있는 어떤 일이든지 차단함으로써 멋있는 결혼생활을 유지하려고 노력하는 긍정적 동기를 가지고 이렌느가 나를 만나러 온 것은 흐뭇한 일이었다.

우리는 계속 연락을 주고 받았는데, 이렌느는 그후 몇년이 지난 얼마전에 결혼생활이 아직 순조로우며 나와의 두번의 면담은 그녀 인생에서 전환점이었다는 편지를 써 보냈다. 그녀는 자신을 포함한 모든 사람들이 무한정 강한 존재는 아니며 한계점이 있으며 자신을 알아야 하며 자신의 한계내에 머물러야 한다고 생각하였다. 그녀의 인생에서 수없이 많은 스트레스와 요구가 계속되었지만, 애정깊은 가족과 자녀들은 사랑의 분위기 속에서 성장해 나가고 있다. 단지 두번의 방문에서 얻은 통찰을 가지고 그녀로 하여금 그렇게 잘 반응할 수 있도록 해 준 것은 기본적으로 건강한 출생부터 6세까지의 양식이었다. 그녀는 내면적으로 든든하게 지탱되고 있었다 (Saul, 1970).

References

Saul, L. (1970) : Inner sustainment : the concept, *Psychoanal. Quart.*, 39(2).

이 책은 정서발달 보다 학습, 지능, 기술을 강조하고 있으나 가치있고 중요한 안내서이다.

White, B. (1975) : *The First Three Years of Life*. Englewood Cliffs, N.J. : PrenticeHall, Inc.

12

0—6세

Ⅰ. Rachel Rosewell : 공주와 왕자

젊고, 매력적이며, 키가 크고 마른 한 여인이 과거 몇달동안 스스로는 조절이 안되는 체중 증가가 있다는 대단히 단순한 문제 때문에 나를 만나러 왔다. 의례히 그러하듯이 이면에 있는 증상들의 원인을 찾아 보려고 시도할 때 우리는 그때까지 상상하지 못했던 세계를 들여다 보게 된다.

레이첼 로즈웰은 강렬한 검은 눈동자의 삼십대 후반의 기혼여성으로 세 자녀를 두고 있다. 그녀는 매우 지능이 높고 다양한 취미를 가지고 있음이 곧 밝혀졌다. 나는 그녀의 가족에 대해 질문하고, 그녀에게 체중 증가의 과거력이 있는지, 최근의 신체검사 결과가 어땠는지 등등 체중 증가의 의학적 측면에 대해 질문한 다음, 그녀의 아동기양식으로 들어갔다. 나는 다음과 같은 일반적인 질문을 하였다. "출생당시부터 약 6세경까지 당신 생활의 주요 특징을 말씀해 주시지요."

레이첼은 대답하였다. "나는 혼자 있는게 두렵고, 그 문제가 주요점이라고 선생님에게 말하기 시작했지만, 그때 나는 아니다 라고 생각했어요. 나는 어머니가 나에게 화 내는 것을 막기 위한 전쟁을 어머니와 치루었는데 그것이 주요 문제라고 생각해요. 한번은 어머니와 함께 차 뒷좌석에 앉아 있었는데 그때 나는 어머니가 나에게 화를 내는 시간이 너무나 길다고 여겨졌으므로, 틀림없이 내가 늙었을 것이라고 생각하고 있었어요. 어머니는 이 세상에서 이기심이 가장 부정적인 동기이며, 그런 동기를 가진 사람은 특히 여자인 경우는 그런 동기를 끊임없이 억제해야 한다고 생각하셨어요. 어머니는 내가 이야기하는 방식 때문에 자주 나에게 화를 내셨어요. 어머니는 내 목소리가 불쾌하다고 생각하셨어요."

"어머니는 내가 '나'라는 단어를 너무 자주 사용한다고 화를 내셨지만, 그런 일 때문에 남동생에게 화를 낸 적은 없었던 걸로 기억되요. 내가 맏이였고 아래로 네명의 남동생들이 있었지만, 내가 벌을 받았던 식으로 남동생들이 벌을 받은 걸 본 적이 없어요. 나는 또한 어두움을 두려워 했어요. 자유로워지고 싶은 기억이 나는데, 자유롭다는 것은 자유롭게 달리고 친구들과 이야기하는 것을 의미해요. 또한 혼자 있고 싶다는 소망도 있었어요. 나는 혼자만 갈 수 있었던, 다른 사람이 아무도 갈 수 없었던 호숫가 숲에 작은 은신처를 만들기까지 했었어요. (레이첼은 미시간 호수와 가까운 시카고의 북부 교외에서 성장하였다) 내 생일날 기억이 나요.—어머니는 생일날에는 친절했어요. 그 날은 일년에 가장 성대한 날이었고, 크리스마스보다 더 성대했어요. 그 날은 항상 하루종일 선물과 사람들이 있었던 것으로 기억되요."

"내가 말하는 모든 점에 대해 도전하였던 네 명의 남동생들과 나는 많이 싸웠고 혼자 있기를 원했던 기억이 나요. 어린 아기였던 내 여동생은 내가 열두살이 될 때까지 내 인생에서 어떤 역할도 하지 않았어요. 어머니는 내가 아침식사후에 매일 화장실에 가야 한다고 말씀하셨는데 아마도 몇달 동안 내가 변비였던 것은 이 때문이었을 거예요. 어머니는 점심식사후에 내가 낮잠을 자야 한다고 주장하셨는데 나는 한번도 그럴 수 없었고, 불면증이 생겼어요. 또한 어머니는 내가 방을 깨끗이 치워야 한다고 했는데, 이 때문에 나는 방을 엉망으로 어지럽혔어요. 그래도 어머니는 나를 진정으로 사랑하셨다고 생각해요. 어머니는 내가 방에 들어가면 나를 보고 항상 기뻐하셨어요. 어렸을 때 어머니는 나를 차에 태워가지고 외출하곤 했는데 나를 보는 것을 항상 기뻐하셨다고 생각돼요."

그리고 나서 나는 레이첼에게 보다 구체적인 질문을 하였다."출생부터 6세까지 당신의 생활에서 중요했던 정서적 인물은 누구였읍니까?"이에 대해 레이첼이 응답하였다."어머니, 어머니, 어머니예요."

"물어볼 필요없이 그건 어머니였어요." 그녀는 계속 말하였다. "어머니는 아버지가 집안에서 가장 중요한 사람이어야 한다고 주장하셨지만, 나는 아버지가 거리감이 있고, 냉담하고, 무관심하다고 느꼈으며, 이 점에서 어머니도 역시 마찬가지였어요. 나중에 내가 청년기에 들어가서는 아버지와 지적인 관계를 가지게 되었지만, 아동기때 아버지는 매일 집에 늦게 오셨고, 그리고는 아버지와 어머니가 함께 이야기하셨기 때문에 나는 혼자 소외되었다고 느꼈어요. 한편으로는 나는 혼자 남겨지는게 기뻤어요. 아버지는 내 곁에 계시지 않았어요. 어머니가 바라시는대로 내가 사랑스럽고 아버지의 주의를 끄는 존재여야 하는 이유를 나는 알 수 없었을 뿐이예요. 나는 아버지가 나를 한번도 인정해주시지 않았다고 느꼈는데 그 이유는 아버지가 곁에 계시지 않았기 때문이예요—사실상, 나는 아버지가 나를 인정해 주시지 않는다고 느꼈으며 만약 아버지가 나를 인정하셨더라면 나와 손발이 잘 맞았을 거예요."

"남동생과의 관계는 어떠했읍니까?"나는 물었다.

"론이 생각나는데, 그는 바로 내 아래 남동생이예요. 나는 그 동생 생각이 제일 많이 나요. 그는 나를 미워했는데 나는 그가 학교에서 놀림받는 것을 보는 것이 기분 좋았어요. 한번은 론이 '너를 죽여버릴테야'라고 말하면서 부엌으로 가서 칼을 집어 들었어요. 그와 나는 그런 식으로 싸웠어요. 그가 맹장염을 앓고 있을 때 나는 그의 배를 찼어요. 론과 나는 누가 어머니의 손을 잡느냐는 문제 때문에 싸우곤 하였고, 누가 위인가하는 문제로 싸웠는데, 어머니는 항상 론의 편을 들었어요."

"아직 당신과 남동생 론 사이에 적개심이 있읍니까?"나는 물었다.

"잘 모르겠어요." 레이첼은 대답하였다. "내가 십대가 되어 기숙사에 들어 갔을 때 그는 나의 인생에서 사라졌어요. 가끔 나는 그가 하고 있는 일과 같은 일에 뛰어 들어가 볼까 생각했었는데 왜냐면 거기에는 여자에게 상당히 좋은 기회가 있었고 나는 그런 기회를 붙잡아서 이용할 수 있었기 때문이었어요. 그러나 나는 과거의 적개심이 너무나 강했기 때문에 그런 적개심이 되살아 나지나 않을 까 걱정되었어요. 어쨌든, 선생님은 현재의 문제에 대해 질문하셨는데 나는 동생과 화해하였다고 생각하며 우리는 어머니를 우리의 공동의 적으로 생각해요."

"어떻게 해서 그렇게 되었지요."

그녀는 응답하였다. "그건 우리에 대한 어머니의 태도와 관계가 있어요. 어머니는 매우 적대적이었고, 그런 감정을 우리에게 발산하셨다고 생각해요. 나는 어머니가 내 편을 들어주지 않는다고 항상 느꼈어요."현재 내 안에 남겨져 있는 것은 매우 미미해요……. 이제 나는 남동생을 매우 좋아하지만, 아마도 그 이유는 어머니가 더 이상 상황에 끼여 들지 않기 때문에 친하지 않아야 할 필요가 없기 때문인 것 같아요."

"그 이유는 무엇이죠?"내가 물었다.

"우리가 그렇게 많이 싸웠던 이유는 대부분 어머니 때문이었다고 생각해요. 어머니가 우리만 남겨놓은 경우 우리는 훨씬 잘 지냈어요." 그녀는 대답했다.

"그런 예를 제시해 주시겠읍니까?"

그녀는 잠시 생각하였다. "네," 그녀는 말하였다. "한번은 어머니나 아버지가 죽는다면 어떤 일이 일어날까에 대해 어머니와 함께 이야기한 적이 있었어요. 누가 우리를 돌볼 것인가? 나는 어머니를 원하지 않았어요. 나는 아버지의 어머니, 친할머니를 원했어요. 나는 어머니를 마음 아프게하고 싶지는 않았으나 그렇게 했다고 짐작되요. 그러나 어머니는 그런 생각도 비합리적인 것은 아니라고 했어요. 나는 할머니랑 사는 것을 공상하였고 어머니와 사는 것보다 훨씬 나을거라고 생각했어요. 할머니는 태평하셨고 한번도 나의 어머니에 대해 말씀하신 적이 없었으나 어머니는 할머니에 대해 굉장히 많이 이야기하셨어요. 아마도 이런 점은 모든 일을 주도해 나가려는 어머니 방식의 일부였던 것 같아요. 우리는 할머니를 나쁘게 생각하고 싶지 않았지만 어머니가 그렇게 생각하도록 강요하셨어요. 할머니는 우리에게 중요하셨어요……. 할머니는 당신이 어떻게 보이는지, 집안이 어떻게 보이는지에 대해 그리고 여성적인 일들에 대해 이야기하기를 좋아하셨지만, 어머니는 항상 집을 뒤죽박죽으로 만들었고, 모든 사람을 깎아 내리는 말씀을 하셨어요. 집에 대한 나의 취미는 할머니로부터 물려 받은 것이라고 생각해요. 할머니는 깔끔하게 아마천을 손질하시고 좋은 옷을 만드는 일들을 좋아하셨어요. 할머니는 매우 신앙심이 깊고 교회에 열심이셨어요."

"우리는 할머니 집에서 매주 일요일 아침에 모든 사람을 위한 특히 손자들을 위한 가족예배를 드리곤 하였으며 어머니는 이 일을 우습게 여겼으나 나는 그 일을 좋아했어요. 나는 그 일의 질서를 좋아했는데 왜냐하면 우리 어머니의 인생은 지옥같은 혼란이었기 때문이었어요. 나는 항상 외모에 대한 관심은 부정적인 것이라고 생각했는데 이야기 나누면서 나는 그런 감정이 할머니에 대한 어머니의 태도 때문이었음을 알게 되었어요. 할머니는 즐거운 일들－일요일 저녁 만찬, 꽃 등등—을 좋아하셨어요. 내가 결혼하겠다고 말했을 때 할머니는 '만약 그렇게 한다면 내가 너에게 아름다운 선물을 주겠다'고 말씀하셨어요. 그러나 어머니는 '만약 네가 그러지 않겠다면, 내가 너에게 그만큼 아름다운 선물을 주겠다'고 말씀하셨어요."

"나는 할머니와 할머니가 대단히 좋아했던 한 남자를 합친 절충적인 인물이 되려고 했어요. 할머니의 벽장은 항상 잘 정돈되어 있었고 아주 좋은 냄새가 났어요. 어머니의 벽장은 항상 난장판이었고 냄새가 났어요. 할아버지에 대한 기억은 거의 없어요. 할아버지는 무뚝뚝하셨고, 내 인생에서 거의 어떤 역할도 하지 않으셨지만 할아버지는 좋은 인생에 대한 할머니의 사랑에 동참하셨어요. 할아버지는 집으로 많은 사람들을 데려 오곤 하셨어요. 친구들, 사업동업자 등등. 그들은 상당히 가족적인 느낌을 갖고 있었어요. 어머니가 그렇게 신경증적이었기 때문에 어떻게 내가 예의바르게 행동할 수 있는지 의아하게 생각하는 경우가 자주 있는데 분명 할머니의 영향을 받아서 그렇게 된 것 같아요. 어머니는 다정할 때도 자주 있었으나, 내가 닮으려고 원하는 그런 종류의 사람은 아니었어요. 나는 어머니를 좋아하지 않았던 것 같아요."

(이는 아이에 대한 부모의 양육방식이 아이가 부모와 동일시하는 것을 막는 강한 적개심을 자극한다는 좋은 예로 보여진다. 그녀의 어머니는 따뜻한 애정을 보이는 경우도 자주 있었지만 그녀는 어머니와 동일시하고 어머니를 흉내내기를 바라지 않았는데 그 이유는 그녀가 말한 바와 같이 어머니를 좋아하지 않았기 때문이었다. 그러나 동일시 경향성이 너무 강해서 오

늘날 레이첼은 이에 대해 투쟁하고 있다.)

나는 말했다. "왜 어머니를 좋아하지 않았나요?" 그러자 그녀가 응답하였다. "아마도 요즘과 같은 이유때문인 것 같아요…… 나는 그 점에 대해 한번도 생각해 보지 않았어요. 어머니는 인생에서 가치있는 목표를 가지고 있지 않았다고 나는 생각해요. 어머니는 다른 사람을 좋아해서 누군가에게 무슨 일인가를 해 준 적이 결코 한번도 없었어요. 어머니의 인생에는 사랑이 없었다고 생각해요. 단지 의무 뿐이었어요. '너는 문에서 아버지를 맞이하여야 한다. 네가 성장하면 너는 남편의 인생에 맞추어 살아야 한다.' 어머니는 스스로 원해서 어떤 일을 한다는 생각을 결코 해본 적이 없었어요. 지금은 내가 어머니에게 너무 부당했다고 여겨지는데 왜냐하면 어머니는 약간은 따뜻한 마음이 있었던 것으로 생각되기 때문이예요. 어머니는 우리를 당신의 팔에 안으시곤 하셨어요. 누구든지 항상 어머니에게 기댈 수 있었어요. 내가 할머니를 훨씬 더 좋아했던게 틀림없어요."

"왜지요?" 나는 물었다.

"할머니가 훨씬 좋은 사람이었기 때문이라고 생각해요."

"0세부터 6세까지도?" 내가 물었다.

"그렇다고 생각해요." 그녀는 응답하였다. "나는 어머니의 무릎에서 많은 시간을 보내곤 했어요. 칵테일 파티에 앉아서 우리는 어머니에게 귀를 기울이고 어떻게 어른들이 인생과 우리와 서로를 그리고 기타 일들을 조정해 나가는가 듣곤 했어요. 어머니는 대단한 험담가였어요……. 나는 한번도 어머니가 할머니나 누구에 대해 관대하게 이야기하는 것을 들어 본 기억이 없어요. 나는 어머니를 좋아하지 않아요. 나는 대부분의 사람들을 좋아해요."

"흥미있는 점이 있군요. 이런 이야기속에 남자가 존재하지 않은 것 같군요. 내가 남자 이야기를 막았다고 생각하지는 않아요. 단지 이야기속에 남자가 없었어요. 아버지는 너무 멀리 있고 할아버지는 더욱 나빴어요. 론 보다 어린 남동생들은 거의 기억나지 않아요. 항상 론과 그 바로 아래 남동생이 함께 패를 짜서 나에게 반항하곤 했기 때문에 이 두동생은 나에게 적대적이었어요. 그러나 그 아래 동생은 론처럼 그렇게 심하지는 않았어요.

그래서 그에 대한 나의 적개심은 론에 비해 그렇게 심하지 않았어요. 막내 동생은 버릇없는 아이였고 자라서는 전혀 다른 사람으로 변했어요. 그들은 모두 내 인생에 강한 영향을 끼쳤는데, 부정적인 양식이었어요."

"어떤 양식이었나요?" 나는 물었다.

"우리가 그렇게 많이 싸웠기 때문에 나는 싸움을 싫어했지만 어머니는 선의의 싸움을 좋아하셨어요."

나는 최초의 기억에 대해 레이첼에게 설명해 주었고 그녀가 기억하는 최초기억이 무엇인가 물었다. 그녀는 다음과 같이 말하였다.

"최초 기억은 두살이전의 것이 틀림없어요. 나는 수두예방 접종을 받았고 심하게 앓고 있었어요. 내가 흰색 타일의 화장실에 있었고 누군가 나를 데리고 가던 기억이 나요. 내가 아직 걷지 못했기 때문이었을까요? 아니면 다리에 예방접종을 맞아서 내가 아팠기 때문이었을까요? 어쨌든 방은 매우 컸고……아니요. 그 보다는 방 자체는 그렇게 크지 않았지만, 천장이 매우 높았고, 내가 얼마나 아픈지 나에게 지대한 관심을 보이면서 누군가가 나를 돌보고 있었던 느낌이 들어요."(간호 받던 일과 더불어 어떤 일인가가 환자에게 일어났었다.) (이는 앞장에서 소개된 알렌 로저스의 최초 기억과 약간 비슷하게 들린다.)

"나의 다음번 기억은 모두 6세 이전의 것으로서 여름에 관한 것이예요. (2) 내가 갓 세살이 되었을 때 우리는 집 둘레에 온통 밀폐된 베란다가 달린 노란색 집에서 살았어요. 나는 그 일을 기억할 수 있는데 남동생과 어머니는 내가 그 일을 기억하는 것이 불가능하다고 말했어요. 그러나 후에 내가 그 일을 지적하자 어머니는'맙소사, 정말로 그 일을 기억하고 있다니! '라고 말했어요. (3) 그 때는 대폭풍이 있었던 다음해 여름이었고 우리는 보트를 기다리고 있었는데 어머니는 폭풍을 두려워해서 보트 타기를 거절했고 기차를 타겠다고 했어요. 아버지는 이에 동의하셨어요. 나는 기분이 좋지 않았는데 나는 차멀미를 했었나봐요. (위험하고, 좋지않은 어떤 일이 환자에게 일어나고 있었다.) 할머니와 할아버지는 우리와 함께 계셨어요. (4) 그리고 나서 다음해 여름에 아버지는 나에게 셈하는 것, 안경 닦는 법, 새 책을 펼치는 법, 세발 자전거로 현관을 도는 것을 가르쳐 주셨어요. (아버지로 부터의 관심.) (5) 또한 나는 버찌 열매였을 거라고 생각되는 어떤 것을 삼켰는데, 그것이 잘못될까봐 끔찍하게 염려가 되었어요. (이번에도 무언가 그녀에게 나쁜 일이 일어나고 있다는 자신에 대한 염려가 나타나고 있다.) (6) 나는 낮잠자고 싶지 않았지만 항상 낮잠 자도록 강요받았으며 그 결과 나는 한번도 낮잠을 자지 않았고 이 때문에 어머니는 나에게 화를 내셨어요. (어머니에 대한 적개심, 레이첼에 대한 어머니의 적개심.) (7) 우리집에서는 일손이 항상 재빠르게 바뀌었는데 내 추측으로는 그들이 어머니의 보조에 맞추지 못했기 때문인 것 같아요. (8) 그리고 나서 기억나는 것은 론이 말벌의 둥우리에 들어갔다가 심하게 벌에게 쏘였어요.(남동생에 대한 적개심.)

나는 환자에게 전반적인 아동기에 대한 그녀의 진술과 기억들에 대해 어떻게 생각하는지를 물었으며 그녀는 다음과 같이 말하였다."어머니에 대한 분노가 들끓고 있다고 생각해요. 내 생각에는 어머니의 마음속에는 분노가 있었는데 부분적으로 우리들 즉 아이들에게 발산되어졌던 것 같아요. 나는 그런 분노가 두려웠으며 아마도 내가 혼자 있기를 원하면서도 혼자 있는게 두려웠던 이유가 바로 거기에 있었던 것 같아요. 나는 분노에 맞서서 화를 내지 못했어요. 요즈음은 약간 달라요. 늘 그러듯이 어머니가 화를 내시면 요즈음은 맞서서 화를 내는 편이예요. 그러나 어린애였을 때는 내가 화를 낸다면 어머니가 나를 떠날까봐 두려웠어요. 나는 어머니를 필요로 했어요. 또한 어머니는 할머니에 대해 질투를 느끼고 있었다고 생각되는데, 이런 점이 지금까지 영향을 주지 않았는지 의심이 돼요. 왜냐면 나는 집안에서 기쁨을 갖는다는 것이 옳지 않다고 느끼고 있기 때문이예요.(실제로는 집안에서 내가 기쁨을 느끼긴 하지만)"

"출생부터 6세사이에 나는 어머니의 화를 피하는 일에 집착하고 있었다고 생각되는데 바로 이 점 때문에 내가 남편에게 이야기하는 것이 두려운 것이 아닌가 생각돼요. 그가 화를 낼까봐 두려운거죠. 나는 어머니의 분노나 다른 사람의 분노를 두려워하고 이제는 남편의 분노가 두려워요. 그는 공개적으로 심하게 화를 내지는 않아요. 단지 속으로 화내는 식이예요. 나는 그가 나에게 화를 낼까봐 두려워서 그와 함께 중요한 일상사나 인생의 여러가지 결정에 대해 토론하는 것이 어려워요. 예를 들면, 한번은 어떤 서류에 내가 서명하기를 그가 바랬어요. 나는 그것을 거절하였는데 왜냐하면, 내가 서명할 것이 무엇인지를 아는 것이 나의 권리라고 생각했기 때문이었어요. 나는 법률가에게 갔는데 그는 내가 단연코 서명하지 않아야 한다고 말했어요. 나는 나의 초기 아동기 이야기속에 남자들과의 현실적인 관계가 없었다는 사실에 부딪치게 돼요."

"그것이 사실인가요?" 나는 말했다. "사실은 남자들이 있었는데 최소한 남동생들이 확실히 존재하고 있었어요. 비록 당신의 아버지와 할아버지가 대부분 상황 밖에 존재하고 있긴 하였지만, 당신의 어떤 양식을 결정하는데 남자들과 관련된 다른 점은 없었을까요? 당신은 어머니가 당신의 어떤 양식을 결정하는데 영향을 미쳤으며 이러한 점이 남편과 반복되고 있다는 점을 이미 지적하였읍니다. 아직 지속되고 있는, 출생부터 8세까지의 남동생이나 다른 남성들에 대한 어떤 양식이 있읍니까?"

"우리는 많이 싸웠어요." 그녀는 말하였다. "이런 점은 형제 경쟁일까요, 아니면 내가 남자같다는 것일까요? 어쨌든 남동생들과 나 사이에는 증오가 있었어요."

"한 예를 들 수 있을까요?" 나는 물었다.

"네"그녀는 응답하였다. "한번은 저녁식사후에 우리가 그네를 타고 있었을때 그네가 끊어졌는데 모두들 나를 보고 웃었어요. 물론 그건 대부분 론이었지만 다른 사람들도 동조해서 모두들 웃었어요. 그 후 언젠가 위험한 산계곡에서 빠른 물살을 타고 수영을 하고 있었는데 물결에 휩쓸려 수영지역을 벗어나서 바위위로 끌려가게 되어서 소리쳤지만 모두들 그냥 서있기만 하였고 내가 그들 옆을 지나가는데도 그냥 내버려 두었어요. 한번은 내가 차사고를 당해서 집으로 끌려오게 되었어요. 어머니는 모든 자초지종을 자세하게 듣기를 주장하셨어요. 어머니는 나를 옹호하셨는데, 이런 일은 론이 나를 방해할 때 그렇게 하였던 드문 경우였어요. 어머니는 나에게 질문하는 동안 론에게 조용히 하라고 말씀하셨어요."

그러자 나는 레이첼에게 이렇게 물었다. "당신은 싸움이 형제 경쟁때문인 것 같다고 말하지 않았나요? 그리고 이런 기억으로 미루어 이런 일이 어머니로부터 관심을 받기 위한 것일 수 있다는 생각이 들지 않나요?"

그녀는 대답하였다. "내가 혼자이고 동생들이 아직 태어나지 않았을 때 나는 모든 관심을 받았다고 생각해요. 나는 맏이였으며 지독한 귀염둥이였고 관심의 대상이었어요. 그런 기억이 나지 않아서 그렇게 생각해보지는 않았지만, 그러나 이제는 그런 상황이 남동생들의 출생 때문에 빚어진 게 틀림없다고 생각해요……. 어머니와 아버지가 우리 집에 새로운 건물을 지으려고 의논하던 기억이 나요. 그것은 육아실이었어요. 어머니는 우리가 벽에 그림을 그려도 개의치 않으셨지만, 동시에 아침식사후 배변하고, 점심식사후에 낮잠 자도록 강요하셨고 그 일을 내가 하지 못하면 어머니는 몹시 화를 내셨어요. 한번은 어떤 아이가 울어서 어머니가 화장실에서 아기의 기저귀를 바꾸어주던 장면이 생각나요. 나는 많은 유모들, 참으로 많은 유모들을 기억하는데 왜냐하면 그들은 결코 오래 머무르지 않았기 때문이예요……. 우리는 그와같이 끔찍한 아이들이었어요. 유모중 한 사람은 비누로 나의 입을 닦았고 어머니는 불같이 화를 내셨어요. 내가 이발을 하였을 때 머리카락이 옷속으로 들어가서 밤새도록 가려웠어요. 나는 무서운 꿈을 꾸곤 하였는데, 잠을 잘 수 없을 정도로 꿈을 많이 꾸었어요. 나는 이것이 꿈인지 또는 내가 날을 수 있는지 꿈속에서 사람들에게 물어보기로 결심했어요. 항상 나를 추격하는 사람이 있었고 그 공포는 끔찍했지만 흔히 주변은 화려했어요. 내 친구중 한명은 마인드 콘트롤 전문가였어요. 내가 꿈속에서 단연코 날겠다고 결심하고 이것이 꿈인지를 사람들에게 묻기로 결심했을 때 내가 했던 것이 바로 마인드 콘트롤이었다고 생각돼요."

"아버지에 대해서도 어느정도 적개심이 있었다고 생각되는데 왜냐하면 아버지가 집에 오시면 어머니를 데리고 가버렸기 때문이었어요. 나는 그것이 어리석은 일이라고 생각했지만, 어머니는 항상 말씀하셨어요.'아버지가 집에 오신단다','아버지에게 밤인사 키쓰를 하렴'그때 나는 아버지에 대한 아무런 감정이 없었어요. 그러나 아버지가 나에게 책을 읽어 주실 때는 좋았어요. 어린이와 관계를 맺는 가장 좋은 방식은 아이에게 책을 읽어주는 거예요."

"당신은 꿈에서 자주 쫓긴다고 말했지요."나는 물었다."누구에 의해서

쫓겼나요?"

그녀는 응답하였다. "처음에는 항상 동물이었다고 생각했으나 이제는 확실하지 않아요. 때로는 사람들이었고 때로는 남자들이었고 항상 매우 놀랄만한 것들이었어요. 한 남자는 기사의 갑옷을 입고 있었어요. 때로는 온갖 덩쿨과 가지가 나를 덮치는 정글속이기도 했어요. 때로는 성안에 갑옷입은 남자들이 있었어요. 나는 남자에게 말했어요. '이것이 꿈이라고 나에게 이야기해 주시겠어요?'

"그러나 또 다른 어렸을 때 기억이 나요. 이 기억은 우리 호수 별장과 관련된 거예요. 할머니가 우리를 찾아 오셨고 나는 할머니와 반지를 가지고 놀다가 그것을 떨어뜨렸어요. 열심히 찾은 끝에 마침내 우리는 그것을 찾았어요. 할머니는 내가 열여덟살이 될 때 그 반지를 나에게 줄 예정이므로 반지를 잃어버리면 안된다고 말씀하셨는데, 나중에 그렇게 하셨어요."

레이첼은 계속하였다. "나의 어머니의 어머니, 외할머니가 찾아 오셨으나 우리는 행복하지 못했는데 왜냐하면 어머니와 외할머니가 싸우셨기 때문이예요. 그때는 남동생들이 없었을 때라고 생각해요. 그때는 배신자들이 태어나기 이전, 내가 그들에 의해 밀려나기 이전이었어요."

"집에 개가 한마리 있었는데 그 개는 해변가로 가서는 서너마리의 같은 종의 다른 개들과 함께 집에 돌아왔어요. 한번은 어머니가 론에게 너무 화가 나서 그를 차 밖으로 던지겠다고 위협하셨어요. 그 당시 올빼미에 대한 악몽을 꾸곤 했어요. 올빼미는 생쥐를 삼키고 뼈를 내뱉었어요. 나는 작은 뼈뭉치를 보았어요. 여름은 몹시 더웠어요. 한번은 누군가가 나에게 왜 기차를 좋아하는가를 물었는데 나는 기차가 나를 여름으로부터 벗어나게 해 주기 때문이라고 말했어요. 우리는 아버지가 집안을 다스린다고 생각했어요. 어머니는 늘 이렇게 말씀하셨어요. '아버지가 이렇게 생각하신다', '우리는 아버지에게 물어 보아야 한다. 아버지가 집에 오실때까지 기다려라. 아버지가 널 때리실테니까 이렇게 하지 말아라'. 그러나 아버지는 나에게 읽기, 셈하기, 별들에 대한 모든 것들을 가르쳐 주셨어요. 나는 아버지가 아이들을 좋아했던 적이 없었으며 아직도 좋아하시지 않는다고 생각해요. 론은 상처 나는 것을 개의치 않았기 때문에 온통 상처투성이였어요. 그는 영리한 악마였지만, 나는 그를 미워했어요. 나는 그와 내가 찍힌 사진을 기억하고 있는데 나는 온통 성장한 모습이었어요. 한번은 마을에서 산보하던 기억이 나요. 나는 산보하기를 싫어했어요. 나는 내 옷을 싫어했어요."

"격식없이 편안하게 옷입는게 허락되지 않았어요. 휴가중 중심가에는 인파가 몰려 있었고 우리는 남동생들을 잃어버리곤 했어요. 론이 안보이자 어머니는 그가 사라져 버렸다는 것을 거의 알지 못하셨어요. 나는 만약 내가 아버지와 어머니와 떨어진다면 다시는 부모를 볼 수 없을 거라고 생각했어요. 나는 모든 사람들에 의해 삼켜졌다가는 외로움속으로 내팽개쳐지곤 했어요. 나는 남동생들과 함께 놀던 일, 그들을 방해하는 일이 얼마나 고소했던가 하는 일들이 생각나요."

면담시간이 다 되어갔으므로 레이첼과 함께 이러한 기억들을 재검토하기 위해 마지막 몇분의 시간을 남겨두었다. 기억들은 남동생을 제거하려는 내용과 연관된다는 점이 아주 명백했으며－길에서 남동생들을 잃어버리고, 올빼미가 생쥐를 먹고 있고(보통 생쥐는 어린이를 대표하는 것이다) 뼈를 내뱉고－그리고 이러한 기억들은 그들에 대한 적개심을 보여주고 있다. 두가지 의문점이 제기되었다. (1) 부모에 대한 특히 어머니에 대한 의존적 애정욕구가 좌절되었기 때문에 대부분 그 영향으로 인하여 남동생, 어머니, 아버지에 대한 적개심이 그렇게 강했을까? (2) 이러한 적개심과 어머니, 아버지에 대한 적개심으로 인하여 만약 환자가 분노를 표현한다면 처벌받거나 버림 받을거라는 두려움 때문에, 또는 어머니에 대한. 아니면 아버지에 대한 분노나 죄의식 때문에 심한 불안이 야기된 것일까? 왜냐하면 그녀는 자신이 어머니에게 아마도 부당했던 것 같다고 말하면서 어머니에 대한 적개심을 사죄하고 있기 때문이다.

이러한 기억들에 대한 면밀한 검토 결과 그러한 점들이 확인되었다. 다음 시간에 우리는 환자의 문제 즉, 체중 증가 문제로 되돌아 갔다. 나는 그녀의 현재 문제 모두에 대해 물으면서 면담을 시작하였으며 그녀는 말했다. "체중은 제일 첫째 문제예요. 나는 거의 필사적으로 거의 반항적으로 과식해요. 또한 두번째 문제는……이게 실제로 문제인지는 모르겠는데……내자신이 되려고 하는 나의 욕구와 남편의 직업을 조화시키는 문제라고 해석되는—나 자신의 동일시 문제가 있어요. 나는 항상 불만을 느끼고 있고 내 스스로는 어떤 일도 할 수 없을 것 같고 단순한 남편의 부속물로 머물고 싶지도 않아요."

"이 두 문제가 연결되어 있다고 생각하나요?" 나는 물었다.

"네" 그녀는 말했다. "내가 먹는 것은 나 자신을 표현하는 양식이며 아마도 나를 멈추게 할 수 없는 양식이예요."

"당신의 과식과 관련된 전체 과거력을 나에게 이야기해 주시지요." 나는 요청하였다.

그녀는 말했다. "나는 그동안 내내 체중 문제로 씨름해오고 있었어요. 그러나 실제로는 아무 문제도 없었으며 최근까지도 전혀 살이 찌지 않았었기 때문에 이런 씨름은 잘못된 것이었어요. 어머니는 나보다 더 그 문제에 매달리셨어요. 어머니는 내가 의학적 검사를 받아 보도록 하셨어요."

(면담이 막 시작될 때 환자는 내가 그녀에게 신체검사를 받도록 권할 것인지 비만증에 권위자인 내과 전문의를 추천할 수 있는지를 나에게 물었다. 나는 때때로 적은 량의 갑상선 호르몬과 같은 단순한 현상이 대사균형을 변화시켜서 체중 증가를 멈추게 하는데 도움이 될 수 있기 때문에 신체검사를 완전히 해보는데 찬성한다고 말하였다. 그러자 그녀는 어느 병원으로 갈 것인지를 의논하였고 나는 유능하다고 알려진 내과의사에게 전화를 걸어주는 것이 최선의 방법이며, 며칠 안으로 그녀가 병원에 찾아가서 모든 검사를 받아 보아야 할 것이라고 말하였다. 그녀는 이 말에 크게 화를 내었고, 나는 그 이유를 이해할 수 없었는데, 그녀는 그 이유를 말하였다. 즉 그녀의 어머니가 그녀에게 갑상선 검사를 받아 보도록 항상 그녀를 괴롭혔다는 것이었다. 갑상선검사에 대한 나의 단순한 언급이 내가 그녀에게 무엇인가를 하도록 강요하는 것으로 받아들여졌다는 것이다. 또한 그녀가 병원에 가야한다고 주장했던 것은 레이첼의 어머니였으며 그녀는 내가 동일한 일을 제안한데 대해 화를 내었다. 물론 이런 일은 항상 일어나지만, 분석가는 자신이 전혀 모르고 단지 선의로 어떤 일을 제안하였을 때 결과적으로 환자 내에 있는 특별한 취약 부분을 건드리게 된다는 점을 결코 알지 못한다. 이러한 예는 드물게 보는 명백한 경우이다.)

"내가 검사를 받았을 때 그 결과는 항상 정상이었지만, 그럼에도 불구하고 어머니는 항상 검사를 받아 보라고 나를 괴롭혔어요. 어머니는 가느다란 손목과 발목이 숙녀의 표시라고 말씀하셨고, 우리 할머니를 비판하셨어요. 나는 할머니를 닮았었는데 어머니는 이런 방법으로 할머니와 나와의 관계를 끊어 놓으려고 애쓰셨던 것 같아요. 어머니는 비만증 전문가로 알려져 있는 의사에게 가야 한다고 주장하셨는데 나는 그를 싫어했어요. 또한 어머니는 내가 열여덟살이 되었을 때 미용식을 해야 한다고 주장하셨어요. 그러나 우리가 어렸을 때 어머니는 우리에게 억지로 먹이는 일을 하셨는데, 다시 말하면 우리가 먹도록 억지로 강요하셨어요. 아마도 현재 나의 체중증가는 무슨 일이든지 강요받는데 대한 나의 항의인 것 같아요……. 나는 나 자신이기를 바래요. 내가 통제받지 않을 수 있음을 증명하기 위해서라면, 어떤 난폭한 짓이라도 할 것이며, 악마에게 나의 영혼이라도 팔겠다고 나는 생각했어요."

"그것이 무엇일까요?" 나는 물었다.

"체중이 는다든가, 또는 차를 운전하는 위험을 감수한다든가, 그리고 나는 항상 자살 충동을 느끼고 있었어요. 한번은 아무도 나를 말릴 수 없을 때 보트에서 몸을 날려 호수에 뛰어들고 싶다는 충동을 느꼈고, 매번 나는 어디론가 달아나 자유로워지고 싶다는 충동을 느끼면서 심한 공포속에서 잠을 깨곤 했어요. 나는 내 안에서 이런 말을 하는 것을 느껴요.'너는 나를 멈추게 할 수 없어. 나는 내가 원하는 것을 할 수 있어' 그리고 이제 나는 어머니의 영향력이 대단히 강했기 때문에 어머니에게 화가 났고 어머니로부터 자유로워지기를 바랬다고 생각해요. 어머니를 때려서 죽이는 생각을 해보면 나는 자유를 느껴요. 그 뿐만 아니라 나는 남편에게도 어느정도 동일한 감정을 느껴요."

나는 말했다. "지난 면담시간에 이야기한 바와 같이 핵심은 어머니에 대한 적대적인 반항인 것 같군요. 어머니는 당신에게 아침식사후에는 배변을 강요하셨고, 점심식사후에는 낮잠을 그리고 지금은 몸이 마를 것을 강요하고 있군요. 그러나 어머니는 당신을 억지로 먹이면서 또한 당신이 마르기를 원하고 있군요."

"네, 알겠어요." 레이첼은 말했다. "한번도 그렇게 연관지워 본적이 없었어요. 선생님이 그렇게 지적해 주시니까 좋군요. 나는 그 모든 점들에 대해 반항했으며 변비였고 낮잠을 잘 수 없었지만 그러나 요즈음은 내가 취할 수 있는 모든 낮잠을 즐기며 배설하는 일에 대해 잊었으며 그런 점들이 순조로워요. 그러나 내가 자유롭다는 것을 증명하기 위해 나는 무언가 반항적인 일을 해야 되는 것일까요? 자살, 자동차 사고, 그리고 사회적으로 용납되지 않은 일등을."

"비만증은 당신의 결혼생활 문제와 연관되는 것 같군요." 나는 말했다. "당신은 어머니에게 느꼈던 적대적인 반항양식을 그대로 남편에게 반복하는 경향이 있으며 아마도 어머니에 대한 이러한 적대적인 반항양식을 사회에 대해서도 반복하는 것 같군요. 반항적이고 난폭한 일을 하는 것이 남편에게로 그리고 부분적으로는 사회에게로 향해지고 있군요."

"맞아요!"그녀는 말했다. "요즈음 나는 그 일을 자주 생각해요. 또한 나는 또 다른 최초 기억을 생각해요. 우리는 어릴 때 우는 것이 전혀 허용되지 않았어요. 어머니는 이렇게 말씀하시곤 했어요.'만약 내가 셋을 셀때까지 네가 울음을 그치지 않는다면 너를 때려 주겠다.'그리고 어머니는 '너 자신을 부끄럽게 여겨야 한다'고 말씀하시면서 우리에게 수치감을 느끼도록 만드셨어요. 나는 어머니와 아버지가 나에게 기대하는 모든 일을 했어요. 나는 학교에서 모범생이었고 결혼을 잘 하였지만 그러나 나는 한번도 내 자신의 인생을 소유해 본 적이 없었어요. 요즘 나는 남동생들과 모든 점을 솔직하게 의논하고 그들은 나에게 상당히 지지적이예요."

"왜 그들이 그렇게 지지적일까요?"나는 물었다. "그들 역시 동일한 지배를 받고 있기 때문일까요?"

"네" 그녀는 말했다. "확실해요. 어머니는 지금도 나를 지배하고 있어요. 예를 들면 나는 이혼을 생각하고 있지 않지만, 어머니가 나를 받아주지 않거나 내 편을 전혀 들어주지 않겠다고 말씀하셨기 때문에 이혼 생각은 꿈도 꿀 수 없어요. 물론 나에게는 아이들이 있고 만약 어머니가 우리에게 충분한 돈을 준다면 우리는 경제적으로 어느 정도 안정되므로 도움이 될거예요."

그리고 계속 말한다. "어머니에 대한 모든 이런 통제들은 신체적인 문제와 연관되었던 것 같아요. 배변, 낮잠, 울도록 허용 안되는 것, 이런 점들은 모두 심리적이라기 보다는 신체적 상황과 관련이 있어요. 물론 그 중에는 심리적인 상황도 있기는 있어요. 예를 들면 어머니가 나에게 화를 내지 않는 날이 기껏해야 삼일정도였어요."

나는 이 젊은 여성이 어머니에 의해서 그렇게 취급받았기 때문에 어머니에게 적대적이었고 따라서 어머니와 동일시하는데 실패하였음을 지적하여 주었다. 그녀가 어머니와의 동일시를 의식수준에서 용납하지 않았다고 말하는 편이 더 정확한데 왜냐면 내 생각으로는 항상 부모와의 동일시는 어느 정도 존재하기 때문이다. 이러한 동일시에 대한 반동형성이 있기는 하지만, 어느 정도의 동일시는 항상 존재한다. 이 사례에서는 이러한 점이 환자의 인격의 강도에서 명백하다고 보여진다. 그녀의 어머니는 강하고 지배적이고 통제적인 인격을 지니고 있었는데 환자는 내면적으로 이러한 특성을 지니고 있는 것으로 보여졌다. 그녀는 위대한 조직가였다. 그녀는 이러한 점으로 자녀들을 들볶지는 않았지만 그녀의 사회 활동에서는 이러한 점이 명백했는데 그녀는 사회활동에서 지도자였으며 지배적인 성질을 보여 주었다. 아마도 그녀가 이러한 점을 그녀의 아버지로 부터 취한 것 같지는 않다. 그녀의 아버지는 거의 대부분 그녀의 생활속에 존재하지 않았으며 어느 정도 위축되어 있었고 수줍어 하였었다.

내가 분명히 하고자 하는 점은 항상 부모와의 동일시는 어느 정도 존재하며 비록 직접적으로 드러나지 않는다 하더라도 그리고 환자가 이러한 점을 깨닫고 있지 못하더라도 그렇다는 것이다. 부모와의 동일시에 대한 반동형성의 한 예로서, 나는 성공적인 대기업을 조직하고 그 기업을 매우 효율적으로 꾸려나가고 있는 한 남자의 경우가 기억난다. 그는 아들, 딸 모두에게 좋은 아버지로서 매우 친절하고 이해심이 깊었으며 훌륭한 남편이었다. 아무도 이 남자가 초기 청년기때 참을 수 없을 만큼 아버지에게 매를 맞고 가출한 적이 있었다는 사실을 상상할 수 없을 것이다. 그는 이러한 일로부터 고통받았었기 때문에 의식적으로 맹세하였고 또한 무의식적인 반동형성을 발전시켜 항상 아내와 자식들에게 친절하고 그의 아버지가 그에게 했던 방식이 아닌 방식대로 행동하였던게 분명하였다. 그러나 이러한 반동형성은 사랑스런 어머니와의 긍정적 동일시로 지탱되어졌다. 그러므로 그의 아버지와의 동일시는 아내와 자식들에게 노출되지 않았으며 아버지와의 동일시는 사업 거래에서 그에게 상당한 장점과 힘을 제공하여 주었다. 이러한 점은 그의 인격의 두가지 측면으로 명백히 나타났다. 집에서는 조용하고 수줍어하고 아내에게 순종적이었으며 사랑스런 남편, 부모였다. 그러나 그가 대문을 나서서 사업을 끌어 갈때는 항상 신사적인 행동방식에 따르기는 하지만 수줍고 비사교적인 남자가 강력한 지도자로 변신하는 것이었다.

아마도 모든 인간관계는 대상관계와 동일시 관계로서 이루어지는 것 같다. 몇가지 이유로 학생들은 동일시 보다는 대상관계를 보다 쉽게 파악할 수 있는 것 같다(가르치고 감독했던 나의 경험으로 미루어 볼때). 만약 어린이가 지배적인 부모에 의해 배척받거나 지배받거나 부모의 적대감의 표적이 될 때 이러한 처사에 대한 아이의 반응이 쉽게 눈에 띄일 수 있다. 대상관계에서도 그러하다. 그러나 간과되기 쉬운 것은 아이가 부모와 동일시하는 경향성이다.

한 젊은 여성이 그녀의 부모에 의해 무시되어졌다. 그녀는 아버지가 사고로 죽을때까지 자신이 사랑을 받았으며, 그후 어머니는 밖에 나가서 취직을 해야만 했었다고 주장했다. 그러나 그녀의 첫번째 기억들—무의식에 대한 강력한 통찰의 수단인—은 어머니와의 관계가 거의 형성되어 있지 않았음을 보여주었다. 그녀가 나를 처음 만나러 왔을 때 명백했던 점은 그녀의 분노였다. 그녀의 주된 문제는 급격한 불안이었다. 그녀의 꿈은 온통 피와 천둥에 관한 것이었고 방이 무너지고, 많은 사람들을 죽이거나 상처를 주는 그런 위험상황에 관한 것이었는데 의례히 이러한 사람들 속에 그녀 자신이 포함되어 있었다. 그리고 생활속에서 그녀는 매우 화를 잘 내는 경향이 있었는데, 이러한 성깔을 남편에게 터뜨리는데 주저하지 않았다—심지어는 약간 망상적인 방식으로 모든 일에 대해 비현실적으로 남편을 비난하기도 하였다. 그러나 이러한 기저의 만성적 분노와 불안이면에는 모든 사람에 대한 냉담함이 있었고, 이는 그녀가 친구를 사귀는데 장애가 되었다.

그녀는 동년배 집단의 소수의 친구들이 있었는데, 이러한 친구관계 양식은 어릴 때 여동생과 두서너명의 사촌들과의 관계에 따른 것이었다. 그렇지만 기본적으로 그녀는 사랑을 주고 정을 주는 방식이 풍부하지 못하였다. 그녀는 거의 모든 사람들을 싫어하였고 실제로 모든 사람들을 비난하였다. 그녀는 어릴 때 충분한 사랑을 받지 못하였고 이에 따라 성인으로서 남에게 줄 수 있는 바탕이 마련되어 있지 못하였다. 그러나 더욱 알기 어려웠으나, 분석에서 명백해졌던 점은 어머니와의 동일시였다. 한마디로 어머니는 그녀를 무시하였다. 그러므로 어머니와의 동일시 결과로서 그녀는 모든 다른 사람들을 무시하였다. 이는 공격자와의 동일시이며 보다 넓은 의미로는 단순히 부모와의 동일시이다.

부모가 어린아이에게 하였던 것을 어린이는 남들에게 그대로 하는 경향이 있다. 때로는 다른 세력들로 인하여 이러한 관계가 앞서 이야기한 바와 같이 반동형성에 따라 가리워지는 경우가 있다.

대상관계는 반드시 인식되어져야 하며 또한 동일시 역시 간과되어서는 안된다. 이는 레이첼 로즈웰과의 다음 면담에서 바로 확인되어졌다.

그녀의 아동기 역동을 알아보기 위해 두번의 면담이 행해졌고 그 결과 아동기 역동이 아주 분명하게 밝혀졌다. 그리고 나서 세번째 시간에는 부모와의 동일시 문제를 밝히는 것이 어렵고 중요함을 보여주는 상황이 전개되었다.

"일주일 전 면담은 매우 귀중한 통찰을 주었어요." 레이첼은 말하였다. "실제로 나는 그 면담에서 통찰을 얻은 뒤 흥분되었어요. 그리고 나서 그런 기분이 줄어 들었지만 그후로는 먹는 일을 빠뜨리거나 하지는 않았어요. 믿을 수 없는 엄청난 일이지만, 이미 먹는 일은 통제되고 있는 것 같아요. 그러나 나는 어릴 때 어머니가 그랬던 것처럼 통제하는 경향이 있는데 어머니는 지금도 그러세요. 나의 주된 문제를 이야기하면서 나는 첫번째로 과식을 지적했어요. 그리고 나서 이야기한 것은 자유로워지고자 하는 나의 노력의 일부로 여겨지는 여성에게 주어지는 기회에 대해 내가 관심이 있다는 것이었어요. 그리고 나는 어머니처럼 될 것 같다는 공포, 어머니처럼 늙어가고 그렇게 된다는데 대한 공포를 느꼈어요. 그러나 아직 나의 통제는 그렇게 나쁜 것은 아니예요. 나는 집을 조정하고 항상 집이 잘 짜여진 상태로 관리해요. 이런 점이 어떤 것일까요? 내가 무엇을 해야 할까요?"

나는 말했다. "첫번째 단계는 그런 현상에 이름을 붙여야 하는데, 그 이름은 '동일시'입니다. 우리는 이미 당신의 부모와의 대상관계에 대해 토론했읍니다. 우리는 이를 간단히 토론했는데…… 아버지가 존재하지 않는다는 데 대한 당신의 분노, 당신이 읽도록 아버지가 도와주었다는데 대한 고마움, 그리고 그외 몇가지 다른 점들이 있었으며 어머니의 적개심에 대한 당신의 방어, 그에 대한 당신의 분노입니다. 그러나 이제 당신은 어머니처럼 되는 것을 두려워하고 있는데, 이는 어머니와의 동일시입니다. 이는 이해되어져야 하고, 필요하다면 해결되어져야하는 점입니다."

레이첼은 응답하였다. "나는 어머니처럼 되지 못한다는데 대해서도 역시 무력감을 느껴요……. 아마도 내가 오랫동안 어머니같다고 자각하고 있었기 때문인가봐요. 심지어 나는 어머니가 남동생들을 대하던 방식대로 나의 큰아들을 대하지만, 그러면서 동시에 나의 아이들에게 친절하게 대하려고 노력하는데 이런 점이 아이들을 혼란시켜요. 큰아들 잭과 나는 매우 강한 관계를 맺고 있으며 이런 점이 걱정이 돼요. 그러나 이제 내가 알게 된 점은 잭이 나와 많이 싸웠던 바로 밑의 동생 론을 생각나게 해준다는 점이예요. 론이 네명의 남동생들중 가장 큰 남동생이었던 것처럼 잭은 세 아들 가운데 제일 큰 아들이예요. 잭은 여름에 잔디를 깎는데 동의했어요. 비가 많이 와서 우리는 잔디를 손질하자고 이야기했었는데 날씨가 좋을 때 잔디를 서둘러 깎아야만 하는데도 그는 잠시동안만 잔디를 깎는 거예요. 화가 나지만 나는 그를 통제하기를 원하지 않아요. 나는 어떤 해결책도 알 수 없어요. 나는 통제하는 양식을 알고 있기는 하지만 그 점을 해결할 방도는 알지 못해요."

나는 말했다."내 생각으로는 해결책은 우선 통찰속에 있으며 그리고 나서 장애가 되는 아동기양식을 벗어나기 위해서 생활속에서 연습하는 것이라고 봅니다. 먼저 우리는 이러한 양식을 알아야하며 그리고나서 어떻게 이러한 양식을 해결하고 분해하고 벗어날 수 있는가를 이야기하여야 합니다."

레이첼은 말했다. "잭은 캠프 준비를 위한 쇼핑을 아직 하지 않았는데 우리는 며칠안에 휴가를 떠나게 될거예요. 그러나 내가 그에게 그것을 하도록 주장할까봐, 그를 통제하게 될까봐 두려워요."

나는 응답하였다. "어떻게 그점은……기술적으로 말하는게 문제가 아닐까요? 당신은 잭을 어른으로, 책임감 있는 사람으로 대할 수 없나요? 예를 들면 만약 당신이 이렇게 말한다면 어떨까요? '잭, 보아라 이런 일들은 캠프 떠나기 전에 네가 해야하는 일들이다. 우리는 시간이 조금밖에 없는데 우리가 이 문제를 해결하기 위해서 무엇을 해야 한다고 생각하니? 어떻게 우리는 이 일을 해결할 수 있겠니?'"

"네" 레이첼은 어느 정도 감동하면서 말했다. "만약 내가 어떤 일을 올바르게만 한다면 내가 원하는 거의 모든 일을 이야기할 수 있다는 점을 알수 있어요. 그러나 아직 나의 가장 큰 문제는 과식이예요. 이는 어린애를 대하는 나의 태도와 연관되는 것일까요? 그러나 나는 요리하기를 좋아해요……. 나는 전에는 한번도 이 점을 생각해 본 적이 없었어요. 어머니는 요리하는 것을 좋아하지 않았고 요리를 하지도 않았어요. 나는 야채를 좋아해요. 나는 꽃보다는 야채를 키우고 싶어요. 나는 야채 가꾸는 것을 좋아하지만, 그러나 너무 많이 먹는 것이 나의 가장 큰 문제예요."

"아니요." 나는 말했다. "나는 그렇게 생각하지 않아요. 내가 말하고자 하는 점은 과식이 당신의 가장 큰 증상이지만 당신의 주요 문제의 증상에 불과하다는 것이예요. 그리고 그 문제는 어머니와의 관계인 것 같군요."

"맞아요!" 레이첼은 말했다. "나는 그 점을 알 수 있어요. 지금 다시 잭이 생각나는 군요. 나의 아이들은 훌륭해요. 문제가 있음에도 불구하고 신경증적인 아이는 아직 한 명도 없어요. 잭은 학교에 다니는데 그곳에서 그는 굉장히 에너지를 소모하고 있고 자주 말썽을 일으켜요. 학교에서는 오로지 처벌만 내릴 뿐이고 그를 이해하려고 하지 않아요. 그래서 나는 소아과의사에게 자문을 구하러 갔는데 그는 학교를 바꾸는 것이 좋겠다고 말했어요. 분명히 그 일은 그렇게 쉽지 않았어요. 그러나 소아과 의사는 한 학교를 추천하여 주었고 나는 그 학교를 철저하게 조사하기 위해 그 학교를 보러 갔고 거기서 얼마동안 시간을 보냈어요. 나는 그 학교가 훌륭하다고 생각했어요. 어느 정도 학생들이 자치적으로 학교를 운영하고 있었어요. 숙제는 심하게 많지 않았지만 학생들은 상당한 책임감을 가지고 있었어요. 나는 잭과 이 학교에 대해 이야기를 나누었고 그는 동의하였어요. 그는 그 학교로 옮겨갔고 학기가 이미 시작되고 있었지만 모든 일이 잘 되었어요. 그 때가 잭의 인생에서 중요한 시기였어요. 그는 마치 자기 자신이 인생에서 무엇인가 할 말이 있는 것처럼 느끼기 시작했어요(이는 레이첼이 스스로 추구하고 있는 것이다). 그애와 나와의 관계는 크게 개선되었고 그는 자발적으로 아침에 나에게 작별인사 키쓰를 하기 시작하였고 오후에 집에 돌아와서도 마찬가지였어요. 그리고 나서 잭은 나에게 새로운 존경을 보이기 시작했고 나를 '잔소리꾼'으로 보지 않았어요. 아이들은 제각기 다른 학교에 다니고 있지만, 모두 탁월하고 인기있으며 리더쉽이 있다는 식의 보고서를 받아 오고 있어요. 이것은 실제로 최고의 행운이예요."

나는 말했다. "내 추측으로는 당신과 남편은 아이들의 출생부터 6세사이에 훌륭한 일을 했다고 생각합니다."

그녀는 응답하였다. "왜 나에게는 모든 일을 질서정연하게 하는게 그렇게 중요할까요? 나는 지금 일손도 없으며 휴가동안에도 일하는 사람을 두지 않아요. 그러나 나는 설겆이통에 접시들이 들어 있는 것이 보기 싫어요. 나의 어머니가 그렇게 어질렀기 때문일까요? 어머니는 모든 것을 그대로 놔두셨는데 이런 것을 내가 견딜수 없었기 때문에 내가 어머니에게 반항하는 것일까요?"

"그럴수도 있지만" 나는 말했다. "그 보다는 오히려 당신은 어머니에게 반항할 수 있는 힘을 할머니로부터 물려 받은 것 같군요."

"아, 네!" 레이첼은 말했다. "할머니는 매우 깔끔하셨어요. 나는 그런 반항을 알 수 있어요. 그러나 왜 내가 통제해야 한다고 느낄까요?"

나는 말했다. "보통 어린이는 단지 두가지 가능성만을 봅니다.—부모처럼 되거나 아니면 어린이로서 부모의 손아귀에서 고통을 받거나. 당신의 경우에는 아머니처럼 통제하거나 아니면 어머니에 의해 통제받거나 둘 가운데 하나입니다."

"우리는 며칠동안 부모님을 찾아 보아야 해요. 그런데 나는 어머니와 함께 있으면 내가 옛날 양식에 빠지게 되고 다시 지나치게 먹게 될까봐 두려워요.""대단히 좋습니다."

나는 말했다. "당신은 어머니에게 가까이 접근함으로써 과거 당신의 0-6세 양식의 일부가 재생될까봐 두려워하고 있음을 알고 있군요?"

"네" 레이첼은 말했다. "그 점을 알고 있다고 생각해요. 그러나 어머니의 공격에 의해 상처받기를 원치 않아요. 나는 그저 침묵하고 있을까요? 내가 심술궂게 반응하는 것이 도움이 된다고 생각하지 않아요. 그냥 어머니를 무시해야 할까요?"

나는 응답하였다. "이는 자동적이고 무의식적 반응 대신에 당신의 자아에 의한 반응이기 때문에 매우 좋습니다. 이제 당신은 당신의 반응을 깨닫고 있으며 그 반응을 조절할 최선의 양식을 생각하고 있습니다. 만약 당신이 이제까지 했던 방식대로 침묵을 지킨다 하더라도 최소한 그러한 반응에는 통찰과 판단이 동반되고 있습니다. 당신은 문제를 알고 있습니다. 우리는 처음에는 문제에 대해 이야기 나누고 문제 상황을 조절할 최선의 방법을 판단하고 그리고 나서 시도해 보고 있습니다. 이는 무의식적이고 자동적인 반응을 하는 것이 아니라, 당신의 이해와 판단 능력을 이용하고 있는 것입니다. 그리고 당신은 생활로부터 배우고 있습니다. 그리고 나서 당신은 계속 발달되어 가고 있습니다." 우리는 이점에 대해서 몇분 더 토론하였고 나는 레이첼이 문제의 요점을 매우 잘 인식하였다고 생각한다. 그녀는 매우 이지적이었고 심리학적 바탕이 충분하였으므로 이러한 분석과정으로 부터 새로운 아이디어를 얻었으리라고 나는 생각한다. 그녀는 우리가 하려고 노력하고 있는 것이 무엇인가를 보다 분명하게 알았다.

아동기양식을 드러내주는 레이첼의 기억들에 대해 어떤 조그마한 영향이라도 미치는 것을 나는 원치 않았다. 그러나 결과적으로 과거에 속했던 것은 과거로 되돌려져야 하며 어머니와의 관계가 자녀 대 어머니양식에서 벗어나 성인 대 성인의 관계로 달라지도록 해야 할 것이다. 따라서 나는 그녀의 어머니가 과거력을 들려주려고 나를 방문하였을 때 어머니의 인상이 대단히 좋았었다는 점을 그녀에게 상기시켜 주었다. 레이첼의 어머니가 자식들의 0-6세 동안에 어떤 일을 경험했다 하더라도 그녀는 좋은 어머니가 되고자 최선의 노력을 했으며 다소는 초인적인 인물이었다고 나는 생각한다. 그녀는 자신의 인생에서 매우 어려운 시기를 겪었고 그녀의 자녀들이 완전히 상처받지 않은 상태는 아니라 할지라도 좋은 성과를 거두었으며 자녀들에게 진실한 사랑을 주었기 때문에 자녀들의 문제가 심각하게 어려운 것은 아니었으며 모두들 그들의 인생을 잘 풀어나가고 있으며 그들 자신의 아이들을 잘 키우고 있는 것이다. 레이첼과의 작업에서 우리는 그녀의 어머니가 외할머니로 부터 받아야 했던 압력 때문에 자식들을 키우는데 잘못했던 점만을 보았었다. 그러므로 우리는 그녀의 어머니가 제공해 주었던 모든 긍정적인 면에 대해서는 공평한 관심을 돌릴 수 없었는데 그녀의 어머니는 레이첼과 남동생들에게 강점과 탁월한 기질을 제공해 주었던 것이다.

"……너의 신, 나는 질투심 많은 신이므로, 자식들에 대한 부모의 죄악이 3대, 4대로 내려간다……."(Exodus 20 : 5). 의과대학을 거치면서 우리는 육체의 세계, 신체적 질병에만 관심을 가짐으로써 이러한 성경 말씀이 선천성 매독을 언급하는 것이라고 생각하게 된다. 이는 전혀 적절하지 않은 것으로 여겨진다. 이는 부모의 정서적 문제가 세대를 거치면서 전달되는 현상을 완전하게 기술하고 있으며 이러한 의미에서 그 뜻이 풍부하다. 우리가 각 환자의 초기 아동기동안 부모와의 관계에서 야기되어진 정서적 문제를 추적해 볼때 우리는 어렴풋이 부모의 정서적 문제를 알아 차리게 된다. 만약 우리가 부모를 면담한다면 부모자신의 0－6세 사이의 문제의 원천을 알 수 있다. 만약 분석가가 충분히 오래 산다면 그는 심리적으로 인류를 괴롭히는 정서적 문제가 그 다음 젊은 세대에게로 전달되는 것을 볼 수 있을 것이다.

역동적 진단 : 레이첼 로즈웰

아동기 : (1) 첫 손녀로서 가족의 찬미의 대상이었다가 손아래 남동생들에 의해 밀려났고, 어머니는 남동생들을 더 귀여워 하였다. (2) 사랑에 의해 설득되는 대신에 독선적 태도로 어머니에 의해 통제되어졌다. (3) 어머니, 아버지와의 거리감 (4) 남동생들에 의해 밀려나고, 과잉 통제받고, 거리감이 있다고 느낌으로써, 의존적 애정 욕구가 강화되어지고, 좌절되었으며 특히 어머니와의 관계에서 그러

하였고, 어머니와 남동생에 대한 적대감이 강화되어졌다.

현 재 : (1) 결핍감은 강한 욕구와 적개심을 자극하였고, 남자들이 여자들보다 인기가 있다는 감정을 유도하였다. 질투심 특히 남편에 대한 질투심이 이로 인해서 자극되어졌다. 남자에 대한 분노와 그들과의 경쟁. (2) 지배받고 있다고 느낌으로써 방어적으로 되고, 지배받지 않기 위해 지배하려고 하고, 도피하려는 충동이 유도되어졌다. (3) 어머니와의 동일시로 갈등을 느끼고 아버지나 남동생하고는 동일시할 수 없었다. 따라서 어떻게 해야 할지를 모르면서 자신의 자아정체감을 성취하려고 노력하였으며 자신이 여자라는 점에 대해 어느 정도 불만이 있었다. 투쟁-도피는 분노를 야기시키고 과잉으로 먹거나 과소하게 먹는 피학적 퇴행을 유발시키고, 철수하고 도피함으로써 통제로 부터 자유로워지고자 하는 공상을 유도하였다.

강 점 : (1) 우수한 재능 (2) 낙오자를 도움으로써 자신을 대리적으로 도우려는 욕구 (3) 어떤 사람과도 그리고 모든 사람과 맞서겠다는 결심.

II. Walter Burton : 에디프스

월터 버튼은 금발이고, 잘 생겼고, 성공했으며, 어느 정도 살이 찐 젊은 삼십대 법률가로서 결혼 생활에 대한 단순한 불안 때문에, 그리고 보다 넓게는 그의 애정생활-여성들과의 관계-에 대한 불안 때문에 나를 만나러 왔다. 그에게는 정부가 있었는데, 이러한 일은 그의 아내가 격렬하게 거부하는 사태를 몰고 왔다. 그래서 그의 가정생활은 불행한 상태속에 있었다. 한편 그는 정부와도 행복하지 못한 상태에 있었는데 그녀는 그가 이혼을 하고 그녀와 결혼해 줄 것을 주장하고 있었다.

그의 현재 생활상태와 생활양식에 대해 자세하게 물은 뒤 나는 그의 0-6세에 대해 질문하였다. 그가 기억할 수 있는 한에서 출생부터 6세 또는 7세까지 그의 생활속에서 주요한 인물이 누구였는지 나는 물었다. (이 시기는 단순히 "주요 특징"을 묻는 것이 훨씬 더 낫다는 것을 알기 이전이었다.)

그는 다음과 같이 말했다. "나의 어머니죠. 나는 외동이였는데 어머니가 중요했다고 생각해요. 두번째 중요한 사람으로는 나의 아버지와 어머니의 어머니, 즉 외할머니였어요. 이모였을 가능성도 있어요. 그러나 가장 중요한 사람은 어머니였어요."

"당신이 어렸을 때 어머니와의 관계가 어떠하였는지, 어머니와의 관계부터 시작해 볼까요?"라고 내가 말했다.

그는 말했다. "최초 기억은 폴라로이드 사진과 같아요. 대략 두살 때쯤이였어요. 아침 일찍 나는 아침식사를 하기 위해 일어났어요. 나는 아기침대에서 기어나와 어머니의 무릎으로 다가갔고 어머니가 나를 팔로 안으셨어요. 어머니는 나에게 코를 비비면서 나를 사랑한다고 말을 하셨고, 나의 반응은 '나도 엄마를 사랑해요'였어요.(만족스럽고, 사랑이 풍부한 어머니와의 밀착.) 또한 그 당시 크리스마스 때가 생각나요. 다시 말하면 약 두살때의 기억이죠. 이런 기억들은 매우 따듯하고 행복했어요." 그는 좀 더 생각하면서 침묵하였고, 내가 말했다. "당신이 말하는 이러한 분별있는 기억들은 그렇다치고, 당신의 어머니와의 기본적인 정서적 상호관계에 대한 인상은 무엇인가요?"

그는 대답하였다. "그 관계는 매우 애정이 깊은 관계였지만, 약 두살반에서 부터 세살사이에 변했는데 그래도 애정의 관계이기는 했어요. 그러나 그 시기에 아버지는 이웃 마을에서 새로운 일을 하시게 되었어요. 그때 우리들은 이사하였고 우리들은 할머니와 함께 살았어요. 어머니는 비서로 일하다 다시 직장으로 되돌아 가셨어요. 어머니는 결혼전에 일을 하셨는데 그 당시 같은 직장으로 되돌아 가셨어요. 모든 이런 일들이 일년 동안에 일어났어요. 어머니가 일하러 나가시고 매일 나는 외할머니에게 맡겨지는 그런 일이 나에게는 행복하지가 않았어요. 우리가 외할머니와 합치기 전까지는 매일 그랬어요. 우리가 외할머니 집에서 살고 있던 당시 어머니가 집에 계실 때는 나에게 무심하지 않으셨어요. 또한 밖에 나가실 때는 나를 데리고 나가셨어요. 어머니가 쇼핑을 나가거나 산보하러 갈때, 또는 어디에 가더라도 나는 따라갔어요. 그런 상태에서 관계가 변했는데, 그러나 정확히 어떻게 변했는지는 잘 모르겠어요. 나는 지나치게 강한 일 대 일의 관계로 되었다고 생각해요."

(이는 302 페이지에 있는 패트 랄스톤에게 일어났던 것과 유사한－훨씬 가볍지만－현상이다. 아버지의 부재로 인한 어머니와의 관계 강화)

환자는 계속하였다. "외할머니는 나에게 친절하셨으나 기본적으로는 아이 돌보는 사람이었으며 다른 점 보다 나의 신체적 욕구를 돌보아 주셨어요. 할아버지에 대해 이야기하는 것을 잊었군요. 할아버지는 그 당시 돌아가셨어요. 나중에 들은 바로는 할아버지는 매우 완고하셨고 권위적이셨대지만, 그런 기억이 나질 않아요. 할아버지는 항상 나에게 잘해 주셨다고 생각해요. 하루는 할아버지가 부엌으로 들어 오셔서 자리에 앉아 기분이 좋지 않다고 말씀하셨어요. 그리고는 할아버지는 돌아가셨어요. 의사가 와서 할아버지의 죽음을 확인했어요. 나는 이에 대해 특별히 당황하지는 않았어요. 내 추측으로는 나는 이런 상황을 이해하지 못했나봐요. 그러나 약 일년후에 내 친구 여동생이 죽었는데 그녀를 보고 나는 당황했어요."

"최초의 기억은 우리집 앞 길가에서 오줌 눈것 때문에 심하게 벌을 받았던 기억이예요. 이 때는 우리가 할머니 집으로 이사가기 전이니까 대략 두살 이전이었어요. 일년 후 또는 그보다 더 오랜 후 아마 내가 거의 네살쯤 되었을 때 나는 어느 정도 사소한 문제로 고통스러웠어요. 그 중 하나는 어머니가 나에게 어머니자신의 문제를 이야기 하시곤 하셨어요.

그런 문제는 내가 이해할 수 있거나 도움을 줄 수 있는 그런 문제가 아니었는데, 어머니가 나에게 경제적 문제를 이야기하셨기 때문에 나는 화가 났어요. 그러면서 어머니는 우셨는데 나는 어머니가 가난한 집으로 끌려가는게 아닌가 두려웠어요. 나는 내가 할 수 있었던 모든 일을 했어요. 그래서 생일날, 크리스마스, 그외 여러 경우에 받았던 5달러나 6달러 상당의 나의 소장품들을 어머니에게 드렸고 어머니는 그 물건들을 받으셨어요. 어머니는 그외 다른 문제들을 이야기하시곤 했는데, 예를 들면 직장에서의 문제, 어머니의 여동생 다이아나와의 싸움에 대해 이야기 하셨는데 그런 문제들이 이해되지 않았어요. 나는 오직 그런 일이 나쁘다는 것 밖에는 알지 못했어요. 내 생각으로는 어머니는 상당히 의존적인 사람이었고 그래서 누군가 이야기 할 사람이 필요해서 나에게 이야기 했던 것 같아요. 또한 어머니가 나를 아버지의 대리자로 만들려고 하셨다는 느낌이 드는데, 나는 이에 대해 편치않게 느꼈어요. 그런 인상은 실제적이었던 것 같은데 왜냐하면 그 당시 나는 어머니와 함께 같은 침대에서 잠을 잤었으니까요. 어머니와 같은 침대에서 잠을 자면서 기분 좋은 신체적인 접촉을 경험하게 되었는데 그러나 그러한 신체적 접촉은 지나치게 강했고 성적으로 자극적이었음은 말할 나위 없었어요. 어쩌다가 아버지가 집에 오시면 나는 내 침대로 밀려나면서 "왜 우리 셋이 같은 침대에서 잘 수는 없나요?"라고 항의하였으나 나의 항의는 제지 당하곤 했어요. 부모와 함께 같은 침대에서 잠자기를 바라는 이 문제를 제외하고는 이 때 우리는 비교적 행복하고 즐겁게 지냈어요. 어머니는 계속 일하셨으며 따라서 아버지가 집에 계실 때는 나를 선술집에 데리고 가셨어요. 나는 그곳에 가는 것이 굉장한 일이고 즐겁다고 생각했어요."

"한번은 아버지가 사고를 당하신 후 집에 오셨는데 엉덩이에서 부터 발까지 기브스를 하고 있었고, 기브스 붕대가 젖어 있었어요. 아버지는 집에 오셔서 부엌에 앉아 망치와 끌을 가지고 기브스붕대를 제거하셨어요. 나는 아버지가 다칠까봐 겁이 났으며 아물지 않은 상처를 보았는데 그게 사태를 악화시켰어요."

"언제부터 시작되었는지 기억할 수 없지만 나는 옷에 오줌을 싸기 시작했고 그 즈음 나는 이런 일은 용납될 수 없다고 지적 받았어요."

이런 진술은 결코 월터의 0−6세 사이의 완전한 검토는 아니지만 이러한 검토만으로도 비교적 가벼운 수준의 **잃어버린 낙원**의 사례−페트 랄스톤과 비교하여 가벼운−를 다루고 있다는 사실이 명백해 진다. 이는 훨씬 가벼울 뿐만 아니라 질적으로도 차이가 있는데, 아버지가 떠나고 어머니가 직업을 다시 갖게 되면서 그가 그 자신의 방식대로 성숙하도록 사랑을 받는 대신 어머니가 그에게 의지하는 입장이 되었다는 사실에서 그러하다. 월터가 어머니와의 "일대 일"의 관계라고 불렀던 관계의 강화였다.

완전한 증거는 없지만 그러나 이 정도의 0−6세 정보는 현재 월터의 여성 문제 일부가 그의 어머니와의 지나친 애착으로 부터 생긴 것이며 이러한 경험으로 인하여 그는 여성을 지나치게 어머니상으로 붙들어 두려고 하는 것 같다. 그가 아내와 결혼하였을 때 그는 즉각적으로 아내를 어머니로 만들려고 노력하였고 그녀가 그에게 요구하기 시작하였을 때 그는 아내로 돌아섰고 다른 여성과 연애하기 시작했을거라고 나는 추론하였다. 그러나 이 시점에서 나는 그의 정신역동을 보다 명료하고 확실하게 이해하기 위하여 0－6세에 대한 검토를 계속하기를 희망할 뿐이었다.

월터 버튼과의 다음 면담에서 나는 말했다. “당신은 지난 시간에 우리가 중단하였던 대목을 나에게 잊지 말라고 이야기했읍니다. 나는 잊지 않았으며 당신에게 지난 시간의 면담 내용을 쉽게 요약해 줄 수 있읍니다. 좋으시다면 간단히 요약해 보겠는데 아마 당신은 보다 빠르게 지난 시간의 기분으로 되돌아 갈 겁니다. 내가 기억하는 바로는 당신의 어머니와 당신 사이에 상당한 애정이 있었고 모든 점들이 분명 상당히 목가적이었는데, 어머니는 당신의 아버지가 다른 마을로 새로운 일을 찾아 떠나갈 때까지 당신을 무릎에 앉히고 팔에 안고서 애무해 주었어요. 그 당시 어머니가 일하는 동안에는 당신은 할머니 집에 가 있어야 하는 것이 싫었고 그후 어머니는 할머니 집으로 들어갔고 자주 그럴 수는 없었으나 어머니가 외출할 때면 당신을 데리고 가곤 하셨지요. 이 즈음에 당신은 어머니와 같은 침대에서 자는데 익숙해졌고 아버지가 집에 오면 당신의 침대로 밀려나는 것을 좋아하지 않았어요. 그러나 어머니가 계속 일하는 동안 아버지는 당신을 잠깐씩 돌보아 주었으며 당신은 아버지와 함께 선술집에 가는 것을 좋아했었지요.”

환자는 말을 가로 막으면서 “여러 선술 집들이었어요. 그런 일을 여러번 있었는데 아주 깨끗한 선술집이었어요.”

나는 그에게 상기시켜 주었다. “그리고 나서 당신의 아버지가 다리를 다쳐서 집에 돌아 왔고 망치와 끌을 가지고 엉덩이로부터 다리까지의 기브스 붕대를 깨뜨린 이야기를 하면서 우리의 면담이 끝났읍니다. 이는 당신을 놀라게 했고 치유되지 않은 상처를 보고 당신은 당황했읍니다. 또한 바로 그 당시” 나는 그에게 다음의 일도 상기시켜 주었다. “당신은 소변 문제를 일으키기 시작했고 집앞 길가에서 오줌을 눈다고 벌을 받았읍니다. 당신은 용납되지 않는 것을 그 때 막 배우기 시작하고 있었읍니다.”

나는 말했다. "내가 그런 언급을 하지 말아야겠지만 만약 내가 프로이드학파가 되고자 한다면 이 시점에서 나는 이러한 아버지에 대한 기억이 거세에 대한 회상이라는 사실을 언급할 것이며 그런 명칭을 부칠 수 있는데 왜냐하면 어머니와 함께 침대에서 잤고 아버지와 대치되어졌다는 연상에 이어 곧바로 이런 이야기가 뒤따라 나왔기 때문입니다. 또한 이에 뒤따라 소변사건과 이런 일이 용납되지 않았다는 연상이 이어졌는데 이는 성적인 문제가 소변 문제로 대치되었다는 암시를 주고 있읍니다. 당신은 오줌 지리는 것과 성이 다 같이 금지되어 있는 일이며 벌을 받아야 하는 일이라는 점을 알고 있었읍니다."

놀랍게도 환자는 다음과 같이 말했다. "네, 그것이 사실이라고 생각해요. 아저씨(그 당시는 나의 아저씨가 아니었고 어머니의 여동생과 데이트 중이었던)가 우리 집을 방문하셨어요. 나는 모든 식구들이 있는 부엌에 잠옷바람으로 내려갔어요. 나는 그들과 함께 있고 싶었어요. 어머니가 수다를 떨기 시작하셨고 내가 옷을 지렸다고 말씀하셨어요. 그 말을 듣고 아저씨는 날이 앞으로 튀어나온 칼을 갑자기 뽑아 들고는 만약 그런 일을 멈추지 않는다면 그것을 잘라 버리겠다고 말했는데 나는 지옥같은 그 곳을 도망쳐 나왔어요! 이는 아버지가 집에 돌아와서 다리 붕대를 잘라내기 약 6개월전이었어요. 나는 그후로 오랫동안 아저씨를 경계했어요. 이제 돌이켜 생각해보면 그가 그런 일을 결코 생각조차 하지 않았다고 믿어져요. 그는 단지 자신이 재치있다는 것을 과시했을 뿐이었는데 빌어먹게도 그 일은 나를 질리게 했어요! 오줌 지리는 문제는 밤 뿐만 아니라 낮에도 문제였는데, 대부분은 내가 무슨 일을 하고 있을 때 화장실에 가기 위해 그 일을 중단하는 것을 원치 않았기 때문이었어요. 이는 내가 여섯살 때 아버지가 아주 집에 돌아오실 때까지 계속되었어요. 이 일이 어느날 갑자기 멈추었다는 의미는 아니지만 그 시기쯤에 이 일이 멈추었어요."

"나는 어머니가 어떤 남자와 함께 있을 때는 항상 강한 질투를 느꼈어요. 예를 들면, 어머니가 아버지와 함께 춤을 추거나 어머니가 사진 찍기 위해 앉아있는데 나의 아저씨가 어머니에게 팔을 둘렀을 때 나는 질투를 느꼈어요. 내 기억으로는 아저씨가 어머니에게 팔을 두르고 있는 사진이 한장 있는데 거기서 나는 장난감을 가지고 아저씨 뒤에서 아저씨를 치려 하고 있었어요. 나는 장난을 하고 있었던게 아니었어요. 정말로 그럴 작정이었어요. 한번은 어머니와 아버지가 나를 데리고 외출하셨는데 그들이 함께 춤을 출때 테이블에 나를 남겨 두고 떠나셨어요. 나는 일어나서 그들을 떼어 놓으려고 했어요. 이런 일이 한번 일어난게 아니라 여러번 있었어요. 마치 나의 영토와 같은 어머니를 감시하고 다른 남자가 어머니에게 접근하는 것을 막으려는 것과 같았어요."

"어머니와 나는 아버지가 아주 집에 돌아오신 뒤로 여러번 아마도 여섯번 정도 여행을 했었어요.

"어머니의 여동생과 할머니가 우리랑 같은 집에서 살았었는데 그들에 관해서는 특별한 일이 기억나지 않아요. 그들은 항상 나에게 대단히 잘해 주셨어요. 단지 이모와 어머니만이 가끔 싸우곤 하였는데 어머니는 여동생과 어떻게 싸웠는가를 나에게 이야기 해주곤 했어요. 어머니의 기분이 언짢았기 때문에 이런 일은 내 기분도 망쳐 놓았어요. 한번은 어머니에게서 긁힌 상처를 볼 수 있었는데 이런 일로 미루어 볼 때 아마도 싸움은 말싸움 이상의 것이었나봐요."

"한번은 이모가 나를 붙잡길래 나는 일부러 이모의 젖가슴을 움켜잡았는데 이모는 완전히 당황하였고 나는 그 이유를 이해하지 못했어요. 할머니에 대한 기억은 잘 나요. 할머니는 매우 조용하셨고 나에게 친절하셨어요. 그러나 할머니는 따뜻하지는 않으셨는데 왜냐하면 나는 할머니와 가깝다고 느낀 적이 결코 한번도 없었기 때문이예요. 한번은 할머니가 나에게 어떤 일을 못하게 하셨는지, 아니면 어떤 일을 하도록 강요하셨는지 그런 일이 있었는데……나는 그 일이 정확히 어떤 것이었는지는 잊어 버렸는데……나는 머리끝까지 화가 나서 발작을 일으켰어요. 나는 마루에 넘어져서 쭉 뻗었어요. 신발이 하나 벗겨졌고 나는 그 신발을 할머니에게 던졌어요. 이때 할머니가 어떤 일도 하시지 않았기 때문에 나는 겁이 났어요. 할머니가 상처를 받았을거라고 생각돼요. 바로 그때 하늘이 잔뜩 흐려졌어요. 구름이 머리 위로 몰려오고 날씨가 몹시 껌껌해지고 삽시간에 무서운 천둥과 벼락이 치는 심한 폭풍우가 몰려 왔어요. 나는 생각했어요.'네가 나쁜 아이이기 때문에 저러는 것이다.' 전능하신 하느님이 나를 벌하시는 것이라고 생각했어요."

"전에 이야기했던 바와 같이 어머니와 함께 자는 것은 성적으로 매우 자극적인 일이었어요. 그것은 단순히 어머니와 잠을 자는 것만은 아니었어요. 내가 잠자게 하려고 어머니는 누가 잠옷을 빨리 입고 침대에 먼저 들어갈 수 있는지 나와 시합을 하셨어요. 항상 내가 이겼고 내가 먼저 침대에 들어갔는데 어머니는 불을 켜둔채 잠옷을 입으면서 알몸을 보이곤 했어요. 이런 일이 드물게 일어나는 것은 아니었어요. 이런 일은 성적으로 자극적이었을 뿐만 아니라 강한 불안을 유도하는 것이었어요. 지금까지도 이런 생각을 하기만 해도 불안이 자극되요. 완전히 나체가 된 어머니를 내가 뚫어지게 쳐다보는 것을 어머니가 몇번 보신 적이 있었는데 어머니는 내가 쳐다본다고 야단치셨던 기억이 나요. 그런 일이 상당한 불안을 느끼게 만들었어요. 어머니를 보고자 하는 충동은 억제하기에는 너무 강했지만 만약 어머니를 본다면 내가 보는 것을 어머니가 알고 나에게 빌어먹을 놈이라고 야단치실게 분명했어요. 어머니는 이렇게 말씀하시곤 했어요. '왜 나를 쳐다보니? 남자와 여자사이에는 차이가 없단다.' 둘다 육체를 가지고 있지만 그들은 같지 않아요. 나는 그때 네살이었는데 그 사실을 이미 알고 있었다고 생각해요. 네살 때 나는 이미 이웃집 어린 소녀와 함께 의사놀이를 하고 있었어요. 나는 차이를 알고 있었지만 전혀 그 차이점의 용도를 알지 못했어요. 오늘날까지도 어떤 경우 보다도 내 앞에서 여자가 옷을 벗는 것이 가장 자극적이라는 것을 나는 알고 있어요."

환자는 잠시동안 침묵하였다. 그리고 나서 그는 말했다. "방금 이 점에 대해 머리속에 떠오르는 어떤 다른 기억이 있는지 생각해보고 있었어요. 그러나 마치 이 일을 선생님에게 이야기 한 것이 나를 지치게 만든냥 일순간 아무 생각도 나지 않았어요. 지금 나는 아무 연관이 없는 사소한 일, 몇명의 놀이친구들에 대해서만 생각하고 있어요."

"계속 해보세요."나는 말했다."그리고 어떤 사소한 일이라도 말해 보세요."*

* "자유연상"이란 완전히 자유롭게 무엇이라도 검열하지 않음을 의미한다는 것을 기억할 것.

"이웃에 사촌 누이가 두명 있었어요. 우리는 함께 놀았고 아무 어려움이 없었어요. 유일한 문제는 우리가 했던 몇번의 성유희였지만 그것은 단지 노출하는데 불과한 것이었고, 아마 서너번에 그쳤던 것 같아요. 그런 일에 대해 어떤 기억도 없는 것 같아요. 나는 그들의 이름과 그들이 어떻게 보였는지 기억하지만 우리들의 관계에 대해서는 아무 것도 생각나지 않으며 단지 내가 네살짜리들과 어떻게 관계했는지만 기억이 나요. 이웃집 여인이 기억나요. 그녀는 정신병환자가 아니었다면 괴짜였는데 내 생각에는 그녀는 정신병환자였던 것 같아요. 만약 누군가가 그녀에게 가까이 가면 그녀는 도끼를 들고 그 사람을 뒤따라 와요."

(여기서 다시 어린 소녀들과의 성유희에 관한 기억에 이어 도끼로 자르는 거세 위협과 같이 들리는 연상이 떠오르고 있다)

"나는 할아버지를 생각하고 있어요. 그는 비누조각들을 모으곤 하셨는데 나는 그가 비누조각들을 자르는 것을 도와주곤 하였어요. 그가 할 수 있는 것을 내가 할수 있었고, 우리가 그 일을 함께 할 수 있었기 때문에 좋았지만, 좋지 *않았던* 일은 일정한 시간이 지나면 매번 정찬을 위해 닭을 죽이곤 하셨어요. 아마 알을 잘못 낳는 닭이었던 것 같아요. 그는 닭을 도마위에 올려 놓고 닭의 머리를 내리 찍곤 하셨는데 나는 그런 일을 썩 좋아하지 않았어요. 피가 온통 사방으로 퍼졌어요."

(아마도 여기에 환자의 불안과 처벌의 두려움이 있는 것 같으며, 아마도 성적 감정에 대한 죄의식 더하여 억압된 적개심이 있는 것 같다).

그는 계속하였다. "나는 여러 마리의 개들과 같이 지냈는데 대부분은 길 잃은 개들이었어요. 한마리가 나를 따라 집으로 왔어요. 그 개는 분명 주인이 없는 개였는데 나는 어머니와 할머니에게 그 개를 키울 수 있게 해달라고 말하였고 그 개에게 매우 애착을 갖게 되었어요. 어머니와 할머니가 개를 대부분 돌보아 주셨다고 생각해요. 그들은 개를 먹이고 깨끗이 씻겨 주었어요. 그런데 어느날 이웃집 소녀가 개를 괴롭혔고 개가 그녀를 물었어요. 그리고 그들은 (나는 '그들'이 누구인지 몰라요) 관찰해보기 위해 개를 데려가겠다고 했고 개는 돌아오지 않았어요. 몇달 후 그들은 개가 다시는 돌아오지 않을 것이라고 나에게 말해 주었고 나는 심하게 마음이 상했어요. 이런 일은 다른 개들에게도 두서너번 일어났어요."

(이러한 이야기 자료에 대한 언급 : 여기에서 자료는 일반적으로 죄와 처벌의 위협에 대한 것이지만, 마음속에 상당한 불안과 피비린내나는, 거세처벌에 대한 공포를 불러 일으키는 어머니에 대한 성적 감정에 대부분 초점이 맞추어지고 있다. 그는 현재까지 이러한 일이 연결되고 있음을 자발적으로 보고하였는데 오늘날까지 그의 앞에서 옷벗는 여성을 보는 것이 그가 상상할 수 있는 가장 자극적인 경험이며, 이는 어머니와의 경험의 직접적인 반복인 것이다. 아마도 다른 형제없이 외동이였기 때문에 성적으로 자극되어진, 어머니에 대한 강한 애착을 완화시킬 방도가 없었던 것 같고, 더욱이 얼마동안 아버지가 집을 비우고 그가 어머니와 같은 침대에서 잠을 자고 어머니가 밤마다 그에게 알몸을 노출시키는 상황들 때문에 이런 점이 강화되었던 것 같다).

이러한 고착과 더불어 성인으로서 그가 여성들에게 지나치게 강한 애착을 가지면서 동시에 고통을 느끼는 이유를 아는 것이 어렵지는 않지만, 아직 자세한 이야기들이 드러나고 있지 않다.

다음 면담시간에 우리는 0−6세에 대한 검토를 계속하였다. 그는 말했다. "내가 일곱살 때 아버지는 아주 돌아오셨어요. 아버지, 어머니, 나는 새집으로 이사갔어요. 할아버지가 돌아가셨기 때문에 친할머니가 우리와 함께 지내게 되었으므로 우리는 셋 대신에 넷이서 몇달을 함께 지냈어요−아마도 서너달인 것 같아요. 우리는 아무도 아는 사람이 없는 새로운 곳으로 이사했어요. 거기서 새로운 친구들을 만났어요. 거기서 나는 내 침대를 썼으며 그래서 어머니에게 매일 노출되는 일이 끝났어요. 아버지의 어머니, 즉 나의 친할머니는 우리랑 단지 몇달 밖에 살지 않으셨어요……. 할머니는 매우 불쾌한 분이셨어요. 할머니가 마치 간수인냥 느껴졌어요. 그러나 그런 표현은 아마도 너무 가혹한 것 같아요. 할머니는 애돌보아 주는 사람에 불과했어요. 할머니는 내가 어느 정도 버릇이 없다고 지적하셨어요. 그때까지는 만약 내가 장난감같은 것을 원하면, 어머니, 아버지 또는 외할머니로부터 그것을 얻어냈어요. 그러나 친할머니는 그런 일에 단호하게 대처하셨어요. 나의 부모가 할머니를 좋아하지 않았기 때문에 할머니가 몇달 살지 않고 떠나 가셨다고 생각해요. 아버지는 그 일에 대해 언급하지 않으셨어요."

"나는 옛집을 떠나는 것을 좋아하지 않았지만, 새로운 이웃으로 이사가는 것을 어떤 면으로는 좋아했어요. 기억으로는 그곳은 멋있었고 옛 동네보다 더 좋았고 큰 뒷정원이 있었으며 우리는 공설운동장 가까이서 살았어요. 그러나 나는 내 친구들 모두를 떠났어요. 가장 안좋았던 점은 무엇보다 내 나이 또래의 친구가 없었다는 점이예요. 동네 아이들은 너무 어렸고 아이에 불과했으며 그렇지 않은 아이들은 너무 나이가 들어서 내가 다루기에는 너무 약았어요. 우리는 6월에 그곳으로 이사갔고 9월에 학교를 다시 갔으며 그때서야 내 또래의 아이들을 만나기 시작했지만, 나는 신참이었고 이방인처럼 느꼈어요. 사실 학교 간 첫날에는 학교 선생님이 내 자리조차 마련해 주지 않았었기 때문에 나는 다른 소년과 함께 같이 앉아야 했었는데, 그러나 그 소년과 나는 몇년동안 변함없는 친구가 되었기 때문에 일이 잘 풀린 셈이예요. 그런 점은 좋았으나 나는 담임 선생님과 문제가 있었어요. 그녀는 늙은 암탉이었어요. 우리 아버지가 열살 때, 적어도 25년 전에 우리 아버지를 가르쳤다면 그 선생님이 얼마나 늙었는지 상상이 갈꺼예요. 또한 새로운 학교는 이전에 내가 다니던 학교보다 진보적이었고 숙제는 훨씬 더 어려웠어요."

나는 말했다. "그때 당신은 정상적으로 가족 밖에서의 관계인 동료관계속으로 들어가고 있었군요. 내 생각에는 우리는 곧 이 주제로 되돌아 와야 하겠지만, 먼저 가족내에서의 관계를 마쳐야 하지 않을까요? —즉 어머니와의 유일한 관계에서 세사람의 관계로 바뀌어진."

"네" 그는 말했다. "그 말씀이 맞아요. 나는 부모에게 덜 의존적으로 느끼기 시작했어요. 내 추측으로는 그 시기는 성적으로 전형적인 잠재기였으나 완전히 그렇지는 않았어요. 나는 아버지가 집으로 돌아오신데 대해 실제로 좋게 느꼈어요. 어머니도 기뻐했다고 생각되지만, 되돌이켜 볼때 그것은 나에게 공백처럼 여겨지는데 내가 학교에서 돌아왔을 때 어머니는 일하러 나가시고 집에 계시지 않았기 때문에 화가 나기 시작했다고 생각되요. 그러나 나는 할 일을 찾음으로써 어느 정도 좌절과 외로움을 풀수 있었어요. 그러나 그 당시 다른 아이들 집에 가면 어머니들이 집에 계셨어요. 그러나 나의 어머니가 이런 점에 대해 무책임했다고 말하는 것은 아니예요. 이웃 사람들이 나를 돌봐 주었지만 이웃 사람들이 어머니는 아니었어요."

"그러나 이제 나는 이 주제를 잠시 떠나서 오늘날까지 계속 일어나고 있는 일을 이야기 해보겠어요. 나는 계속 아내와 별거중이지만 우리는 훨씬 더 잘 지내며 아이들도 잘 지내고 있다고 생각해요. 그러나 이제까지 연애중이었던, 지금은 헤어지려고 하는 메리는 매우 고통스러워하고 있고 그녀의 기분을 달래기 위해서 그녀를 저녁 만찬에 데리고 가야만 했어요. 식사후 나는 그녀를 집으로 데리고 왔어요. 나는 어떤 일을 시도했으나 결국 이런 식으로 끝이 났어요 : 나는 시도했지만 결국 잘 되지 않았어요. 그녀는 계속 심하게 안절부절하였고 히스테리칼해졌는데 나는 그녀를 위로하려고 하였으며 그녀와 함께 밤을 속절없이 보내 버리고 말았어요. 그녀는 말했어요.'당신은 우리의 관계에서 어떤 책임도 질려고 하지 않는 것 같군요.' 나는 잠시 이 문제에 대해 생각하였고 그리고 난 다음 말했어요.'이 문제에 대해 생각해 봐야겠군.' 그녀는 말했어요.'좋아요. 삼일안에 나에게 전화해서 당신의 결정을 알려줘요. 그러나 만약 당신이 책임을 지지 않겠다면 우리는 끝장이야.'"

"삼일후 그녀에게 전화하지 않았으나 나는 내 마음이 변하지 않았으며 우리 관계에서 단지 미래가 없다는 편지를 그녀에게 썼어요. 다음날 그녀가 편지를 받아 보지 않은 채 나에게 전화하였고 거의 한시간 가까이 이야기하였는데 전화가 끝날 무렵 그녀는 약을 너무 많이 먹었다고 말하면서 자기를 도와주지 않겠느냐고 말했어요. 나는 의사랑 함께 그녀에게로 갔고, 의사는 그녀의 위장을 비워내었는데, 그녀는 아주 건강한 상태로 보였어요……치사량은 아니었어요. 그녀는 비교적 젊은 분석가와 분석치료를 하고 있는 중인데 나는 그 분석가가 유능하고 그녀를 잘 도와주기 만을 희망할 뿐이예요. 선생님도 아시다시피 여기에 오기 전에는 내가 아내와 같이 있을 때 무슨 일이 있으면 '나의 어머니는 이런 식으로 하지 않을 것이다.'또는 '어머니는 다른 식으로 하실 것이다' 그런 생각을 항상 했었어요. 다시 말하면 맨 처음 선생님이 지적하신대로 나는 무의식적으로 나의 아내를 어머니로 만들려고 노력하고 있었으며 아내가 그녀 자신의 욕구를 가지고 있다는 점이 실제로 나에게 와 닿지 않았어요. 아마 이는 어머니양식으로 부터 기인된 것으로 보여지지만 내가 아는 모든 여성에게 이런 양식을 원했던 것 같고 또한 그녀들 자신의 욕구를 나는 전혀 알지 못했어요. 지금 나는 나에게 강한 욕구를 갖고 있고 그 욕구를 충족시켜 주지 않으면 자살하겠다고 위협하고 있는 메리와 사귀고 있어요. 나에게 요구를 해오는 두명의 여성을 나는 필요로 하지 않는 것 같아요."

나는 말했다. "잘 알려진 이야기가 있죠 '당신이 얻은 것을 돌보는 것은 상당히 어렵다.'말하자면 당신 자신의 아내와 얘들이죠"

그는 응답하였다. "확실히 그 점이 의미하는 바를 나는 알겠어요."

이 환자는 여성에 대한 의존성, 그리고 어머니에 대한 성적 감정양식과 어머니를 쳐다본다고 야단맞은 경험으로 인한 성적 감정양식의 억압, 이러한 두가지 양식을 매우 명료하게 알고 있었다. 그는 실제로는 매우 드문 경우에만 성적으로 무력하였으나 심리적으로는 여자를 소유하고 싶다는 강한 충동을 느끼고 있었으며 그가 여자를 소유했을 때는 관계에 대해 만족을 느끼지 못했다. 그러므로 그는 일종의 돈쥬앙이었으며, 그의 아내를 어머니로 만들므로써 그가 가정을 갖고 있으면서도 밖으로 나갈 수 있고 다른 여성과 연애하는 방식을 유지하고자 하였다. 이 시점에서 그는 분석에 잘 반응하고 있었다. 불안이 감소되고 있었고 부인과의 관계에서 훨씬 만족하고 있었다. 정부의 자살시도가 그 관계의 종말을 유도할 것인지는 두고 봐야 할 것이다.그는 만약 한사람과의 밀착된 관계에서 그가 적절하게 만족한다면 —다시 말하면 부인과의 관계에서— 그와 그의 자녀들에게 잘된 일이며 그가 사랑하고 있다고 생각하는 자녀들에게 마음 떳떳할 것이라고 느꼈다. 이는 아마도 그들과의 동일시양식에 따르며, 동시에 그의 부모들이 그들의 결점에도 불구하고 외동이인 그를 사랑하였던 부모와의 동일시에 따르는 것 같다. 그러나 그는 만약 아내와의 관계에서 자신이 보다 만족을 얻을 수 있다면 실제로 자신이 지금까지와 같은 혼외 정사를 필요로 하지 않을 것이며 좀더 평온한 생활을 할 수 있으리라고 느꼈다.

그는 정부와의 관계를 즐겼지만 그 관계는 지나치게 힘이 드는 관계로 변화되고 있었고 특히 그녀의 자살 제스쳐 때문에 그러하였다. 그러나 그는 그녀가 실수를 하지나 않을까, 실제로 약을 과량 먹지나 않을까, 그리고 그녀가 그를 비난하는 유서를 남기지나 않을까, 결코 안심할 수 없었다. 우리가 나중에 알게 되는 바와 같이 그의 어머니는 보다 엄격하고 억압적이었는데, 이러한 상황은 그의 결혼생활에서도 일어나게 되었다. 왜냐하면 그의 아내는 실제로는 매우 무절제하였기 때문이었다. 그러나 그가 아내를 어머니상으로 만들려고 하는 한에서는 그에게 그녀는 억압적이라고 여겨졌다.

다음 면담시간에 그는 몇분간 침묵하고 있었다. 그가 어떤 특정한 화제를 끄집어 내는지를 보기 위해 기다린 후 나는 말했다. "우리는 당신의 0－6세를 끝내지 않았다고 생각합니다. 우리는 6세까지 접근하였지만, 당신이 전혀 이야기하지 않은 또 다른 중요한 정서적 문제가 있는 것 같군요. 이제 그 이야기를 해볼까요?"

그는 말했다. "좋습니다. 선생님에게 이야기했어야 하는건데 잊어버리고 이야기하지 않았던 일을 먼저 이야기해도 될까요? 그 이야기가 생각났어요. 단지 그 일을 억압하고 있었나봐요."

나는 말했다. "물론이죠. 얘기해 보시죠."

월터는 다음의 이야기를 하였다. "몇주일 전에 나는 메리와 함께 밤을 지냈는데 그녀는 매우 요구가 많았고 아침에는 우리 모두 일하러 가기 위해 서둘러야 했지만 우리는 싸웠어요. 그녀는 내가 자기를 충분히 지지해 주지 않는다고 말했어요. 나는 그녀가 원하는 것이 무엇인지 실제로 알 수 없었으며 목을 졸라 거의 그녀를 죽일 뻔 했어요. 그런 일은 내가 그녀를 없애버리기 원했기 때문에 일어난 것 같아요. 그러나 머리속에 어머니에 대한 생각, 어머니의 죽음을 바란다는 생각이 순간 떠올랐어요. 그런 일은 10년전 내가 제인과 결혼하려고 원했을 때 어머니가 이 일을 반대했을 때 있었던 일이예요. 아마도 그때 내가 완전히 독립적이었고 지배받지 않았더라면 나는 어머니의 죽음을 원했을 것 같아요."

(이는 어머니에 대한 기억에 뒤따르는 연상들이 우리가 보고했던 바와 같이 그 자신이 적개심의 부분적인 표현이었다는 가정을 지지해 준다.)

나는 물었다. "그것이 현실적인 것인가요? 아니면 당신은 어머니에 대한 당신의 애착을 제거하고자 노력하고 있나요?"

"그것은 생각이었어요." 그는 말했다. "거기에는 무엇인가가 있는 것 같아요." 그는 잠시 침묵하였다. 그래서 나는 말했다. "이러한 일이 어릴때 어머니가 당신을 유혹했던 일, 당신이 어머니에게 성적 애착을 가졌던 일과 연결될 수 있을까요?"

그는 말했다. "모르겠어요. 그럴 수 있을 지 모르죠. 메리가 일주일 전과 열흘전에 약을 과량으로 먹은 이후로 나는 단 두번 그녀를 만나서 인사만 했어요. 매우 거리가 멀어진 관계지요. 아, 네, 나는 방금 다른 일을 생각했어요. 아내 실비아와 메리가 지난 주일에 함께 만났어요. 나는 아내가 전화로 약속하는 것을 들었어요. 나는 그들의 생각을 알지 못해요. 아마 그들은 서로에 대해 호기심을 갖고 있든지 아니면 그들이 나에 대해 경험했던 차이있는 견해를 듣고자 원했는지 모르죠. 그후 메리는 몹시 화가나서 나에게 전화했어요. 아마 그녀는 아내와의 대화를 통하여 내가 아내에게 이야기 했으며 우리가 끝난 사이라고 확신하게 되었기 때문에 화가 난 것 같았어요. 그러나 나는 아내에게 화가 났어요. 정확히 이유는 알 수 없었어요. 메리가 약을 과량 복용하여 매우 불안정하기 때문이라고 생각되는데, 아내가 그녀를 어떻게든 폭발시킬 것이라고 나는 생각했어요."

"또 다시 약을 먹는다는 뜻인가요?" 나는 물었다.

그는 말했다. "반드시 그런 것은 아니지만, 어떤 형태로 정신이상이 되거나 아니면 히스테리를 일으키든지, 만약 그들이 어디서 함께 식사하는지를 내가 알았더라면 나는 그곳에 가서 둘다 모두 꺼져 버리라고 말했을 거예요!"

"왜 당신은 그렇게 화가 났었다고 생각하십니까?"

그는 말했다. "나의 아내가 물었던 것이 바로 그점이예요. 그들 모두가 나를 방해하고 있기 때문이라고 생각돼요. 나는 내 방식대로 최선을 다하고 있어요. 그러나 선생님에게 이야기하고 싶은 꿈을 하나 꾸었어요. 이틀 전에 꾸었어요. 그날 밤 아내는 그녀 친구를 위해서 갓난아기 축하파티를 해주고 있었는데 나는 그 중간쯤 집에 왔어요. 온통 여자들이 모여 있었어요. 꿈에서 막 끝나가고 있는 그 모임에 참석하기 위해 나는 집에 왔어요. 제인도 거기에 있음을 알았어요. 그녀는 내가 결혼전 약 2년동안 데이트하였던 여자였어요. 열렬한 연애였어요. 그녀는 나보다 여덟살이나 나이가 많았고 이혼한 상태였고 부유하지는 않았으나 경제적으로 상당히 윤택한 편이었어요. 우리는 매우 좋은 관계를 맺고 있었어요. 그녀는 매우 매력적이었고 대단히 매혹적이었어요. 꿈에서 그녀는 이미 파티장소를 떠났고 무엇인가 두고 갔었는데 나는 생각했어요.'근사한데, 내가 그것을 그녀에게 갖다주면 그녀를 다시 보겠군.'그러나 그때 누군가가 그것을 가지고 오고 있어서 나는 생각했어요.'괜찮아, 나는 여기에 있을 것이고 그녀가 올 때 그녀를 보겠어' 그러나 그녀에게 왔던 사람은 남자였고 나는 화가 났는데 그녀가 살아가면서 또 다른 남자를 만난데 대해 화가 났고 그는 나에게 그녀로 부터 떠나라고 말했어요."

"그 나머지 꿈은 온통 그녀를 찾아헤매는 꿈들이었어요. 나는 거리 번지수를 알아 냈으나 맞는 것이 아니었어요. 나는 전화번호를 받아 냈으나 역시 틀린 번호였어요. 그리고 나서 나는 그녀의 집을 발견하였으나 그녀는 여행중이었어요. 그녀의 두 딸들이 거기에 있었어요. 우리가 연애하고 있을 때 그들은 여섯살인가 일곱살이었으므로 이제는 상당히 성장했을 거예요. 꿈에 뭔가 더 있었던 것처럼 느껴지지만, 내가 기억하는 것은 그것이 전부예요. 잠에서 깨었을 때 이런 일이 일어난 것이 아니고, 내가 그녀를 보거나 소식들은지 이미 십년이 지났다는 사실을 깨닫기까지 상당한 시간이 걸렸어요. 내가 그녀로부터 마지막 소식을 들은 것은 그녀가 온갖 정서적 문제를 가지고 있다는 것이었으며 나는 그녀의 편지에 답장하지 않았어요."

"제인에 대해 생각해보면 그녀는 훌륭한 성적 파트너였을 뿐만 아니라 어머니와 가장 비슷한 인물이었어요. 어머니와 같이 그녀는 내가 원하는 것은 어떤 것이든 나에게 해주었어요. 성적인 것 뿐만 아니라, 예를 들면 내가 밤 9시나 10시쯤 집에 와서 스테이크나 프렌치 프라이를 먹고 싶어하면 그녀는 그것을 만들어 주었어요. 만약 내가 집에 와서 아내에게 내가 무엇을 원한다고 말한다면 아내는 나에게 직접 만들어 보라고 얘기할 거예요. 제인은 나의 어머니가 그랬듯이 침대 머리맡에서 옷을 벗는 습관을 가지고 있었어요. 나를 매우 자극시켰고 어머니와 제인이 또 다른 면으로도 유사점이 많다고 생각돼요."

면담시간이 끝나가고 있었으므로 나는 다음과 같이 말했다. "당신은 많은 사람들이 하는 것을 하는데 어려움이 있는 것 같군요. 다시 말하자면 어머니에게로 되돌아 가려고 시도하는 일인데, 이 경우에서는 당신의 꿈속에서 어머니는 제인입니다. 물론 그리고 나서 당신은 어머니와의 문제에 뛰어 드는데 어머니와의 문제란 아동기때 발달되었고 이제는 당신이 자유로워지고자 노력하는 어머니에 대한 정서양식을 의미합니다. 당신이 아는 바와 같이 당신의 무의식적 세력 균형은 다음과 같은데, 제인에게로 향한 당신의 소망이 있음에도 불구하고 어머니양식이 그러한 소망을 방해해서 당신은 실제로 그녀를 발견하지 못하고 그녀에게로 되돌아가지 못합니다."

그는 말했다. "네, 나는 그런 점을 알 수 있고 실제로 내가 여자들과 관계를 맺는데 좀 더 나은 방향으로 나아가고 있다고 생각합니다. 나는 이런 일이 내 자신의 인생을 합리적으로 행복하게 만들기 위해 내가 할 수 있는 전부임을 알고 있으며, 확실히 나는 다른 여성과의 정서적 문제를 필요로 하지 않습니다."

0-6세에 대해 검토한 결과 최소한 몇가지 즉각적인 이익들이 있었던 것으로 보여졌다. 이후의 정규 면담은 다음과 같이 진행되었다.

우리가 자리에 앉은 후 나는 그가 이야기를 시작하고 싶은 어떤 다급한 화제가 있는지를 알아보기 위해 기다렸지만 그는 그렇지 않았다. 그는 물었다. "오늘은 어떻게 이야기를 진행해 볼까요?"

나는 대답하였다. "좋아요. 만약 이제까지 우리가 해오던 대로 계속하기를 원한다면 우리는 되돌아가서 당신이 약 일년전에 나를 처음 만나러 왔을 때 당신의 문제가 무엇이었는지를 묻기로 하겠읍니다."

그는 말했다. "나의 개인생활은 이해하지 못할 정도로 망가지고 있었어요. 그건 혼돈되고 뒤죽박죽이어서 감당할 수 없을 지경이었어요. 나는 두 여성—내가 결혼한 한 여성과 그리고 내가 사랑에 빠졌다고 생각하여 연애했던 다른 여성—사이에서 마음이 괴로웠어요. 만약 내가 이런 상황을 변화시키거나 아니면 나의 아내가 상황을 변화시키지 않는다면, 이런 상황이 무한정 계속될 수는 없었어요. 내가 선생님을 만나러 온 주요 이유는 바로 그것이었어요."

"오늘 당신의 가장 중요한 문제는 무엇이라고 생각합니까?"

그는 응답했다. "어느 정도 전과 동일해요. 내 마음속에서는 몇가지 문제가 해결되었지만 이제는 현실적으로 해결되어야 해요. 나는 아내가 완전한 아내, 완전한 어머니, 또는 완전한 인간이었음을 깨달았어요. 동시에 나는 메리가 다른 사람을 찾을 때까지 친구를 필요로 한다는 점을 알고 있으므로, 그녀와 이야기하여 그녀에게 약간의 지원을 계속해주고 있어요. 그녀는 내가 그녀와 잠자리를 같이 하게 하려고 노력하지만, 나는 그러지 않았는데 왜냐하면 그렇게 된다면 시작했던 자리로 되돌아가기 때문이예요. 아내와 나는 반 별거 상태예요. 나는 아파트에서 살고 있으면서 주말은 전부 집에서 지내고 일주일에 두세번은 잠을 자지 않고 저녁시간 동안만 집에서 지내요. 이렇게 지내고 나면 저녁식사후 일하러 가거나 고객을 만나러 밖에 나갈때, 또는 일을 끝내기 위해 사무실에 되돌아 가야 할 때 긴장이 줄어 들어요. 아내는 저녁식사후에 외출할 때는 내가 메리를 만나러 가는 것이라고 믿어요. 그녀는 내가 밤에 나가면 메리를 만날 것이라고 생각하기 때문에 아직 질투를 하고 있어요. 아내와 나는 이제 최소한의 성생활을 다시 시작했어요. 확실히 이는 지난5,6년 동안의 성생활보다 나아진 거예요. 다시 말하면 상당한 진전이 있었으며 아직 문제는 남아 있지만 그래도 그 강도는 훨씬 줄어들었어요. 또 다른 문제는 내가 아직도 내 옆을 지나치는 모든 여성에게 마음을 빼앗긴다는 거예요. 이 문제는 좋아졌지만, 그러나 문제가 일어날 여지가 아직 있어요. 이제 문제는 어떻게 통제해 나가느냐예요."

나는 말했다. "좋습니다. 모든 사람이 그런 감정을 통제해야 하며, 프로이드는 문화에 관한 책에서 어느 정도의 구속은 생존에 필수적이라고 하였읍니다."

"이해합니다." 그는 말했다. "그러나 왜 나는 나의 충동을 통제해야 하나요?"

"그것은 분명히 법적인 질문입니다." 나는 말했다. "그리고 거기에는 여러 해답이 있다고 생각합니다. 하나는 자녀들인데,……그들은 항상 맨먼저 상처받게 되지요."

"그래요." 그는 말했다. "그러나 가끔 충동이 지나치게 강렬해지면 지불해야 할 문제와 댓가가 생각나지 않습니다. 예를 들면 지난 금요일 나는 한 중년남자가 그의 비서가 함께 있는 것은 보았는데 그녀는 그의 딸임이 밝혀졌어요. 내가 그 사실을 알기 전에 그녀는 나에게 흠뻑 빠져 있었고, 나는 그녀를 데리고 나가 술을 마시고 그 다음의 일을 계속하고자 하는 커다란 유혹을 느꼈어요. 그런 일은 매우 쉬웠을거예요. 아마도 그녀는 내가 그녀의 아버지를 봐주려고 애쓰고 있다는게 마냥 행복했을지도 모르죠. 그러나 나는 그 일을 그런 식으로 해석하지 않았어요."

나는 말했다. "여기에는 최소한 두가지 점이 개입된다고 생각합니다. 하나는 현실적인 문제입니다. 만약 당신이 이러한 정사에 빠진다면 그로 인해 당신과 아내, 아이들에게 어떤 문제가 생길까요?" 그리고 나서 다른 문제는 심리적인 문제라고 생각합니다. 이런 문제는 당신의 0－6세와 어떤 관계가 있는가? 초기 아동기양식은 여성들에 대한 당신의 충동을 강화시키고 피학적인 관계－예를 들면 당신을 고통속에 몰아넣는－를 만드는 경향이 있나요?

그는 말했다. "네, 문제가 생긴다는 점은 인정하지만, 그것이 피학적인 문제인지는 잘 모르겠어요. 나는 스물한살 이후로 이러한 관계에 뛰어들곤 했어요……. 대략 6번 정도, 즐길 수 있는 것보다는 더 많은 횟수였고 나는 이런 관계에서 누군가를 다치지 않고 멋있게 빠져 나올 수가 없었어요. 물론 그때 나는 독신이었고 여자들도 미혼이었지만 일은 항상 똑같은 문제를 그녀들에게 안겨 주면서 끝났어요. 사실상 그런 일은 용어 사용이 정확한지는 모르지만, 가학적이었다고 말할 수 있어요. 나는 여자가 나에게 푹 빠져 있다고 생각되는 시기까지 끌어 가다가는 그녀들을 차버린곤 했어요."

"그것은 적개심의 방향이 문제라고 들리는군요. 당신이 여자들에게 상처를 주든지 아니면 당신 자신에게 상처를 입히든지." 나는 말했다.

"세일라라는 여성을 알았는데 내가 그녀를 유혹한 후 그녀는 나와 절교했고 이 때문에 나는 상처받았으며 그녀에게 앙갚음하고자 했어요. 나는 선생님에게 그녀에 대해 이야기한 적이 없어요. 약 15년전에 그녀와 데이트하였고 우리는 정사를 가졌어요. 이삼년전에 우연히 그녀를 만났는데 그녀는 나를 그녀의 집으로 초대하였고 나는 가려고 생각했으나 가지 않았어요. 이는 어쨌든 나의 방식과 맞지 않아요."

"무슨 의미이죠?" 나는 물었다.

"만약 내가 복수를 원했다면, 그때가 바로 적절한 시기였어요. 이제 그녀는 결혼했어요. 그녀를 보았을 때 그녀는 아직도 대단히 매력적이었지만, 나는 그녀에 대한 충동이나 매력을 느끼지 못했어요."

나는 말했다. "아마도 그것이 당신의 복수였던 것 같군요. 당신이 그녀에게 흥미가 없다는 점이. 당신의 0–6세 양식가운데 이러한 관계를 그렇게 힘들게 만들거나, 최소한 만족스러울 수 있는데도 그러한 관계에서 만족하지 못하게 만드는 점이 있습니까?"

그는 말했다. "엄격하게 성적인 면에 끌리고 인격적인 면은 아니예요."

나는 대답했다. "0–6세에서 이에 대한 단서가 있습니까?"

"네" 그는 응답했다."나는 그렇게 생각해요. 그것은 나와 어머니사이의 강한 감정적 관계로 볼때, 또는 어머니와의 관계에서의 강한 성적 감정으로 볼 때 그렇습니다."

나는 말했다. "현재의 여성들과의 관계에 영향을 준 것은 무엇이라고 생각하나요?"

그는 어깨를 움츠리면서 응답했다. "선생님은 그게 무엇이라고 생각하십니까?"

나는 단지 추측할 수 있는 점을 그에게 이야기하였다. "아마 당신은 어머니에게 반응하였던 것처럼 모든 여성들에게 반응하는지 모르지요. 어머니는 매력적이었지만 아내와의 섹스는 금지되어 있어서 관계가 충족되어질 수 없었읍니다."

"네" 그는 말했다. "그런 면이 있었다고 생각해요. 10년전에 나의 아내가 딸을 임신하였을 때 우리의 성관계는 끝났읍니다. 아이를 갖는 것 이상으로 '어머니'의 표시가 되는 것이 있을까요? 그래서 아마도 나는 아내와 어머니를 동일시했던 것 같아요."

"거기서 또 다른 추측이 유도됩니다." 나는 말했다. "단지 추측입니다. 당신은 어머니에게 매혹되어 있었지만 어머니와의 섹스는 금지되어 있어서 당신은 그것을 다른 여성에게로 돌렸던 것입니다. 그러나 심리적으로 당신은 당신이 애착을 가졌던 여인이 당신을 사랑하겠끔 만들어 놓고 그럴 때마다 매번 똑같은 일을 반복했는데, 당신은 그러한 여인을 부분적으로 당신의 어머니로 바꾸어 놓고는 그 여인에 대해 분노를 느끼고 이러한 분노를 억제하게 되고 또 다시 다른 여인을 좋아하면서 그 여인을 거부하는 일이 반복되었다는 것입니다."

그는 말했다. "아마도 그럴지 모르죠. 사실인 것 같군요. 그리고 아내는 이러한 여인들 가운데 나의 어머니가 되어 준 유일한 여성이며 나에게 두 아이를 낳아 주었읍니다. 스물 한살이 될때까지 나의 여자관계 대부분은 두 부류로 나누어집니다. 하나는 매우 가벼운 성적관계로서 한 두번의 관계후 끝이 납니다. 또 다른 경우는 대부분 "좋은 여성들"이었는데, 왜 이런 이름이 부쳐지는지는 잘 모르지만, 나는 이 여인들이 나를 사랑하도록 매우 열심히 노력했어요. 그러나 그렇게 된 다음에는 나는 그들을 차버렸어요."

"당신의 0-6세양식과 이런 여자관계는 어떤 연관이 있을까요?" 나는 물었다.

그는 대답했다. "아동기때 나는 마음속으로 어머니로부터 배척받았다고 느꼈읍니다. 아버지가 떠날 때도 다소 배척감을 느꼈고 그리고 나서 어머니가 일하러 가고 나를 하루종일 할머니집에 있게 할때도 배척감을 느꼈지만 그보다 더욱 배척감을 느낀 것은 아버지가 집에 돌아오시고 어머니가 일을 계속하시면서 방과 후에 온통 나 혼자 있을 때였읍니다."

"이러한 여자관계가 부분적으로는 어머니와의 동일시라는 말입니까?"

"무슨 뜻이죠?" 그는 물었다.

"당신은 어머니가 당신에게 했던 그대로 여자들에게 했던 것 같다는 의미입니다."

"네" 그는 말했다. "그 말씀이 옳다고 생각해요. 왜냐하면 의식적인 수준에서 조차 이것이 나의 복수라는 생각이 문뜩 떠오를 때가 자주 있었으니까요. 나는 어머니가 나에게 했던 대로 여자에게 복수하고 있었던 것입니다. 그리고 나는 항상 어머니에 의해 지배받는다고 느꼈어요. 어머니는 내가 당신과 다른 내 자신의 취향이나 견해를 갖는다는 점을 이해하지 못했어요. 지금까지도 어머니는 내가 어떤 종류의 넥타이나 셔츠나 구두를 착용하는 것을 이해하지 못하세요. 어머니는 나를 성적으로 자극하고 그것을 금하였을 뿐만 아니라 지배적이었어요. 나의 정체감, 통합감, 자율감, 내 자신에 대한 느낌을 상실하지 않고는 나는 어머니에게 접근할 수 없었어요."

아동기양식과 현재의 감정, 생각, 행동과의 연관성이 밝혀진 후 환자가 이와같이 능동적으로 협조함으로써 실질적으로 시간이 절약되었다고 생각된다. 내가 수동적으로 단지 앉아서 자유연상만을 들으면서 자료를 이해하려고 시도했을 경우와 비교해 볼 때 우리는 훨씬 더 많은 것을 면담시간에 얻어냈다. 그러나 명백히하고 싶은 점은 자유연상을 포기하라는 의미가 전혀 아니라는 것이다. 단지 내가 말하고자 하는 것은 정규적이고 기본적인 자유연상에 대한 보충으로 0−6세에 대한 능동적 탐색을 시도해 보는 것이 가치있다는 것이다. 말할나위 없이 이는 환자에게 훨씬 어려운 작업일 뿐만 아니라 분석가에게도 분명히 더 어려운 작업이라고 생각된다. 이러한 방법으로 시간이 절약되었다고 나는 생각하며 이것이 치료의 요체라고 생각한다. 물론 이러한 보충 기법이 모든 환자에게 통하는 것은 아니며 또한 일부 환자에게 치료도중 적절한 시기에만 적용될 수 있는 것이다. 이러한 한계점이 있지만, 이는 주의깊게만 이용된다면 효과적인 치료 보완책이 될 수 있을 것으로 여겨진다.

실제에 있어서는 6세나 7세이상까지 탐색해보는 것이 바람직하다. 그리고 충격적이거나, 인격형성에 영향을 미칠만한 점이 아무 것도 없었다고 판명된다 할지라도 이러한 탐색은 그러한 가능성을 배제하기 위한 목적만으로도 가치가 있는 것이다.

이러한 점은 월터 버튼에 의해 예시되어지고 있는데 우리는 이제까지 이 사례에서 6세까지를 기술하였다. 독특한 환경내에서 6세이후 그의 가족은 좀더 훌륭한 집으로 이사하였다. 그러자 상황들이 비교적 잠잠해졌다. 그래도 이 상황이 그의 양식에 다소 영향을 끼쳤는데, 왜냐하면 아버지가 돌아온 후에도 어머니가 일을 계속하였고, 이러한 상황은 월터가 방과후 집에 왔을 때 어머니가 집을 비우도록 만들었기 때문이었다. 그의 친구들의 어머니는 모두 아이들을 기다리면서 집에 있었다. 그는 이러한 상황에서 소홀히 다루어지고 있다는 느낌을 받았고, 어느 정도 조숙하게 독립적이 되도록 강요받는다고 느꼈다. 이러한 상황은 그가 일곱살때 일어났으며 그 이후에는 비교적 평온했다고 그는 느꼈다. 그러나 우리는 0－6세이후의 양식을 찾아보기 위해 앞으로 더 나아가 과거력을 알아 보기로 결정했다. 그러므로 다음의 대화는 6세 이후 무엇이 나타나는지를 알아보기 위한 것으로서, 7, 8, 9세 시기에 관한 것이었다. 그는 다음과 같이 이야기를 시작하였다.

"나는 한 작은 소년에 관한 책을 읽었는데 그는 굉장한 분노를 느꼈으나 그것을 드러내기가 두려웠고, 결국 천식이 생겼대요. 그는 부모의 사랑을 잃는게 두려웠기 때문에 분노를 드러내지 못했다는군요. 이 이야기는 나에게 내 자신의 과거를 생각해 보게 만들었는데 할머니에게 신발을 집어던진 경우 외에는 나의 적개심이 밖으로 드러났던 경우는 거의 없었다고 기억돼요. 그 경우 외에는 분노를 밖으로 표현했던 경우를 기억하지 못해요. 내가 개를 걷어찼던 일이 한두번 있었다고 기억되는데, 그때 곧 나는 개를 때린데 대해 매우 죄의식을 느꼈어요. 한번도 분노를 표현하지 못했다는 점이 중요한 일임이 틀림없다고 생각해요. 아시다시피 일곱살 때 우리는 좋은 동네로 이사했지만 이로 인해 나는 친구를 잃었어요. 그러나 다시 친구를 사귀게 되기까지는 시간이 오래 걸리지는 않았어요. 새로운 친구중 하나는 십년동안 유난히 가깝게 지냈어요. 어떤 면으로는 우리가 친구가 되었다는게 신기해요. 내가 이웃집 아이들과 약간 문제가 있었기 때문에 그렇게 되었다고 생각해요……. 나는 그들에게 심하지는 않았지만 두들겨 맞곤 했어요. 뼈가 부러진다거나 그런 비슷한 일이 있었던 것은 아니예요. 이런 일이 일어난 것은 무엇보다 내가 나이가 어렸고 작았기 때문이라고 생각해요. 나의 친구 잭은 나보다 작았지만 체격이 트럭과 같았고 그는 언제든지 누구와도 상대할 준비가 되어 있었어요. 우리의 관계는 다소 공생적인 성질을 띄고 있었다고 생각되는데 왜냐하면 그는 세련되지는 못했지만 몸집이 좋았었고 나는 그 관계에 의지했기 때문이예요. 나는 두들겨 맞는데 대해 상당한 공포를 가지고 있었고 그는 단지 자기 모습을 나타냄으로써 나를 여러번 어려운 처지에서 구해 주곤 했어요.이런 일이 여덟살인가 아홉살 즈음에 일어나고 있었어요."

"그 당시 나의 부모와의 관계에서 어떤 극적인 일은 없었어요. 그들은 저녁에는 집에 계셨어요. 테이블을 정리하고 치우고 접시를 치우는 일이 나의 일이었는데 나는 이런 일로 다소 압박을 느꼈어요. 왜냐하면 내가 아는 다른 소년들은 이런 일을 하지 않았기 때문이었어요. 만약 나의 부모들이 볼링이나 친구 방문이나 다른 일로 외출하러 저녁에 집을 나갈때는 나는 전차나 버스를 타고 할머니집까지 15마일을 혼자서 갔어요. 내 생각에느 이런 일은 여덟살짜리에게는 벅찬 일인데, 이러한 생각은 현재의 생각이지 그 당시에는 그렇게 생각하지 않았어요. 실제로 나는 길은 잃은 적도 없었고 돈을 잃는다거나 그런 비슷한 일은 없었어요—나이 들면서 나는 그 점에 있어서 다소영악해졌어요. 부모들은 학교 식당에서 점심을 사먹으라고 돈을 주셨는데 번번히 나는 그 돈을 쓰지 않고 친구들의 점심을 빼앗아 먹곤 했어요. 나는 너무 배가 고픈 것을 원치 않았고 돈을 아껴 두었다가 방과후에 과자같은 것을 사먹곤 하였는데 그것이 훨씬 더 재미있었어요."

"나는 학교를 좋아하지 않았어요. 철자법이 싫었고 아직도 철자를 완전히 잘 쓰지 못해요. 학교에 대해 가장 싫었던 점은 아침에 멀리 걸어서 학교에 가야한다는 것이었어요. 거리는 약 일마일 반 가량이었어요. 그 길은 시골길이 아닌 번화가였고 시내 중심가였으며, 자전거를 타는 것이 허용되지 않았어요. 그러나 부모들이 나보다 먼저 집을 떠난 경우에는 나는 자전저를 타고 학교에 가곤 하였어요. 하루는 아버지가 조금 일찍 집에 오셨다가 내가 자전거를 타고 학교에서 돌아오는 것을 보셨고 부모들은 맹렬히 반대하셨지만 그후로 내가 그것을 타도록 반승낙하셨어요."

"8학년이 될 때까지, 내나이 열세살이 될 때까지 내가 좋아했던 선생님을 기억할 수 있을 것 같지가 않아요. 나는 일부 선생님들을 노골적으로 싫어했어요. 그 선생님들 가운데 어떤 선생님은 아이들을 전반적으로 싫어했으며 특히 나를 싫어했다고 생각했어요."

"가장 좋았던 점은 내가 뛰어났고 전학점 A를 받았다는 것이었어요. 그러나 나는 영어와 철자법을 싫어했었어요. 나는 영어때문에 고등학교에 진학 못할뻔 했어요. 그러나 왜 내가 그 과목의 성적이 나쁜가에 대해서 의문이 제시되지는 않았어요. 나는 단지 공부를 하지 않았을 뿐이었어요. 운동은 대단한 것이었어요. 나는 남다른 사람이 되고 인기있으려면 운동을 잘해야 된다고 생각했고……어쨌든 그건 그 당시의 내 생각이었는데 그래서 나는 축구를 열심히 하였으나 잘 해내지는 못했어요."

"축구에 대한 두려움이 있었고 또한 그런 운동에 힘을 들이고 싶지 않았기 때문에 축구를 계속하지 않았다고 생각해요. 아마도 무엇보다 더 큰 이유는 실패에 대한 두려움이었을 거예요. 나는 축구 연습을 줄이고 노력하는 것을 중단했어요. 나는 신문배달을 택했는데 아마도 축구를 그만 둘 구실을 찾기 위해서였던 것 같아요. 나는 신문 쪽도 역시 좋아하지 않았어요. 나는 돈을 좋아했지만 수집하는 것은 싫어했어요. 나는 45센트나 다소의 돈이라도 주간지를 사기 위해 행상인에게 갖다 주어야 하는 것을 싫어했어요. 내가 돈을 내는 것을 싫어했던 주된 이유는 나의 어머니를 행복하게 해주려고 했기 때문이었다고 추측되요. 나는 돈을 저금해 놓고 대학 이학년이 될때까지 한푼도 쓰지 않았어요……그래요. 아마 조금씩 여기저기에 쓰긴 썼겠지만, 그래도 그때까지 나는 저금한 돈을 축내지 않았어요. 어머니는 그런 일을 결코 요구하시지는 않았으나……어머니는 내가 돈을 저축하도록 만들고는 만족해 하셨어요."

"나는 오후 시간이 빼앗긴다는 이유때문에 신문배달을 좋아하지 않았어요. 나는 이 일이 '네가 모든 것을 가질 수는 없다'는 첫번째 경험이었다고 추측해요."

"지난 시간에 나의 아내와 정부가 함께 이야기 했다고 말씀드렸었죠. 관심이 많았겠지만 실제로 어떤 효과가 있었는지 모르겠어요. 그러나 전반적인 상황이 아내에게 유리해요. 나는 그녀를 그녀 자신으로 받아들이는 것을 배워가고 있어요. 나는 그녀가 나나 아이들의 연장이 아니며, 나의 어머니가 아니며, 나의 어머니가 나에게 해주었던 것을 해주지 않을 것이라는 점을 깨닫기 시작하고 있어요. 그러나 불화의 순간이 전혀 없다는 이야기는 아니예요……예를 들면 아내가 나에게 집에 먹을 것이 충분하지 않으니까 아이들에게 햄버거를 사주라고 부탁했어요. 나는 좋다고 말하고 아이들에게 햄버거를 사주었는데 집에 돌아와 보니 아내와 나를 위한 저녁식사가 전혀 준비되어 있지 않았어요. 아내는 그날 밤 저녁식사 준비를 원치 않았는데, 그녀는 그렇다고 얘기했어야 해요. 그녀가 식사준비를 원치 않는다고 말했더라면 나는'좋아요. 함께 외식합시다'라고 말했을 거예요. 어쨌든, 나는 전체 결혼관계와 나의 아내를 보다 현실적으로 보고 있다고 생각해요."

꿈은 역동의 공식화를 도와주며 *역으로 *만약 *역동의 *공식화가 *환자의 주요 아동기양식을 적절하게 나타낸다면, 역동의 공식화는 꿈을 이해하는데 도움을 준다. 이러한 예가 여기에 있는데, 월터 버튼은 다음 시간에 자발적으로 다음과 같이 이야기하였다.

"나는 다른 도시의 공회당에 있었어요. 동료라고 생각되는 누군가와 함께 길을 걸어내려 오고 있었지요. 그리고 우리는 카페라고 생각되는 곳으로 들어갔는데 그러나 그곳은 투기장이나 공연장같은 무대가 있었고 좌석이 있었는데 무대에서는 난행이 벌어지고 있었어요. 세 명의 나체 여인들과 두세명의 나체 남자들이 무대에 있었어요. 관중들은 그들이 무대에서 섹스를 하는 것을 바라보고 있었어요. 나는 앉아서 그것을 관람하기 시작했는데 기분이 약간 불안해졌어요. 그들의 행위는 조잡했고 나는 그 광경에 매혹되지 못했어요. 한 여자가 누워 있었고 한 남자가 그녀 위에 있었지만 별다른 진행은 없었는데 갑자기 나는 집으로 오고 있는 중이었어요. 어떻게 해서인지 나의 옛 친구가 거기에 있더군요, 나는 생각했어요.'이러한 쇼를 내 집에서 벌이려고 하다니 무슨 짓들인가? 오 맙소사, 그들 모두가 여기로 올 것이다. 그 여자들이 올 것이고, 나는 그것을 멈추게 해야 한다.

'그때 한 대의 차가 멈추고 사람들은 모두 외국인들로 보였어요. 나는 집안으로 달려갔고 집안으로 들어오는 어떤 사람이든 막아야하며 그렇지 못한다면 그 사람은 아내에게 말할 것이라고 생각했고, 그래서 나는 그를 때렸고 그도 나를 때렸어요. 그러나 나는 다치지 않았지만, 나의 배에서 피가 흘러 나오는 것이 보였어요. 다음 장면에서 나는 옛 방친구인지, 누구인지 어떤 사람과 함께 원정여행을 하면서 밀림속에 있었어요. 우리는 열대지방의 우림을 가로질러 운반해야 하는 많은 물건을 가지고 있었어요. 짐은 납작한 상자속에 있었어요. 나의 방친구인지 누구인지 모르는 어떤 사람이 트럭에다 상자의 끝을 대고 있는 것이 보였어요. 그에게는 운반해야 할 짐이 없었어요."

나는 기다리면서 환자를 바라보았고 그는 자발적으로 다음과 같이 말하였다."공회장, 어두운 거리, 카페로 가는 것, 난행, 그 모든 것들에 대해 나는 약 한달전 뉴올리안스에서 공회당에 가려고 했던 사실을 연상했어요. 나는 거기에 한번도 가본 적이 없었어요. 나는 그곳을 보는 것이 좋을 것이라고 생각하였고 거기서 고급 창녀와 놀 것을 생각했어요. 그리고 되돌아오는 길에 아내가 난행에 대해―아주 명백한―알아차릴 것이라고 생각했어요. 그것은 내가 메리와 함께 지내지만 헤어질려고 노력하고 있는 현재의 내 처지를 아내가 알게되는 것, 나의 혼외정사에 대해 알게 되는 것을 의미하거나, 아니면 어머니가 이것을 알게 된다는데 대한 두려움인지 모르죠……어머니쪽이 더 가능성이 있다고 생각해요. 내가 상처입는 것은 아마도 보복인지 모르죠. 아마도 밀림의 꿈장면이 나를 압도하고 있었기 때무에 단지 도피였는지 모르겠어요. 그러나 또 다른 가능성이 있어요. 또한 그것은 내가 과로하고 있고 회사의 동료는 그의 짐을 나르지 않고 있다는 생각이 드는군요."

나에게는 이 꿈이 우리가 이미 진술하였고 확인하였던 공식화와 대체적으로 일치한다고 여겨졌다. 죄와 처벌, 섹스와 그에 대한 억압, 지배받는데 대한 반항, 보복에 대한 두려움으로 인한 불안과 과로에 대한 분노, 의존적 애정욕구의 결핍감. 따라 아동기 양식을 알게 되면 꿈의 잠재내용에 대한 단서가 제공되고 꿈은 아동기양식의 일부를 암시한다. 물론 모든 꿈이 이와같은 경우에서처럼 명백하게 이러한 연관성을 보여주는 것은 아니다. 그들은 조금씩 부분적으로만 아동기양식을 반영하는 경향이 있다. 그러나 우리가 지적한 바와 같이 만약 꿈이 잘 분석되어지고 일련의 꿈들이 분석가에 의해 일정한 가락으로 해석되어진다면 기본양식이 항상 드러나게 된다. 연상을 하는 것이 더 좋긴 하지만, 기본 양식이 표면내용만으로도 드러나는 경우가 있다. 그럼에도 불구하고, 자아에 의한 꿈의 잠재내용에 대한 이차 편집은 정서 세력들의 잠재적 상호작용에 따라 영향 받는다는 사실이 인식되어져야 한다고 나는 생각한다. 이 꿈에서 월터는 전이를 알아차리는데 소홀하였다. 또한 그는 내가 그에 대해 생각하고 있는 것, 그리고 앞으로 그가 콜걸과 도피한다면 내가 그에 대해 생각하게 될 점에 대해 불안해 하였다. 과로는 어머니에 의해 가사와 숙제에 대한 책임이 강요되던 상황과 연결되고 있다. 아마도 폭력은 부분적인 무관심과 어머니의 지배에 대해 느꼈던 분노의 결과인 것 같다. 이러한 점은 나중의 연상에서 명백하게 밝혀졌는데 어머니는 어머니가 바라는 대로 그가 생각하고 행동하도록 강요했으며 그의 개인화를 위협하고, "내 자신의 인간이 된다"는 자아정체감을 위협했기 때문에 그는 어머니에게 가까이 가는 것이 두려웠다고 반복하였다.

공식화는 다음과 같이 몇마디로 요약될 수 있겠다. 월터 버튼은 어머니에게 지나친 애착—성적이고, 의존적이고, 복종적인—을 느끼고 있었으며 이 애착은 어머니에 대한 적개심과 어머니로부터의 방어적 철수와 혼합되어 있었다. 이는 그가 다른 여성들에게 느끼고 행동하는 양식이다. 적개심에 의해 선택된 행동양식은 어머니가 그에게 했던 양식—유혹과 거절—을 다른 여성들에게 행동하는 것이었다. 역동진단으로 다음의 결론이 내려졌고 카드에 기록되어졌다.

역동진단 : 월터 버튼

아동기 : (1) 외동이, 아버지는 대부분 집을 떠나 계셨다(3~7세). 어머니에 대한 성적 이끌림과 성에 대한 억압은 어머니에 대한 심한 성적 욕구를 유도하였고 이는 금지와 처벌에 대한 공포를 야기시켰다. (2)

어머니에 대한 의존적 애정욕구의 결핍. (3) 어머니에 의한 지나친 과잉지배. (1), (2), (3)이 원인이 되어 (4) 어머니에게 가까이 감으로써 독립심과 인격의 통합성이 위협받기 때문에 어머니에게 접근하는데 대한 두려움. (a) 금지된 성적 충동의 강화 때문에 그리고 (b) 어머니에 의해 환자의 생각과 감정이 지배받기 때문에 그의 인격의 독립심, 통합성이 위협받았다. "내 자신의 인간"이 되기 위해 어머니를 피한다.

현 재 : 모든 여성을 원하지만, 가까워지는 것은 두려워한다. 좌절과 투쟁-도피를 유도. 반항이 동반되는 어머니에 대한 분노, 다른 여성과 자신에게로 대치된 복수심. 한 여성에게 의지하는 것을 견딜 수 없으며 또한 다른 여성이 그에게 의지하는 것을 견디지 못한다.

현재 결혼생활문제 : 여성들에 대한 투쟁과 도피 양식-여성들을 적개심의 대상으로 보며, 생활로 부터 도피하게 해주는 대상으로 본다.

강 점 : (1) 강한 치료 동기 (2) 자신을 직면하는 용기 (3) 우수한 지능과 직업적 능력, 어느 정도 성취된 인격의 독립성.

Ⅲ. **Leila Smith** : 위험한 유모와 아내의 시련

레일라 스미스는 매력적인 금발의 여인으로 키가 약간 작았다. 그녀는 몇 년동안 불행한 결혼생활을 해오고 있었고 이 문제로 나를 만나러 왔다. 그녀에게는 청소년기에 접어든 아이들이 있었으며 그녀는 이혼하였다가 재혼했으나 현재의 두번째 결혼 역시 잘 되어가고 있지 않았다. 그러나 결혼생활이 조금이라도 개선될 수만 있다면 그녀는 이혼을 원치 않았다.

여느때처럼 현재의 생활사태와 심각한 문제가 있는 현재의 결혼에 대한 윤곽을 파악하는데 대부분의 시간을 보내고 나서 나는 그녀의 0-6세의 상황을 알아보고자 하였다. 무엇을 알아 보고자 하는지를 설명하고 나서 나는 그녀에게 출생부터 6, 7세까지 그녀의 생활에서 중요했던 사람들에 대해 물었다. 그녀는 말했다. "어머니, 아버지, 여동생, 그리고 유모예요."

"누가 가장 중요했읍니까?" 나는 물었다.

그녀는 대답했다. "어머니였다고 추측되지만 그러나 나의 유모는 절대로 아이들을 길러서는 안될 사람이었다고 생각해요. 그녀는 매우 엄격한 여인이어서 나보다 1살 반 아래인 나의 여동생이 옳지 않게 행동했을 때는 우리 모두가 함께 매를 맞아야 했고 식사를 할 수 없거나 저녁식사를 할 수 없었어요. 우리는 벌로 침대에서 지내야만 했어요. 나는 그녀 때문에 화가 나서 저녁식사 내내 토하기도 했어요. 그녀는 억지로 나에게 음식을 먹이고 나서는 벌로 침대에 있도록 했어요. 그때 내 나이는 다섯살쯤 되었어요. 그녀는 우리와 함께 일년 남짓 밖에 지내지 않았지만, 그 기간은 상당한 상처를 입히기에 충분한 기간이었어요. 당시 우리는 얼마동안 할아버지, 할머니를 방문하였는데 그후 할머니는 그 유모가 아이들에게 너무 잔인하므로 유모를 해고시키라고 어머니와 아버지에게 충고했었다고 나에게 말해 주셨어요."

"유모가 오기 전에는 어땠나요?" 나는 물었다.

레이라는 말했다."유모가 오기 전 나는 두려움이 없었어요. 행복했는지 불행했는지는 기억나지 않아요. 나는 단지 먹여지고 잠재워졌으며, 모든 것이 완벽하게 적절하게 느껴졌을 거라고 생각해요. 어머니는 나의 기쁨이었고, 어머니가 옆에 계실 때 나는 어머니를 보는 것이 기뻤어요. 그러나 어머니는 충분할 만큼 곁에 계시지 않았어요. 어머니는 아이들을 낳지 말았어야 했다고 생각되는데 왜냐하면 아이들보다 사회활동에 더 관심을 가졌기 때문이예요. 물론 그때는 그런 것을 몰랐어요. 단지 돌이켜 생각해 보니 그런 생각이 들어요. 그리고 아버지는 완전히 내향적이었고 어머니는 정반대였어요. 그들은 어느 정도 좋은 결혼생활을 하셨어요. 어머니는 코 끝으로 아버지를 조정하셨지만 아버지는 그런 방식을 좋아하셨어요. 어머니는 남편을 애완용 작은 개정도로 여겼고 아버지는 그런 방식에 만족해 하셨어요."

"그게 무슨 뜻인가요?" 나는 물었다.

그녀는 말했다. "어머니는 집안을 지배하셨어요. 어머니는 우리가 어디에 갈지, 언제 갈지, 무엇을 할지를 이야기하셨어요. 어머니는 조직하는 힘이 있었고 아버지는 그런 것이 없었다고 생각되요. 아버지는 완전히 어머니에 의해 지배되었어요. 만약 아버지가 어떤 일을 정말로 반대하셨다면 어머니에게 반항하셔야 했을 텐데, 아버지는 겉보기에는 만족감을 느끼면서 그대로 따르셨어요."

"이러한 상황이 당신과 아버지, 어머니와의 관계에 어떻게 영향을 주었을까요?" 나는 물었다.

"나는 두분 모두와 상당히 좋은 관계를 가졌지만 나의 어머니는 집안보다 집밖에 더 관심을 가지셨어요. 어머니는 아이들과 시간을 보내는 그런 사람이 아니었어요. 그래서 나는 아이들을 기를 때 그들에게 책을 읽어주고 피아노를 쳐주고, 노래를 불러주면서 그들과 함께 많은 시간을 보냈는데 왜냐하면 그렇게 하는 것이 아이들이 자란 후에 중요하다고 생각했기 때문이었어요. 그러나 어머니는 나의 첫번째 남편과 같은 식의 독재자는 아니었어요. 샘과의 결혼생활을 그만 둔 것은 잘한 일이예요. 그는 회사에서 온갖 종류의 문제를 일으켰으며 이제는 직장에서 떨려 났어요. 그는 재혼하였지만 내가 좋아하는 방식으로 재혼이 풀려 나가지는 못했어요—그는 그의 길을 가고 그의 아내는 그녀의 길을 가고 있어요. 그는 발목을 다쳐서 무릎 아래로 기브스 붕대를 하고 있을때 급한 일이 있었어요. 그의 아내는 그를 태워다 주기 위해 그녀가 정구치는 것을 손해보려고 하지 않았기 때문에 그는 누군가 그를 태워다 줄 사람을 찾아 봐야 했어요—왜냐하면 그는 혼자서는 움직일 수조차 없었고 차를 운전할 수 없었기 때문이예요. 실제로 나는 필요하다면 그를 태워다 주겠다고 생각했었어요."

나는 말했다."0—6세의 기본적인 정서적 관계로 되돌아 가볼까요?"

그녀는 응답하였다."어머니와의 관계는 좋았지만, 어머니는 내가 안정감과 포근한 감정을 느낄 수 있을 만큼 충분히 곁에 있지 않았어요. 물로 유모는 가학적이었어요. 아버지는 그저 특징이 없었어요."

"무슨 뜻이죠?" 나는 물었다.

그녀는 말했다. "창의력이 없고, 위축되어 있었어요. 아버지가 어떤 종류의 애정이나 감정을 내보이는 것은 어려웠어요. 내 여동생은 항상 어머니와 싸웠지만 아버지와는 함께 공놀이를 하였고 잘 지냈어요. 여동생은 나보다 대담했어요. 나는 어머니와 감히 싸울 엄두도 못냈어요. 여동생은 나보다 더 멋있고, 더 빠르고, 더 좋은 마음씨를 가지고 있었어요. 그러나 아직 그녀가 젊었을 때 갓 대학을 졸업했던 그 당시부터 그녀는 술을 마시기 시작했고 실제로 불과 몇년전에 알콜중독으로 죽었어요."

"아버지와의 관계에 대해 좀 더 이야기할 점은 없나요?" 나는 물었다.

레일라는 말했다. "내가 기억할 수 있는 어떤 불쾌한 점은 없어요. 단지 중립적인 것, 비교적 정상적인 관계였고, 중립적인 것보다는 약간 좋은 관계였어요. 그러나 내가 열네살 때 어머니가 돌아가시자 아버지는 더욱 더 위축되셨고, 실제로 여동생과 나로 부터 완전히 소외되셨어요. 그는 어떤 흥미도 애정도 전혀 나타내지 않으셨어요. 아버지는 우리에게 단 한번도 훌륭한 일을 해 보이신 적이 없었어요. 나는 아버지가 적절하지 못했다고 생각해요. 어머니가 돌아가시자 아버지의 세계는 무너졌는데 나는 아버지가 그렇게 멋있는 분은 아니었다고 생각해요. 나는 한번도 여동생을 좋아해 본 적이 없었어요. 내가 말하고자 하는 것은 여동생은 태어나서 온갖 관심을 다 받았다는 거예요. 그녀와 나는 완전히 달랐어요. 그녀는 튼튼하고 거칠었고 어떤 상황에서도 제 앞가림을 할 수 있었어요. 그런 반면 나는 아주 예민하고 불안정했어요. 내가 말했던 바와 같이 그녀는 아버지나 어머니에게 도전하는 것을 결코 두려워하지 않았으나 나는 두려웠어요."

"그러나 결국에는 그녀는 알콜중독으로 자신을 죽였으므로 당신이 더 강한 사람이라는게 밝혀졌군요." 나는 말했다.

"네, 그게 사실이라고 생각해요." 레이라는 말했다.

"이러한 모든 점들이 당신의 정서적 특징에 어떤 영향을 주었다고 생각하나요?"

레일라는 반응하였다. "나는 십대까지는 내가 불안정하다고 생각해보지 않았어요. 어머니가 돌아가시고 아버지가 멀어지자 나는 모든 것이 예전과 같지 않으리라는 것을 깨닫게 되었어요. 부모들이 자식과 함께 협력 해나가는 친구들을 보았지만, 나의 아버지는 가정생활에 끼여들지 못하셨어요. 아버지는 우리를 데리고 여행 가신다거나 다른 어떤 일을 우리에게 해 주신 적이 없었어요. 그래서 나는 그 전보다 더 많은 책임이 십대인 나에게 주어졌을 거라고 생각해요. 이런 상황 때문에 나는 자연스런 방식대로 성장하질 못했어요. 나의 첫번째 남편이었던 샘은 아버지와 정반대였어요. 그는 매우 적극적이었고 재미있었어요. 나는 그와의 관계로 되돌아가고 싶은 마음은 없지만 그와 함께 사는 인생은 결코 지루하지 않다고 확신할 수 있어요. 현재의 남편 잭은 아버지보다는 세상에 대해 관심이 많고 보다 야심이 많고 욕구가 많지만, 그래도 아버지와 닮은 점이 많아요. 잭은 샘보다 훨씬 편해요. 우리의 유일한 의견 불일치는 그의 아이들에 대한 지나친 허용에 대한 것인데, 특히 아이들이 내 자신의 생활을 흔들어 놓을 때 의견이 불일치되요. 잭은 그의 아이들 일로 지나치게 나에게 의존적이예요."

이 면담에서 명백해진 점, 그리고 레일라의 결혼에 대해 이전에 내가 알고 있던(그러나 이 요약 기술에는 포함되어있지 않는) 정보로 부터 명백해진 점은 그녀는 어린시절의 결핍으로 인하여 비슷하게 결핍경험이 있었던 사람들에게 매우 동정적으로 되었다는 것이다. 그녀는 자신의 아이들을 소홀히 취급하지 않으려는 매우 긍정적인 반동적 반응을 보이면서 자녀들의 미래를 위해 그들에게 책을 읽어주고 노래를 불러주고 여러가지를 해주려고 노력하였다. 다시 말하면 그녀는 자신의 아동기 때 부족하였던 것을 아이들에게 해주었다. 그녀의 첫번째 남편 샘이 이를 뽑으러 치과에 가야하는데 그의 부인이 그를 데려다 주려하지 않자 레이라는 이혼한지 몇년이 지났는데도 불구하고 그를 태워다 주려고까지 생각하였다. 그녀는 자신의 아이들에게 훌륭한 일을 하여 왔으며, 이들이 건강하고 안정되어 있음이 밝혀지리라고 생각되어진다.

이와 같이 그녀가 동일시하는 박탈된 자에게 주고자 하는 경향성은 청소년기의 자녀를 둔 그녀의 두번째 남편 잭에게 그녀가 동정적이 되도록 만들었다. 그러나 잭의 이전 부인은 아이들에게 전혀 관심이 없었으며 아이들에 대한 통제도 하지 않았고 잭 역시 그러하였다. 아이들은 지나치게 요구가 많았다. 아이들은 학교에서 집에 올 때는 빨래감을 모아 가지고 모두 같은 주말에 돌아와서는 레이라가 잠자리를 준비하고 모든 가족들의 빨래를 해대고 식사를 준비하고 청소하기를 기대하였다. 만약 잭이 갑자기 열두사람을 초대하는 파티를 원한다면 레이라는 이를 받아들이고는 손님 접대를 위해서 오후에 미리 음식을 준비해 두었다. 그리고 나면 잭의 아이들

(특히 그의 아들 죠이)이 집에 와서는 냉장고를 뒤져서 파티용으로 레이라가 준비해 둔 것을 먹어버리곤 하였다. 주말에 손님을 초대할 때 그의 아들은 집에 오겠다고 말해 놓고서는 토요일밤에 집에 오지 않곤 하였다. 그리고 그는 토요일 아침부터 일요일밤까지 친구 집에 가있곤 하였다. 그러다가 그는 친구와 함께 갑자기 나타나서는 레이라가 그들 두사람을 재워주고 먹여 주기를 기대하였다.

다시 말하면 박탈된 사람들을 돕겠다는 레이라의 매우 긍정적 반응은 잭과의 결혼생활에서 파렴치하게 착취되어지고 있었다. 그는 겉으로 보기에는 이러한 점을 전혀 깨닫지 못하고 있는 것처럼 보였으나 아이들이 그녀에게 지나치게 요구하는 것을 편들곤 하였다. 자신의 사춘기에 대해 그녀가 말했던 바와 같이 감당해야 하는 몫보다 더 많은 짐이 그녀에게 요구되어졌다. 어머니의 사망과 아버지의 위축 이후 레이라에게는 엄청난 짐이 지워졌던 것이다. 이제 잭과의 결혼상황이 비슷한 상황이다—모든 것이 밖으로 나가기만 하고 지지의 방식으로 거의 아무 것도 들어오고 있지 않다.

레이라와의 다음 면담은 여동생과의 관계를 물으면서 시작되었다. 그녀는 말했다. "내 여동생은 나보다 18개월 아래였어요. 우리의 관계는 그렇게 좋지는 않았어요. 여동생이 한 식구로 들어오면서 나는 질투심을 느꼈고 밀려났어요. 선생님은 내가 그 당시를 기억하리라고 생각하지 못하겠지만 그러나 밀려났던 감정이 기억나요. 여동생은 항상 자고 있었으며 나는 그녀를 볼수 없었고 우리가 좀 더 자랐을 때 그녀는 같이 놀기에는 너무 어렸어요. 우리는 정반대였어요. 그녀는 사내같고, 거칠고, 안정되어 있었고 반면에 나는 매우 조용하고 여성적이었어요."

나는 말했다. "당신은 0—6세때의 일반적 기억에 대해 나에게 말씀하셨읍니다. 이제까지 당신이 이야기했던 이러한 관계들에 대해서는 잊어버리고 당신의 최초의 기억을 나에게 얘기해 주실 수 있읍니까?"

레이라는 응답하였다. "(1) 최초의 기억은 여동생이 병원에서 집으로 오던 일, 그녀를 보거나 같이 노는 일이 허용되지 않았던 일이예요. 나는 배척감을 느꼈고, 옆으로 재쳐졌다고 느꼈어요. 아마도 그것은 일시적인 것이었겠지만 나에게는 영원한 것처럼 느껴졌어요. (2) 다음으로 생생한 기억은 다섯살 때 심술궂은 유모에 관한 기억이예요. 그녀의 잔인성은 내 기억 속에 뚜렷해요. 그녀가 나를 겁나게 만들었기 때문이라고 생각돼요."

"여동생의 출현과 유모사건 중간에 기억나는 일이 있나요?" 나는 물었다.

"아니요"레이라는 말했다. "나머지는 매우 평범했어요. 그냥 일들이 지나갔어요. (3) 그래도 학령전 4세경에 대한 기억이 나요. 우리는 학교 근처에서 살았는데 나는 그곳에서 행복했어요. 다른 아이들이 있었고, 규칙적인 일상생활이 있었고, 안정되어 있었어요. 여동생과 나는 다른 아이들보다 훨씬 더 많이 제재받았어요. 예를 들면 우리는 매우 이른 시각인 6시 30분에 잠자리에 들어야 했어요. 다른 아이들이 우리 집에 놀러오거나 우리 집에서 밤을 새우는 일은 결코 허락되지 않았어요. 그리고 우리가 친구 집에 밤샘하러 가는 일 역시 허락되지 않았어요. 이런 방식은 내가 우리 아이들에게 대하는 방식과는 정반대예요. 세살 때부터 우리 아이들은 친구들을 우리집에 오게하고 밤을 새우게 하였고, 또한 친구 집으로 놀러 가곤 했어요. 열한살 때 나는 어머니가 여러가지 일에 대해 정당하지 못하다고 생각했어요. 내 친구들은 모두들 밤에 이웃 극장에 영화보러 갔지만 우리들은 어른이 따라가지 않는 한 영화보러 가는 것이 허락되지 않았어요."

(레이라의 어머니는 아마도 지나치게 걱정이 많았던 것 같고 레이라에게 그녀의 소심함과 불안을 전했던 것 같다. 다르게 설명한다면, 레이라는 어머니의 불안을 어느 정도 동일시하였던 것 같다.)

그녀는 계속 이야기하였다. "(4) 유모가 오기 전에 있었던 일이 기억나요. 할머니, 할아버지와 함께 지내던 일이예요. 나는 항상 할머니, 할아버지와 지내는 것이 즐거웠어요. 아, (5) 네살 때도 밤에 어두운 것이 무서웠어요. 그리고 또한 유괴당하는데 대한 두려움이 있었으며 거실이나 화장실 또는 주변 어디든지 불을 켜두어야 했어요. 우리의 생활은 상당히 조직되어 있었어요. 우리는 일정한 시간에 식사하고 일정한 시간에 잠자리에 들어야 했으며, 실제로 부모를 그렇게 자주 보지는 못했어요. 우리가 부모를 만났을 때 그건 실제로 큰 기쁨이었어요. (6) 2월이었다고 생각되는 어느 일요일 날 생각이 나요. 그날은 얼음과 눈이 많이 쌓여 있었어요. 산보하러 밖에 나가 나무들이 있는 데로 다가 갔는데 그 나무들을 보호하기 위한 돌 울타리가 쳐져 있었어요. 우리는 나무들을 따라 이 돌멩이 위를 걷는 것이 재미있다고 생각했어요. 내 여동생은 그것을 잘 해냈지만 나는 얼음에 빠져서 흠뻑 젖어 집에 돌아왔어요. 나는 나쁜짓을 하지 않은게 분명했고……단순한 사고였는데도 유모한테 심하게 벌을 받았어요. 유모와의 관계는 주로 벌받는 관계였고, 항상 꾸중듣거나 벌을 받았어요."

"내 친구의 가족들은 훨씬 더 에드워드식이었어요. 그들은 훨씬 허용적이었어요. 집에서 우리는 여러가지 일이 금지되어 있었고, 나 같으면 아이들에게 벌을 줄 꿈도 안꾸는 그런 일들로 우리는 벌을 받았어요. 이는 내가 지나치게 허용적이라는 의미가 아니예요. 한번은 내가 한 소년에게 전화를 했는데 어머니는 몹시 화를 내시면서 말씀하셨어요. '여자는 남자에게 전화하면 안돼.' 그건 어리석었어요. 물론 소녀들은 전화를 했어요. 쫓아 다니기까지 했어요! 나의 어머니는 아이들에 대한 별난 생각을 많이 가지고 있었어요. 열살때 나는 어머니에게 인생의 진실에 대해 물었는데 어머니는 말해 주지 않으셨어요. 그래도 나는 어머니와 함께 있는 것이 즐거웠어요. 어머니는 항상 즐거워하셨어요. 우리는 항상 함께 웃었고 재미있게 지냈지만 아버지는 매우 재미없었어요. 아버지는 전혀 유모감각이 없었는데 그래도 어머니는 아버지가 유모감각이 있다고 믿으셨어요. 그러나 나는 아버지에게서 그런 점을 보지 못했어요."

"이제 나는 현재 문제인 나의 결혼에 대해 이야기하려고 해요. 우리는 상당히 잘 지내왔어요. 남편은 나보다 더 우리의 결혼에 대해 만족해요. 문제는 아이들이예요. 남편의 아들 죠이가 집에 왔다 가면 우리 부부가 좋은 관계로 되돌아가는데 한달이 걸려요. 죠이의 어머니는 내 남편과 이혼할 때 죠이에게서 손을 떼었어요. 잭은 죠이가 그의 친어머니와 함께 지내는 것을 전혀 허락하지 않아요. 그는 우리와 함께 지내는데 죠이의 태도는 '나는 그러고 싶지 않은데 왜 그래야 되지?' 이런 식이예요. 그는 매우 이기적이고 비협조적이고 남을 헤아릴 줄 모르고 나는 그와 함께 살도록 강요되어지고 있어요. 내 딸은 나의 문제가 정면으로 맞서지 않는데 있다고 말하지만 만약 열두 사람이 손님으로 초대되는 바쁜 주말에 그가 집에 오는 것을 내가 허락할 수 없다고 말한다면 잭의 전 가족은 나에게 대들 것이며 내 생활을 불쾌하게 만들거예요. 잭은 한번도 그의 아이들이나 전처에게 '안돼'라고 말한 적이 없었지만 나에게는 거절하는 말을 해요. 얼마 전에 죠이는 수술을 받아야 했는데 수술받기 전주일에 그가 우리와 함께 지내도록 해주겠느냐고 잭이 나에게 물었어요. 나는 좋다고 말했어요. 하지만 회복되는 동안 그는 기브스붕대를 하고 있었고 지나치게 요구가 많았기 때문에 우리와 함께 지내게 할 수가 없었어요. 그래서 수술 받기 일주일 전에 우리랑 함께 지내고 수술후에는 그의 어머니에게 가기로 모두 동의했어요. 우리 모두 그 의견에 찬성하였는데, 죠이의 어머니가 약속을 어기고 그를 데려 가기를 거절하였고 잭은 죠이가 우리와 함께 지내야한다고 주장했어요."

"나의 고통은 어떤 단순한 사건에서 나온 것이라기 보다는 몇년동안 쌓여져 온 것이예요. 다행스럽게 내 아이들은 훌륭하고 잭과 잘 지내고 있어요. 남편의 전처 자식들이 문제였지만, 이제는 모두 잘 성장하였고 모두 집을 떠나 있어요. 막내딸은 친어머니와 함께 살고 있는데 멀리 떨어져 있어서 우리 집에 자주 오지는 않지만 나는 그애와 아주 좋은 관계를 유지하고 있어요."

"그러면 문제가 죠이에게로 압축되어 나타나고 있군요?" 나는 물었다.

"네" 그녀는 응답하였다. "그애는 잭과 나사이를 갈라 놓으려고 하는 애예요. 나는 그가 상당히 고의적으로 그렇게 해왔다고 생각해요. 잭은 나에게 남동생이 없기 때문에 그게 내 문제라고 얘기하지만 나는 남자 사촌 형제가 있었어요. 나는 잭이 죠이나 전처에게 안된다고 말하기를 두려워하는 것이 문제라고 생각해요. 그러나 잭은 일할 때는 매우 거칠고 나에게는 안된다고 얘기하는데 주저하지 않아요."

나는 물었다. "죠이가 현재의 문제라고 말한다면 문제를 지나치게 단순화시키는 것일까요?"

"아니요" 레이라는 말했다. "현재 죠이가 근본적인 문제예요. 그는 집을 떠나 대학에 다니면서 동시에 일을 하고 있어요. 나는 그가 다음 학기 전에는 집에 오지 않기를 바래요. 잭은 아이들이 말하는 것은 뭐든지 믿어요. 나는 진실을 말할 수 있지만 그러나 죠이가 거짓말을 하면 잭은 그를 믿어요. 예를 들면 언젠가 나는 저녁식사를 위해 준비해 둔 6 파운드짜리 햄버거를 그에게 보여주면서 만약 그가 점심때 그것을 먹고 싶다면 1 파운드를 먹을 수 있지만 그 이상은 안된다고 죠이에게 말해 주었어요. 그는 햄버거 6 파운드를 먹었어요. 나는 쇼핑을 하면서 햄버거를 샀고 저녁식사때 쓰려고 냉장고에 넣어 두었기 때문에 햄버거가 어느 정도의 양인지 알고 있었어요. 그러나 햄버거를 4 파운드나 먹었다고 내가 죠이를 야단쳤을 때 잭은 죠이가 하는 말을 믿었어요."

(레이라는 그녀의 결혼생활의 문제들을 전부 이야기한 것은 아니었지만 부각되어진 점은 그녀의 딸이 그녀에게 이야기한 점, 즉 그녀는 자신의 입장을 주장하거나 어떤 확고한 입장을 취하는 것을 두려워하고 있다는 것이었다. 그 이유가 0-6세 양식에 의해 확인되지는 않는다 하더라도 암시되어지고 있다. 그녀의 어머니는 그녀 곁에 있었던 적이 별로 없었으며 그래도 어머니와 좋은 관계를 맺고 있었다. 레이라의 아버지는 거의 완전히 위축되어 있었다. 유모에 대한 기억이 그렇게 생생하며, 의미있는 유일한 기억으로 여겨지는 이유가 바로 여기에 있다. 그녀는 부모로 부터 지지를 거의 받지 못했고 따라서 위협적인 유모의 태도는 충격적인 경험이었고, 이러한 경험은 그녀를 수줍고 소심하게 만들었다. 그녀가 두번째 남편 잭에게 맞서지 못하고 가족들이 그녀에게 대들고 그녀의 생활을 불쾌하게 만드는 것을 두려워하는 이유가 바로 과거의 경험들 때문이다. 이러한 두려움이 너무 강하기 때문에 그녀는 잭이 죠이의 편을 들고 있고 죠이에 의해 그녀 자신이 착취당하는 것을 묵과하지 않겠다는 각오로 결혼 생활을 유지하기 보다는 이혼을 심사숙고 하고 있다. 0-6세의 전반적인 충격은 어머니와의 거리감, 어머니의 관심의 결여, 또한 아버지의 관심의 결여, 이에 더하여 여동생의 출생으로 그녀가 그나마 어머니로 부터 받았던 관심이 여동생에게 옮겨졌던 상황, 그리고 지나치게 많은 책임감이 어린 나이에 부과되었던 점들이었다. 이는 여동생에 대한 강한 질투어린 적개심을 유발시켰고 4, 5세경 가학적인 유모로 인한 충격으로 그녀가 상처 받도록 만들었다. 그녀의 상처받기 쉬운 마음은 어머니의 사망으로 인해, 그리고 열네살때부터 아버지가 거의 완전히 그녀를 배척했던 상황에 의해 더욱 약해졌다.)

역동진단 : 레이라 스미스

아동기 : (1) 지나치게 엄격하고 가학적인 유모. 지나치게 엄격하였음, 결핍되었음. 어머니는 거의 곁에 있지 않았고 환자와 여동생에게 거의 관심이 없었다. 아버지는 정서적으로 위축되어 있었고 어머니에 의해 완전히 지배되어 있었다. 여동생이 그녀보다 18개월 늦게 태어난 후 그녀는 자신이 밀려났다고 느꼈다. 여동생은 모든 관심을 받았다. 여동생에 대한 질투어린 적개심.

현 재 : (1) 불안정하고 겁을 내고 있으며 복종적인 경향이 있다. 그녀의 입장을 주장할 수 없다. 지나친 책임을 맡고 있지만 이에 대해 화를 내지 못한다. 어느 정도 사람들로 부터 소외되어 있다. 그러나 아이들에게는 그녀가 받지 못했던 것을 주려고 노력한다.

강 점 : (1) 아이들에 대한 헌신 (2) 어떤 정도이상으로는 지배당하지 않겠다고 결심 (3) 사랑하고 사랑받는데 비교적 자유로움.

IV. Amy Colton : 미끼가 걸린 애정

에미 콜튼은 이제 갓 설흔살이 넘은 매력적인 여성으로 나는 그녀를 거의 일년동안 만났었다. 그녀는 자신의 생활이 절제없는 종말상태에 있고 혼란상태에 있다고 느꼈기 때문에 나에게 찾아 왔다. 그녀는 어떤 인생설계도 가지고 있지 못하고 그녀가 어디로 가고 있는지 알지 못하며 소외되어 있고 아무도 그녀에 대해 관심이 없다는 것이었다. 그녀에게 잘 해주는 한 남자를 만났을 때 그녀는 그에게 무엇인가 잘못된 점이 있거나 실수일 것이라고 생각했다. 그러나 실제로는 많은 사람들이 그녀에게 관심이 있다고 여겨지는데 그녀는 설흔살이 지나면서 시작하기는 했으나 시키고 대학에서 석사 과정을 시작하였다. 그녀의 0－6세는 다음과 같다.

보통때처럼 나는 출생시부터 6－7세경까지 그녀 생활에서 주요 인물이 누구였는지 물었다. 그녀는 말했다. “어머니, 아버지, 남동생.” 그녀의 남동생 이름은 죠니였고 그는 그녀보다 두살 반 아래였다.

그녀는 계속하였다. “또한 우리랑 많은 시간을 보내곤 했던 아버지 친구

두분이 있어요."

나는 물었다. "0-6세 사이 가장 중요했던 사람은 누구였읍니까?"

그녀는 응답했다. "확실히 어머니였어요. 왜냐하면 아버지는 직장에 일하러 가셨기 때문이예요. 나는 우리 가족내에서 뿐만 아니라 모든 아버지 형제들의 집안에서도 첫번째로 태어났었기 때문에 거의 이년동안 공주였어요. 나는 지대한 관심을 받았어요. 이상하지만 아버지의 가족이 어머니의 가족보다 훨씬 좋았다는 기억이 나요. 아버지와의 관계는 기억나지 않고, 단지 두가지 일만 기억나는데 둘다 좋지 않은 기억이예요. (1) 하나는 내 남동생이 태어났을 때 나는 아주머니랑 함께 집에 남겨져서 거리를 내다보고 있었는데 거리는 텅비어 있었어요. 아무도 거리에 없었고, 차도, 사람도 없었는데 거리의 끝 멀리서 차가 지나가는 것이 보였어요. 어린 아이일때는 사물이 실제보다 훨씬 멀리 보일 것 같아요. 그리고 나는 내 자신을 바라보았으며 주름장식이 달린 내 옷을 보았어요."(이 기억은 정서적 공허감, 사람이 곁에 없다는 느낌, 그녀 자신에게로의 관심의 철수를 나타내준다.)

"(2) 두번째로 남동생이 태어난 후 아버지가 집에 오셨고 나는 대문을 열어 둔채 내 인형을 들고 옷도 입지 않고 집 밖으로 달려 나갔어요. 아버지가 나를 따라 나오셨고 나에게 매질하셨다고 후에 이야기 들었어요. 그후부터 나는 집으로 부터 뛰쳐나와 달려 다녔다고 추측돼요."(그녀의 진술은 다음과 같이 요약된다. 정서적 배경으로서 그녀에게 향한 적개심, 반항, 죄의식, 처벌이 함축되어 있다.)

"나의 어머니는 항상 옆에 계셨어요. 예를 들면 어머니가 나에게 춤을 배우게 했을 때 항상 내 곁에 계셨어요. 어머니는 나를 셔리 템플로 키우려 했나봐요. 나는 다섯살이 되기 전 리사이틀을 하면서 무대에 섰어요. 무용선생이 있었고 나는 그녀로 부터 교습을 받았는데 그녀가 떠나자 그만 두었고 다시는 춤을 추지 않았어요. 그 선생이 떠나자 나의 마음은 상처를 입었어요.(아마도 집에서의 불충분한 사랑이 선생을 갈망하게 만들고 배척에 대해 지나치게 민감하게 만든 것 같다.) 어머니는 마치 베개처럼 항상 옆에 계셨는데 매우 부드럽고 하얀 피부를 가졌지만 공허했고, 그러나 매우 이성적이었고 아름답고 매력적이었어요. 나는 끔찍할 정도로 어머니에게 매달렸어요.(아마도 과잉애착 상태로서, 이는 배척받고, 불안정한 많은 아이들이 대개 그러하다.) 나는 사람 눈에 띄지 않았고 부끄러워하였고, 낯선이를 두려워했어요. 나는 어머니가 미쳐 준비할 여유도 주지않고 사람들을 식사에 초대하였지만 어머니는 이를 받아 주시곤 했어요."

"여섯살 때쯤 내 전용 야채정원이 있었는데 그러나 그곳에서 실제로 야채를 키우는 것은 어머니였어요. 언젠가 한번은 내가 남동생을 때렸던 기억이 나는데, 어머니는 손을 등뒤로 묶고 몇시간 동안 구석에 나를 세워 두셨는데 나에게는 그 시간이 하루처럼 길게 느껴졌어요. 어머니는 빙크로스비의 음반을 틀곤 하셨고 그의 노래를 따라 부르곤 하셨어요. 어머니가 미소지으면서 나를 예뻐하시면 세상이 온통 즐거웠어요."

(처음 내가 이 환자를 보았을 때 그녀의 어머니가 사망한지 오년이 지났건만 그녀는 어머니라는 말이 나오자 마자 면담시간 내내 억제하지 못하고 울었다.)

"내 인생에서 그 다음으로 중요했던 인물은 아버지였다고 추측돼요. 아버지는 세군데의 다른 직장에서 일하셨어요. 그는 아침 6시에 떠나셨다가 저녁 식사후에도 집에 돌아오시지 않을 때가 가끔 있었어요. 다시 말하면 아버지는 오전 6시부터 저녁 9시나 10시까지 일하셨어요. 만약 일 중간에 시간이 나면 아버지는 집에 오셨고 어머니는 남동생과 나를 조용히 하라고 내쫓으셨어요. 아버지는 우리들과 함께 지내기엔 너무 피곤하셨지만, 아버지에게는 친구 두분이 계셨는데 그 분들은 우리에게 온갖 것을 갖다 주셨어요. 아버지는 0－6세때의 기억속에 거의 존재하지 않아요. 아버지가 곁에 계셨다는 기억이 나질 않아요. 아버지의 남동생들이 집안 사업을 이끌어 가셨고 우리에게 온갖 잡동사니들……과자, 나이론, 온갖 물건들－을 보내주셨어요."

"그들이 당신에게 매우 친절했던 것처럼 들리는군요." 나는 말했다.

"아니요." 그녀는 말했다. "그들은 그러지 않았어요. 나는 그들을 만나본 적이 없어요. 그리고 그들은 차례로 몇년에 걸쳐 모두 돌아가셨어요."

"어머니는 항상 곁에 계셨고 아버지는 한번도 곁에 계시지 않았다는 말인가요?"

"네" 그녀는 말했다. "나와 남동생, 어머니가 있었어요. 그러나 내가 일곱살이 되었을 때 우리는 새집을 장만하여 이사하였고, 아버지는 남동생을 떠맡으셨어요. 아버지는 아홉시나 열시에 집에 돌아오시지 않고 일곱시에 집에 돌아오시기 시작했고 우리 곁에 계시는 일이 많아졌어요. 아버지는 남동생이 너무 연약하고 여성적이라고 생각하셨기 때문에 남동생을 맡으셨어요. 그때 남동생은 완전히 달라졌어요. 나는 그동안 남동생을 줄곧 때렸었는데 그가 빨개질 때까지 때리곤 했어요. 그때 그는 상냥한 마음씨를 가진 좋은 아이였고 만약 그가 나쁜 일을 했다하더라도 야단 맞는 것은 저였어요."

"아버지가 남동생을 맡았다는데 무슨 뜻이죠?" 나는 물었다.

"아버지가 남동생을 집밖으로 데리고 나가시곤 했다는 뜻이예요. 대부분은 매주 토요일, 일요일에 그렇게 하셨고 만약 그들이 집에 있다 하더라도 함께 무언가를 했어요. 아버지는 남자 삼형제 사이에서 자랐는데 남동생이 좀 더 남자다워져야 한다고 느끼셨어요. 아버지가 남동생을 맡았을 때 어머니는 나를 때리곤 하셨어요. 어머니는 얼마동안 너무 정신이 없었어요. 어머니는 무엇이든 도움이 될 것을 찾고 계셨어요. 어머니는 크리스챤 사이언스와 다른 많은 일들을 시도하셨어요. 아버지는 어머니에게 친절하지 않으셨어요. 어머니가 수술을 받았을 때 아버지는 어머니를 병원에다 태워다 주고 집으로 데려다 주는 것을 거절하셨어요. 어머니는 삼십대 후반기에 폐경이 시작되었고 끔찍한 편두통을 앓으셨어요. 내 생활 가운데 남동생이 차지하는 부분을 충분히 강조하지 않았다는 느낌이예요. 그는 현재 사업을 하고 있는데 매우 성공적이예요. 그는 나의 아버지의 자리를 물려받은 셈이예요. 그는 나의 아버지 그대로인데 실제로 내가 알았던 가장 최악의 아버지예요. 그는 내 몫의 돈을 나에게 주지 않고 비열하게 구는데 이 때문에 나는 다음번의 식사비를 어떻게 지불할지 막막해요. 지난 밤 나는 그를 죽이는 공상을 했어요. 그러나 단지 벼개를 쳤을 뿐이예요."

우리는 에미가 왜 방향이 없다고 느끼고, 가까운 인간관계가 없다고 느끼는지 그 이유를 쉽게 알 수 있다. 그녀는 어머니에게 지나치게 애착되어 있었고, 어머니가 돌아가셨을 때 에미의 정서생활은 무너졌다. 그러나 어머니와 밀착된 이와같은 관계에도 불구하고 그녀는 어머니에게 빈번히 매를 맞곤 하였다. 아버지와는 겉으로 보기에는 애정적인 관계가 전혀 없었거나 거의 없었다.

남동생에게로 향한 적개심이 있었고 그를 못살게 괴롭힌데 대한 죄의식이 있었는데 이러한 적개심은 어머니에 대한 지나치게 강하고 양가적인 욕구에 대한 자연스런 반응이었으며 또한 남동생이 저지른 나쁜 일에 대해 그녀가 야단맞음으로써 자극되어진 것이었다. 그녀가 이야기한 바와같이 분명 남동생은 그녀를 가족의"공주"위치에서 몰아내었다. 그러므로 0-6세사이에 어떤 좋은 관계는 없었고 이와같이 모두 만족스럽지 않다고 느꼈음에도 불구하고 어떻게 해서 그렇게 안정되고, 생활을 체계화하고 석사학위를 받을 수 있었는지 또한 인간관계를 가질 수 있었는지 의심스럽다. 그녀의 0-6세는 충분히 혼란되어 있고 지속적인 사랑과 따뜻함이 결여되어 있었으므로 오늘날 왜 그녀가 혼란되어 있다는 감정을 느끼고, 안정된 관계를 갖지 못하는지 그 이유를 알 수 있었다. 또한 그녀가 만족스럽게 동일시할 만한 사람이 아무도 없었으며 만족할만한 자아정체감을 갖지 못하고 있다고 나는 생각한다. 어머니에 의해 매맞던 양식과 아버지로부터 정서적 친밀감이 결여되었던 양식, 남동생에 의해 밀려나고 그에 대해 가학적 행동으로 반응했던 양식, 그러나 남동생이 성장한 후에는 그로 부터 고통을 받고 있는 현재 상황을 생각해 볼 때 그녀가 남자와 만족할만한 관계를 가지고 있지 못하다고 느끼고 있다는 점은 놀라운 일이 아니며 또한 그녀가 결혼하지 않았다는 사실 역시 놀라운 일이 아니다.

에미 콜튼은 규칙적으로 일주일에 한번씩 면담하기로 했는데 이러한 빈도가 적절하다고 여겨졌다. 나는 더 자주 면담하는 것은 지나치게 집중적인 면담이 될 것이라고 생각하였고, 시간이 지나면서 그녀가 이러한 방식으로 매우 잘해나가고 있음이 관찰되었다. 일주일 후에 다시 만났을때 그녀가 현재의 자료를 가지고 시작할 것인지 아니면 초기 생활양식을 계속 회상할 것인지를 알수 없었으므로 나는 아무 말도 하지 않았다. 그녀는 말했다. "이웃 집이 생각나요. 그들은 우리집에서 몇집 건너에서 살고 있었어요. 그 집의 현관이 우리집의 현관보다 좋았던게 기억나요. 지난 면담이후 그동안 미처 깨닫지 못했던 사실, 왜 남동생이 나에게 중요한지를 알게 되었어요."

"일주일전 선생님과 면담하고 난 후 나는 이틀동안 몹시 우울했어요. 이는 아버지가 나로 부터 남동생을 빼앗아 간 사실과 연관된다고 생각해요. 남동생은 내가 여섯살내지 일곱살이 될때까지 내가 잘 알고 있었던 유일한 남성이었어요. 다른 남성들—아저씨들, 친구들—은 신비에 쌓인 남성들 같았어요. 그들은 나타났다가 사라졌지만 아버지가 남동생을 데려간 것은 남동생이 어머니를 빼아간 것과 같은 성질의 것은 아니었어요. 남동생은 내 몫으로 되어 있는 어머니의 시간과 관심을 빼앗아가 버렸고 그런 방식으로 나로부터 어머니를 빼앗아간 셈이었어요. 나는 아버지와 어머니가 나에게 주었던 것보다 더 많은 사랑을 남동생에게 주었다고 느꼈으며 그들은 나에게 단지 '물질'만을 주었다고 느꼈는데, 누구든 어떤 바보에게라도 물질을 줄 수 있어요. 아직도 혼란상태이고 뒤죽박죽이예요. 나는 조인 것이 풀려질 수 없다고 느껴지는데, 풀었다 말았다 하는 바람에 일들이 다시 흔들리고 말아요. 그러나 나는 먹고 살아 갈 궁리를 하고 선생님의 청구서를 포함한 청구서들을 지불할 수 있기 위해 내 유산 확보를 서두르려고 두명의 법률가에게 자문을 구했어요. 나는 두가지 상반되는 의견을 들었어요. 실제로 나는 은행사람들과 이야기했고 변호사를 찾아 갔어요. 남동생 보다 그들과 이야기하는 편이 더 효과가 있는데 왜냐하면 남동생과 전화하면 우리 둘다 감정적으로 되고 적대적으로 되기 때문이예요. 은행 사람들은 신속하게 부분적인 유산 확보를 추진해 나가고 있어요. 이제 나는 남동생에 대해 생각을 더 적게하고 있으며 시험에 통과하였고 몇달 후에는 다음 학기를 시작할거예요. 그때까지는 전임직을 얻어보려고 하며, 학교가 시작되면 시간제 일을 찾아 보려고 해요. 학교에서 조교직을 맡고 있는 한 여성이 있는데 나는 남자보다 여자들과 쉽게 친숙해져요. 남자들과는 달리 여자들과 이상한 상황에 빠지는 일이 없어요."

(이는 놀랄 일이 아니다. 왜냐하면 에미는 어머니와 양가적이지만 강한 관계를 경험했던 반면, 그녀를 무시하거나 그녀를 때렸던 아버지와는 거의 관계를 경험하지 못했던 것 같고 서로 치고 박고 싸웠던 남동생과도 마찬

가지였다. 그들이 어렸을 때는 그녀가 남동생을 때리곤 하였으나 성장한 후에는 그가 그녀를 경제적으로 강타하였다. 물론 나는 이 시점에서 아무 말도 하지 않았다.)

에미는 계속 말했다. "내일 나는 그 여자를 만나는데 몇년 안에 그녀는 조교에만 그치지 않고 교수가 될거예요. 내가 말했던 그 이웃들……그 이웃여자는 매우 좋은 회사에 나가고 있었어요. 나는 그 여자가 우리 어머니의 친구라고 추측해요. 그녀는 레모네이드와 다른 마실 것을 만들곤 하였는데 참 맛이 있었어요. 그녀의 두 딸들이 있었고 아들도 한 명 있었는데 그 아들은 나보다 여덟살이나 열살위였어요. 분명 그 여인은 딸들과는 잘 지내고 있었지만 아들과는 어렵게 지내고 있다고 말하곤 했어요. 나는 그들이 어떻게 내 마음속에 들어오게 되었는지는 모르지만, 그녀는 매우 멋있는 숙녀였고 그 집 현관에는 항상 먹을 것이나 마실 것이 있었어요. 현관은 아주 작고 희었는데 빨강 계단이 있었고, 거기서는 아름다운 꽃들이 자라고 있었어요."

"지난 주 선생님 곁을 떠난 후 왜 내가 그렇게 우울했었는지 그 이유를 모르겠어요."

그녀가 계속 말하기를 잠시 기다린 후 나는 말했다. "대학원 시험에 합격하기 위해서 전력을 다 한후 기운이 빠진게 아닐까요?"

그녀는 말했다. "아니요. 이야기 내용에서 무엇인가를 보았기 때문이었어요. 나는 그게 남동생과의 관계일거라고 생각해요. 그 전까지는 남동생이 내 인생에서 얼마나 큰 비중을 차지하고 있는지, 왜 그와 이별하기가 그렇게 어려운지 그 이유를 깨닫지 못했어요. 이제 상황들이 서로 연결되고 있어요. 나는 이제 막 그 문제를 다루기 시작하고 있어요. 나는 어떤 책에서 밑줄이 그어진 다음과 같은 문구를 읽었어요.'인간은 무엇보다 자신과 더불어 살아야 하며 자신에 대해 편안해야 한다.'나는 남동생에 대해 체면을 차리면서 행동하려고 노력해 왔어요. 사람들은 나더러 지각이 있다고 얘기하지만 우리 가족은 내가 천치같으며 얼마나 쓸모없는가에 대해 얘기할 뿐이예요. 서로 상반된 견해들이예요. 한편의 사람들은 나의 한면을 보고 다른 사람들은 또 다른 면을 보죠."(이는 자아정체감의 결여, 안정된 자아 이미지의 결여처럼 들리며 이러한 자아정체감은 분명 그녀의 0－6세 동안 결여되어 있었다.) 그리고 나서 그녀는 잠시 침묵하였고 나는 이 기회를 포착하여 그녀에게 아동기양식에 대해 설명해 주려고 하였는데, 보통 사람들은 그들에게 가장 가까웠고 그들에게 영향을 미쳤던 사람들과 어떤 형태의 아동기 정서양식을 형성하며 이러한 양식은 흔히 일생동안 지속된다는 것이다. 만약 그런 양식들이 이러 저러한 방식으로 그 정도가 심해지면 그런 양식은 정서문제를 야기시킬 수 있다. 그녀는 이해하는 것처럼 보였지만, "그러나 나는 너무 불안해요"라고 말했다.

나는 대답했다. "그래요. 나는 이제 막 그점을 설명하려고 했어요. 그런 감정은 어머니, 아버지, 남동생에 대한 당신의 정서양식의 연장이예요. 만약 가족내에서 '공주'였던 원래의 양식이 지속되었더라면 당신은 인생에서 다른 정서문제를 가졌을 것이며, 현재와 같은 문제가 일어나지는 않았을겁니다. 어머니에 대한 당신의 감정양식은 어머니가 벼개처럼 부드럽고 좋을 때는 특별히 중요한 사람이지만 어머니가 당신에게 잘해 줄 때마다 나중에 어머니가 당신을 무너뜨릴 것이라고 예견하는 양식이었어요. 아버지와의 감정양식은 아버지가 곁에 계시지 않았기 때문에 아버지로 부터 안정감을 느낀 적이 없었고, 아버지가 곁에 계실 때는 자주 당신을 때렸던 양식이었어요. 그리고 남동생과는 서로 치고 받는 사이였어요. 당신은 남동생이 파랗게 질릴 때까지 남동생을 두들겨 주곤 하였으며 이제는 남동생이 당신 몫의 내주지 않고 당신이 얼마나 지독한 사람인지 악선전 함으로써 당신을 두들기고 있어요. 그래서 당신은 당신에 대한 가족들의 감정에서 이러한 양식을 취하게 되었어요. 이제 당신이 해야하는 것은 그렇게 나쁘지 않은 현재의 현실과 이러한 감정양식을 대비시키는 거예요. 지능이 모자란 한 환자가 있었는데, 그런 상황은 매우 어려운 현실이고 그녀가 직면하기 어려운 현실일텐데, 어떻게 그녀가 그 현실을 직면할 수 있겠어요? 그러나 당신의 경우는 건강하고 강하며 우수한 지능을 가지고 있으며 외모도 아름답고 상당한 직관과 이해력과 경험을 가지고 있어요. 그래서 당신은 부모와 남동생에 의해 취해진 이러한 아동기 견해를 당신에 대한 현실적 견해와 대치시켜야 합니다."

그녀는 말했다. "나는 선생님이 의도하고 있는 것이 무엇인지를 이제야 막 알기 시작하고 있을 뿐이예요. 아마도 내가 신델렐라를 그렇게 좋아하는 이유가 바로 이점 때문인 것 같군요. 실제로 나는 내가 고아라고 생각하곤 했어요."

(이 면담에서 환자는 스스로 연결을 해가고 있으며 아동기 정서양식을 보다 분명하게 이해하고 있는 것으로 보여지며……그러나 그 이상으로 그녀는 이러한 양식과 현재의 현실과의 정서적 연관성을 이해하고 있는 것으로 보여진다. 따라서 뚜렷한 분석적 치료 효과가 있다는 느낌이 들었다. 환자가 집에서 애정 깊은 관심을 거의 받지 못했으며 비난과 질책을 받았고 실질적인 구타에 대한 예견으로 항상 상처받았기 때문에 그녀의 이웃집을 기억하고 있다고 추측된다. 그 집에서 그녀는 항상 일관성있는 관심과 친절을 발견하였으므로, 그녀의 기억 속에 그 집이 남아 있다.)

예견되는 바와 같이 그리고 이미 치료초기 부터 명백했던 바와같이 신중하게 목적을 의식한 방법으로서, 자유연상에 더하여서 아동기양식으로 부터 현재의 문제까지 왔다 갔다하는 방식은 단지 일정한 조건과 일정한 환자에게만 효과적일 뿐이다. 나는 에미 콜튼과의 다음 면담에서 이러한 방식을 시도하였고 이러한 방식이 틀림없이 해를 주지는 않으며 실제로 만족할만큼 효과적이 아니라 할지라도 어떤 이득을 줄 수 있으리라고 생각한다. 그녀와의 면담은 다음과 같이 진행되었다.

나는 말했다. "아동기양식이 현재의 문제와 어떤 연관이 있는지 좀더 이야기 해 보실까요?"

그녀는 나중에 나에게 보여주고 싶은 편지가 하나 있는데, 지금은 내 질문에 대답해보겠다고 간단히 말했다. 나는 일년전 그녀가 나를 처음 만나러 왔을 때 그녀의 문제가 무엇이었는지 물었다.

"확실히 기억나요" 그녀는 말했다. "어머니의 죽음을 어떻게 받아들이는가 하는거였어요."

(그녀의 어머니는 환자가 나를 만나러 오기 5년전에 죽었지만 그녀는 아직도 그 생각을 견딜 수 없었다. 이 환자는 여러분이 기억하는 바와같이 설흔살이 넘었다.)

"그외에" 그녀는 말했다. "다른 상실들도 견딜수가 없었어요. 나의 어머니와 아버지의 상실, 남동생을 잃을 거라는 생각이 들었고 그 당시 남동생과의 일이 몹시 악화되어가고 있었으므로 나는 그와 떨어져 있어야 했던 기억이 나요—나는 남동생으로 부터 떠나 있어야 한다고 느꼈으나 혼자서는 그렇게 할 수 없었으며 도움없이는 그렇게 할 수 없었어요. 이와 같은 상실을 견뎌내는 문제 뿐 아니라 모든 일이 엉망진창으로 느껴졌어요. 감정적이면 안될 일에 대해서는 감정적이었고, 감정적이어야 될 일에 대해서는 감정적이지 못했어요."

나는 말했다. "예를 들어 주시겠읍니까?"

"네" 그녀는 말했다. "시험에 통과하는 일이었어요. 시험전에 나는 공부하는데 쏟아야 할 힘을 대인관계나 성적인 면에 쏟아 놓는 식으로 혼돈되어 있었어요.이러한 점에 대해 내 자신이 명백하지 않기 때문에 나는 그런 점을 명백히 표현하고 있지 못해요. 암흑과도 같았어요. 나는 어떤 사람들이 두려웠어요. 내 자신의 평가 역시 불분명했어요. 사람들은 내가 내 자신을 비하시킨다고 이야기해요. 또한 나의 아버지에게 맞서는 것보다 남동생에게 맞서는게 솔직히 더 두려워요. 누군가 나를 안다면 그들이 나를 사랑하지 않을 것이라고 어머니가 말씀하신 기억 때문에 나는 정보를 잘 처리할 수가 없었어요. 내가 완전히 미친 것은 아니라고 생각하니 마음이 훨씬 편해졌어요. 선생님을 만나기 전에는 나는 나의 아버지 '미친 구스'의 딸, '미친 에미'로 알려졌어요. 이제 나는 한 인간으로서 훨씬 든든하게 느끼며 한 여성으로 느껴요. 그전에는 이렇게 느낀 적이 없었어요—그리고 어린이, 소녀, 여성을 만들어가는데 기여하는 모든 것들을 느껴보지 못했어요. 이러한 점들이 내가 선생님을 만나러 왔을 때 지니고 있었던 문제들이었어요. 이제 모든 일들이 훨씬 좋아지고 있기 때문에 나는 '문제'라는 말을 쓰고 싶지가 않아요."

"그래요. 그렇다면 문제라는 말 대신 '어려움'이라는 말을 쓰기로 합시다. 우리가 해결하기 바라는, 아직 남아있는 어려움은 무엇입니까?"

"나는 현재 어떤 일을 해나가는 도중에 있으며 무엇인가를 향해 나아가고 있다고 느껴요. 그러나 그것이 무엇인지는 모르겠어요. 아마도 나는 조금 두려운가봐요. 나는 마치 정보들을 이용하여 내 인생을 방어하려는 것처럼 모든 정보들을 수집하였고 그리고 그 이상의 것이 있긴 있는데 그것을 말로 잘 표현하지 못하겠어요. 마비된 느낌이예요. 나는 완전하게 되고 성인이 되려고 노력하지만 성인에 대한 정의는 아직 분명하지 않아요. 나는 그것이 무엇보다도 남동생으로 부터 자유로워지는 것이라고 생각해요."

"열아홉살이 되었을 때 나의 여자친구가 나에게 내 남동생이 지독하다고 말했어요. 나는 그 이야기를 부정하였고 지금도 그것을 부인하고 있는 자신을 발견해요. 이 편지에 적혀 있는 일, 즉 법정에 나가 남동생의 손아귀에 들어가 있는 어머니의 유산을 빼앗아오는 그런 일 때문에 굉장히 기분이 나빠요. 나는 현재 문제를 잘 정리하지 못하겠어요. 유산에 대한 편지가 있어요…… 선생님이 이런 문제를 일상의 문제라고 부르실거라고 생각돼요."

"네" 나는 말했다. "그거 좋은 말인 것 같군요."

그녀는 말했다. "법률가가 남동생에 대해 쓴 편지를 여기에 가져 왔지만, 남동생이 실질적으로 나의 좋은 친구가 아니라는 사실을 용납하기가 어려워요. 모든 사람들이 나에게 해준 말은 대부분 거짓말이예요. 부모님들은 나에게 피는 물보다 진하다고, 내 남동생이 나의 친구라고, 그리고 아버지가 나를 사랑하셨다고 말씀해 주셨는데, 구타와 조소에도 불구하고 아직도 나는 그 말들을 믿어요. 그리고 남동생이 내 몫의 유산을 가지려고 한다는 것, 사실상 유산을 몽땅 빼았겨서 나는 생계를 꾸려갈 돈도 없게 되고 선생님의 청구서에 지불도 못하게 될거라고 생각해요……. 그러나 애정의 순간이 전혀 없다는 의미는 아니예요. 나는 매를 맞고도 어머니의 무릎에 눕곤 했어요……. 그러나 어머니는 내가 그랬던 것처럼 내가 대단한 딸이기를 바란다고 나에게 말씀하셨어요. 나는 실제로 어머니의 생활을 망가뜨리는 망치같은 것을 내밀었던 셈이예요……. 어머니는 단순한 영혼의 소유자였고 복잡한 세상사에 의해 좌절되었다고 생각돼요. 지금 나는 말을 하고 있으나 내 말에는 감정이 따르지 않고 있어요. 사실상 나를 실제로 이해해 주었던 유일한 사람은 대학에서 알았던, 정신분열증을 앓고 있던 한 여인이었는데 나는 그녀를 이해할 수 있었어요. 어머니는 당신이 남동생에게 너무 많은 관심을 주었기 때문에 아버지가 남동생을 질투했지만 나를 질투하지는 않았다고 말씀하셨어요. 어머니는 내가 남동생을 책임져야 한다고 말했어요. 남동생은 나보다 두살반 아래였어요. 양친은 모두 내가 그를 책임져야 한다고 말했어요. 그러나 내가 그에게 책임이 있는데 그가 그렇게 나쁘게 변했다면, 내 기분은 어떻겠어요?"

"죄의식을 의미하나요?"

"네" 그녀는 대답했다. "내가 말하는게 바로 그점이예요. 나는 사촌 재리를 좋아해요. 그는 나보다 서너살 위인데 나에게 매우 친절했어요. 그는 나를 집으로 초대하고 작년에는 나에게 기차표를 보내주었어요."

에미와의 다음 면담에서 우리는 역동진단에 대해 작업하였다. 함께 역동진단을 정리한 결과 에미에게 강한 효과가 있었다.

역동진단 : 에미 콜튼

아동기 : (1) 배척과 결핍. 아버지는 곁에 계시지 않았고 어머니는 곁에 계셨지만 의존적 애정욕구를 충족시켜 주지 않았다. 혹은 사랑을 주더라도 미끼로서만 사랑을 주고는 이를 빼앗아가고 버렸다. 숨막히게 하는 커다란 암탉인 어머니는 약간 사랑을 주지만 그 사랑속에는 올가미가 들어 있었다. 어머니가 사랑을 줄 때마다 곧이어 환자는 매를 맞곤 하였다. (2) 이로 인하여 불안정과 불안이 유도되었고, 어머니에 대한 지나친 매달림이 야기되었다(사랑받고자 하고 사랑하고자 하는 욕구). (3) 동생의 출현으로 인하여 환자가 그나마 어머니로 부터 받았던 것을 빼앗겼기 때문에 환자는 동생의 출생에 대해 적대적이었고 증오하였다. (4) 환자는 집을 떠날 때까지 열살때부터 스물세살때까지 아버지에 의해 신체적 폭행, 매를 맞곤 하였다.

현 재 : 박탈감, 열등감, 사랑받을 수 없다는 느낌, 그리고 만약 환자가 사랑을 받더라도 다시 배척받고 매를 맞을 것이라는 느낌. 이는 (a) 반동적인 우월감이라는 허울을 유도하였고 그러나 대체로는 (b) 마음의 상처, 고통, 불안, 공포, 강한 공격-도피반응을 유도하였

고 (c) 적대감, 분노(“화난 상태”), 사람들과의 친밀한 관계로 부터의 도피반응을 유도하였다.

강 점 : (1) 외로움과 고통을 직면하는 강한 의지와 통제력 (2) 우수한 지능 (3) 매우 나쁜 생활사태일지라도 직면하여 해결하겠다는 자신감.

V. Herbert Baxter : 완벽주의자

허버트 박스터는 온갖 기대를 받으면서 시카고 대학에 온 그런 젊은이들 가운데 한 사람이었다. 그는 잘 생겼고 운동선수였으며 학업 성적이 뛰어났다. 그의 입학은 의심의 여지가 없었으며 그의 부모를 포함한 모든 사람들은 그에게 대단한 기대를 걸고 있었다. 일학년 때 그는 이러한 기대를 충족시켜 주었다. 그는 배구팀의 주장이 되었고, 뛰어난 학업 성적을 보였고, 누구에게나 인기가 있었다. 그는 아름답고, 이지적이며, 상속녀인 한 여성을 사귀었다. 그리고 나서 갑자기 그는 자신이 새로운 구세주라고 생각하기 시작하였고, 그러한 방식으로 옷을 입고 말을 하였고 거리 모퉁이에서 연설하였다—이런 일이 있기 전에는 아무도 그가 정신병원에 가게 되리라고는 꿈에도 상상하지 못했었다.

거의 이년후 그는 퇴원하였고 대학에서 공부를 다시 시작하였으나 공부를 잘할 수 없었고 다시 재발하였다. 그는 병원에 되돌아 왔고 이러한 재입원 경과는 병원에 대한 그의 의존성을 조장시키는 결과를 가져온 것 같았다. 그의 부모는 필사적이었고 나에게 자문을 요청했다. 다른 점도 그러하긴 하였으나, 부모들은 경제적으로 부유하긴 하였으나 개인 정신병원의 엄청난 비용을 감당할 수 없었다. 내가 보기에는 허버트가 충분한 자아 강도를 가지고 있어서 입원하지 않고도 정서적인 문제를 잘 다룰 수 있을 것으로 여겨졌다. 그 당시 나는 입원실을 갖고 있지 않았기 때문에 나의 진료실에서 그를 잠시 만나본 후에 경계선 장애를 앓고 있는 젊은 환자들을 전문적으로 탁월하게 돌보는 나의 동료 의사에게 그를 의뢰하였다. 그 의사는 허버트를 매우 잘 다루었고 허버트가 받아들일 수 있는 방식으로 그의 역동을 다루었다. 허버트는 느렸지만 꾸준한 진전을 보이면서 회복되었다. 마침내 그는 졸업하고 학위를 취득하였지만 다소 불안정하였고 졸업 후에 몇달간의 입원이 요구되는 또 다른 재발을 일으켰다. 그후 그는 이 상태에서 벗어나 겉으로는 잘 적응하고 있는 것처럼 보였으나 내면적으로는 아직 불안정하여서 그의 부모와 그 자신은 언제 또 다른 재발을 겪게 될지 안심할 수가 없었다.

전쟁직후 그는 면담 받기 위해 나에게 찾아 왔는데 그 이유는 그가 친척과 함께 살기 위해 이 지역으로 이사를 왔고 부모들과 떨어져 있었기 때문이었다. 나는 상당한 흥미를 느끼면서 면담에 두시간 이상의 시간을 허용하면서 그를 만나 보았다. 면담은 다음과 같이 진행되었다.

나는 현재 그의 어려움이 무엇인지 물었고 그는 다음과 같이 말했다. "현실로 부터 도피하는 경향성이지요. 예를 들면 집에 갔을 때 집에 도착하자마자 나는 침대에 들어가 그곳에서 오후 내내 머물러 있었어요. 저녁식사 때 일어났고, 저녁식사는 매우 즐거웠지만, 식사후 나는 다시 자리로 들어가 다음날 새벽까지 침대에 있었어요. 나는 직장 가까이에 있는 아파트로 옮겨갔는데 다른 사람과 점심을 함께 먹지 않아요. 나는 내 아파트로 가서 자리에 누워요. 이렇게 움츠러드는 내자신이 증오스러워요. 오늘 아침에 선생님을 만나러 오는 길에 나는 선생님이 나에게 다음과 같이 말씀하시는 공상을 했어요.'허버트, 당신은 매우 힘든 인생을 살아 왔어요. 당신이 이 훌륭한 하얀 침실로 오면 나는 당신을 침대로 밀어넣고 당신과 함께 이야기할 겁니다. 그리고 당신은 잠시동안 아무 것도 하지 말고 쉬어요.' 나는 내 자신을 돌보는데 문제가 있어요." 그는 계속하였다. "나는 아침에 자발적으로 일어나서, 옷을 입고, 침대를 정돈하고 직장에 나가는 일을 잘 할 수 없어요. 과거에는 질서있게 잘 지내왔으나 지금은 그렇지 못해요. 그러나 내가 무기력한 환자라는 이야기를 하려는 것은 아니예요. 나는 친구들을 사귀었고 저녁식사 파티를 열었고 일부 음식은 내 자신이 요리한 것들이었어요. 나는 해내야 했던 일들을 그럭저럭 해냈으나, 그 일들은 특별한 일들이었어요. 내가 아파트로 돌아와서 방을 깨끗이 치우고 침대를 정돈하는 일들을 하지 않아야 될 이유는 없었지만 나는 그런 일들을 하지 않았어요."

"이러한 철수보다 더 고통스런 다른 문제는 없읍니까?" 나는 물었다.

"네" 그는 대답했다. "또 다른 주요한 문제는 내가 아직도 지나치게 생각속에 몰두해 있다는 점이예요. 내가 어떻게 느끼는지, 어머니를 얼마나 그리워하는지 등등, 이런 일들을 생각하지 않고 단 몇시간을 보냈다고 번뜩 깨닫는 경우가 있기는 하지만, 그런 일은 매우 드물어요."

나는 말했다. "당신의 에너지가 외적인 일로 돌려지지 않고 당신 자신을 내면적으로 지나치게 관찰하는 식으로 내향적으로 돌려지고 있다는 뜻인가요? 다시 말하면 당신의 직업과 잠자리를 정돈하는 일에 대해 생각하는게 아니라 당신이 어떻게 느끼고 어떻게 행동하고 있는지를 생각한다는 말인가요?"

"네" 그는 말했다. "바로 맞아요. 현재 상황은 더욱 나쁜데 왜냐하면 오늘 나는 직장 문제로 면담하기로 되어 있거든요. 현재 나는 내가 별로 좋아하지 않는 일에 종사하고 있어요……. 그 일은 운동분야의 일이예요. 선생님도 아시다시피, 그들은 내가 단순하고 감정적이지 않은 일, 머리쓰지 않는 일을 해야 한다고 생각하지만 최소한 온전한 상태에 있을 때는 나는 학구적인 생활을 좋아하고 그런 단순한 일보다는 가르치는 일을 하고 싶었어요. 대부분 나의 절망은 지나치게 강한 것이기 때문에 내가 오늘 선생님을 만나러 온 것은 어떤 면으로는 도움을 바라는 필사적인 시도라고 생각되요. 자살 위험이 있다고 해서 병원에 입원되었을 때 나는 더 이상 자살해야 할 필요가 없어졌기 때문에 대단히 안심이 되었어요."(이 당시 허버트는 25살이었으며 아직 멋있었기 때문에 아무도 그가 내면적으로 얼마나 필사적인가를 그와의 대화에서 알아차릴 수 없었을 것이라고 나는 생각한다.)

이 면담에서 나는 허버트에게 이제 우리가 그의 급격한 정서 문제와 정신증적 붕괴로부터 다소 여유를 갖게 되었으므로 0-6세를 검토해보는 것이 도움이 될 것으로 생각한다고 말했다. 여느 때와같이 일반적인 질문을 물으면서 면담이 진행되었다. "출생부터 여섯살 내지 일곱살때 까지 당신의 정서 생활의 주요 특징이나 특징들은 무엇이었다고 생각합니까?"

그는 말했다. "첫째로는 강하고 자애로운 아버지가 실질적으로 존재하셨어요. 둘째로는 그렇게 순수하게 좋지는 않았으나, 신과 같았던 어머니는 아버지처럼 따뜻하지는 않으셨으며 처벌적인 면과 보상적인 면을 갖고 계셨어요. 세번째로는 나보다 두살 위인 형과의 관계는 거의 전적으로 신체적인 관계였어요. 우리는 곰 새끼들처럼 타드락거리면서 싸우곤 했어요. 그것은 친근한 공격이라고 할 수 있어요. 그리고 나보다 네살 어린 남동생과 여덟살 아래 여동생이 있었어요. 남동생과 여동생이 출생한 뒤 나는 그 둘 모두에게 순수한 사랑이외에는 아무 것도 느끼지 않았어요. 0-6세를 망쳤던 유일한 점은 완벽한 행동에 대한 어머니의 요구로 인한 처벌과 배척에 대한 강한 두려움이었는데 우리가 완벽하지 않았을 때 어머니는 몹시 화를 내셨어요."

"이미 전에 선생님께 한번 이야기한 적이 있다고 생각하는데 첫번째기억은 무엇인가 널고 있는 어머니를 도와주면서'엄마, 나는 착한 아이지?'라고 물었던 거예요. 내가 이렇게 물었을 때 대부분은 어머니가 그렇다고 대답하셨는데 그럴 때 나는 기쁨과 만족감이 가득하였지만, 어머니가 그렇지 않다고 대답했을 때는 비참했어요. 아버지는 나를 무조건 사랑하셨지만 어머니를 위해서 나는 완벽해야만 했어요." 이 부분에서 그의 뺨으로 눈물이 흐르기 시작했다.

나는 물었다. "이 눈물은 정확히 왜 흐르는 걸까요?"

그는 응답하였다. "내가 울고 있기 때문에 눈물이 흐르는 것인지 아니면 단순히 하품하기 때문에 흐르는 것인지 잘 모르겠어요. 울면서 흐르는 눈물이라면, 거의 어떤 진전이 보이지 않기 때문일거예요. 나는 스물 다섯살인데 아직도 어머니나 어머니상으로 부터 젖 떨어지지 못하고 있어요." 이 부분에서 그는 울음이 복받쳐서 소리쳐 울었다.

나는 그에게 크리넥스 통을 주었고 점차 울음은 잠잠해졌다. "너무 두렵게 느껴져요."그는 말했다. "스물 다섯살인데 아직도 어머니로부터 젖이 안 떨어졌다는 사실이 두려워요."

나는 말했다. "현실적으로 그런 일이 완전히 이상한 것이라고는 생각되지 않습니다. 많은 남자들은 중년이 될때까지 그들의 어머니로 부터 젖떨어지지 않습니다. 이 점이 바로 당신이 성취해야할 일인데, 지금 그런 일에 대해 지나치게 나쁘게 느낄 필요는 없읍니다. 그리고 당신이 이런 식으로 느끼고 있는 이유는 당신이 지적한 지속적인 완벽주의적 감정 때문이라고 생각합니다. 완전하기를 바랍니다. 완벽해지기 위해서는 스물다섯의 나이에 어머니로 부터 떨어져 나와야 한다고 당신은 생각하고 있읍니다. 만약 그렇지 못한다면 당신은 완벽하지 못하며, 따라서 당신은 불안을 느끼고 자존심의 좌절을 느껴서 울고 있읍니다."

그는 말했다. "네, 그러나 살아 갈 방도를 마련해야 해요."

나는 응답했다. "맞습니다. 바로 그점이 중요합니다."

그는 말했다. "아마도 나의 0—6세는 매우 행복했었던 것 같아요. 모든 사람들은 서로 축하해 주고 있었어요. 아버지와 어머니는 그들이 가장 위대한 부모이고 우리가 가장 영리한 아이들이라고 확신하셨어요. 그것은 지나치게 찬란한 것이었어요. 조만간 그것은 무너져야 할 운명의 것이었어요."

나는 말했다. "매우 좋습니다. 전에 물었던 것과 거의 같은 질문을 좀 다른 형태로 묻겠읍니다. 당신의 초기 아동기 동안 당신에게 누가 중요한 사람이었읍니까?"

그는 응답하였다. "어머니라고 말해야겠어요. 나는 아버지의 실질적인 존재를 깨닫고는 있었으나 어머니가 지배적이었다고 생각해요. 부모님은 0—6세 초기때에는 동등한 비중이었죠." 그는 머뭇거렸다. 그는 분명 고통스러워하고 있었다. 나는 그를 쳐다 보았지만 아무 말도 하지 않았다. 그는 말했다. "나는 끔찍한 생각을 했어요." 그는 다시 침묵하였다.

내가 그를 격려하였다. "두려워하지 말고 이야기해 봅시다."

그는 말했다. "만약 어머니가 0—6세 이전에 돌아가셨다면 나는 덜 고통받았을 거예요. 두 분 가운데, 영향력 있는 강자로 어머니가 부각된 것은 0—6세의 후반기였어요. (약 5—6세 경이었어요.) 어머니는 나의 전생애를 통제하셨어요. 어머니는 나를 혼자 내버려 두지 않으셨고 나는 어머니에게 매우 의존적으로 되었어요. 붕괴되었을 때 나는 실제로 어머니를 필요로 하였는데 아버지는 무기력하고 절망적이어서 나를 도울 수 없었던 반면 어머니는 나를 실질적으로 도우셨기 때문에 어머니가 나를 지배했다는 말을 하는 것이 어려워요."

나는 아무 말도 하지 않았으나 그의 말은 올바른 것이었다. "이는 나의 현재의 철수가 에너지의 상실이라고 말하는 또 다른 방식에 불과해요. 말하자면 어머니나 어머니 대리자가 없다면 나는 무엇을 하겠다는 동기가 없어요. 대학에서 나는 아름다운 여성으로 인하여 동기가 자극되어졌는데, 그녀의 힘이 나로 하여금 밖으로 나올 수 있도록 도와 주었어요. 그러나 내 스스로는 어떤 일도 할 수 없었어요. 뒤돌아 볼 때 어머니는 0-6세 동안 지독하셨어요. 나는 결코 어머니의 마음에 들만큼 잘할 수 없었어요. 어머니는 실제로 아이들에게 완벽성을 요구하셨어요. 우리는 완벽해야 했고 그렇지 않으면 어머니는 화를 내셨어요. 우리는 스스로 발달해 가도록 허용되지 못했고, 외부세계에 대해 완벽해야 했어요. 아이 내부에 성장되어질 수 있는 선천적인 자질은 무엇인가? 하는 태도와는 다른 태도, '이 아이가 완벽하게 되고 우리의 이미지에 따르도록 하려면 어떻게 이 아이를 만들어야 하는가?'라는 식의 태도였어요."

나는 물었다. "어머니가 지독하셨다는 말은 무슨 뜻인가요?"

그는 대답했다. "크고, 처벌을 내리고 강하다는 의미예요. 부드럽고 여성적 영향력이 아니었어요. 그 점에 있어서는 아버지가 어머니 이상이셨어요. 아버지는 어머니보다 훨씬 더 부드러우셨어요. 어렸을 때 아버지는 무조건적으로 사랑해 주셨어요. 어머니의 눈으로 보면 나는 올바른 행동을 할 수 없는 아이였던 반면, 아버지의 눈에는 나는 나쁜 행동을 할 수 없는 아이였어요. 물론 어머니에 관해서는 과장된 점도 있어요. 그러나 열 두살이 되면서 부터 나는 아버지와 더 이상 관계를 가질 수 없었어요. 아버지는 결코 역할을 바꾸시지 않았고 나를 여섯살난 아이처럼 다루는 것을 그만 두시지 않았고 일에 대해 나와 이야기하시지 않고 나의 손이나 뺨을 어루만지곤 하셨어요. 내가 아버지를 존경하는 점은 잘 기능하고 깨끗히 하고 적절하게 일을 계속하신다는 점이예요."

"어떤 뜻입니까?" 나는 물었다.

"나는 너무 우울하여서 다른 사람들이 어떻게 자신을 지켜나가는지를 알지 못하며 심지어는 선생님이 어떻게 자신을 지켜 나가는지 조차 알지 못해요. 어머니가 어떻게 자신을 지켜 나가는지는 알고 있어요. 어머니는 강박적이며 절대로 멈추려고 하지 않으세요. 어머니가 어딘가 나를 차에 태워다 주시고 차속에서 기다리실 때는 항상 할 일을 챙기시며 절대로 그냥 쉬든가 책을 읽으려하지 않으세요."

"왜 당신은 자신을 미워하나요?" 나는 물었다.

"읽기조차 하지 못하기 때문에 나 자신을 미워해요. 그냥 쉬고 싶어요. 내가 누워서 쉬는 대신에 단지 읽기만이라도 할 수 있으면 좋을텐데. 0←6세 생활에서 나에게 영향을 준 다른 인물은 나의 형이예요. 아동기때 형을 따라서 살아야 한다고 내가 느꼈던 적은 있지만, 그는 좋은 친구였으며 나중에는 형을 모방하면서 살기를 원치 않았어요. 형은 나보다 더 완벽주의자였고 복종적인 아동이었어요. 학교에서 그는 완벽한 학생이었던 반면 나는 개구장이였고 말썽꾸러기였어요. 실제로 나는 형처럼 완벽하게 되기를 바라지 않았어요. 실제로 0－6세사이에는 나는 형에 대해 별로 많이 알지 못하였지만 형제경쟁은 우리가 성적과 운동, 여자친구로 비교되었던 중학교 때까지는 시작되지 않았어요. 나보다 네살 아래인 남동생과 갓난아기 여동생은 단지 순수한 사랑이었어요. 그들에게는 질투가 없었어요. 0－6세 동안 형과의 관계는 주로 친구사이에 불과하였고 경쟁없는 놀이 친구에 불과했어요. 경쟁이 있었다면 부모의 애정에 대한 경쟁이 있었을 뿐이예요. 형은 부모의 애정을 받기 위해 완벽한 좋은 아이가 되는 역할을 하였던 것 같고 나는 광대가 되고 부모을 웃김으로써 부모의 애정을 획득하려고 했던 것 같아요."

나는 말했다. "매우 좋습니다. 당신은 이미 최초의 기억("엄마, 나는 좋은 아이야?")을 나에게 말했지만 생각나는 다른 초기 기억들은 무엇입니까?"

그는 응답하였다. "(2) 아버지가 면도하실 때 나는 목욕탕에서 아버지와 함께 있었으며 그 일이 아주 유쾌한 일이라고 생각하고 있었어요. (3) 세번째 기억은 형 벤과 함께 벽에다 손전등을 이용하여 그림자를 만들면서 방에서 놀던 일이예요. 그러나 결정적인 것으로 보여지는 것은 최초의 기억인데 왜냐하면'엄마, 나는 좋은 아이야?'라고 묻던 기억이 지금까지도 생생하기 때문이예요. 그 기억은 나의 인생의 주춧돌인 것 같아요. 어머니의 기대에 맞게 나는 완벽한가, 또한 선생님의 기대에 맞게 완벽한가? 나머지 기억들은 단지 가족과 즐겁게 지내던 따뜻한 기억들이예요. 우리는 고립된 가족이었어요."

나는 말했다. "이러한 조건이 가족관계를 훨씬 더 강하게 만들고 가족관계가 희석되지 않도록 만들었다는 뜻인가요?"

"그 말이 맞습니다." 그는 말했다. "우리 가족관계는 희석되지 않았어요."

나는 물었다. "0－6세사이의 꿈, 특히 반복되던 꿈이 생각납니까?"

"내가 기억하는 단 한가지 꿈이 있어요." 그는 말했다. "어머니가 변장한 마녀가 아닌가 하는 꿈이었어요."(아마도 이 꿈은 어머니에 대한 적개심, 죄의식을 반영하고 있는 것 같다.)

"그것이 모두 어떤 것이라고 생각합니까?" 나는 물었다. "나와 함께 정리한 이번의 재검토로 알게된 역동의 핵심을 간단히 몇마디로 요약해볼 수 있읍니까?"

"네, 나는 외적인 기준에 맞추어 완벽해 지도록 훈련받았어요. 예를 들면 외모, 행동, 성취면에서－내 자신의 본래적인 발달이 격려되지 않았어요. 그러나 어떻게 이런 문제를 해결할 수 있을까요?"

나는 말했다. "해결될 수 있는 몇가지 방법이 있어요. 처음 한가지 방법은 외적인 기준에 따라서가 아니라 당신 자신의 내적인 발달을 격려함으로써 완벽해지는 것입니다. 또는 보다 단순하게 그 방법을 표현할 수 있는데, 한마디로 그 방법을 요약할 수 있읍니다. 완벽주의를 줄이는 것."

"나는 그점을 알겠어요." 그는 말했다. "그러나 나는 부모에 의해 내 자신이 슈퍼스타라고 생각하도록 키워졌기 때문에 그것은 어려워요. 지금 우리가 토론하고 있는 이 공식을 기록해도 괜찮을까요?"

"물론이죠" 나는 말했다.

"실제로 완벽주의 때문에 나는 내 자신이 흘러가도록 내버려 둘 수가 없어요."

"좋아요." 나는 말했다. "몇마디로 말할 수 있겠군요. 완벽주의와 슈퍼스타－자연스럽게 흘러가는 당신 자신의 본래적인 발달."

"내 생각에는 그 말이 공식화의 주요 부분을 매우 잘 드러내고 있는 것 같아요." 그는 응답하였고 그 내용을 기록하기 시작하였다.

"당신은 상당한 완벽성을 지니고 있는 것 같군요. 물론 모든 사람이 가능하다면 잘하는 것을 좋아하기는 하지만, 당신의 경우는 그 정도가 지나쳐서 만약 완벽한 기준에 따르지 못한다면 당신은 당신 자신을 미워하게 된다는 것입니다." 나는 계속 이야기하였다. "그것은 불가능한 일입니다. 왜냐하면 아무도 완전하지 않기 때문입니다. 옛 경구에 이런 말이 있어요.'네가 가진 것을 가지고 할 수 있는대로 최선을 다하라.' 당신이 가르치거나 어떤 일을 잘하는 것이 극히 어려운 이유를 나는 알 수 있읍니다. 당신이 단순히 가르치는 것이 아니라 마음속으로 '나는 완벽해져야 한다. 슈퍼스타가 되어야 한다……. 그렇지 못한다면 나는 어머니에 의해 배척받고 처벌받을 것이며 비참해질 것이다.'이런 감정을 항상 느끼고 있다면, 그럴 수 밖에 없을 것입니다. 만약 이런 감정이 늘 마음속에 꽉차 있다면 '대상에의 관심', '과제 위주'라고 불리우는 그런 상태로 자유로워질 수 있겠어요? 만약 당신이 완벽주의를 버릴수만 있다면 당신은 일을 할 수 있을 만큼 자유로워질 것이고, 당신이 할 수 있는 최대로 할 수 있을 것이며 내면으로 부터 발전할 수 있을 것입니다."

"잠깐만 그말을 적어 두어야겠어요. 왜냐하면 그 말은 나에게 꼭 맞는 말로 들리기 때문이지요." 그는 말했다.

이 사례는 0-3세 사이의 심각한 충격 때문이 아닌 신경증적 양식의 심각성 때문에 정신증적 붕괴가 발생한 좋은 예이다. 또한 허버트는 근본적으로 건강한 자아와 인격을 지녔으며 0-6세동안 많은 좋은 관계를 경험했었기 때문에 그와 함께 역동적 작업을 하는 것이 가능하였다. 이러한 경험은 그로 하여금 강한 긍정적 전이를 발전시키도록 하여 주었고 본질적으로 정신증적이 아닌, 신경증적인 어머니와의 갈등 문제, 형과의 경쟁문제를 해결해 나갈 수 있도록 해 주었다.

역동진단 : 허버트 박스터

아동기 : 사랑을 많이 받았으나, 복종적인 행동에 대해서만 사랑을 주었던 지배적인 어머니에 의해 외적 기준이 제시되어졌고, 이러한 기준

에 따르고자하는 완벽주의가 형성되어졌다. 그러나 그러한 완벽성을 성취하지 못했을 때 환자는 배척받고 참담해졌으며 결코 내면으로부터 발전될 수 없다는 느낌을 갖게 되었다. 형과의 경쟁, 지극히 정열적이고 능력있는 일꾼이었던 어머니와의 경쟁에서의 철수.

현 재 : 완벽해야 하며 뛰어나야 하며, 그렇게 되지 못한다는 심한 불안, 이로 인하여 모든 활동은 감정적으로 견디기 어렵게 되었고 책임감은 강한 투쟁—도피반응을 유발시켰다. 완전히 철수하여 도피하려는 퇴행 경향성. 이는 실패와 좌절을 유도한다. 자살 경향성과 함께 대부분 자신에게로 돌려지는 분노, 또한 죄의식과 피학증이 동반되는 어머니에 대한 분노, 형을 능가할 수 없으며, 어머니, 어머니의 맹렬한 에너지와 일, 책임감과 동일시할 수 없다는, 점들이 열등감을 유도한다.

강 점 : (1) 0—6세사이에 경험했던 여러 좋은 관계들 (2) 높은 능력 (3) 합리적인 경향성 (4) 부모의 사랑과 찬미에 의해 생겨진 자아 도취에 의해 보호받았음.

VI. Sally Bates : 영원한 아이

셀리 베이티스는 금발머리, 갈색눈을 가진 약간 작은 키에 기가 막히기 아름다운 여인이다. 그녀는 "우울증"과"삶의 어느 곳에도 정착할 수 없다는 점" 때문에 2년 동안 들락날락하면서 나를 만나고 있었다. 이제 그녀는 20대 중반기를 갓 지나고 있었다. 이십대 중반기로 접어들면서 그녀는 Harry라는 남자와 데이트하기 시작하였는데 그녀는 그가 좋은 남편감은 아니지만 그녀의 모든 것이라고 느끼고 있었다. 마침내 해리가 그녀와 절교하였을 때 그녀는 극도로 우울해졌고 더욱 나쁜 점은 외부 세계로 부터 거의 완전히 철수하였다. 그녀는 인생에 도전하여 해리와의 불만족스런 관계속으로 과감히 뛰어 들었으나 첫번째 좌절을 견딜만큼 그녀의 도전은 강하지 못했고 튼튼하지 못하여서 거의 완전히 가족의 품안으로 철수하여 버린 격이었다."

셀리는 일을 구할 수 있을만큼 충분히 삶속으로 뛰어 들었는데……이런 일은 그녀가 증오하는 것이었지만, 그래도 그녀는 직업소개소 요금을 지불할 수 있을 때까지 견디어 냈다. 신체적인, 정서적인 낭비는 매우 심각하였으나 그녀는 이런 상태를 그럭저럭 견디어 냈다. 그녀는 이런 점들이 언젠가는 그녀를 성장시킬 가능성이 있다고 느끼고 있었다. 이런 점으로 볼 때 이와같은 몇달간의 작업은 좌절과 고통이 따르는 인생의 커다란 진전이었다. 우리는 첫번째 면담시간에 이야기 했던 것을 반복하면서 0－6세에 대해 검토하였다. 이번의 재검토는 다음과 같았다.

"부모님들은 서로를 받아주지만, 나에 대해서는 포기하셨어요. 나는 아무런 가치가 없어요. 나는 아동기 이후부터 교육비와 치료비로 부모들이 나에게 쏟아 넣었던 수천달러의 가치가 없으며, 그런 비용들은 아무 소용이 없었어요. 나는 그 누구도 소유하고 있지 않아요. 아무도 없었어요. 그러나 부모님들은 내가 그런 상황에 적응해야 한다고 생각하셨어요. 부모님들은 나를 수치스럽게 여기셨어요. 그래서 나는 살 의욕을 잃었어요. 문제가 되었던 것은 수동성이 아니라 신경이었어요……. 나는 내가 씨름해야 하는 것이 무엇인지 확신할 수 없었어요. 부모들을 떠나야 하는 것일까? 나는 여관에서 나의 손목을 자르려고 할 정도로 심각해졌고 자살 시도를 하였어요……. 나는 살고 싶지 않았어요. 나는 내 자신을 전혀 개의치 않는 지경에 이르렀어요. 아니 어쩌면 자살을 시도할 만큼 충분히 내 자신을 걱정하고 있었는지 모르죠. 천당이나 지옥이 있다고 생각하지 않아요. 너무 고통스러워서 한가하게 이야기 할 여유가 없어요. 그보다 더 심각해요. 나는 살고 싶지 않다고 부모님들에게 이야기했어요. 아버지는 정신과의사를 믿지 않으세요. 아버지는 내가 선생님을 만난 적도 없다고 생각하세요. 그러나 나는 선생님이 이제껏 내 생명을 구해주셨다고 생각해요. 부모님들은 내가 직업을 갖도록 도와 주실려고 애쓰셨으나 나는 단 한사람도 붙들지 못했어요. 선생님은 선생님의 부인을 붙들었어요. 그런 일은 단순한 거예요. 나는 살기를 원치 않아요. 나는 0－6세 당시를 기억하지 못하지만, 선생님은 내가 기억하기를 바라시는군요. 그때 당시 기억이 나질 않아요. 내가 그때 당시를 싫어한다는 의미인 것 같아요."

나는 말했다. “어쨌든 그 당시를 회상해 보도록 합시다. 우리가 처음 만난 것 처럼 생각해보세요. 출생당시부터 여섯살내지 일곱살때까지 당신 생활속에서 중요했던 사람이 누구였는지 말해주세요.”

셀리는 대답했다. “어머니와 아버지예요.”

나는 말했다. “유모나 아주머니, 할머니, 그외 다른 사람은 전혀 없었읍니까?”

셀리 : “아니요. 아니요, 어머니와 아버지를 제외하고는 아무도 없었어요. 두분이 전부였어요.”

“두분이 당신의 마음속에서 함께 일치된 존재였읍니까 아니면 당신은 아버지와의 관계, 어머니와의 관계에서 어떤 차이를 경험했읍니까?”

셀리 : “어머니가 훨씬 관심이 많았어요. 아버지는 내가 귀염을 받도록 행동했을 때만, 그리고 사오십대인 아버지의 친구들에게 잘 보였을 때만 나를 좋아하셨어요. 부모님들은 한번도 나에게 터놓고 이야기하신 적이 없었어요. 부모님들은 당신들의 나이를 나에게 이야기하신 적이 없었어요. 그러나 내가 태어났을 때 부모님들은 약 사십대 정도였다고 나는 알고 있어요. 지난 여름에 어머니의 고향을 방문했을 때 아버지가‘저기가 너의 어머니가 일하던 곳이란다’라고 말씀하시자 어머니는 ‘쉿, 쉿’하면서 아버지의 입을 막아 버렸어요. 부모님들은 나에게 어떤 이야기도 하시지 않았어요. 어머니는 고향에서 살 때 애칭이 있었대요.”

“그러나 요즘 어머니는 고향 사람을 만났을 때 그 사람이 어머니를 애칭으로 부르면 어머니는 그 사람을 무시해 버려요. 친가쪽으로 생존해 계시는 유일한 친척은 아버지의 여동생인데, 그 고모는 결혼하지 않았어요. 어머니는 내가 그 고모로부터 멀리 있도록 했어요. 나는 그 고모를 한번도 만난 적이 없었지만 올해까지도 그 고모는 매년 생일때마다 나에게 작은 선물을 보내주셨어요. 이제 그 고모도 내가 접촉했던 모든 사람들처럼 나를 포기해 버렸어요. 아버지는 사업일로 밖에 나가 계셨어요. 그러나 그런 상황이 아니더라도 나는 어머니와 훨씬 가까웠어요. 아버지는 항상 자신의 목욕실과 최고의 샤워 시설들을 갖고 계셨어요. 아버지는 어머니가 나를 버릇없이 만든다고 항상 비난하셨어요. 어머니는 아버지와 나를 위해서 자신을 희생하셨어요."

"어떻게?" 나는 물었다.

"그래요. 예를 들면 오늘 나는 선생님을 만나러 오느라 법석을 떨었어요. 나는 너무 긴장하였고, 무엇인가 책상에서 떨어지는 것 같아서 꽥 소리를 질렀더니, 어머니는 이렇게 말씀하셨어요.'왜 너는 나를 고통스럽게 하니?'부모님들은 현재 내가 얼마나 외롭고, 그리고 과거에 얼마나 외로웠는지 전혀 이해하지 못하세요. 여섯살 이전에도 나는 아버지와 어머니가 그들 친구들을 만나러 외출하신 동안 조용하게 앉아 있곤 했어요. 나는 북부 근방에서 태어나서 한번도 다른 곳에서 살아 본적이 없었으나 아버지나 어머니의 친척이 사는 곳에서 살기를 원했어요. 그러나 여기에는 아무 것도 없어요. 완전히 없어요. 어머니는 나에게 진실이었던 일들을 이야기 해주시는데 말하자면 내가 행복하고 정상적인 아동기를 지냈다고 말씀하세요. 그러나 내가 침대에 눕기를 좋아했다는 말씀도 하세요. 어머니는 나를 데리고 수영하러 가시곤 했었대요. 나는 항상 아팠었어요. 교회 유아원에 다닐때까지는 내가 늘 행복했다고 어머니는 말씀하세요. 나는 우리 부모의 연장이었기 때문에 그런 말들이 사실인지 아닌지 알 수 없어요."

나는 말했다."어머니가 말씀하시는 것을 떠나서 어머니와 당신의 관계에 대해 무엇이 기억납니까?"

셀리 :"아마도 어머니와의 관계에서 나는 매우 행복했던 것 같아요. 어머니는 나의 최대의 친구였어요. 어머니는 유일한 친구였어요. 주변에는 아무도 없었어요. 형제나 자매들이 없었어요. 부유한 가정의 이웃들이 있었는데 가끔 그런 집의 몇몇 애들과 놀기는 하였으나 나는 그애들한테 괴롭힘을 당했어요. 나는 점토로 모양을 만들지 못했으며 똑바로 줄을 긋지 못했어요. 내 추측에는 어머니가 나를 위해 모든 것을 해주신 것 같아요. 현재의 직장에서 내가 단순한 등사판을 조작하는 것을 배우는데 40번이나 연습을 해야 했어요. 정신박약자라도 나보다 더 잘하면 잘했지 못하지는 않을거예요."

(내가 이 환자를 처음 보았을 때 그녀는 이년동안 대학교에 다니고 있었으며 계속 시험에 낙제하고 있었다. 그녀가 학업을 마칠 수 있었던 것은 지

지와 격려, 그리고 자아 강화에 의해서 가능했는데, 이런 점으로 볼때 그녀는 정신박약자는 아니었으며 지능지수는 대략 120수준이었다. 그녀는 어떤 면으로는―언어적인 부분―아주 지적이라는 인상을 주었으나 다른 면으로는―기계적인 일들, 예를 들면 책을 보관하는 일이나 수학과 같은 부분들―의심할 바 없이 지독하게 둔하였다. 그녀는 큰 어려움없이 타자치는 것을 배웠다. 물론 치료 초기에는 기질적 뇌손상의 가능성이 의심되었으나 그녀는 신경학적 검사를 포함한 신체검사를 여러번 받았으나 어떤 신경과의사도 기질적 장애의 증거를 제시하지 못했다.)

나는 큰소리로 말했다. "0―6세 동안의 어머니와 당신의 관계를 어떻게 요약해 볼 수 있을까요?"

셀리 : "우리는 매우 가까운 최고의 친구였어요. 내가 어머니와 떨어져 있는 순간은 지옥이었어요. 애들은 나를 골탕먹이고 선생님들도 나를 괴롭혔어요. 그건 지옥이었고 재앙이었어요. 아버지는 내 문제에 대해 어머니를 비난하셨고 내가 싸우는 것을 배워야 한다고 말씀하셨어요. 나는 체육과 관련되는 것들은 하지 못했어요. 체육이라면 아무 것도 못했어요. 운동경기에서 상대방과 겨룰 수 없었어요."

"아버지와 당신과의 관계를 어떻게 요약할 수 있나요?" 나는 물었다.

"나는 아버지와 어머니가 매우 자랑스러웠으며 사람들에게 그들이 얼마나 훌륭한가를 이야기 했어요. 아버지는 매우 엄격하셨고 나를 자주 때리셨는데 그럴때면 나는 음식을 먹질 않았고 아버지도 역시 음식을 드시지 않으셨어요. 아버지는 나와 함께 많이 지내지는 않으셨어요. 우리는 우리 셋밖에 없었어요. 그래서 우리는 다른 가족들 보다 더 많이 함께 지냈던 것 같아요. 아버지의 친척들은 매우 괴상한 점들이 있었어요. 어머니쪽의 친척들은 괜찮았어요. 어머니는 내가 0―6세의 어린애였을 때 약 삼년동안 위궤양을 앓으셨고 아기 음식을 드셔야 했던 점외에는 괜찮았어요. 아버지는 자기 중심적이셨고 만약 내가 똑바르게 행동하지 않을 때는 나를 수치스러워 하셨는데, 어떻게 아이들이 항상 그렇게 바르게만 행동할 수 있나요? 한번은 어머니와 내가 여관에서 아버지를 만난 적이 있었어요. 나는 아버지를 만나자 매우 행복해서 카페트위를 기어서 아버지에게 다가 갔어요. 카페트는 더러웠는데 아버지는 나를 들어 올려주는 대신에 진저리를 치면서 나를 어머니에게로 되돌려 보냈어요. 나는 약 반년이나 일년정도 늦게 걷기 시작했지만 아무도 나를 붙잡을 수 없을 정도로 빠르게 기었어요. 한번은 내가 서서 걸었는데 나는 너무나 자랑스러워서 할머니 앞에서 걷는 것을 자랑해 보인 다음에는 다시는 기지 않았어요. 나는모든 것을 늦게 했어요. 0－6세동안 나는 아무런 존재도 아니었으며 매일 아팠어요. 항상 어른과 함께 있었어요. 나는 단지 어른들 하고만 잘 지낼 수 있었어요."

"아버지에게는 오래된 친구 한분이 계셨어요. 그 아저씨는 결혼하셨으나 아이가 없었어요. 가끔 그 아저씨 내외분은 우리를 보러 오셨고 그리고 나서는 우리 가족 셋을 센트 루이에 있는 그 아저씨 집으로 초대하셨어요. 부모님들은 우리 셋 모두가 가면 너무 돈이 많이 든다고 말씀하시면서 나를 보내주셨어요. 그때 내 나이 열여섯살이었어요. 내가 그곳에 도착하자 그 아저씨 내외분은 내 나이 또래의 친구가 필요할거라고 생각하셨으나 나는 흥미가 없었어요. 나는 단지 그 분들과 함께 지냈고, 늦잠을 자곤 했어요. 그분들과 함께 저녁식사를 하러 나갔고 돌아다니면서 옛 집을 보거나 하면서 시간을 보냈어요. 나는 젊은 사람들을 만나는 일에 관심이 없었어요. 열여섯살 때 기차 여행을 하면서 만난 남자는 나를 스물한살이라고 생각했어요. 그 당시 나는 부모로부터 벗어나는 것을 두려워하지 않았으며 이는 요즈음의 방식과 같아요. 만약 요즈음 무슨 일이 있으면 사정없이 억압되지요. 나는 구식 빅토리아 시대 사람과 같으며 부모들이 이혼하고 아이들이 탈선하는 그런 시대의 사람은 아니예요."

"해리와 결혼하는 문제에 대해 이야기 했을 때 그런 방식이 현재의 내 생활방식과 달랐기 때문이었지만, 그건 이야기에 불과했어요. 그것은 나를 잡아매고 있는 것과 같으며, 심한 칼빈파적인 것이예요. 모든 것이 억압되며 섹스도 억압되죠. 해리와의 애정관계는 도덕적으로나 심리적으로 나를 파괴시킬 지경이었어요. 부모님과 그 이야기를 하기에는 나는 지나치게 억압적이었어요. 너무 억압적이었어요! 스무살 때 나는 침대로 뛰어들었을 뿐인데도 그것은 죄악이었고 깜짝 놀랄만한 일이었어요. 그러나 나에게 인생의 불꽃이 조금이나마 일어나고 있었어요. 잭크는 가까이 지냈던 최초의 남자였지만 나는 단지 편지를 통해서 종이위의 글자를 통해서만 그와 가까이 지냈을 뿐이예요. 나는 이런 문제가 잭크와의 사이에서 절대로 해결될 수 없다는 것을 깨달았으며 내가 끔찍한 어머니가 될 것이라는 점을 알았어요. 우리가 결혼했더라면 불행했을 것이며 해리와 결혼했더라도 그는 나를 떠나 갔을 거예요. 나의 부모님은 성에 대해 매우 억압적이었어요. 부모님들은 육체적인 문제를 입밖에 내지 못하게 하였고, 아버지는 분명 그러셨어요. 어머니에 대해서는 잘 모르겠어요."

이제까지 이 자료의 주요 부분은 극심한 소외감과 철수, 부모에 대한, 특히 어머니에 대한 극심한 의존성으로 보여진다. 그럼에도 불구하고 스무살 때는 인생의 불꽃이 어느 정도 있었으며 지금은 그나마 그러한 정열이 없다는 셀리의 진술이 중요한 부분으로 보여진다. 그녀는 이 문제가 특히 성욕의 심한 억압으로 부터 기인된 것이라고 하였다. 그러나 나는 성이 유일한 문제는 아니라고 생각한다. 오히려 다른 사람에 대한 모든 자발적인 강한 감정의 억압이 문제이며 따라서 셀리가 다른 사람과 관계를 맺을 수 있는 유일한 방식은 성이었다고 생각한다. 이는 그녀로 하여금 잭크와 편지로나마 가벼운 친교를 맺을 수 있도록 해줄 만한 강력한 힘이었으며 이는 그 뒤 더욱 가까웠고 심각하였던 해리와의 관계를 맺도록 해주었다.

해리와의 관계가 끊어졌을 때 이는 리비도 수준의 마지막 연결이 단절된 것을 의미하며 일반적으로 이런 상황은 심각한 것이다. 그녀는 다른 사람과의 관계를 거의 완전히 끊다시피 철수하였다. 그녀가 가끔씩 만나고 함께 외출하던 다른 여성이 있었는데, 그나마 이런 관계가 없었더라면 진정 셀리는 그녀의 부모하고만 지냈을 것이며 인생을 과감히 헤쳐나가지 못했을 것이다. 이러한 상황에 대한 원인이 0－6세에서 명백하지 않다. 아마도 초기 아동기부터 병치레로 인한 어느 정도의 방종과 지나친 과잉보호, 제재, 그리고 어느 정도의 배척, 이에 따른 심한 억압(그녀가 아버지에게 기어갔을 때 아버지가 그녀를 거절하였던 경우처럼), 동료관계 양식의 결여, 혹은 두려움을 유발시킨 동료관계 양식, 이 모든 점들의 혼합이 이러한 상황에 대한 원인인 것 같다. 그래서 아동기에 그녀의 자발성은 일부러 꺾여진 것은 아니라 할지라도 심각하게 저해되어졌다. 인생에 있어서 전진한다는 생각은 매우 중요한 것으로 여겨진다. 그녀의 인생에 대한 추진력은 약했고 그녀가 해리에 의해 배척받고 좌절되었을 때 그녀는 실제로 사는 것을 포기하였다—그녀가 개인적 관계에서나 책임 완수에 있어서 전적으로 부적합하며, 이와같이 부적합한 인간이기 때문에 아무도 그녀에게 관심을 줄 수 없다는 식으로 이러한 포기가 부분적으로 합리화되어졌다.

나는 그녀의 자살 시도가 심각하며 인생을 포기하려는 경향성이 실제로 있으며 궁극적인 철수를 가져오는 경향성이 있다고 생각한다. 그러나 이와같은 상황을 막을 수 있을 것으로 기대되어졌던 점은 셸리의 전이 능력이었다. 면담과정에서 그녀가 나에게 매우 강한 의존적 애착관계를 발전시켰으며, 이러한 지렛대의 힘으로 그녀를 위험으로 부터 꺼내 올릴 수 있기를 나는 희망했고 기대했다. 그녀는 0—6세 검토에서 매우 중요한 경향성, 즉 강한 분노를 드러내지 않았다. 이는 위험했지만 그러나 어떤 면으로는 건강한 상태였는데 왜냐하면 이는 인생의 활력소였기 때문이었다. 그녀는 누워서 자신의 고통을 감수하는 것이 아니라 고통에 대해 분노하고 그 결과 최소한 어느 정도의 투쟁의 후유증이 그녀 자신에게로 남겨지게 될 것이다. 이는 사람들을 적으로 돌리며 자살 위협을 내포하고 있는 피학적인 적개심을 약화시켜야 한다는, 드물지 않는 분석적 과제를 제기한다. 문제는 그런 적개심을 어떻게 약화시키느냐 하는 것이며, 그녀 자신과 타인에게로 지나치게 적개심을 돌리지 않으면서 실질적인 투쟁 정신을 어떻게 유지시켜 나가느냐 하는 것이다.

또한 이 사례에서와 같이 어떤 인간관계도 거의 경험해 보지 못한 경우에는 역전이가 전체 과정에서 매우 중요하다. 다행스럽게 나는 셸리를 대단히 좋아하였고 이러한 역전이가 그녀에게 상당한 확신을 주었다고 믿는다. 그녀가 지쳐서 그녀 자신은 아무런 가치가 없으며 어떤 존재도 아니라고 말했을 때 나는 가끔 그녀의 말을 다소 신랄하게 정면으로 공격하면서 말하였다. "나는 당신이 이런 식으로 쓰러지도록 내버려 두지는 않겠읍니다. 그런 말은 사실이 아니예요." 그리고 나서 나는 문제가 그녀에게 어려운 것은 사실이라고 인정해주는 한편, 솔직하게 그녀의 좋은 면들을 하나하나 지적해 주곤 하였다.

두살이나 세살때의 최초 기억이 바로 그녀의 상황을 말해 주고 있는 것으로 여겨진다. 기억에 의하면 셀리는 몸이 아팠다. 그녀는 무슨 병이었는지는 잊었으나, 방안에서 창문을 통해 다른 아이들이 노는 것을 바라보면서 혼자 있었다. 부모와의 관계는 여러가지 형태로 차이가 있었으나 모든 관계들은 동일한 결과로 끝나는 경향이 있었다. 첫째로 어머니에게 지나치게 밀착되어 있으며 셀리가 하려고 노력하는 모든 일을 어머니가 도맡아 주는 문제가 있었다.

만약 그녀가 부엌일을 도우려 한다면 어머니가 이를 도맡아 해주고 훨씬 더 효율적으로 빠르게 해 주기 때문에 셀리는 전혀 일을 할 필요가 없다고 생각하고 철수한다. 두번째로 아버지로 부터 충분히 인정받지 못했던 점이 있었다. 셀리는 오늘날까지도 "꼭 그대로"하려고 노력하는데, 매우 멋있게 옷을 입고 매우 아름답게 나타내 보이려 하면서도 자신이 사랑받고 인정받지 못한다고 느낀다. 또한 매우 엄격하고 청교도적인 훈련을 받았는데 이러한 훈련은 그녀로 하여금 자신의 본능적 충동에 대해 심한 갈등을 느끼도록 만들었기 때문에 그녀는 여기서도 포기했었다. 그녀의 유쾌한 행동이면에는 밑에 깔린 분노를 감추고 있었고 그녀로 하여금 자신을 과소평가하도록 만들었고 그녀의 부모들을 절망적으로 만들고, 자살시도를 유도하였고 그녀가 가까이 지내고 싶어하는 사람들이 그녀에게 등을 돌리도록 만들었다. 이제까지는 투쟁-도피반응의 도피 부분이 심리적인 철수를 초래하였다. 그러나 만약 이러한 반응이 자신에 대한 분노와 융합될 만큼 충분히 강화된다면 자살위협 심각해질 것이다. 그러나 아마도 분노는 "투쟁정신"으로 전환될 수 있을 것이며 인생을 보다 즐길수 있도록 독립과 능력을 증진시키는데 도움이 될 수 있을 것이다. 부모들이 휴가때 2주일정도 집을 떠나 있었을 때 셀리는 집에서 혼자 지낼수 있었다. 부모들이 돌아오자 그녀는 자신이 얼마나 철저하게 부모들에게 의존적이었는가를 깨달았다고 나에게 말했다.

역동진단 : 셀리 베이티스

아동기 : 지나친 의존적 애정욕구가 있었고 이에 따라 어머니에게 지나치게 밀착되어 있었다. 아버지에 의해 어느 정도 배척받고 지나치게 제한 받으면서 억제되었으며 독립을 지지받지 못했다.

현 재 : 아직 어머니에게 지나치게 밀착되어 있고 지나치게 의존적이다. 소외감은 좌절과 투쟁－도피반응을 야기시킨다. 놀이친구로부터 어머니에게로 도피, 성에 대한 억압과 생의 다른 욕구들의 억압, 독립욕구의 억압, 이는 좌절을 강화시키고 적개심을 간신히 억제시키고 있었고 자살 경향성과 다른 자살 경향성과 또 다른 철수 경향성이 있었다.

강 점 : 분석가에 대한 전이 능력(어머니양식에 따른)과 독립을 쟁취하려는 노력에 대해 분석가로 부터 지지받고자 하는 의지.

Ⅶ. Oliver Dixon : 값비싼 성공

이 사례의 주인공은 처음 면담에서 무의식적 아동기양식에 대한 정보를 충분히 끌어 낼 수 없을 만큼 심하게 억제되어 있었던 비교적 보기 드문 환자들 가운데 하나였다.

올리버 딕슨은 성공한 전문직업인이었는데 결혼 문제 때문에 나를 찾아 왔다. 그는 여섯살 이전의 어떤 기억도 회상할 수 없었으며 아동기나 그 이후의 꿈에 대해서도 전혀 기억할 수 없었다. 그는 그의 가족의 개개 구성원들과의 정서적 관계를 자세히 그려낼 수 없었다. 그가 말할 수 있었던 전부는 0－6세까지 가족내의 정서적 상호관계 모두가 분리되어 있었고, 차거웠고, 거리가 있었다는 점이었다. 그는 이 때문에 어느 누구에게도 무엇을 기대하지 않으면서 성장하였다고 말했다.

그는 어릴 때부터 원하는 돈을 벌기 위하여 신문을 배달하고 아기를 봐주고 잔디를 깎는 등등의 일을 하였다. 그는 밤에 일하면서 대학을 졸업하고 직업학교를 마칠때까지 이런 노력을 계속하였으며 선택적인 분야에서 오랜시간의 작업을 통해 탁월함과 경제적인 성공을 얻게 되었다. 어떤 역동이 가족의 소원함과 냉정함에 대해 우울과 철수 대신 이와같은 성공적인 독립과 욕구로써 반응하도록 유도했는지는 분명하지 않다. 그의 결혼문제의

한 요소로서 추측해 볼 수 있는 점은 아동기 관계에서의 결핍으로 인하여 그에게는 주고 받고 친밀한 관계를 맺는 능력이 결여되어 있다는 것인데, 이는 사실임이 판명되었다. 이 환자의 첫번째 면담에서 알려질 수 있었던 모든 점들은 0－6세 전반에 대한 그 자신의 진술 뿐이었다. 차거움과 거리감의 형태로 나타났던 아동기 결핍이 있었고 그는 자신의 욕구를 억압하고 유별나게 독립적으로 열심히 일함으로써 이에 대응하였고, 따라서 그에게 자존심을 키워주고 인정(직접적인 사랑은 아니라 할지라도)받도록 해 주었던 성공을 성취해낼 수 있었다. 그러나 이러한 진술은 최초 기억과 꿈과 같은 무의식적 자료에 의해 뒷받침되지 못했다.

분석에의 전망은 자아강도의 관점으로 볼때는 매우 희망적이었으나, 억압되어 있는 의존적 애정욕구가 강화됨으로써 독립적이고 책임감있는 비상한 노력이 포기되거나 담배나 술중독으로 일시적으로 도피할 가능성이 있었는데 이러한 방식으로 그의 통제적인 노력이 약화될 가능성이 주의깊게 관찰되어야 했다. 그의 치료 목표는 중독의 기회를 줄이고, 궤양, 고혈압과 같은 정신신체증상을 완화시키고, 수면과 오락이 결여되어 있는 끊임없는 과도한 노력의 해로운 영향을 줄이기 위하여 그의 지나친 일에 대한 욕구를 감소시키는 것이다.

또다른 목표는 이러한 일에 대한 욕구를 지나치게 감소시키지 않으면서 누그러뜨리는 것이며, 그의 감정을 편하게 해주는 것인데, 아마도 이는 전이를 통하여 대부분 달성되어질 것이며, 결과적으로 그는 친밀감과 따뜻함을 보다 많이 주고 받을 수 있게 될 것이다. 이러한 사례에서는 최초 면담이나 그 이후의 면담에서 중심 역동이 명백하게 밝혀질 수 없는데 왜냐하면 환자의 0－6세에 대한 전반적 진술을 확인하거나 부정할 수 있는 최초 기억이나 꿈이 수집되지 못하기 때문이다. 이러한 정보 부족 때문에 분석가는 환자의 무의식적 정서생활에 대해 "공감(feel his way)"(프로이드의 표현에 따르면)할 수 없었다. 그럼에도 불구하고 최소한 임상적으로 가치가 있는 다음과 같은 가정을 세워볼 수 있을 것이다.

역동진단 : 올리버 딕슨

아동기 : (1) 여섯형제 중 막내 바로 위로 태어났다. 가족은 냉정하고 거리가 있었으며(그러나 아주머니로 부터 어느 정도 정서적인 지지를 받음으로써 구제되었다) 이로 인하여 정서 불안정이 유도되었다. (2) 시기상조의 독립과 책임감이 그로 하여금 인정을 받게 해 주었다. 적개심이 억제되어졌다.

현 재 : (1) 사랑과 안정을 얻기 위한 성취와 독립에의 지나친 욕구 (2) 의존적 애정 욕구의 좌절이 투쟁—도피를 유도함 : 억제된 적개심과 분노가 피학적으로 자신에게로 돌려지고 지칠때 까지 자신을 몰아치며 여기에 그의 건강을 위태롭게 하는 지나친 흡연문제가 부가됨. 온정과 애정을 주기 어려운 그의 성질이 결혼 문제를 야기시킴. 사람들과의 거리감. 인간관계로 부터 일로 도피함.

강 점 : (1) 독립에의 욕구 (2) 뛰어난 육체적 활기 (3) 근면한 직업인 (4) 그의 분야에서의 뛰어난 성공, 이는 인정과 경제적 수입의 형태로 사랑을 획득하게 해줌.

Ⅷ. **Pat ralston** : 파란만장한 운명속의 고아

허버트 박스터(282페이지 참고)와 같은 예외가 있기는 하지만 대략적으로 "0세부터 6세까지"를 신경증으로 "0세부터 3세까지"를 정신증으로 진단할 수 있다. 그 이유는 매우 단순한 것 같은데, 3세 이전에는 의식적인 사고와 정서표현을 도와 줄 언어가 충분하게 발달되어 있지 않은 상태이며 어린이의 자아는 덜 발달되어 있고 덜 강하며 보다 적은 효율적인 자아검증을 하며, 훨씬 더 자신의 감정에 지배받게 되며 현실왜곡의 가능성이 훨씬 더 높기 때문이다. 다음의 환자는 주요한 충격이 대략 세살반경에 시작되었으며 그후로도 어느 정도 계속되었다. 내가 숙련된 단편 작가나 소설가처럼 이 환자의 무의식적 감정을 잘 전달할 수 있기를 희망한다. 초기 아동기 양식을 나타내고자 했던 면담의 자세한 내용들은 다음과 같다.

그녀의 이름은 페트 랄스톤이었다. 그녀는 보통보다 약간 키가 컸으며, 자세가 당당했고, 지적인데다 매력적인 가무잡잡한 피부의 40대 기혼여성으로서 다 자란 네명의 자녀들이 있었다. 그녀는 급격한 불안 증상 때문에 나에게 왔는데 이런 불안이 너무 심해서 전혀 혼자 있을 수가 없었으며 언제나 남편이 그녀 눈앞에 있게 하였다. 또한 그녀는 남편에 대한 분노를 자주 터뜨리곤 했는데, 이런 분노감정들의 구실은 단지 불충분한 것으로 보여졌다. 이러한 점들이 초기 아동기의 정서양식의 검토 결과였다고 그녀에게 설명한 후에 나는 말했다. "이전에는 당신이 나를 만난 적이 없었던 것처럼 당신에게 매우 단순하게 질문하겠는데, 당신도 이런 방식으로 질문에 대답해 보세요. 두가지 질문을 하겠어요. 출생부터 5세내지 6세까지 당신의 정서생활의 주요 특징은 무엇이었으며, 그리고 이러한 초기 동안 당신에게 감정적으로 중요했던 사람은 누구였다고 생각합니까?"

이 시점에서 나는 두번째 질문을 묻지 말아야 했는데 왜냐하면 그녀는 첫번째 질문은 무시하고 두번째 질문에 대답하였기 때문이다.

"아버지와 어머니, 아마도 외조부모님, 나보다 세살 아래인 여동생 Margy가 중요했으며, 또한 Lucy라는 이름을 가진 사촌도 역시 중요했어요. 루시와 나는 서로 일주일 상간으로 태어났어요. 실제로 루시의 어머니와 나의 어머니는 동시에 병원에 있었으며 아기였을 때 그녀와 나는 약간 닮아 보였대요. 요즈음에는 그렇지 않아요. 또 다른 중요한 사람은 나의 대모였어요. 대모는 어머니의 친한 친구였는데 그녀의 이름은 Doris였어요. 대모는 나를 매우 좋아했는데 그 당시 그녀에게는 아이가 없었어요. 대모는 어머니보다 더 많이 나에게 이야기를 들려 주었어요."

"도리스는 삼년전에 죽었는데 나는 무엇이라고 써야할지 몰랐기 때문에 그녀에게 한번도 편지를 쓰지 않았어요. 그녀는 죽는 순간까지 모든 사람에게 심지어는 자신에게 조차 그녀가 죽어가고 있다는 사실을 숨겼어요. 나는 그녀와 내내 좋은 관계를 맺어 왔지만 그녀와 그녀 남편이 아트란타로 이사간 후로는 그들을 별로 만나지 못했어요. 어머니는 도리스와 아주 많이 싸웠는데 나는 거기에 끼어들고 싶지 않았어요. 한번은 내가 도리스를 만나러 아트란타로 갔는데 어머니는 내가 거기에 갔다고 화를 내셨어요. 어머니와 도리스는 어릴 때부터 아주 가까웠어요. 도리스는 환상적인 유모감각이 있었고 세련됐어요. 도리스는 자식이 없을 것 같자 양녀를 하나 입양시켰던 것 같아요. 양녀를 입양시킨후 도리스는 자신의 두 아이를 낳았어요. 도리스는 양녀와는 별로 잘 지내지 못했어요. 그러나 그녀의 두 아들들과는 매우 잘 지냈어요. 두 아들들은 금발이었고 양녀 Louise는 흑발이었어요. 도리스의 눈에는 루이스가 어떤 일이든 제대로 하지 못했어요. 도리스의 남편 Dave는 항상 루이스 편을 들었어요. 도리스는 루이스가 자신처럼 세련되기를 바랬으나 루이스는 마음이 착하기는 했으나 약간 미숙했어요. 루이스는 결혼하여 아이들을 낳았는데 도리스가 '왜 너는 패트와 같지 않니?'라고 말하는 것이 넌더리가 난다고 이야기 했어요. 그러나 내가 병원에 입원해 있었을 때 어머니는 루이스를 만나러 간 만큼 나를 자주 만나러 오지 않았어요. 나는 도리스와 도리스의 남편을 매우 좋아했으며 그들이 캘리포니아를 떠날 때 섭섭했어요."

(나에게는 이제까지의 자료가 어머니상에 대한 양가감정이 특징적이라고 여겨졌다. 그녀의 어머니에 대한 몇가지 불만이 있는데 어머니가 친구딸인 루이스를 만나러 갔던 만큼 그렇게 자주 패트를 만나러 오지 않았다는 것이었다. 물론 패트가 대모 도리스와 도리스의 남편 데이브를 좋아했으며 그들이 캘리포니아에서 아틀란타로 옮겨가고 난후 만날 수 없었고 패트가 그들을 만나러 간데 대해 패트의 어머니가 화를 냈었다는 점으로 미루어 볼 때 애정결핍은 명백했다.)

나는 초기 아동기양식을 알아보기 위해 가능한 한 질문을 적게 하려고 노력했으나, 그녀가 이러한 초기 생활에서 중요했던 사람들에게로 화제를 돌림으로써 이야기의 초점이 벗어나는 것을 원치 않았다. 그래서 나는 말했다 "이 모든 사람들을 중요도 순으로 번호를 매겨 보기로 합시다 누가 당신에게 가장 중요했읍니까?"

패트는 말했다. "어머니와 아버지예요."

"이 두분 가운데 누가 더 중요했나요?"

"나는 그 질문에는 실제로 대답할 수가 없어요. 왜냐하면 내 나이 세살 반 때 아버지가 돌아가셨기 때문이예요." 그녀는 응답했다.

"좋아요." 나는 말했다. "그렇다면 아버지가 주변에 계시지 않았기 때문에 네살 이후로는 어머니가 더 중요했다고 말할 수 있나요? 만약 그렇다면 네살 이전에는 즉 아버지가 돌아가시기 전에는 아버지와 어머니 가운데 누가 가장 중요했나요?"

패트는 말했다."아버지였을 거라는 생각이 들어요. 아버지는 매우 친절하고 안정되고 나를 위해 무엇이든지 해주시던 분으로 기억나요. (1) 아버지의 무릎에 앉아 놀던 일이 기억나요. 파티가 끝난 후 나를 집으로 데려다 주시던 아버지가 생각나기도 해요. 그리고 나서 패트는 낄낄대면서 말했다. (2) 내 팬티가 젖었던 기억도 나요. (3) 또한 아버지와 함께 썰매 타러 가던 기억이 나요. 나는 매우 가파른 언덕으로 오르는 것이 두려웠는데 아버지는 말씀하셨어요.'아무 걱정없다. 내가 너를 데리고 올라 가마'그리고 나서 아버지는 그렇게 해 주셨는데 비탈길 끝에서 우리는 넘어져 버렸어요. 썰매는 연결썰매 종류였는데, 그 끝이 내 발목을 건드려서 약간 상처가 났었어요. 그리고 나서 어느날 우리는 해변가에서 커다란 수상스키 활주판을 탔었는데 나는 두려웠어요."

"(4) 갓 태어난 여동생을 집으로 데리고 오던 날이 기억나는데 그때 내 나이 세살이었어요. 아버지는 나에게 장난감 곰을 갖다 주셨는데 나는 그 곰 인형을 수년동안 간직했어요. 결혼할 때까지 그 곰인형을 갖고 있었어요. 내 남동생 Mike가 곰 귀를 떼어 버렸는데 나는 그에게 불같이 화를 내었고 그때 이미 그 인형은 털이 헤어져 너덜너덜한 고물이었는데도, 남동생이 그 귀를 다시 붙여 놓도록 했어요. 사람들이 죽으면 찬미받는다는 사실을 알기는 하지만, 아버지가 돌아가신 뒤로 아버지에 대한 어떤 나쁜 말도 들어본적이 없었어요. 단 한번 예외로 어머니가 '아버지는 심술쟁이'라고 말씀하셨어요. 아버지가 자동차 사고로 돌아가시기 직전에 나에게 말씀하셨어요.'매일 석양이 질때 해를 바라보고 나를 생각하거라. 나도 그렇게 너를 생각할 것이다.'" 이 부분에서 환자는 울었다. 그녀는 분명 심리적으로 고통을 느끼고 있었다. 그녀는 화장실로 가야겠다고 양해를 구하고, 이내 침착해져서 되돌아 왔다.

"아버지가 돌아가신 뒤로 나는 아버지가 하늘 어딘가에 계실거라고 생각했었고, 아직도 매일 석양 무렵 해를 바라보면서 아버지를 생각해요." 이 말을 하면서 또 한차례 눈물을 흘렸다.

"아버지에 대한 다른 기억은 어떤거죠?" 나는 물었다.

"그래요." 그녀는 말했다. "몇가지 일들이 있어요. 세살때 생일이 기억나는데, 내가 침실로 걸어갔더니 모두들 나를 보고 '해피 버스데이'라고 말했는데 나는 남들이 그렇게 말하면 어떻게 말해야 할지 몰라서 '해피 버스데이'라고 말했어요. 그랬더니 모두들 웃었어요. 어머니가 말씀하셨던 것처럼 아버지가 화를 내고 심술부리던 일은 기억나지 않아요. 아버지는 훌륭한 유모감각을 가진 조용한 분이었다고 기억되는데, 많은 농담을 하셨어요. 또한 아버지는 앉아서 생각을 많이 하셨어요. 나는 아버지가 철학적인 분이었다고 생각해요. 대체적으로 아버지는 나에게 많은 관심을 주셨으며 나는 아버지에게 중요했고 아버지는 나에게 무심하지 않으셨다고 기억돼요."

(아버지가 그녀에게 관심을 쏟았으며 그녀는 아버지에게 중요했고 아버지가 그녀를 무시하지 않았다는 위의 진술 모두는 우리가 이미 알고 있는 점, 즉 아버지의 사망후 환자가 결핍감을 느꼈다는 점과 잘 부합되어진다.)

"그제 밤 꿈을 꾸었어요. "(이때 다시 0—6세에 초점이 맞추어지지 않고 화제가 빗나가고 있다는 생각이 내 머리속에 떠올랐으나 이제 거의 면담이 끝나가고 있었으므로 그녀로 하여금 꿈을 이야기하도록 하여 그녀의 무의식이 모든 이러한 점들에 대해 무엇이라고 이야기하고 있는지를 알아 보는 것이 최선의 방법이라고 나는 생각했다.) 패트는 말했다. " 꿈에서 목에 이상이 있어서 의사를 만나러 갔었는데 나는 그 의사와 사랑에 빠졌어요. 그는 멋있었어요. 그는 내가 수술을 받아야 하며 마취해야 한다고 말했어요. 선생님도 아시다시피 나는 마취를 몹시 두려워해요. 그래서 꿈에서 나는 거절했고 마취가 몹시 싫다고 말했어요. 그러자 의사가 말했어요.'우리는 수술을 위해 당신을 검사해봐야 해요.'그리고 나서 나는 그곳을 떠났고 의사가 창문가에 서 있었고 나는 그를 사랑했어요. 그리고 나서 한무리의 악당들이 들어와 의사를 끌어냈으며 그를 총으로 쏘았어요. 나는 그를 도우려고 애썼으며 '죽지 말아요'라고 말했어요. 그러자 의사가 말했어요.'나는 죽어야 해' 그는 삶과 죽음의 기로에 서 있었어요……. 실제로 살아 있는 것도 아니고 죽어있는 것도 아니었어요. 그는 끔찍하게 고통스러워 했어요. 그는 나에게 말했어요.'내 머리를 발로 차요.'나는 그럴 수 없다고 말했어요."

"그는 말했어요.'만약 당신이 고통당하고 있다면, 당신은 내가 당신을 돕기를 바라지 않겠어요?'그래서 나는 그의 머리를 발로 찼는데 그는 죽었어요. 그러나 그 꿈은 악몽이 아니었어요. 내가 그를 사랑한다는 감정이 좋았어요. 그리고 꿈에서 그가 죽고 난후 어떤 사람이 말하길 내가 가장 아름다운 구두를 신고 있다고 했는데, 나는 구두를 벗어주면서 말했어요.'당신이 이 구두를 신어요.' 그러나 그 구두는 그녀의 발에 맞지 않아서 그녀는 그 구두를 신을 수 없었어요. 이상하게 들리겠지만, 이 꿈은 악몽이 아니고 아주 슬픈 꿈이었어요. 내가 의사에게 느꼈던 사랑의 감정은 다음날 낮과 밤동안 계속 내 마음속에 머물러 있었어요. 아동기때 나는 너무나 강렬해서 내 마음속에 남아있는 그런 꿈을 꾸곤 하였어요. 보통 그 꿈 내용은 내가 보호해 주어야 하는 무력한 아이에 관한 것이었어요. 이 꿈은 내가 정신병 환자임을 의미하나요? 정신 분열증 환자와 같은 꿈인가요?" 그녀는 물었다.

나는 대답했다. "정반대 입니다. 이 꿈은 상당한 진전을 보여주고 있습니다."(물론 나는 완전한 진실을 이야기하고 있었다.) 나는 말했다. "대부분 당신의 꿈들은 끔찍한 피와 천둥, 많은 사람들이 서로 죽이는 폭력에 관한 것들이었어요. 이 꿈은 당신이 사랑의 감정에 대해, 그리고 당신이 그러한 감정을 좋아하고 있음을 나에게 이야기해 준 최초의 꿈입니다. 이 꿈은 정신분열증적인 꿈과 정반대의 꿈입니다. 정신분열증 환자는 자기 자신의 환상으로 철수하며, 타인과 인생에 대한 감정이 위축되는 경향성이 있는 반면, 이 꿈에서 당신은 일반적인 사람뿐만 아니라 특정한 사람과 만나고 있습니다. 아직 그 속에는 적개심이 있기는 하지만 사랑도 동시에 있습니다. 나는 이것이 진전이라고 생각하며 당신이 암시한 것과는 다르다고 생각합니다."(나는 이 꿈을 해석하려고 시도하지 않았으며, 이 꿈에서 전이로 나타나고 있는 것을 지적하지 않았고 단지 환자의 질문에 대해 몇마디 말로 대답했을 뿐이었다. 우선은 시간이 다 되어가고 있었으며 그리고 그녀의 초기 아동기의 정서적 관계에 대한 재검토를 끝낼 때까지는 꿈에 대한 해석으로 빗나가고 싶지 않았기 때문이었다. 꿈의 의미는 시간이 충분할 때 매우 조심스럽게 검토되어야 한다고 나는 생각했다. 그 이유는 패트가 나에 대한 전이를 매우 강하게 방어하고 있었기 때문이었다. 지난해 그녀는 지난 면담시간에 오지 않은데 대해 구구절절한 변명들을 늘여 놓았다……. 감기가 들었다, 몸이 아프다, 축농증이다, 또는 바쁘다, 파티가 있다, 또는 쇼핑해야 한다……. 그녀는 치료 받으러 오는 것에 대해 완전히 방어적이었다. 이 꿈은 양가감정에 대한 좋은 진술이었으나 그럼에도 불구하고 순전한 적개심이 아닌 어느 정도의 애착, 의존심을 나타내고 있었다. 다른 자료는 결핍감에 대한 분노였으며, 무기력한 어린아이, 즉 그녀 자신을 보호하려는 그녀의 갈망을 보여주었다고 나는 생각했다. 그녀는 자신이 다른 사람들로 부터 도움 받지 못했다고 느꼈으며 따라서 스스로 그녀 자신에게 도움을 주려고 노력하고 있었다.)

일주일 후 다음 번 면담은 그녀가 남편, 두 아들과 함께 휴가를 떠나기 불과 이틀 전이라는 사실 때문에 복잡해졌다. 아동기양식은 환자의 현재 생활에서 상황이 비교적 조용할 때, 그리고 당장의 일들을 이야기해야 한다는 압력이 없을 때 다루어지는 것이 좋다. 그러나 나는 그녀가 매우 잘 지내고 있다고 생각했는데 그녀는 다음과 같이 말했다. "지난 시간에, 선생님에게 루이스에 대해 이야기했던 것은 별로 중요하지 않은 것 같아요. 왜냐하면 그후 나는 훨씬 성숙해졌고, 초기 아동기를 벗어났기 때문이예요. 그러나 목이 아프다는 꿈은 실제 사실로 나타났어요. 꿈꾼지 삼일 후에 나는 목이 몹시 아파서 깨어났어요."

나는 말했다. "당신은 그런 일이 신비한 일이나 초자연적인 일이라고 생각하나요? 아니면 잠이 들었을 때 당신의 마음이 낮동안의 모든 짐과 책임에서 벗어나 있음으로써 낮동안에 감지하지 못했던 어떤 신체적 감각을 당신의 마음이 지각한다고 할 수 있을까요?"

그녀는 응답하였다. "아마도 이는 맨스 주기와 같은 경우인가봐요. 맨스가 있기 며칠전 나는 항상 어떤 방식으로든 피에 관한 꿈을 꾸어요. 그것이 지나가는 생각에 그치는 경우가 대부분이기는 하지만, 어쨌든 항상 그런 종류의 꿈을 꾸어요. 예를 들면 꿈에서 누군가가 마루에 약간의 캐찹을 엎질러 놓았다면, 나는 생각하죠.'저건 피같구나,' 또는 누군가가 자기 손을 찔러 한두 방울의 피가 흐르는 꿈을 꾸기도 해요."

나는 말했다. "그런 꿈들은 동일한 현상일 수 있으며 매우 흥미롭군요. 그러나 지금은 초기 아동기양식에 대해 나에게 이야기하는 것을 저항하고 있는 것은 아닐까요?"

패트는 대답했다. "나는 그점에 대해 이야기하고 싶지 않아요. 나는 선생님에게 이야기하고 싶지 않아요. 선생님은 모든 관계에서의 모든 점들을 듣기 원하시나요?"

"아니요" 나는 말했다. "내가 처음에 당신에게 요청했던 것은 관계들의 주요 특징이었어요. 당신은 아버지와의 관계의 주요 특징을 나에게 이야기 했다고 생각하나요?"

"아마 더 있을거예요." 그녀는 말했다. "나는 아버지에 대한 정보를 어머니가 이야기하도록 부추켜 보았지만 어머니는 나에게 말씀하시지 않았어요. 나중에 나는 어머니에게 아버지, 빌, 게이트 가운데 어떤 남편을 가장 좋아했는지 물어 보았어요. 어머니는'그게 무슨 말이지?'라고 말씀하셨어요. 그러나 어느날 어머니는 아버지를 가장 좋아했다고 말씀하셨는데 그 이유가 뭐냐고 물었더니 아버지가'인간적'이었기 때문이라고 말씀하셨어요. 그러나 어머니는 말씀하시기를 어머니와 아버지가 싸울때면, 어머니는 분노를 드러내고, 분노를 진정시키는 방식으로 해결하고 싶었지만 아버지는 단지 침묵하시고 며칠동안 말하지 않으셨다고 했어요. 아주머니 한분이 나에게 이야기해 주신 바로는 언젠가 아버지가 나에게 장난감 말을 사다주시고는 매우 기뻐하셨는데 나는 그 말타기를 두려워 했다는 거예요."

"그 아주머니는 그 이야기를 매우 재미있게 말씀하셨어요. 어머니는 여동생 마기와 나에게 책을 읽어 주시곤 했는데 어머니가「어리석고 눈처럼 흰 윈니」나 거미에 관한 끔찍한 책, 피터라는 소년에 관한 무서운 시집에 대해 읽어 주시고, 손가락을 빨거나 성냥을 가지고 놀면 어떤 일이 일어나는지에 관한 이야기, 그리고 음식을 먹지 않은 소년에 관한 이야기 등등을 들려 주신게 아마도 네살 무렵이었던 것 같아요. 나는 어릴 때 잘 먹지 않았는데 그때가 대략 내 여동생이 태어나던 무렵이었어요. 어머니는 유모를 두었는데 그 유모는 그녀 방에서 나에게 강요하곤 했어요. 그녀는 자기 무릎 사이에 나를 끼워놓고 내 팔과 코를 잡고서 목으로 음식을 억지로 넣곤 했어요. 어머니와 아버지가 직접 그렇게 하셨던 기억은 없어요."

(여기서 다시 양식이 나타난다. 어머니에 대한 양가감정, 그리고 어느 정도는 어머니상에 대한 양가감정, 그리고 아마도 아버지에 대한 이러한 감정의 흔적, 어머니는 그녀에게 책을 읽어 주었으나 대부분은 무서운 이야기였다. 어머니는 직접 그렇게 하지는 않았지만, 유모가 강제로 음식 먹이는 것을 묵인하였다. 이제 환자는 세살 반 시기에 대해 이야기하고 있었으며 다음과 같이 말했다.)

"아버지가 돌아 가시기 전 나는 이상한 병을 앓았어요. 신장병의 일종이었어요. 명치부분에 끔찍한 통증이 있었어요. 치료는 위에다가 뜨거운 물주머니를 얹고 낮동안 누워있는 거였어요. 매우 불편했고, 변비가 생겼어요. 하루는 어머니가 집에 오셔서 '너에게 줄 선물이 있다'고 말씀하셨어요. 나는 매우 흥분하고 행복해 했는데, 어머니가 선물을 가져와서 상자를 열었을 때 그 선물은 유리변기임이 드러났어요. 그 유리변기로는 변기에서 나를 들어 올리지 않고도 변 보는 것을 어머니가 볼 수 있었어요."

(나는 이 기억이 어머니와의 관계의 전형이라고 생각한다—관심을 받고자 하는 그녀의 사무친 소망, 그러나 그녀가 관심을 받았을 때 그 결과는 항상 어느 정도 좌절스럽고, 적대적이고, 실망스럽거나 두려운 것이었다.)

"아버지가 돌아 가신후 어머니는 외출을 많이 하셨고, 나와 함께 시간을 많이 보내줄 수 있는 가정부를 두셨어요. 가정부는 책을 읽어주고, 피아노를 치고, 아기와 나를 데리고 미장원에 가거나 쇼핑을 하거나 했어요. 그러나 나는 선생님에게 모든 것을 이야기했다고 생각하므로 여기서 다시 반복하고 싶지 않아요."

"좋아요." 나는 말했다. "그러나 당신이 이야기한 것을 정리해 보도록 합시다. 당신은 아버지와의 관계가 단지 좋은 관계였다고—근본적으로 아버지가 따뜻했고 당신에게 사랑이 깊었던—이야기하고 있읍니까?"

"네" 패트는 대답했다. "단지 좋은 관계였어요. 단 한가지 나쁜 기억은 아버지가 돌아가신 후 내가 아버지를 끔찍하게 그리워했다는 거예요. 나는 아버지를 얼마나 보고 싶어 했는지 아무에게도 이야기할 수 없었어요……. 나는 어머니가 슬퍼하시는 것을 원치 않았고, 어머니가 아버지의 죽음을 기억하는 것을 원치 않았기 때문에 어머니에게 이야기할 수가 없었어요. 하루는 아버지를 생각하면서 나는 울고 있었어요.'무슨 일이냐?'고 어머니가 물으셨는데 나는 어머니에게 그 이야기를 해서 아버지의 기억을 되살리고 싶지 않았어요. 내가 생각할 수 있었던 전부는 마녀가 겁이 난다고 어머니에게 말씀드리는 것이었어요."

나는 물었다. "아버지의 죽음으로 어머니가 매우 상심하셨나요?"

패트는 대답하였다."잘 모르겠어요. 아버지가 자동차사고로 돌아 가셨다는 소식을 들었던 날이 기억나요. 할머니는 우리를 보러 오실때는 항상 우리를 부르시면서 팔을 펼쳐 보이셨는데, 이 날은 집에 오셔서 우리를 알아보지도 못하셨어요.그만큼 할머니는 여유가 없으셨어요. 실제로 아무도 나에게 아버지가 돌아가셨다는 말을 해주지 않았지만 나는 어떻게 이 사실을 알았어요. 물론 나는 이 일이 무엇을 뜻하는지 알지 못했어요. 그후 어려운 시기가 닥쳐 왔어요. 우리는 온갖 종류의 사람들과 온갖 종류의 이상한 장소에서 지내게 되었어요. 얼마동안은 괜찮은 가족과 함께 지내기도 했어요. 그러나 그후 나는 고아원에서 지냈어요. 고아원 사람들은 아이들을 돌보지 않았어요. 그들은 더러웠어요. 기저귀를 차고 있는 아이들의 기저귀를 바꿔주지도 않았어요. 나는 거기서 친구가 없었어요. 어머니가 그리워서 향수병에 걸렸었는데, 그때의 상황을 이루 다 말로 표현할 수 없어요."

"내가 이야기할 수 있었던 유일한 사람은 늙은 요리사 여인뿐이었어요. 나는 그 여인에게 그녀가 나의 어머니를 데려 오겠다고 맹세해야 한다고 말했는데 아마도 그 여인이 우리 어머니를 데려 왔던 것 같아요. 왜냐하면 나중에 어머니가 오셨고 우리는 도시로 옮겨 갔어요. 우리는 아래층에서 잠을 잤고, 그 당시 아직 어린 아기였던 내 여동생 마기는 위층에서 잠을 잤어요. 나는 마기를 아래층으로 데려와야 한다고 소리 질렀으나, 어머니는 나에게 화를 내면서 말씀하셨어요.'그 애를 깨우지 않겠다. 만약 그애를 깨운다면 그 애는 다시 잠들지 못할거야.'내 여동생과 나는 밤에 잠이 깨면 무서웠는데 어머니는 우리가 어머니의 침대로 들어 가는 것을 결코 허락하시지 않았어요. 한번은 어머니가 아래층으로 내려 가다가 넘어졌는데 히스테리칼하게 웃기 시작했던 일이 기억나요. 나는 어머니가 울고 있다고 생각했으나 나중에 어머니가 웃고 있다는 것을 알았어요. 또 다른 경우는 어머니가 거들인지 콜셑인지를 입었다가 그것을 벗는 중이었는데 손이 공중에 치켜 올려지고 옷이 잘 벗겨지지 않았어요. 어머니가 옷을 입고 있었는지, 아니면 벗고 있었는지 확실치는 않으나, 숙모가 옆에서 거들어 주고 있었고, 어머니는 히스테리칼하게 웃었는데 나는 어머니가 울고 있다고 생각했어요."

"어머니의 세번째 남편 Keith와의 결혼 축하연에서 어머니는 다시 히스테리칼하게 웃으셨는데 그러나 큰 소리로 웃지는 않았고……억지로 웃음을 참고 있었어요. 그러나 결혼식이 진행되는 동안 내내 나는 울었으며 밖으로 끌려나가야 했는데, 그날 나는 내내 울었어요. 호텔 점심식사때도 울었으며 샴페인 파티에서도 울었어요. 내가 그렇게 울었던 이유는 케이트를 좋아하지 않았기 때문이었고 어머니가 그와 결혼하는 것을 원치 않았기 때문이었어요."

나는 물었다. "그러나 아버지가 돌아가시기 전에 당신은 어머니와 무슨 문제가 있었나요?"

"확실하지 않아요." 패트가 말했다. "대부분은 유쾌한 관계였다고 생각하지만, 아버지가 돌아 가신 후에 어머니와의 문제를 느꼈어요. 나는 어머니에게 몹시 매달렸어요. 어머니가 매우 아름답다고 생각했어요. 아버지가 돌아가신지 일년인가 이년후에 어머니는 William이라는 캐나다 사람하고 결혼했는데 거의 5년동안 캐나다에 계셨어요. 그러나 어쩐 일인지 윌리암은 무섭게 변했어요. 그는 더 이상 인생이나 결혼에 흥미가 없다고 어머니에게 말했고 그래서 윌리암과 어머니는 이혼에 합의했어요……. 윌리암은 매우 좋았어요. 그는 마기와 나에게 아름다운 인형을 보내주곤 했어요. 어쨌든 어머니는 5년동안 캐나다에 가 계셨는데, 나는 어머니가 다시 돌아오면 어머니, 여동생, 나 셋이서 함께 행복하게 살거라고 생각했어요. 그러나 어머니가 다시 돌아 오신후 우리 모두가 함께 사는 대신 케이트가 우리 사이에 끼어 들었는데, 이혼한 지 약 반년 뒤였어요. 이 때문에 나는 쇼크 상태에 빠졌어요. 화가 났어요. 5년동안 어머니를 기다렸는데 어머니가 돌아오자 마자 다른 남자랑 결혼하다니! 어머니가 떠나 있는 동안 우리는 어머니의 어머니와 아버지 즉 외조부모님과 함께 살았어요. 물론 자리가 잡힌 것은 아무 것도 없었어요. 우리는 어딘가 다른 곳에서 우리 셋이 산다는 그런 행복한 계획을 가지고 있었다고 생각돼요. 아버지가 돌아가신 후 나는 어머니에게 그렇게도 매달렸고 어머니가 아름답다고 생각했어요. 그러나 선생님은 이미 그 나머지 것도 알고 계시죠."

"케이트는 끔찍했고 그는 내 여동생 마기와 나를 완전히 무시했어요. 마치 우리가 존재하지 않는 것처럼 말예요. 그러나 어머니는 그의 비위를 맞추는 방향으로 행동했어야 했어요. 그는 조금도 매력이 없었지만 무언가 그에게는 있었던 게 틀림없어요……. 아마 그건 돈이었던 것 같아요……. 그는 여자를 구하는데 어려움을 겪은 적이 결코 없었어요. 그는 일생동안 항상 많은 여자를 주변에 거느리고 있었어요. 결국 어머니는 이혼했어요."

"그러자 몇년 전에 죽은 나의 대모 도리스의 남편 데이브가 어머니에게 관심을 보이기 시작했어요. 그는 실제로 매우 훌륭해서, 나는 그가 나의 양아버지가 되는 것이 좋았어요."

(나는 이런 말이 어느 정도는 의미있다고 생각한다. 왜냐하면 패트는 매혹적이고 이지적이고 책임있는 나이 사십이 다된 여성으로서 남편과 거의 다 성장한 아이들이 있지만, 그녀는 실제로 어머니와 아버지가 곁에 있기를 원했었다는 점을 진지하게 생각하고 있었다. 이는 그녀에게 0－6세 동안 충족되지 못했던 점이며, 그 결과 그녀는 지속적인 좌절, 결핍, 분노의 상태에 있었다. 이는 그녀의 주요역동을 나타낸다고 생각되며, 그녀의 초기 과거력과 초기 아동기양식에 비추어 볼 때 이는 충분히 이해가 된다. 이는 그녀가 인격체로서 보다 성장하고 더 강한 자아를 가질 수 있었던 6세 내지 7세 이후가 아닌 4세 이전의 충격이었기 때문에 그리고 그 충격의 영향이 그렇게 심했기 때문에 분석 치료에 대한 저항이 그렇게 강한 것이다.)

면담의 이 시점에서 그녀는 다시 멈추면서 말했다. "그러나 여섯살 무렵에 경험했던 류마치스성 고열에 대해 선생님에게 이야기 해 보고 싶어요. 그것은 끔찍한 경험이었어요. 그때 막 수영을 하고 있었는데 물은 매우 차거웠어요. 나는 별장으로 달려 갔는데 갑자기 내 무릎에 번갯불이 내려치는 것 처럼 심한 통증이 왔어요. 웅크리고 앉아야만 했어요. 일어설 수가 없었어요. 그러자 그 통증이 나의 팔꿈치로 왔고 그리고 나서 양 무릎과 팔꿈치에 부목이 대어졌어요. 그리고 나서 편도선이 제거되었어요. 나는 따뜻하게 지내야 했어요. 걷는 것이 허용되지 않았어요. 가끔 나는 그런 생각을 해요. 아플 때 나로 하여금 침대에 가는 것을 두려워하게 만든 것은 바로 이러한 경험이었다고. 그 방에서 나는 내내 혼자였고 아무도 주위에 없었어요. 그러자 편도선을 떼어내는 수술을 받게 되었어요. 어머니는 나를 붙잡아 주겠다고 말씀하셨어요. 사람들이 나에게 에테르를 주었지만 마취용 마스크가 내 오른쪽 눈을 눌러서 눈을 감을 수가 없었기 때문에 나는 소리쳤는데 어머니는 이런 상황을 견딜수 없어서 그곳을 떠나셨어요. 그러나 수술이 끝난후 어머니는 나에게 백설공주와 몇가지 다른 이야기 책들을 가져다 주고 나에게 잘해 주셨어요. 나는 몇몇 간호원을 좋아했어요. 그들은 친절했지만 병원에는 아이들이 나 말고는 없었어요. 나는 두 주일동안 그 곳에 있어야 했어요. 나는 아직도 아플때 침대에 가는 것이 두려운데 그 이유는 내가 무기력해지고 걸을 수 없게 될까봐 두렵기 때문이예요. 그래서 나이트가운을 입지 않고 침대에 가서 벼개로 든든하게 받침대를 만들어 놓으면 별로 두려움을 느끼지 않아요. 또는 그렇게 아프면……"

(환자들은 다른 사람의 관심을 끄는 병이나 수술에 관한 기억을 매우 빈번하게 보고한다. 대부분 이러한 상황은 적개심, 죄의식, 불안을 나타내지만, 그러나 관심의 부족을 완화시키는 결과를 가져본다. 아마도 관심을 주지 않는 어머니에게 다음과 같은 질책을 내포하고 있는 것 같다. "나는 어머니로부터 사랑이나 관심을 받기 위해서 심하게 아파야 하며 수술을 받아야만 해요.")

그리고 나서 면담이 끝났고 환자는 두 주일의 휴가를 보내기 위해 이틀내에 떠나기로 되어있었다. 현재 생활에 영향을 미치고 대인관계에서의 불안과 수치심에 영향을 미쳤던 아동기양식의 전모가 완전히 충분한 방식으로 탐색되지 않았다고 느꼈지만, 그래도 주요점을 놓치지는 않았다고 느꼈다. 나는 쉽게 그것을 밝히고 느낄 수 있었으며, 이런 면담시간들로부터 얻어낸 자료의 사실 그대로의 진술이 이러한 감정을 독자에게도 전달해 줄 수 있기를 희망한다.

패트는 면담을 마치고 떠날 때 말하기를 그들은 휴가동안 남편의 친척을 만나 보기 위해 친척집에 머무를 예정인데, 남편과 그녀 사이의 프라이버시가 충분치 않을 것이므로 휴가가 충족스럽지 못할까봐 두렵다고 했다. 나는 마음속으로 이는 그녀가 아버지를 잃은 후, 그리고 어머니마저 잃은 후 느껴왔던 오랜동안의 감정 표현이라는 생각이 들었다(이를 지지해 줄 자료는 충분치 않았지만)—어머니에 대한 이런 감정은 그녀가 어머니에게 매달리면서 어머니가 매우 아름답다고 느꼈지만 동시에 어머니에 대한 분노를 억제했던 때부터 느껴왔던 감정이었다. 그래서 이러한 감정은 아마도 그녀가 어머니로 부터 받기를 바랬던 것, 그리고 어머니와의 이별의 좌절을 반영하는 것이라고 나는 생각한다. 의사가 총맞고 죽는 악몽의 요소보다 그에 대한 사랑이 보다 중요했던 전이 꿈을 그녀가 충분히 이야기했었기 때문에 나는 우리가 그녀의 분노를 훈습할 수 있었기를 희망하였다. 나는 그녀가 휴가동안 남편에게 그런 분노를 터뜨리지 않기를 바랬다.

이제 우리는 패트의 0—6세 그리고 아동기동안 형성되었고 그녀의 생애동안 지속되었던 양식을 간단히 요약해 볼 수 있다. 많은 다른 사람들과 마찬가지로 가장 관심이 쏠리는 아동기 연령은 세살반 경인데, 그 시기는 유아기로부터 벗어나 말을 하기 시작하는 아동기로 발달해가는 시기이다. 패트는 나이 사십에 가까운 매우 매력적인 부인인데 나는 그녀에게서 세살반의 작은 소녀를 볼 수 있었다. 그녀는 틀림없이 애교가 있었고 귀여웠을 것이다. 그러나 이 시기에 그녀는 따뜻하고 헌신적이던 아버지를 잃어버렸는데, 그는(그녀의 말로는) 그녀를 좋아했고 그녀를 귀하게 여겼으며 결코 그녀를 무시하지 않았으며 그녀에게 무엇이든 해주려고 했었다. 그녀는 자신이 아버지에게 소중한 존재임을 느꼈다. 아버지를 잃고 그리고 절대 필요한 아버지의 사랑을 잃고 그녀는 자신의 강한 욕구를 어머니에게로 돌렸으나 그녀의 어머니는 아버지처럼 그렇게 헌신적이지 못했다. 실제로 생계를 꾸려 나가고 새 남편을 발견해야 했던 그녀의 어머니는 그녀를 솔직하게 배척하였고 어린 패트를 고아원에 맡겨 놓았으며 그후에는 패트와 여동생 마기를 떠나 캐나다에서 5년동안 살았던 것이다.

아버지가 더 이상 살아 계시지 않게 되자 그녀는 석양을 바라보면서 아버지를 생각하고 울기는 하였으나 그녀의 그리움을 모두 어머니에게로 쏟았고 어머니에게 매달렸다. 그녀는 울면서 아버지에 대해 나에게 이야기 해주었다. 그녀는 예쁜 인형을 선물하던 친절한 윌리암과 함께 어머니가 캐나다에서 돌아 온다는 공상으로 버티어 내었고 어머니의 이혼 후에는 어머니와 마기와 함께 행복하게 산다는 공상으로 버티어 내었다. 그러나 다시 어머니는 결혼하였는데 이번에는 두 어린 소녀를 완전히 무시하고 배척했던 케이트와 결혼하였다. 나중에 패트가 어느 정도 망상적 질투를 갖게 된 것은 전혀 놀라운 일이 아니다!

그후 패트는 멀리 떨어진 기숙사로 보내졌고 그녀가 어머니에게 편지를 썼을 때 어머니는 도움을 바라는 그녀의 간절한 마음을 무시했다. 외견상으로 패트는 극기하면서 배척을 받아 들였으나 어머니에게로 향하는 분노에 대해 완전히 무의식적이지는 않았다. 이에 따라 정서양식이 고정되어졌는데 어머니에 대한 강한 갈망, 무관심과 배척의 현실, 억제되지 못한 폭발적인 분노가 형성되어졌고 어머니를 완전히 잃어 버릴 것이라는 두려움 때문에 어머니에 대한 분노를 감히 암시조차 하지 못했다. 이와같이 비뚤어진 양식을 지닌채 그녀는 여성으로 성장해 갔다.

그녀는 자기를 사랑하는 친절하고 헌신적인 남자와 결혼하였으나 결혼식이 끝난지 얼마되지 않아 그가 다른 여자에게 관심을 돌린다거나 그가 원하는 것을 명백히 밝힌다는 이유로 그를 비난하였다. 분석가인 나에게 그녀는 이렇게 말한 적이 있었는데, 그녀가 결혼한 후에 "벽이 무너졌다"는 것이었다. 즉 다른 말로하면 그녀의 양식이 폭발했다는 것이다. 그녀는 어머니에 대한 아동기의 지속적인 욕구를 남편에게서 충족 받을 수는 없었지만, 어머니에 대한 분노의 억제가 완화될 만큼 결혼생활에서 안정감을 느끼고 있었다. 만약 분노가 어머니에게로 직접 표출된다면 그 다음에 벌어질 상황, 즉 어머니를 완전히 잃을 것이라는 위험이 없는 현재의 상황에서 그녀의 분노는 남편에게로 향해졌다. 분석치료에서 분노는 느리게 감소되었고 그녀는 점차 좋은 아내, 좋은 어머니가 되었다. 그녀의 가장 좋은 관계는 예견될 수 있는 바와 같이 첫째 아이, 아들과의 관계였다. 초기 생활에서 가장 좋았던 관계가 아버지와의 관계였기 때문에 즉 남성과의 관계였기 때문에 그럴 것이라고 예견된다. 그럼에도 불구하고 친밀감과 밀착감 결여, 충분한 사랑과 관심을 받지 못했다는 느낌, 충분히 존중받지 못했다는 느낌(그녀가 아버지로 부터 받았으나 상실했던 점들)이 좀처럼 없어지지 않았고 훈습을 위해서는 오랜 시간이 요구되었다. 불행하게도 강한 욕구, 좌절, 분노의 완전한 양식이 남편에게로 다시 반복되기 시작했고, 남편은 이로 인해 시달리곤 하였다.

삼년이 지나 그녀는 훨씬 안정되었고 보다 자유롭게 교제할 수 있었고 그녀의 껍질 속에서 나올 수 있었다. 그러나 그녀의 어머니는 케이트와의 사이에서 난 아이, 패트의 이복동생에게 심한 편애를 계속 보여주었다. 패트가 매우 좋아했던 이복 동생들 중 한명이 일주일 동안 패트를 방문하였다. 케이트와 이혼 후 이제 다시 혼자가 된 어머니는 하와이 여행 중이었다. 어머니는 이복여동생 Ruth에게는 카드와 편지를 보냈지만 패트에게는 아무것도 보내지 않았는데, 그래도 패트는 어머니를 의식적으로 계속 사랑했으며 (내가 동의한 바와 같이), 어머니에 대해 화가 난다는 이야기를 할 만한 일이 별로 없었다. 아직 그녀는 어머니와의 관계가 보다 더 개선되기를 희망하며 나중에 그녀는 억제된 분노에 대해 어머니와 함께 이야기하였고 이는 어머니와의 관계 개선에 도움이 되었다. 루이스와 마기와의 동일시는 긍정적인 동료관계가 형성되는데 도움을 주었다.

물론 패트의 역동 가운데 다른 많은 세부점들이 있다. 예를 들면 어머니와의 동일시인데, 어머니가 그녀를 과소평가하고 그녀를 기다리게 했는데, 이제 패트는 다른 사람에게 이런 방식으로 행동하는 경향이 있다. 그녀는 타인을 낮추어 보며, 항상 약속시간에 늦는다. 나는 앞서 그녀가 분석가인 나와의 약속을 취소하고는 변명을 늘어 놓는다고 이야기한 적이 있는데 그녀는 마지막 순간에 가서 약속을 취소하곤 하였다. 그러나 여기서 우리는 세부적인 모든 점에 대해 관심을 갖는 것이 아니라, 타인과의 주된 감정양식을 결정하고, 그녀의 인생과정과 정서 분위기를 결정하며, 이 세상에서 무엇보다 더 열망하던 사랑과 친교를 그녀가 받아들이는 것을 비극적으로 방해하였던 주요 특징, 즉 거시적인 주요 정서양식에 대해 관심을 가져왔다.

나는 패트의 역동진단에 대해 완전히 만족하지는 않는데 그녀의 역동진단은 다음과 같다.

역동진단 : 패트 랄스톤

아동기 : 아버지의 상실은 어머니에 대한 애정욕구를 강화시켰으며, 지리적으로 감정적으로 어머니가 멀리 있었기 때문에 이는 좌절되었고, 어머니는 환자의 이복 여동생들을 공공연하게 편애하였다.

현 재 : 지나친 의존적 애정욕구, 존중받고자 하는 욕구(결핍으로 인한 열등감이 더해짐), 이러한 욕구들의 좌절감은 투쟁－도피를 유도한다. 이는 분노의 억제를 유도하며, 친밀한 관계(죄의식과 피학증이 동반되는)에 의해 분노의 억제가 다시 동원되어지면서 다음과 같은 상황이 유도된다. (a) 정서적 거리감. 부분적으로 어머니와의 동일시로 인한 독립과 책임에 대한 어느 정도의 적개심. (b) 혼자 남겨진다는 데 대한 두려움. 다시 말하면 투쟁－도피는 계속적인 적개심, 철수, 불안을 유도한다.

강 점 : (1) 세살반 이전까지 아버지와 좋았던 관계, 어머니와 어느 정도 좋았던 관계, 여동생과 사촌 자매와의 좋았던 관계. (2) 감정적으로 솔직할 수 있는 능력 (3) 아이들에 대한 헌신 (4) 차분한 결단력 (5) 결핍이 그녀를 눈에 띄이게 매력적으로 만들었음 (6) 방어의 강도, 독립과 성취에 대한 노력에 의해 보호되어짐

IX. Jenny Wales : 일하는 부모

반복해서 지적하고 예시했던 바와같이 바로 첫번째 면담에서 역동의 주요점을 파악하는 것이 많은 경우에서 가능하다.(내가 본 환자 가운데 85% 수준에서 가능했었다고 추정된다.) 여기에 그러한 예가 하나 있다. 나는 이 사례가 평균적인 수준이기는 하지만, 그러나 용이한 사례는 아니었다고 생각한다－또한 내가 보았던 사례들 가운데서 어려운 사례도 아니었다.

제니 웨일즈는 남편이 회사에서 전근을 함으로써 이제 갓 이 도시에 왔

다. 그녀는 아직 무엇을 해야 할지 모르고 있었는데 이는 집밖에서의 활동을 의미했다. 그러나 그녀는 자신의 주요 문제가 그녀 자신의 성격 때문에 딸아이를 "엉망으로 만들 것" 같이 느껴지는 것이라고 했다. 제니는 서른다섯살이었으며 그녀의 남편도 거의 같은 나이였는데 그들에게는 리타라는 딸이 하나 있었다. 나는 그녀에게 계속 그녀의 상황에 대해서 더 많이 이야기 해달라고 요청했다.

그녀는 말했다. "내 성질 때문에 딸을 망칠까봐 두렵지만 어쩔 수가 없어요. 나는 화가 나면 화를 억누를 수가 없어서 후퇴해 버려요. 이전에 나는 정신치료를 받았어야 했지만, 남편의 직장 때문에 일시적으로만 대처했어요. 그래서 시카고로 올때까지 기다렸어요."

"딸과의 문제는 새삼스러운 게 아니예요. 나는 그 애가 태어나기 전부터 문제가 있었어요. 이제 나는 딸과 가까워지고 있는데 실제로 가까워지는데 문제가 있기 때문에 딸과의 사이에 문제가 드러나고 있다고 생각돼요. 특히 딸이 나에게 요구를 해 올때 나는 문제를 느껴요. 내 자신이 유아가 되기를 바란다고 추측되는데, 이런 생각이 나를 화나게 만들고 나에 대해 혐오감을 느끼게 만들어요."

"남편과는 어떻게 지내시나요?" 나는 물었다. "가까워지는데 대한 문제는 없읍니까?"

"매우 잘 지내요."그녀는 대답하였다."그러나 우리 사이에는 싸우지 않는다는 묵약이 있어요. 남편은 그의 아버지와 어머니가 많이 싸웠던 집안에서 성장했기 때문에 싸우는 것을 좋아하지 않아요. 그러나 우리는 그런대로 상당히 좋은 관계를 맺고 있어요—우리의 관계는 극히 멋진 관계라고 볼 수 있어요. 남편은 어제밤에 내가 정신치료를 시작하는 것을 반대한다고 말했어요. 그는 정신치료가 우리의 관계를 방해할까봐 두려워해요. 우리는 몇년동안 함께 동거하다가 내가 임신했을 때 결혼했어요. 그게 삼년전이며 딸은 이제 막 세살이 되었어요. 그 당시 나는 몇번 정신과 의사를 만났는데 우리는 남편과의 관계를 벗어나는 문제에 대해 이야기했어요."

나는 물었다. "당신의 문제는 어느 만큼 멀리 되돌아 가나요?"

그녀는 말했다. "나는 이런 일을 생각하지 않으려고 애쓰고 있어요. 나는 내가 무엇을 원하는지를 생각해 보지 않고 대학을 졸업했어요. 어떤 직장에 응모했을 때 간이 질문지를 받았어요. 질문 가운데 '인생은 살 가치가 있다고 생각하는가?'라는 질문 하나가 있었는데 나는 '아니요'라고 대답했어요."

"당신이 가까워지는데 대한 문제가 있다면 친구나 아는 사람들과 어떻게 지내고 있습니까?" 나는 물었다.

그녀는 대답했다. "매우 좋지만 피상적이예요. 호평 받는다고 느껴지는 게 좋기는 하지만, 내가 사람들을 속이고 있다고 느껴지고, 과거에도 내내 그랬었다고 느껴져요."

"전에 만났던 분석가와의 치료에서는 무엇이 얻어졌나요?"

그녀는 말했다. "나는 그와 이년 반동안 일주일에 두번씩 만났어요. 그러나 그는 내가 더 자주 치료 받아야 한다고 느꼈어요. 그러나 처음에 나는 거기에 따를 수가 없었으며 그래서 나는 면담에 불참하곤 했어요. 자유연상하는 것이 나에게는 어려웠어요. 침묵이 많았어요."

나는 말했다. "아주 처음부터 시작해 보기로 하고 나는 당신에게 몇가지를 묻겠어요. 출생부터 6세내지 7세까지의 생활에서 가장 중요했던 사람은 누구였읍니까?"

그녀는 말했다. "나는 세 형제 가운데 막내였어요. 위로 나보다 8년 위인 오빠와 6년 반 위인 언니가 있었어요."

"그들은 잘 안정되어 있나요?" 나는 물었다.

"그들은 모두 자리가 잡힌 것 같아요. 오빠는 매우 좋은 직업을 가지고 있고 오빠와 언니 모두 결혼했고 아이들이 있어요."

나는 다시 물었다. "그러나 이런 가족들 가운데서 당신이 여섯살이나 일곱살이 될때까지 정서적으로 누가 당신에게 가장 중요했읍니까?"

"어머니와 아버지……나는 두분을 함께 취급한다고 생각해요. 두 분은 서로 매우 가까우셨어요. 아버지는 이년동안 집을 떠나 계셨는데 다른 사람이 아버지 주변에 있었던게 틀림없어요. 어머니는 직업을 갖고 계셨고 내내 일을 하셨어요. 그러나 다른 사람에 대한 기억은 없어요. 어떤 사람이 기억나는데……세탁을 하던 한 흑인 여자였는데 그녀가 나를 돌봐준게 틀림없어요. 내가 열두살이 될때까지는 오빠와 언니에 대한 기억은 전혀 없어요. 나는 언니와 같은 방에서 잠을 잤는데 침대에서 무언가에 대해 언니와 함께 농담하던 희미한 기억이 나기는 하지만 언니와의 어떤 개인적 접촉도 기억 나지 않아요."

나는 말했다. "되돌아 볼 때 여섯살 전에 있었던 일들이 생각납니까?"

"아니요"라고 하였으나 그녀는 잠시후 말했다. "아, 네, 내가 대략 여섯살 때 가족이 함께 어떤 쇼를 보러 갔던 기억이 나요. 그때 나는 심한 편도선염을 앓고 있어 거기에 갈 수 없었는데, 단지 어머니와 아버지만 생각나고 오빠와 언니는 생각나지 않아요. 여섯살 이전에 대해서는 전혀 생각나지 않아요." 그녀는 잠시 침묵했다. "아, 네 세살 때의 어떤 일이 생각나요. 아버지는 해가 뜨기 전에 아침 일찍 집을 떠나시곤 했어요. 아버지가 어둠속에서 차를 몰고 멀어지는 모습을 우리가 지켜 보던 기억이 나요. 아버지는 우리에게 선물이나 과자 등을 보내주시곤 했어요. 한번은 우리가 소포를 풀고 있었는데 오빠가 '제기랄'이라고 말했다고 언니인지 내가 어머니에게 말했고, 우리는 그게 끔찍한 말이라고 생각했던 기억이 나요. 그리고 나서 어머니는 야간 직장을 구하셨고 낮에는 주무셨는데……이 때는 아버지가 집을 나가 계셨던 시기였어요. 그러나 누가 나를 돌보았는지 아직 기억 나지 않아요."

나는 물었다. "'제기랄'이라는게 아주 끔찍한 말이었다는데—집안의 분위기가 그렇게 엄격했나요?"

"아니요" 그녀는 말했다. "나는 그렇게 생각하지 않아요. 우리가 어머니에게 말씀 드렸을 때 어머니는 '그래서 어쨌단 말이냐?'라고 대답하셨어요. 한편으로는 네, 우리는 엄격했어요. 집안에서 유일한 감정 표시는 아버지와 언니사이에서 이루어졌어요. 우리가 좀더 자랐을 때 아버지와 언니가 말다툼을 했는데 언니가 '네 참, 빌어먹을'이라고 말했는데 나에게는 그런 일이 무슨 큰일 날일 같이 여겨졌던 기억이 나요. 일을 하는 옳은 방식과 나쁜 방식이 있었으며 나는 항상 옳게 하려고 매우 조심했어요."

나는 말했다. "당신은 아동기 동안 가장 중요했던 사람이 어머니와 아버지였다고 말했어요. 또 다른 사람은 없읍니까?"

그녀는 말했다. "잘 모르겠어요. 단지 내가 말할 수 있는 것은 아버지가 그렇게 오래 밖에 나가 계셨기 때문에 어머니와 함께 더 많이 시간을 보냈다는 것 뿐이예요. 그러나 이에 대한 실제적인 감정은 없어요. 집안에 이런 이야기 있어요. 내가 유아원에 다닐 때 어머니는 나에게 냉장고에서 아무 것도 꺼내지 말라고 하셨는데 나는 어머니에게 전화 걸어서 내 친구 체스터와 함께 딸기를 나누어 먹어도 괜찮겠느냐고 물었대요. 국민학교를 다니기 시작했을 때 학교에서 집에 돌아오면 어머니는 물론 집에 안계셨고 나는 어머니에게 전화를 걸어 내가 무엇을 해야 하는지를 묻곤 했어요. 또 기억나는 것은 창문을 타고 지붕으로 올라갈 수 있었는데 나는 이런 행동을 자주 하곤 했고 그러면 이웃 사람들이 어머니에게 전화 걸어 이 이야기를 전했어요. 그러나 어머니는 한번도 이 일로 어떻게 하시지는 않았어요."

나는 물었다. "친밀감이 부족했다고 생각하나요?"

그녀는 말했다. "어머니에 대해서 말인가요?"

나는 말했다. "네, 그리고 가족의 다른 사람에 대해서도"

그녀는 응답했다. "그렇게 생각해요. 그점에 대해 역설적으로 느껴요. 나는 항상 아버지와 어머니를 함께 묶어서 생각해요. 나는 어머니에게 친밀감을 느낄 수 없다고 생각해요. 어머니가 가까운 관계에서 위협을 느꼈다고 생각해요. 틀림없이 부모님들은 나에 대해 염려하시고 나에게 일어나는 일에 대해 관심을 갖고 계셨지만, 무언가 부족한게 있었다고 해야 옳은 것 같아요. 성장했을 때 나는 아버지에 대해서는 인간적으로 좋아 했지만, 어머니를 좋아하지는 않았어요. 내 친구들 사이에서는 나의 어머니가 엄격하고 차갑고 군대식이라는 평판이 있었어요. 나는 이젠 이런 점을 인정하지만, 그러나 이런 인식이 나의 적개심을 변화시키지는 못해요. 이제 이런 일들이 내 딸에게 반복되려고 해요."

나는 항상 최초 면담에는 한시간 반이나 두시간을 허용하는데 그럼에도 불구하고 면담시간이 거의 다 지나가고 있었다. 나는 제니에게 물었다. "어제 저녁에 꿈을 꾸었나요?" 어제밤은 나를 만나러 오기 전날 밤인데, 이런 날 밤의 꿈은 으례 전이 의미가 포함되어 있으며 이는 환자가 치료에서 분석가와의 관계에서 어떻게 느끼고 있고 앞으로 어떻게 할 것인가를 매우 잘 예시해 준다.

"네" 그녀는 말했다. "딸아이가 새벽 5시에 나를 깨웠지만 나는 다시 잠이 들었어요. 나는 여기에 오고 있지만 무언가가 여기 오는 것을 막고 있어서 지각한 꿈을 꾸었어요. 길을 찾지 못했기 때문이었다고 생각하며 누군가가 다른 사람이 차안에 있었다고 생각해요."

(실제로는 환자는 정확하게 정시에 도착했다.)

나는 말했다. "여기에 오는 것이 방해 받는 이러한 꿈 내용이 어떤 의미가 있다고 생각하나요?"

그녀는 말했다. "전체 상황이 나를 매우 불안하게 만들어요. 왜 내가 알기를 원하지 않는지 그 이유는 잘 모르겠지만, 내가 알기를 원하지 않는 어떤 점이 내 안에 있는 것 같이 느껴져요. 이년동안 정신분석에 관한 책을 가지고 있었으나 전혀 읽을 수 없었어요. 실제로 어떤 것도 읽기가 어려워요. 이런 일이 나를 매우 불안하게 만들고 나는 불안을 피하려고 노력해요. 아마도 이런 점이 내가 속임수를 쓰고 있다고 느끼는 이유인 것 같으며, 행동해야 한다고 지시받는 방식 그대로 인생을 살아가려고 하는게 문제인 것 같아요. 가끔 나는 보다 나은 사람이 될 수 있다고 느끼기도 하지만, 어쩔 때는 내가 숙명적으로 부족한 인간이라고 느껴요. 최근에 나는 남편에게 과거의 내 인생과 같은 우울한 인생을 딸에게 물려줄까봐 두렵다고 말했어요."

이제 나는 제니의 역동의 주요점에 대한 단서를 발견했다고 생각했으며 그녀가 그런 점을 얼마나 잘 수용할 수 있는지를 알아보기 위해 질문형식으로 역동의 공식화를 시도해 보았다. 나는 말했다. "만약 내가 당신을 올바르게 이해했다면 어머니와의 감정적인 관계에는 두가지 요소가 있는 것 같군요. 첫째 어머니는 냉정하고 멀리 있었다는 점입니다. 둘째 어머니는 엄격하고, 군대식이고, 딱딱했다는 점입니다. 이런 점을 당신은 어떻게 생각합니까?"

그녀는 생각에 잠기면서 잠시 침묵하다가 말했다. "그런 점이 사실이라고 생각하며 내가 남편과 결혼하지 않고 동거했던 것은 그런 점에 대한 반발, 반항이 아니었나 생각해요. 아버지는 '나는 동의하지 않는다. 그러나 너는 내 딸이다'라고 말씀하실 수 있었어요. 그러나 어머니는 그 일이 마치 재앙인냥 행동하셨어요. 어머니가 나에게 선물이라고 추측되는 의미없는 물건들을 보내시는 그런 괴상한 행동을 하신 것은 그 일이 있고 난 후였어요."

"어릴 때 나는 어머니가 내 뒤로 살금살금 다가와 나를 찌른다는 공상을 하곤 했어요. 치료 받으면서 그런 점은 나에 대한 어머니의 적개심을 내가 알고 있다는 표시라고 생각했어요."

나는 말했다. "네, 그럴수도 있지만 어머니에 대한 당신 자신의 적개심의 투사는 아닐까요?"

그녀는 말했다. "선생님 말씀이 옳을지도 몰라요. 그리고 나는 지금 내 딸에 대해서도 같은 일을 반복하고 있다고 느껴요."

"네" 나는 말했다. "우리는 당신이 기술하였던 당신 어머니의 두가지 특징—냉정함과 거리감, 군국주의, 그리고 딱딱하고 엄격한 태도—에 대한 반응인 몇가지 역동의 특징을 이미 보지 않았나요?" 나는 말을 계속하였다. "당신의 불안은 대단히 골치거리이며, 당신이 방어하고 있는 것인데, 이는 부분적으로는 억제된 적개심으로부터 나온 것으로 보여집니다. 그리고 당신은 어머니와의 동일시를 피해 보려고 씨름하고 있다고 여겨지는데 특히 딸과의 관계에서 그렇습니다……. 당신은 어머니가 당신을 다루었던 방식대로 딸을 키우는 것을 원치 않지요?"

그녀는 잠시 침묵하였으며, 나는 말했다. "당신은 내가 방금 한 말을 이해합니까, 아니면 그저 말에 지나지 않나요?"

그녀는 응답했다. "선생님이 말씀하신 것을 내가 이해하고 있다고 생각해요. 선생님이 하신 말 중에서 가장 나를 괴롭히는 것은 이러한 터무니 없는 분노예요. 예를 들면 아주 최근에 남편이 문을 닫아 버려서 고양이는 밖으로 나갈 수 없었고 개는 안으로 들어올 수 없었어요. 고양이는 대변을 누었고 개는 쓰레기를 흩어 놓았는데 나는 개에게 너무나 화가 나서 개를 때렸는데 내 딸이 그 광경을 보았어요. 나는 내 딸이 그 개와 자기를 동일시할까봐 두려워요. 그런 일은 끔찍해요. 물론 상황이 화가 날만하긴 했어요. 화를 내는 것은 정상적인 일이예요. 그러나 그렇게 화를 내고, 분노를 통제하지 못해서 불쌍한 개를 때리는 일은 이성적이지 못한 행동이예요."

(우리는 이미 제니의 역동의 주요 부분, 최소한 일부에 대한 단서를 가지고 있다. 유일한 친밀한 관계는 아주 가까운 관계는 아니었지만 결정적인 중요한 관계, 어머니와의 관계였다. 어머니는 냉정하고 거리가 있었다. 또한 어머니는 매우 딱딱하고 군대식이었고 엄격하였다. 이에 대한 환자의 반응은 분명 반항과 분노의 억제였다. 또한 자아동조적이지 못하고 견딜수 없고 그녀가 벗어나려고 했던 어머니와의 피할 수 없는 동일시가 이루어졌다. 제니는 대부분 집을 떠나 일을 했고 자기를 소홀히 했던 어머니와의 동일시에 저항했다. 제니는 집 밖에서 무언가 일을 하고 싶어 했으나 자신의 어머니에 의해 박탈되어졌던 것 처럼 그녀의 딸이 배척받고 박탈되는 것을 원치 않았다. 절대적인 분노 반응은 그녀로 하여금 내면에서 항상 화가 들끓게 만들었다. 이러한 감정의 일부가 그녀의 딸에게로 표출되어졌으며 그녀는 이런 감정이 튀어나오지 않도록 부분적으로 철수에 의해 방어하면서 이를 계속 경계하고 있었다. 그러므로 그녀는 자신이 속이고 있으며 어느 정도 순수하지 않으며, 실제의 자신이 아니라고 느꼈다.)

분명 제니는 이 면담에서 매우 긍정적인 방식으로 반응하였고 위안을 느꼈다. 우리가 이런 점을 함께 이야기 나누지는 않았으나 나 역시 그랬다. 그러나 그녀처럼 억제되어 있는 어떤 누구가 한번의 면담으로 병리적 역동의 주요점을 떠올릴 수 있으며 이와같은 풍부한 통찰의 능력을 가질 수 있단 말인가! 따라서 그녀의 양식은 거의 출생에 까지 미치고 있지만 그녀는 이러한 양식을 벗어나 성장을 할 수 있는 훌륭한 자아를 충분히 가지고 있다고 나는 느꼈다. 변화가 무리하지 않게 적절히 주어진다면 그녀는 치료로 부터 커다란 이득을 얻게 될 것이다.

딸이 태어 나기 전 일주일에 두번씩 이년 반동안 받았던 분석에 대해 언급하는 것이 필요할 것 같다. 여늬 때와 같이 나는 그녀의 증상의 기초가 무엇인지를 가능한 한 짧은 시간내에 알아 내려고 노력하면서 공감적인 방식으로 과거의 정신분석에 대해 질문하였다. 그러나 그녀의 이야기에서 내가 알아 낼수 있었던 점은 치료가 잘 진행되지 않았으며 그녀는 자유롭게 자유연상할 수 없었으며 대부분 긴 침묵이 이어졌으며 이에 대한 분석가의 해결책은 제니가 더 자주 치료 받으러 오게 하였다는 것이 전부였다. 환자가 분석경험에 대해 이야기하는 것이 정확히 사실인지는 아무도 단순하게 추정할 수 없으며 아마도 나와의 면담에서 제니가 이해하고 정리할 수 있었던 것 보다 훨씬 더 많은 분석 작업이 과거의 분석에서 진행되었을지도 모른다. 그럼에도 불구하고 대단히 중요하다고 생각되는 어떤 사실이 주목되어지는데 이는 부정적인 것이다. 말하자면 그녀의 병리적 역동의 주요 특징, 주요한 아동기의 충격적 상황, 그리고 이러한 점들이 현재의 문제에 영향을 미친 방식을 밝히려는 노력이 없었음이 분명하다. 나 역시 바로 이와 같은 경험을 많이 겪었다. 그리고 최초 면담에서 환자들이 이야기를 잘 할 수 없었던 사례들이 많이 있었다는 사실을 인정한다.

그러나 분석에서 환자가 얻어내야 하는 것은 최초 면담에서 내가 알아내려고 노력했던 점, 즉 아동기의 주요 충격적 요소가 무엇이며 이에 대한 환자의 반응은 무엇이며 이런 방식이 어떤 방식으로 현재의 증상에 내재되어 있는가를 공식화하고 이를 기술하는 능력이다. 내 경험으로는 이러한 작업이 초기 몇번의 면담동안 이루어져야 하며 이에 따라 환자는 분석과정에서 자신이 무엇을 해결하려고 노력하고 있으며 왜 그것을 해결하려고 노력해야 하는지를 명백하게 그리고 의식수준에서 알게 된다. 아동기양식을 이해하고 환자 생활내의 그 효과를 안다는 이러한 방식은 매우 효율적인 방식이지만, 현재 충분히 효과적으로 사용되지 않고 있기 때문에 이 책이 쓰여지고 있는 것이다. 만약 환자가 초기 아동기의 충격적 상황과 이러한 상황에 대한 반응양식, 증상에 내재된 현재의 역동을 파악하지 못한다면, 환자는 분석의 전체 과정에 대해 아주 혼란된 생각을 가지게 되며 자신이 무엇을 해결하려 하는지, 무엇으로 부터 벗어나려 하는지를 분명히 알지 못할 것으로 여겨진다.

제니의 사례에서 또 다른 점이 언급되어야 한다. 그녀가 나를 만나러 오기 전날밤 꾸었던 그녀의 꿈, 전이 꿈의 현재몽 내용이 너무나 명백했기 때문에 나는 그녀에게 면담받으러 오는데 대해 왜 이러한 강한 불안과 저항을 느끼는지 그 이유를 과감히 물었다. 또한 알기를 원치 않는 어떤 점이 있다고 반복해서 그녀가 말했을 때 나는 그녀에게 이러한 점이 어머니에 대한 반항일 수 있는지 어머니가 감정적으로 그녀에게 주는 것이 부족했다는 감정과 이에 따른 분노일 수 있는지를 물었다. 나는 이런 말을 몇마디 정도 던졌을 뿐인데, 그녀는 자신이 나에게 어머니에 대한 양식을 반복하고 있다는 점을 즉각적으로 이해하였다—그녀가 충분히 사랑받고 있지 못하다는 감정양식. 그리고 내가 말한 바와 같이 자신이 저항과 적개심을 느끼고 있으며 우려되는 어머니의 생각과 행동에 대한 두려움때문에 심한 불안을 느끼고 있음을 이해하였다.

그리고 나서 면담이 막 끝나려 할 때 그녀는 말하지 않은 중요한 문제가 있다고 했는데, 이 문제는 그녀가 여성으로서 지독한 열등감을 느껴 왔다는 것이었다. 그녀는 이 문제가 사회적인 문제라고 생각했는데 왜냐하면 여성들이 사회에서 열등한 위치에 있기 때문이라는 것이다. 나는 말했다. "그럴 수 있지요. 그러나 나는 모든 여성이 그런 식으로 느끼지는 않는다는 이유 하나만으로도 그 말이 완전한 해답이라고 동의할 수 없어요. 이미 우리는 아동기양식이 당신의 문제를 만들어 냈다는 생각을 갖게 되었다고 여겨집니다. 당신의 아동기양식에 그 해답이 있을 것 같군요. 오빠가 당신보다 더 귀여움을 받았거나 어머니가 당신보다 아버지를 더 좋아 했든가, 아니면 여성으로서의 이러한 열등감을 야기시킬 만한 다른 점이 있었을까요?"

그녀는 대답했다. "아니요. 그렇지 않았어요. 그러나 어머니가 자신을 여성으로써 열등하게 느꼈기 때문이라는 생각이 갑자기 떠올랐어요."

나는 말했다. "그러면 여성이라는 당신의 열등감은 이미 우리가 이야기했던 어머니와의 동일시의 일부라고 말할 수 있을까요?"

그녀는 대답했다. "그렇다고 여겨지는군요. 그 열등감이 어디서 부터 왔는지 그 원천이 있을 것 같이 생각되는 군요."

이 사례에서 제니는 현재의 생활에서 반복되고 있으며, 전이속에서 바로 나타나고 있는 아동기양식에 관하여 이미 생각하고 있는데, 이 점을 주목하는 것이 매우 중요하다고 생각되어서 나는 이 사례를 제시하였다. 이 환자는 한번의 면담에서 아동기의 대상관계, 특히 어머니에 대한 감정과 어머니가 그녀를 다루었던 방식에 대한 감정, 그리고 어머니와의 동일시 모두를 명백하게 보여주었다.(이와 같이 빠른 이해는 그녀는 깨닫지 못했지만, 아마도 과거에 분석 받았던 결과였던 것 같다.) 우리는 이와 같은 검토를 통해서 정신분석이 치료방식으로 추천되는지, 그리고 정신분석에 의해 무엇을 성취하려고 하는지를 알게 되었다. 또한 우리는 그녀가 남성분석가를 만나야 하는지, 아니면 여성분석가를 만나야 하는지를 토의하였다. 내 의견으로는 그녀는 분석을 계속해야 하며 남성분석가를 만나야 하는데 왜냐하면 그녀는 어머니보다 아버지와 더 좋은 관계를 경험한 것으로 보여지기 때문이며, 아버지와의 전이 분위기에서 주요 역동을 분석하고 난 다음에 어머니에 대한 양식이 충분히 훈습되지 않는다면 궁극적으로 여성 분석가와 마무리 짓는게 나을 것 같다.

면담이 끝나는 순간 제니는 자신이 분석치료 받는 것을 남편이 반대하고 있다는 사실을 다시 거론하였다. 이에 대하여 나는 가능한 한 조용하고 빠르게, 그리고 부드럽게 말했다. "무엇인가가 당신이 오늘 여기에 오는 것을 방해하고 있다는 당신의 꿈이 기억나시죠. 아마도 남편의 반대 뿐만 아니라 당신의 불안도 있는 것 같군요. 당신의 남편은 분석이 결혼생활에 나쁜 영향을 미치지 않을까, 당신을 잃지나 않을까 두려워하고 있는데, 이러한 의문에 대해 당신의 역동을 생각해 보세요. 어머니의 냉정함과 거리감, 뭔가 부족했던 점. 청교도적인 엄격함과 군대식 통제, 우리가 방금 이야기한 이런 점들에 대한 당신의 반응, 그리고 자발적이지 않고 사랑받기 위해 항상 올바른 일을 해야 했기 때문에 속이고 있다는 감정에 대한 당신의 반응, 친밀감 결여, 당신의 중요 고민이며, 심지어는 딸에게 까지 나타나는 통제를 벗어나는 억제된 분노, 어머니와의 동일시에 대한 저항. 이런 역동을 생각해 볼 때 치료가 성공적으로 당신의 적개심을 줄이고 친밀해지는 능력을 증가시켜 준다면 이런 결과가 결혼에 어떤 해로운 영향을 미칠 것인지 아닌지를 생각해 보는 것은 어렵지 않아요. 만약 분석 결과가 당신을 더 좋은 어머니로 만든다면 그런 결과가 어떻게 당신을 더 좋은 아내로 만든는데 실패할 수 있겠어요? 내가 한 말이 틀렸나요? "

그녀는 말했다."아니요. 선생님이 틀렸다고 생각하지 않아요. 무슨 말인지 알겠어요."

제니의 0-6세에 대한 이제까지의 검토는 다음과 같은 역동진단으로 정리된다.

역동진단 : 제니 웨일스

아동기 : (1) 어머니상, 차겹고 거리감이 있으며 청교도적으로 엄격하고 군대식으로 통제적이다. 아버지와의 관계는 좋았으나 그러나 아버지는 대부분 멀리 있었다.

현 재 : (2) 항상 옳은 행동을 하는데 그 이유는 단지 그렇게 행동하도록 기대받았기 때문이며 이로 인해 자신이 남을"속이고 있다"고 느낀다. 친밀해지는 능력 부족, 반항, 이 모든 점들이 투쟁－도피를 유도함. 대부분의 적개심은 철수하는 방식에 의해 방어됨. 그러나 환자가 저항하는 어머니와의 동일시 경향, 적개심은 죄의식과 불안을 야기시키며 이런 분노감정 일부가 딸에게 발산되면서 심한 죄의식, 딸을 망칠것 같다는 두려움이 생김.

강 점 : (1) 아버지, 여동생과의 좋은 관계 (2) 자식을 보호하고 사랑하고 잘 키우고자 하는 욕구 (3) 젊음, 활력 (4) 아버지와의 동일시가 그녀를 근면한 노력가로 만듬.

X. **Claudia Atkins** : 빅토리아 시대인

크라우디아 에트킨스는 마르고 이지적인 검은 피부의 여인이다. 그녀는 내가 처음으로 개업하여 환자를 보기 시작했던 거의 10년전에 나에게 왔었다. 그녀는 시카고 정신분석 연구소가 새로운 시설이었기 대문에 다른 사람들과 마찬가지로 그게 어떤 것인지 알고 싶은 호기심에서 나를 만나러 왔었다. 이런 동기에 더하여서 그녀는 정신 신체증상, 두통이 있었다. 거의 십년이 지나 그녀를 만났을 때 두통은 계속되고 있었으며 어떤 것도 도움이 되지 않았다는 사실을 나는 알았다. 분석기간 동안 그녀는 두통의 원인을 발견했으며 심한 두통이 약간 줄어 들었다. 그러나 그 증상은 그녀의 생활방식으로 고정되었고 그녀는 진통제로 두통을 억제하고 있었다. 지금 그녀는 초기 아동기를 재검토해 보자는 나의 제안에 따라 나를 만나고 있었다. 나는 두가지 질문을 하겠다고 그녀에게 말했다. 첫째 질문은 일반적인 것이다. "출생부터 6세내지 7세경까지 당신 생활의 주요 감정 특징은 무엇이었다고 생각합니까?"

그녀는 말했다. "선생님은 내가 기억하고 있는 단편적인 일들을 알기 원하시나요, 아니면 아버지와 어머니가 어떠했는지 내가 추측하는 것을 알기 원하시나요?"

나는 말했다. "둘다 입니다. 먼저 당신이 실제로 기억하고 있는 것 부터 시작해 봅시다."

크라우디아는 대답했다. "오빠는 나를 놀렸고 항상 나보다 더 크고 더 멋있고 일을 더 잘 할 수 있었어요. 여동생은 내가 다섯살 때 태어났어요. 어머니는 나에게 비옷을 입으라고 늘 말씀하셨으나 나는 이를 거절했는데 그러고 나면 실제로 비가 오곤 했어요. 어머니는 상당히 보스기질이 강해서 당신의 방식대로 일이 되어져야 했어요. 나는 가정부 메리와 함께 지내도록 되어 있어서 대부분 그녀와 함께 지냈어요. 나는 그녀와 함께 산보하고 낮잠 자는 것에 순응했어요."

"세살인가 네살때 나는 유아원에 보내졌는데 항상 골이 나 있었고 특히 두번째 해에는 더욱 그랬어요. 그 해에 어머니는 여동생을 임신중이어서 차를 운전할 수 없었고 유아원에서 나를 데리러 오고 데려다 주었어요. 아버지는 말을 많이 하지는 않으셨으나 호통을 자주 치시고, 예민하고 지치고 스트레스에 눌려서 머리가 아프다면서 집에 돌아 오시곤 했던 기억이 나요. 아버지는 큰 회사에 다니셨는데 매우 성실하게 근무하셨어요. 앞서 말한 바와같이 여동생은 내가 다섯살 때 태어났지만 나와 여동생이 어떤 특별한 관계가 있었다고는 생각하지 않아요. 새로운 아기 여동생이 태어나면서 유모가 왔어요. 우리는 그 당시 잘 살았는데 한 명의 가정부와 한 명의 정원사까지 두었어요. 부모들은 일하는 것이 자신에게도 좋고 남에게도 좋은 것이라고 항상 생각하셨어요. 어머니는 많은 하인들을 거느리던 집안에서 성장하셨으나 요즈음 어머니는 혼자서 모든 집안일을 하시며 삼십대 당시 보다 더 열심히 일하세요. 나는 항상 어머니에게 탄복해요. 모든 사람이 그래요. 어머니는 어떤 일도 틀리게 하시는 일이 없는데 그런 일이 상당히 부담스러워요. 아버지는 호통치시던 일 때문에 내 인생에서 악역이었다고 생각해요. 이는 수년전 내가 선생님을 만났을 때 생각했던 거예요. 그러나 지금은 악역이 어머니인 것 같은데 왜냐하면 어머니의 흠잡는 방식은 아버지 방식보다 훨씬 미묘했기 때문이예요. 나의 자신감을 손상시키는 어머니 방식 말이에요. 우리 가족에서는 자신감을 세워주는 법이 없었어요. 만약 네가 학교에서 운동에서 그리고 기타 영역에서 잘 한다면 그건 단지 너에게 기대되어졌던 것에 불과하다는 식이었고, 실패, 불안, 두려움, 또는 수줍음은 전혀 용납되지 않았어요. 이런 모든 것들은 바라지 않는 감정들이었어요."

"내가 다섯살 때 우리는 여름 별장을 구입하여 여름이면 3개월동안 그 곳에 가 있곤 했어요. 우리는 짐을 꾸리고 모든 가구들을 덮개로 씌우곤 했어요."

"그 해에 나는 유아원에 갔는데 첫날은 무섭긴 했지만 나는 유아원을 좋아 했어요. 나는 어느 문으로 들어가야 할지 몰라 당황해서 속 내의에 오줌을 지렸는데 어머니는 이 일로 머리 부러쉬로 나를 때리셨어요. 가엾은 작은 꼬마가 길을 잃고 어느 문으로 들어가야 할지 몰랐는데 나는 오직 용감하고 강해야 한다고 훈련 받았기 때문에 길을 잃었다거나 무서웠다는 말을 어머니에게 할 수가 없었어요."

이 부분에서 그녀가 이야기를 끝낸 것처럼 여겨져서 나는 말했다. "당신의 0－6세에 대한 두번째 질문은 보다 특정한 것입니다. 출생부터 6 세내지 7 세까지 당신에게 감정적으로 중요했던 사람이나 사람들은 누구였다고 생각하나요?"

그녀는 말했다. "어머니, 아버지, 남동생이예요. 누구 한사람을 골라야 하나요? 그렇다면 어머니라고 생각해요. 나는 우리 아이들과 항상 즐겁게 지내지만, 나의 어머니는 다 자란 아이들만 좋아한다고 말씀하셨어요. 어머니는 우리를 좋아하지 않았어요. 오빠는 나를 놀렸고 아버지는 나에게 호통을 치셨어요. 어머니는 아기를 좋아하지 않으셨고 어머니는 항상 일로 바쁘셨는데 대부분은 자원봉사자 활동이었어요. 여행이나 동물원 구경같은 특별한 일이 있기는 하였으나 매일 매일의 생활에서 어머니는 우리들에게 관심을 보이지 않으셨어요. 어머니가 우리에게 다가와 우리를 안아 줄 때도 있긴 있었지만 그건 우리가 잠자리에 들어간 후에만 그랬어요. 어머니는 우리가 잠자리에서 기도하는 것만을 들으셨어요. 어머니는 모든 일을 잘 하셨고 지금도 여전하세요. 나는 어머니가 어떤 일을 잘못하는 것을 상상할 수가 없어요. 한번은 한 아이가 다쳤는데 어머니가 그를 데리고 병원에 가면서 나도 함께 데리고 가셨어요. 그 경우가 어머니가 일을 하고 있을때 내가 어머니랑 함께 있었던 유일한 경우였다고 기억돼요."

"일요일에 우리는 나뭇잎들을 모으고 일요 산책을 했어요. 어머니는 매우 중요했는데 어머니가 무엇을 해서가 아니라 어머니가 곁에 계시지 않았기 때문이었어요. 나는 우리 딸이 나에 대해 뭐라고 이야기 할지 궁금해요. 내가 대단한 경쟁적인 강적이라고 딸애가 말을 할까요? 그런 방식이 내가 어머니에 대해 느꼈던 방식이었어요."

"무슨 뜻이죠?"라고 나는 물었다.

"어머니는 모든 일을 너무나 잘하셔서 나 역시 그래야 했으며 실패와 두려움, 불안은 용납될 수 없다는 생각을 강화시켜 주었어요. 그런 점들이 인정되기는 하였으나 용납되지는 않았어요. 어머니는 십대였을 때 수줍고 겁이 많았으나 모든 일을 잘 함으로써 그런 점에 대처하는 것을 배우셨대요. 나에게는 과거와 현재를 분리시키는 것이 어려운데 그 이유는 똑같은 감정이 지속되기 때문이예요. 어머니가 나의 남편을 인정하지 않는다는 것을 나는 알아요. 그러나 어머니가 나로 하여금 어머니의 의견을 중요하게 받아들이도록 말씀하실 필요는 없지요. 나는 앉아서 책을 읽으면서 생각하죠. '책을 읽을까, 저녁을 먹을까?'어머니는 전혀 그런 갈등이 없어요. 어머니는 첫번째로 해야 한다고 여겨지는 일을 하세요. 어머니는 먼저 저녁을 먹고 나서 그 다음에 책을 읽지요. 그렇지만 어머니는 십대였을 때 나보다 더 수줍어 하셨대요. 어머니가 어떻게 그렇게 완벽하게 되셨을까요?"

나는 말했다. "이야기가 옆으로 빗나가지 않았음 좋겠어요. 아마 어머니는 가족내에서 자신을 지지해주던 아주머니나 조부모, 또는 그 누군가가 곁에 있었을 겁니다."

"네" 크라우디아는 말했다. "어머니의 언니였다고 생각해요."

"그러나 얘기를 계속합시다." 나는 말했다. "당신과 어머니 사이에서 감정적인 교환은 어떠했읍니까?"

"감정은 무조건 용납되지 않았어요. 어머니는 실제로 행복을 느끼거나 화를 내신 적이 한번도 없었어요. 가끔 어머니는 시무룩하셨지만, 그건 단지 가벼운 기분이었을 뿐이었어요. 어머니는 감정이 통속적인 것이라고 생각하셨어요. 나는 어머니가 아버지를 껴안거나 아버지에게 입맞추는 것을 본 적이 없었어요. 우리에게 금지되었던 일이 무엇이었는지를 기억해 내는게 어려워요……. 우리 이웃에는 무슨 일에 몹시 흥분하면 서로 껴안고 키스하곤 하던 부부가 있었는데, 어머니와 아버지는 그런 일이 저속하다고 생각하셨어요. 물론 어머니는 정신의학을 이해하지 못하셨고 사람들이 자기들의 감정을 이야기하는 것이 좋다는 사실을 이해하지 못하셨어요."

나는 말했다. "어머니에 대한 억제된 감정이 무엇이었다고 말할 수 있을까요?"

"네, 분석 받으면서 선생님을 만나고 있었을 때 나는 오빠와 아버지에 대해서 많이 이야기했지만, 이제는 어머니 차례라고 생각해요. 나는 어머니와 함께 있기를 갈망했음이 분명해요. 그러나 어머니는 우리에게 흥미가 없었고, 무조건 아이들을 좋아하지 않으셨어요. 유모 메리가 나를 데리고 나가고 나에게 밥을 먹여주던 생각이 나지만 어머니가 그런 일을 했던 기억은 나지 않아요. 내가 두살이 될 때까지는 하얀 유니폼을 입은 유모가 있었고, 그후 메리가 있었어요. 나는 지금 어머니에 대한 감정을 구걸하고 있어요. 나는 십대 시절을 생각해 보고 있으며 0－6세로 되돌아 가보려고 애쓰고 있지만, 그냥 백지에 그림을 그리고 있을 뿐이예요."

나는 말했다. "좋아요. 그러면 당신의 십대에 대해 이야기 해 주세요."

크라우디아는 다음과 같이 말했다. "어머니는 아이들이 십대가 될 때까지는 전혀 좋아하지 않는다고 말씀하셨던 게 바로 그 무렵이었다고 생각해요. 그 무렵 어머니는 나에게 맨스에 대해 이야기해보려고 시도하셨으나 잘 되지 않았어요. 가족끼리 서로 엉켜 밀착되는 일이 전혀 없었어요. 나는 어머니가 성장 차림을 하신 것을 많이 보았는데 그렇게 잘 차려 입은 어머니에게 가까이 가기가 어려웠어요. 만약 어머니가 이 대화를 듣는다면 뭐라고 생각하실까요? 어머니는 어떤 면으로는 실패했다는 사실을 상상조차 못하세요. 왜 나는 성취했을때 사회적으로 그렇게 부끄러워할까요? 여기 선생님과 함께 있으면 자유연상하는게 어렵지 않아요. 요즈음에도 어머니와 아버지가 우리를 방문하러 오시면 어머니가 주도권을 잡으세요. 어머니는 아침에 맨 먼저 일어나서 아침식사를 준비하고 친구들 방문 계획을 세우고 모든 일을 추진시켜요. 단 한번 어머니와 내가 점심먹으로 외출했다가 어머니에게 돈이 없어서 내가 점심값을 지불했던 일이 있었어요. 이런 일은 어머니의 계획이 잘못된 것을 내가 보았던 극히 예외적인 경우예요. 어머니에 대한 나의 감정을 이야기하는 것이 어려워요. 나의 감정에는 존경과 경쟁심이 포함되어 있어요. 내가 약점이 있고 실수가 있으며, 무조건적으로 사랑받기 원한다는 사실을 어머니는 인정하지 못했어요. 또한 모든 사람들은 어머니가 얼마나 멋있는지에 대해 이야기하는데 물론 나는 그런 얘기를 듣는 것이 좋았어요. 어머니는 당신의 나이보다 10년은 젊어 보이시지만 아버지는 늙어보이세요. 그래도 아버지는 나를 화나게 만드실 수 있어요."

"열네살인가 열다섯살 때 어머니는 내가 파티를 주선해야 한다고 주장하셨는데 나는 실패할게 틀림없으므로 두려워서 피하고 싶었어요. 그러나 나는 파티를 주선하였고 파티는 성공적이었어요. 나는 항상 파티에서 이야기하는 것을 두려워했으며 어떤 사람과 이야기하다가 대화가 끊어질까봐 두려워했어요. 파티장에서 나는 가장 입심좋은 두 여자 사이에 내 자신이 끼어 앉아 있는 것을 발견하곤 해요."

이 부분에서 나는 크라우디아에게 물었다. "어머니 다음으로 당신에게 중요했던 사람은 누구였읍니까?"

"아버지였어야 했지만 오빠였다고 생각해요." 크라우디아는 말했다. "오빠는 우리 부모가 애지중지하는 보물이었어요……. 더 멋있고 더 강하고 보다 더 운동 잘하고 나는 항상 오빠에게 뒤지지 않을려고 노력했어요. 그래서 오빠만큼 빨리 달리고 게임을 잘하고 재치있고 남에게 인정받으려고 노력했어요. 아버지와 어머니는 일을 완벽하게 하지 못하는 것은 바보같은 짓이라고 생각하셨고 오빠는 나를 놀리고는 그런 점을 강조했어요. 나는 아직 어리다고 어머니가 오빠만 데리고 초저녁 극장에 갔을 때 나는 침대에 누워서 그건 부당하다고 생각했어요. 한번은 오빠가 내 목구멍에다가 풀을

틀어 넣었어요. 이상하게도 오빠나 여동생보다 내가 더 잘 살고 결혼도 더 잘하고 아이들도 더 잘 길러요. 오빠는 재혼했어요. 그러나 아직도 내가 오빠에게 편지를 쓸때는 오빠의 인정을 받고 싶어해요. 내가 열살, 여동생이 다섯살이 되면서 우리는 함께 놀 수 있었는데 이때까지 나는 여동생이 내 옆에 살고 있다는 사실조차 깨닫지 못할 지경이었어요. 지금 여동생은 동부연안에서 살고 있지만 여동생과 나는 매우 가까워요. 여동생은 결혼생활이 불안정해요. 그녀는 매우 섹시하고 섹스를 바라는데 반해 그녀의 남편은 그런 것에 흥미가 없어요. 그는 앉아서 책을 읽고 약간의 버본을 홀짝거리기를 바랄 뿐이예요. 그는 매우 좋은 사람인데 여동생이 그를 혼자있게 내버려 둘 수 있었음 좋겠어요."

"오빠에 대한 다른 점은 없나요?" 나는 물었다.

"아니요"그녀는 말했다."그는 내가 따라 잡고 싶었던 사람이라는 감정 밖에 없어요. 실제로 그가 유일하게 잘하는 것은 게임이었어요. 분명히 아버지는 나의 인생에서 악인이었어요. 아버지는 한번도 나를 인정해 주시지 않았어요. 그는 내가 바보같다고 느끼게 만들었고 지금도 그래요. 또한 모든 사람들이 그렇게 느끼도록 만들어요. 그러나 파티에서는 매력적으로 변할 수 있어요. 일상 생활에서 그는 단지 불만을 나타낼 뿐이예요. 그는 상대방으로 하여금 상대방 자신이 바보임을 알도록 만들어요. 너는 아무 것도 올바르게 해낼 수 없으며 결코 배울 수 없다는 식이예요."

"내 아들이 오토바이를 타고 가다가 다쳤는데 아버지는 그가 오토바이를 망가뜨렸다고 화를 내실 뿐이었어요. 내 아들이 다쳤는데도 아버지는 오토바이에만 관심을 가지는 이유가 무엇인지를 묻는 편지를 아버지에게 썼는데 아버지의 답장은 이랬어요.'나는 경제적 안정에 대해서만 알 뿐 감정에 대해서는 모른다.'마치 감정은 이상한 것인냥 취급하세요. 이제 아버지는 늙으셨고 나는 더 이상 아버지를 두려워하지 않아요. 아버지를 좋아하지 않을 뿐이예요. 아버지는 당신이 무슨 옷을 입어야 할지, 어떤 파티에 가야할지를 어머니가 결정하도록 내버려 두세요. 아버지가 어린 우리들에게 무엇인가를 해주셨던 기억은 없어요. 일요 가족 산책은 어머니의 아이디어였어요. 한번은 우리가 가족 피크닉을 갔었어요. 나는 이제 아버지와 함께 있는 것을 좋아하지 않는데 아버지는 전혀 말이 없으시고, 나 역시 별로 말이 없어서 둘다 침묵을 지킬 뿐이예요."

나는 물었다. "아동기의 꿈, 특히 반복되는 아동기 꿈을 기억할 수 있나요?"

크라우디아는 말했다. "어린이 유괴 뉴스가 신문에 나던 당시 나는 악마가 창문으로 나에게 다가오고 있는 꿈을 자주 꾸었어요. 또한 나는 무엇인가로 부터 도망쳐야 하는데 달릴 수 없는 꿈도 꾸었어요. 또한 날아가는 꿈도 꾸었는데 땅에서 불과 오륙피트정도 나는데 굉장히 힘이 들었어요. 그리고나서 대학 다닐때 반복되는 꿈을 꾸었는데 시험 보는 기간인데 공부하지 않은 꿈이거나 졸업시기인데 충분한 학점을 받지 못한다는 꿈이었어요. 이제는 더 이상 악마 꿈을 꾸지는 않지만, 나르는 꿈과 느린 동작으로 달리는 꿈, 붙잡힐까봐 두려워하는 꿈을 꾸어요."

나는 아무 말도 하지 않았다. 그러나 애써 노력하는데도 불구하고 실패하고 붙잡히는 이런 꿈들은 부모에 의해 기대되어지는 성취 불가능한 완벽한 기대에 맞추어 자신이 살아가지 못한다는 그녀의 불만감의 일부이며, 다른 사람들이 그녀의 죄의식이 어떤 것인지를 알아 차리고 그녀의 부족함을 알아 차릴 것이라는 불안감의 일부이다.

내가 혼자서 이런 생각을 하고 있을 때 그녀는 말했다. "오늘 아침 나는 모래에 매장되는 꿈을 꾸었어요. 분석 받으면서 선생님을 만나고 있을 때 나는 옛집과 새집에 대한 꿈을 꾸곤 했어요. 나는 과거 양식으로 부터 벗어나 새로운 양식을 세우려고 노력했어요. 나는 아직도 사랑받지 못하고 있고, 아무도 나를 인정해 주지 않으며 어떤 일도 올바르게 하지 못한다는 감정으로 부터 벗어나지 못하고 있어요."

이러한 연상들은 그녀가 방금 말했던 반복되는 꿈들의 의미에 대한 나의 견해를 확인해주는 것으로 여겨졌다. 보다 깊게는 새로운 집은 무조건적으로 사랑해 주는 새로운 부모에 대한 소망을 나타내고 있다. 크라우디아는 계속 말했다. "모든 이런 감정들은 실제 상황에 맞지 않아요. 나에게는 좋은 남편, 좋은 아이들이 있고, 이제 살기가 쉬워요. 그러나 나는 살기가 힘들어야 한다고 느껴요. 나는 항상 안달하는 생각을 하는데 집을 청소해야 하며 파티를 열어야 하며 보다 더 많이 일해야 하며 더욱 어머니처럼 되어야 한다는 생각을 해요."

나는 말했다. "모든 아이들은 동일시할 누군가가 있어야 하는데, 당신의 이야기는 어머니와의 동일시처럼 들리는군요. 또한 몇년전에 당신이 나를 만났을 때 상당히 자세하게 이야기를 하긴 했지만 금지되어졌던 감정이었기 때문에 언급되지 못했던 어떤 감정, 다시 말하면 적개심과 분노가 여기에 내포되어 있는 것처럼 들리는군요."

크라우디아는 말했다. "그 말이 맞아요……분노는 물론 금지되어졌어요. 이 시간에 선생님에게 이야기하면서 섹스와 분노, 두통은 한번도 내 마음속에 떠오르지 않았어요. 나의 생활속에 섹스, 분노, 두통의 문제가 있었지만 분노는 결코 용납되지 않았어요. 그런 감정은 저속한 이웃들이 갖고 있던 그런 감정과 같은 거예요. 섹스 문제는 성의 절정이 천둥과 번개가 아닌 좋은 감정에 불과하다는 것을 내가 깨달은 후로는 잘 해결되었어요. 그래야 된다고 내가 기대한 만큼 섹스가 완벽하지 못하다는 점이 나를 괴롭혔어요. 내 여동생은 감정적으로 불구이며 불안하고 우울해요……. 그녀의 손은 떨리고, 음식 먹은 것을 토하며, 그녀의 결혼생활은 이런 점들을 진정시켜 주지 못해요. 내 남편은 동정적이지 않고 이해하지 못하지만 내가 원하는대로 하도록 내버려두며 나를 비판하지 않아요. 나는 지난 열흘동안 전혀 두통이 없었는데, 이전에는 없던 일이예요…확실히 나는 과거에는 그렇게 할 수가 없었어요. 그래서 나는 이런 일이 오늘 선생님을 다시 만난다는 예견에 따른 반응이 아닌가 생각해 보았어요. 왜냐하면 우리가 면담약속을 한 것이 바로 열흘 전이기 때문이예요."

나는 말했다. "우리가 찾아낸 점들을 요약해 보실 수 있나요?" 그래서 우리는 다음과 같은 결론에 이르렀다.

"1. 인정받지 못했고, 따라서 내가 무엇을 하던지 그것은 잘못된 것이었다.

2. 그러나 실제로 그런 불신은 매우 강한 것이었고, 나는 내 자신이 바보라고 생각했다. 나에 대한 남편의 감정은 단지 인정이 부족한 것이지만, 나에 대한 부모의 감정은 적극적이고 강한 불신의 감정이었다."

따라서 우리는 다음과 같은 주요 특징을 열거하였다.

"1. 인정받지 못했다는 점 외에

2. 어머니와 오빠에 대한 경쟁이 있었다. 경쟁심은 허용되었던 감정이었기 때문에 경쟁하도록 허용되어졌다.

3. 인정받지 못한다는 감정은 강한 억압을 야기시켰다.

4. 사랑의 부재－어떤 사랑도 받지 못했고 배척 받았다. 부모외의 사람들 손에서 성장하였다.

5. 분노는 거의 완전히 억제되었고 무조건 허용되지 않았으며 이러한 억압은 나로 하여금 선량한 가정부 메리는 생각나지만 다른 나쁜 가정부는 생각나지 않도록 만들었다.

6. 완벽해지도록 훈련 받았으나 완벽할 수 없었다."

여느때처럼 이 면담은 분명 커다란 충격을 주었는데 크라우디아는 말했다."슬픈 이야기처럼 들리는군요……. 행복한 아동기를 가진 사람이 있을까요? 그런게 존재할까요?"

돌이켜 보건데 그녀의 감정과 저항(억제로 인한)을 분석하려는 시도가 있었지만 나와의 분석 면담은 그렇게 하는데 충분히 성공적이지 못했다. 감정들은 금지되어진 채로 남아있었고, 감정 억제는 분석에서 충분히 훈습되지 못했으며 변화가 가능할 만큼 충분히 그녀의 감정이 노출되지 못하였다. 부분적으로는 이런 점외에도 그녀는 부모에 대한 자신의 강한 분노와 연관되는 죄의식을 견딜 수 없었다. 그러나 이제는 0－6세에 대해 주의깊고 자세하게 질문했던 단 한번의 면담으로 그녀는 강한 저항을 포함한 역동에 대한 통찰을 얻을 수 있었다. 이 면담을 마치면서, 만약 앞으로 분석 작업을 위해 다시 만난다면 무슨 일이 일어났었는가를 우리 모두가 잘 파악하게 될 것이며 이러한 저항을 훈습할 수 있으며 그녀의 감정을 보다 공개적으로 다룰 수 있을 것이라고 나는 생각했다. 그녀는 자신의 감정을 들추어내고 그 감정들에 접하게 되고 두통과 다른 문제를 야기시키는 이런 감정들을 변화시키고 해결할 수 있을 것이다. 그러나 그녀가 이러한 기회를 받아들여 이러한 감정들에 대한 계속적인 작업이 이루어지게 될 가능성이 매우 적으며 특히 그녀가 현재 상당히 멀리 떨어진 시카고 서부 교외에서 살고 있기 때문에 앞으로 치료 받을 가능성이 매우 적다는 사실을 나는 알고 있었다.

이러한 기록을 정리하면서 만약 그녀가 나를 처음 만나러 왔을때 내가 이러한 집중적인 아동기 과거력 수집방식, 과거력을 내 스스로 예견적으로 얻는 방식, 그리고 관련된 문제들이 무엇인가를 환자에게 알려주는 방식에 익숙했었다면 크라우디아의 감정적 문제를 훨씬 더 잘 다룰 수 있었을 것이라는 생각을 하지 않을 수 없었다. 물론 그녀가 이러한 과거력을 알려주지 못했을 가능성, 저항이 너무 강해서 내가 그 당시 역동을 잘 이해할 수 없었을 가능성이 있으며 그 시기 이후(분석이 이삼년 지난후)에야 그녀가 지금처럼 명백하게 역동을 떠올릴 수 있었을 지도 모른다. 어쨌든 이 분야의 다른 초보자들이 내 경험으로부터 배우고 훨씬 더 빨리 보다 더 효율적인 분석가가 될 수 있도록 도웁기 위하여 나는 이 사례를 제시하였다. 초기 당시의 환자들이 초보자에게 치료받으러 왔었다는 점을 감안해 볼 때 그들은 상당한 도움을 받았고, 상당히 치료가 잘 되었다고 볼 수 있지만, 내가 이러한 지식을 그 당시에 갖고 있었더라면 그들은 훨씬 더 잘 치료될 수 있었을 거라고 나는 생각한다.

역동진단 : 크라우디아 에트킨스

아동기 : 어머니는 어린 아이였던 우리들을 좋아하지 않았고 우리에게 관심이 없었다. 어머니는 단지 성장했을 때만 자식들을 좋아하셨다. 오빠는 나를 놀렸고 나보다 더 크고 뭐든지 더 잘 했다. 아버지는 나에게 호통을 치셨다. 어머니는 모든 일을 매우 잘 하셨고 나 역시 그렇게 되도록 노력해야 했지만 헛수고였다. 실패, 두려움, 불안은 허용되지 않았으며 섹스나 분노 역시 마찬가지였다. 감정은 무조건 용납되지 않았다. 나는 어머니와 함께 있고 싶어 했지만 어머니는 관심이 없었고 아이들을 좋아하시지 않았다. 유모가 나를 위해 모든 것을 해 주었다. 나는 어머니에게 존경심과 경쟁심을 느꼈다. 오빠는 어머니, 아버지에게 귀여움 받았고 나는 오빠에게 지지않으려고 노력했다. 아버지는 항상 나에게 불만이셨고, 내가 바보같다고 느끼도록 만들었다. 우리는 전혀 대화를 나누어보지 못

했다.

현 재 : (1) 사랑받지 못하고 인정받지 못한다고 느끼고 아무 것도 잘하지 못하며 열등하다고 느낀다. 그러나 완벽해지기 위해 끊임없이 노력해야 하며 경쟁자로 보이는 사람들을 능가하기 위해 노력해야 한다고 느낀다. (2) 어머니와 오빠에 대한 경쟁심 (3) 모든 감정에 대한 심한 억제, 특히 분노와 섹스에 대한 심한 억제 (4) 완벽하도록 훈련 받았으나 그럴 수 없었음.

강 점 : 대부분 어머니와의 동일시에 의해 얻어진 강점으로써 우수한 지능, 결단력, 인내력, 투쟁정신이 있다.

XI. Jerry Bingham : 불안정함

제리 빙함은 약간 키가 크고 마른 사십대 중반의 남자로서 큰 회사에서 기술직을 맡고 있다. 그는 심각한 어려움은 없었으나 분석이"나 자신을 개선시키고 보다 나은 생활을 하는데 도움이 될 것"이라고 생각하였다. 0-6세에 대한 검토가 행해지던 당시 그는 들락말락하면서 사오년동안 분석작업을 받다가 분석을 그만 둔지는 약 일년반이 지났었고 겉으로는 매우 잘 지내고 있었다. 나는 그에게 0-6세를 검토해 보고 우리가 상황들을 과거보다 잘 연결할 수 있을지를 알아보기 위해 나에게 오도록 요청했다.

여늬때 처럼 나는 물었다."출생부터 약 6세까지 당신 생활의 주요 특징이나 특징들은 무엇이었다고 생각하나요?"

그는 즉각적으로 "격렬함"이라고 대답했다. 그리고 나서는 머뭇거리면서 어렵게 이야기하기 시작했고 생각하기 위해 이야기를 자주 멈추었다.

나는 물었다. "격렬함이란 무엇을 의미하나요?"

그는 대답했다. "구체적인 일들은 기억하기가 어려워요……. 아마 유치원 당시로 거슬러 올라가야 할 것 같은데……내 주변에는 여러 사람들이 있었던 것 같은데-아버지가 격렬하셨어요-나는 아버지의 어깨에 올라 타곤 했었어요. 아버지는 크셨고 요즘까지도 지속되는 경계가 불분명한 사랑으로 가득하세요. 어머니에 대해서는 거의 기억나지 않아요. 어머니와는 거리감이 있었어요. 유모가 우리사이를 가로 막고 있었어요. 유모는 신체가 건강했어요. 그녀는 친절하고 기분 좋은 사람이었어요. 그녀를 다루기는 어려웠지만 그녀는 불합리하지는 않았어요."

"내 위로 세 누나가 있었는데 그중 제일 큰 누나는 나와 나이 차이가 너무 많아서 나는 그 누나를 잘 보지 못했어요—그 누나는 집을 나가 살았어요. 두번째 큰 누나 엘리스는 나에게 위협적인 존재였고 나는 그 누나가 무서웠어요. 그래도 그 누나는 정도 많았어요. 그러나 그 누나와의 관계는 일종의 테러집단 관계와 같은 것이었어요. 만약 그 누나가 나에게 말한대로 내가 행동하지 않는다면 나는 죽는다는 거예요. 그건 그 누나의 말이었어요. 그 누나는 나를 때리곤 했어요. 내가 여덟살쯤 되었을 때 나는 이웃 아이들의 갱집단에 가담했는데 우리는 이웃집에서 무엇인가를 훔쳤어요. 이때 나는 처음으로 부모님에게 거짓말을 하였고 그 물건을 내가 가지지 않았다고 말했어요. 나는 무엇이 옳은가에 대해 확실한 느낌이 없었어요. 나는 그 일이 나쁘다는 것을 알고 있었지만 그 집단에 소속되어 있기 때문에 그 일을 해야만 한다고 느꼈어요."

"내가 국민학교 삼학년이 되었을 때 나는 철자반에서 낙제하는 것이 두려워서 그 반에 가지 않으려고 아버지 몰래 침대 밑에 숨어 있었어요. 여름에 대해서는 별로 기억나지 않아요. 개똥벌레와 집밖에서 즐거웠던 기억이 나요. 우리가 해변가에서 놀았던 장소에 대해서는 희미한 감정만이 남아 있어요. 누나들에게는 내가 못되 먹은 개새끼였고, 실제로 누나들은 나를 그렇게 불렀어요."

"여덟살 경에 내가 연설을 했던 기억, 내가 목사가 되고자 했던 기억이 나요. 내게 성경을 읽어주었던 종교인이 있었는데 나는 그 사람에게 감화되어 그런 일이 대단한거라고 생각했어요. 아버지는 나를 위해 성경책 읽는 자리를 만들어 주셨는데 나는 그 곳에서 강연을 하거나 성경 구절을 읽었으며 그리고 난 후에는 몇마디 연설을 했어요. 누나들은 이런 나를 보고 웃었어요."

"조랑말 등에 타고 놀던 기억이 나요. 애기였을 때 나는 마차를 타고 있었고 우리가 살던 곳 근방의 언덕을 산보하던 기억이 나요. 우리집 가까이서 살았던 한 행복한 가족이 기억 나는데 그들은 매우 세련되고 대단히 귀족적이고 아주 우아했어요. 그리고 또 다른 가족도 있었는데 그들은 모두들 매우 컸어요. 내 나이 또래의 소년이 하나 있었는데 그 애는 매우 컸어요. 그리고 한번은 내가 목욕통안에서 배변했는데 아주 끔찍했던 기억이 나요. 이학년이 될때까지 나는 대변을 잘 가리지 못했어요. 어떤 애들은 이학년이 되고 나서도 대변을 가리지 못했는데 나는 가릴 수 있게 되었으므로 매우 자랑스러웠어요."

"약 한살 때 나는 일종의 위장병을 앓았는데 단백질만 먹도록 되어 있어서 매우 특별한 음식만을 먹었다고 해요—양고기 잘게 썬 것, 베이콘, 오랜지 젤라틴, 보통 나는 부엌에서 식사했는데 거기는 매우 따뜻했고 체격이 건장한 내 유모 때문에 모든게 좋았어요."

"여섯살 때쯤 생일파티하던 기억이 나요." 이 부분에서 나는 그에게 아동기의 뚜렷한 특징이라고 생각하는 어떤 점을 알고 있느냐고 물었다. 그는 대답했다."잘 모르겠어요……개는 크고 모든 일이 벅차서, 나는 그런 일들을 통제하기 어려웠어요. 대변을 조절하지 못해서 창피했는데, 그러나 어떤 면으로는 그건 관심을 모으는 일이었어요. 누이들은 내가 그들보다 큰 인형이나 장난감 곰을 크리스마스 선물로 받았다고 질투하고 화를 내었어요. 나는 크리스마스 선물과 같은 내 소유물에 대해 강한 집착을 느꼈던 기억이 나요."

나는 이 말에서 어떤 인상을 받았으며 제리에게 이렇게 물었다. "출생부터 6세경까지 당신의 생활에서 가장 중요했던 사람이 누구였다고 생각하나요?"

그는 즉각 대답했다. "나의 유모였어요. 내가 한번은 침대에 누워 있는데 나의 어머니가 유모와 함께 불어로 이야기해서 알아 들을 수가 없었어요. 그때 어머니가 '오피탈 (hôpital)'이라는 말을 했는데, 나는 '나를 병원에 데려가겠다는 말이군요'라고 말했어요. 내가 알아 들을 수 없도록 그들이 이야기하는 것이 나를 몹시 화나게 만들었어요. 한번은 유모가 아주 명확환 이유로 나를 몹시 때렸어요. 나는 그러지 말라고 주의를 받고서도 차도로 내려가서 걸었어요. 나는 집안에서 누가 권위자인지, 유모인지 어머니인지를 알아보려고 했던 것 같아요."

"축음기를 듣곤 했는데 그 일이 매우 즐거웠어요. 내가 사랑하던 장난감들 특히 나와 환상적인 관계를 맺고 있던 인형곰, 그리고 브록을 가지고 놀면서 혼자 집에 있던 기억이 나요. 아무도 같이 놀 사람이 없었어요."

나는 말했다. "당신은 유모와의 관계가 당신에게 가장 중요했다고 얘기했는데, 그 관계는 어떤 관계였습니까?"

그는 말했다. "어머니는 밖으로 나가시고 유모가 곁에 있었어요. 또한 유모는 많은 요리를 했기 때문에 내 놀이에 끼어들지 않았고 식사때와 취침때 내 곁에 있었어요. 그녀는 친절했고 유모감각이 있었는데 나는 그녀를 좋아했어요. 그녀는 약 십년전 세상을 하직할 때까지 우리 가족과 가까이 지냈어요. 나는 부엌에서 많은 시간을 보냈어요."

"신문에 났던 어린이 유괴사건 때문에 무서웠던 생각이 나요. 누이와 나는 같은 방에서 잤는데, 아무 문제는 없었어요."

나는 제리에게 물었다. "유모 다음 두번 째로 당신에게 중요했던 사람은 누구였읍니까?"

그는 말했다. "재미있군요. 나는 그 질문에 대답할 수 없어요. 각기 다른 중요성이 있었어요. 크다는 점과 권위로 볼 때는 아버지가 중요했지만 나는 어머니를 존경했어요. 나중에 여섯살 부터 열두살사이에 유모로 부터 어머니에게로 옮겨 갔을 때 나는 어머니와 더 긴밀한 관계를 갖게 되었고 애정같은게 있었어요. 아마도 내가 갓난 아기였을 때는 아기 뒷치닥거리를 맡았던 유모와 가까웠고 나중에 내가 학교에 가기 시작했을 때는 어머니가 곁에서 돌보아 주셨기 때문에 어머니와 가까웠던 것 같아요."

"한번은 어머니가 나에게 '만약 내가 아버지와 헤어진다면 너는 나랑 함께 지낼거니?'라고 물으셨어요. 그 당시에는 가장 비난 받을 만한 사람들만이 이혼했었어요. 실제로 아버지와 어머니의 관계는 좋았었고 따뜻했었어요. 나중에 부모들은 사교계에서 친숙하게 지냈던 네쌍의 부부와 어울리게 되었어요. 한번은 아버지와 어머니가 주말 여행 떠난 것은 내가 그들이 떠나가 버리기를 바랬기 때문이었다고 생각한 적도 있었어요. 부모님들은 자신들을 과시하기 위해서 자식을 원했을 뿐이며 매일 매일의 생활과 자녀 양육에는 관여하지 않으셨어요."

나는 물었다. "그렇지만 당신 어머니와의 관계가 두번째로 중요했나요?"

제리는 대답했다. "잘 모르겠어요. 어머니는 항상 밖에 나가 계셨어요. 어머니는 아름다웠고, 여왕같았으며, 양쪽에 하인들을 거느린 군주같았다고 기억되요. 또한 우습게 들리지만 어머니가 아이들의 일상적인 욕구를 다룰 수 없었다는 느낌이 들어요. 열두살 무렵 하루는 저녁식사 식탁에서 여동생과 내가 함께 앉아 있었는데 우리는 모두 어떤 일에 대해 어머니에게 대들었어요. 우리는 모두 함께 하나로 뭉쳤고 그 결과 어머니의 권위는 무너졌어요. 뒤돌아 생각해 볼 때 이제 이해가 되는데, 나의 둘째 누나 엘리스는 인생에서 나쁜 입장에 놓여 있었어요. 그 누나는 몹시 반항하였고, 그 누나보다 더 영리했던 셋째 누나 메리 때문에 특히 더 압박을 받았어요. 어머니는 이런 상황을 어떻게 조정해야 할지를 몰랐고 아버지는 몹시 미숙하게 감정적인 반응을 하셨어요. 한번은 아버지가 식사때 엘리스를 때리기조차 하셨어요. 나는 어느 편도 공감할 수 없었어요. 단지 나는 이런 혼돈에서 도피하고만 싶었어요."

"한번은 엘리스가 나를 차에 태워 어딘가로 데리고 가려고 했어요. 우리는 차안에 앉아 있었는데 아직 집을 떠난 것은 아니었어요. 갑자기 엘리스는 나를 주먹으로 쳤어요. 그녀는 운전석에 있었고 나는 그 옆에 앉아 있었어요. 그녀는 주먹을 휘둘러 나를 쳤어요. 그래서 나도 두 주먹으로 그녀를 연달아 쳤어요. 그 주먹은 실로 몇달동안 내가 망설인 끝에 폭발된 것이었는데, 심지어는 나의 어머니까지도 내가 엘리스를 때린다 하더라도 놀라지 않을거라고 말했었어요. 나는 엘리스의 얼굴을 검푸른 색으로 멍들게 만들어 놓았어요. 그런 일이 있고 난 다음부터 엘리스는 나를 혼자 내버려두었지만, 우리는 그 후 별로 접촉이 없었어요."

"0－6세때 어머니에 대한 기억은 전혀 없어요. 아마도 나는 어머니를 최고의 권위자로 지각하였던 것 같고, 어머니는 신과 같다고 생각했던 것 같아요—실제로 이러한 증거가 있는 것은 아니지만 나를 화나게 만든 것은 어머니의 생색내는 태도였어요. 어머니는 문제에 대해 관심이 있었던 것이지 사람에 대해 관심이 있었던 것은 아니었어요."

이 면담은 한시간 십오분이 걸렸으며 나는 더 이상 계속할 수 없었다. 우리는 다음에 만날 약속을 했다. 두번째 면담에서 나는 제리에게 그의 초기 기억들에 대해 질문하였다.

그는 말했다. "첫번째 기억은 양지쪽인가 현관인가에 등나무 유모차 속에 내가 있었던 거예요. 날씨가 좋건 나쁘건 나는 오후에 밖에 내놓여졌어요. 실제 신선한 공기를 쏘이게 하겠다는 생각이었던 것 같아요."

"두번째 기억은 세살때 부엌에서 어린이용 의자에 앉아서 음식을 먹던 기억이예요. 동그란 은수저가 생각나요. 세번째 기억은 다섯살 때 기억으로 매우 강하게 남아있는데 목욕탕안에 낯설은 유모와 함께 있다가 통안에 대변을 싸서 끔찍하게 창피했던 생각이 나요. 네번째 기억은 두살때인가 세살 때 아버지 어깨에 올라 앉아있던 일이예요. 그러나 이런 모습의 사진이 있기 때문에 이런 장면을 실제로 기억하고 있는 것인지 아니면 사진에서 보고 생각해낸 것인지는 잘 모르겠어요."

"다섯번째 기억, 내가 잠을 자야 할 시간에 한 러시아인이 아버지와 함께 장기놀이를 하려고 집에 왔는데 나는 잠자러 가야 했어요."

"여섯번째 기억, 나는 육아실에서 파스텔물감이 칠해진 토막들을 가지고 놀았고 그 토막들을 병정처럼 세워 놓았어요. 한 토막만 넘어뜨리면 모든 토막들이 무너졌어요."

"일곱번째 기억은 실제로는 기억나지 않는 내용인데 나중에 한참 자란 후에도 다른 아이들과 함께 놀았던 기억이 없어요. 다섯살 무렵 나는 누이와 함께 놀았어요. 일들이 일어나기 시작했던 것은 우리 가족이 여름 휴가차 집을 떠나던 그때부터였어요. 증기선을 타고 있었던 기억이 나는데 밤에 나는 배멀미를 해서 사촌이 갑판에서 나를 산보시켜 주었어요. 여섯살이 채 안되긴 했지만 누이의 침대 발치에서 잠을 잤던 것으로 미루어 보아 나는 매우 작았다고 추측되요."

"나의 누이들, 엘리스나 메리와의 관계가 어떠했다고 꼭 꼬집어서 이야기하기는 어려워요. 우리가 해변가로 갔던 것은 알지만 파도 외에는 기억나는게 없는데, 파도가 무서웠어요. 거기에 음악이 있었던 것 같은데 왜냐하면 내가 노래를 배워서 가요경연대회에 나가 상을 탔던 기억이 나기 때문이예요. 우리는 통나무 집에서 지냈는데 나는 아직도 피치*냄새를 기억할 수 있으며 굉장한 기쁨으로 그 일이 생각나요."

"그리고 단편적인 장면들이 생각나는데 내 나이를 정확히 꼬집어 얘기할 수는 없어요. 예를 들면, 사람들이 우리집 가까이로 이사왔었어요. 그들은 아버지의 친구들이었는데 대단히 멋있었고 우리가 그 분들을 만나러 갈 때는 완전히 성장해야 했어요."

"네살 때 찍은 사진이 기억나요. 아, 네, 세발자전거가 생각나요—차고에서나 드라이브길에서 그것은 매우 중요했어요. 나는 내 세발 자전거를 좋아했는데 큰 자전거였어요. 그것은 나의 소유물이었기 때문에 중요했어요. 마루에 누워서 크래식 음반을 듣던 것 외에는 다른 기억이 나질 않아요. 어머니의 형제들과 그들의 아이들, 이종 사촌들은 모두 이해되었지만 아버지쪽의 친척들은 모두들 불가사의했어요. 나는 그 분들이 크래식 음반과 같다고 생각했어요. 나보다 훨씬 나이 많은 한 사촌이 결혼했을 때 나는 화가 났어요."

"왜 그랬었을까요?" 내가 물었다.

"확실히 모르겠어요." 그는 대답했다."그 사촌형이 결혼한 상대방 여자는 내 누이의 친구였는데 나는 그녀를 사랑하고 있었어요. 아마도 그때가 열두살때였던가 봐요."

나는 물었다. "당신이 말한 이야기에서 어떤 인상을 받았나요?"

그는 말했다. "출생부터 여섯살때까지는 공허한 생활이었다는 게 내 감정의 핵심이예요. 이 육년동안 이 세상에서 나는 무엇을 하고 있었을까요? 이제 돌이켜 생각해 볼 때 내 감정들은 억제되어 있었어요. 모든 사람들과 모든 일들은 나보다 더 컸어요. 집과 집뒤의 언덕, 개, 이웃들, 모두 컸어요. 나는 육체적으로 꼬마였어요. 우리 모두는, 즉 누이들과 나는 적었어요. 아버지와 어머니는 컸어요. 그들은 적지 않았어요. 우리가 영양이 부족해서 그랬는지 아니면 다른 이유에서 였는지는 모르겠어요. 나는 십대가 될 때까지는 적었다가 나중에 많이 컸어요. 내가 적고, 혼자라고 느꼈던 생각이 나요."

* 피치—원유, 코울타르따위를 증류시킨 뒤에 남는 검은 찌꺼기

나는 물었다."당신이 5년전에 나를 만나러 왔을 당시 당신의 주요 문제는 무엇이었나요?"

그는 말했다."내 사촌에 대한 특수한 문제였는데 선생님이 어떻게 생각하는지를 알아보고 내가 어떻게 할 것인가에 대해 선생님의 의견을 듣고자 왔었어요. 아내는 내가 선생님을 만나는 것을 상당히 환영했지만 그러나 나에게 압력을 가하지는 않았어요. 그 당시 나는 엘리스가 매우 실질적인 문제였음을 알았음에도 불구하고 정신과 의사를 만난다는 것은 약하다는 것을 인정하는 것이라는 생각때문에 상당히 염려하면서 선생님을 만나러 왔었어요. 선생님은 단지 확실한 문제만이 분석되어질 수 있다고 말씀하셨지만 그런 문제가 내 마음속에서 실제적으로 구체적인 것은 아니었어요. 분석 작업은 내 생활속에서 긍정적인 일임이 판명되어졌어요. 나는 그때 막 새로운 직장에서 일하기 시작했었고 우리 부부는 또 다른 아이를 가지려 하고 있었고 그때는 봄이었어요. 증권시장은 활기를 띄고 있었고 나의 주식 역시 주가가 오르고 있었으며 나는 어느 정도 재력을 얻었다고 생각했어요. 실제적인 문제는 없었어요. 결혼 생활의 문제는 없었지만, 어떻게 보다 잘 사느냐가 문제였어요. 그러나 아내는 아주 많은 일들에 대해 나를 비난하였고 나는 자신의 부적절함을 알 수 있었어요. 증상이라고 부를 만한 점은 단지 몇가지 점 밖에 없었어요.자위행위와 음주가 있었는데, 그 당시 나는 현재보다 더 많이 마셨어요. 심각한 증상이 있었던 것은 아니었으나 분석작업은 나 자신을 개선시키는데 도움이 되었던 것 같아요."

나는 물었다. "그러면 요즈음의 주요 문제는 무엇인가요?" 그는 말했다. "분석 작업은 여러가지 점들을 개선시키는데 도움이 되었고 특히 나 자신의 분노를 인식하게 되었어요. 그렇게 심하지는 않았으나 분노의 감정은 집과 직장에서 내 인생의 나쁜 부분을 만들어 냈는데 나는 내 생각을 다른 사람에게 잘 전달하지 못했던 것 같아요. 그런 상황은 아내를 몹시 화나게 만들었어요. 언젠가 선생님은 나에게 이렇게 얘기하셨어요. 성숙이란 남의 도움으로 성취되는 것이 아니기 때문에 선생님이 나를 위해 어떤 일을 해 주려는 것이 아니라 단지 성숙과정을 촉진시켜 주는 것이라고. 그러나 나는 그런 도움이 완전히 결정적인 것이었다고 느끼고 있어요. 선생님의 도움이 없었더라면 나는 전혀 성숙해 가지 못했을 것이고 그래서 불행했을 것이며 특히 내 자신의 분노, 대중 앞에서 얘기할 때 정신이 멍멍해지면서 느껴지는 가슴 두근거림을 조절하지 못했을거예요. 그런 문제들이 이제는 훨씬 좋아져서 나는 그 문제들에 대해 불안을 더 이상 느끼지 않아요. 이제 나는 말할게 있으면 누구 앞에서나 말할 수 있어요."

"그러나 아직 한가지 증상이 남아 있어요—실패감인데, 나는 이 감정과 씨름하고 있어요. 또한 눌린다는 감정이 있어요. 그래도 이제는 이런 감정들을 훨씬 더 잘 다룰 수 있는데 그건 내 경험 때문이 아니라 분석 때문이라고 생각해요. 또한 무엇이든지 할 수 없을 것 같은 느낌이 아직 있는데 이는 덫에 걸려있는 듯한 현재의 느낌과 같은 거예요. 나는 충분한 돈이 없으며 내 아내를 기쁘게 해 줄 수 없어요. 예를 들면 대문에서 현관에 이르는 차도를 고칠 수 없으며 이웃 사람들을 따라 갈수 없다는 느낌이 들어요. 이런 느낌이 드는 이유 가운데 일부는 내 주식들이 거의 휴지가 될 정도로 주가가 폭락했기 때문이라는 것을 선생님은 알고 계시겠죠. 그러나 내가 기분 좋게 느끼는 것은 우리가 함께 성취했던 결과가 지난 6개월 동안 매우 잘'고정되어 있다'는 거예요. 이는 내가 참석했던 국제회의에서 도움이 되었어요. 그 회의는 과거 어떤 경우보다 더 유익한 경험을 가져다 주었어요. 그리고 그 경험은 내가 주관하고 있는 공학기술 공개회에서도 도움이 되었는데 특히 나에 대해 불평하는 고객들의 편지를 앞에 놓고 공학기술 공개를 하는데 도움이 되었어요. 또한 나의 부모님을 다루는데, 그리고 일반적인 타인과의 관계에서 도움이 되었어요.

제리로 부터 이런 이야기를 듣는 것은 물론 흐뭇한 일이었는데 특히 나는 이런 해결이 극단적으로 어려운 문제라고 생각했기 때문이다—왜냐하면 제리가 갈등을 해결하는 것을 돕는 것이 문제라기 보다는 그의 0—6세동안 결핍되었던 것, 즉 인간적 접촉과 따뜻함, 지지와 같은 점들이 채워질 수 있도록 그를 도와주는게 문제였기 때문이었다.(그리고 어떤 권위를 행사함으로써가 아니라 문제가 발생되었을 때 함께 상황을 판단함으로써 분석적으로 권위가 전달되어지는 것이며, 이와같은 방법으로 나이 사십인 그에게 "교정적 정서 경험"이 제공되어 졌는데 이러한 방식은,그의 초기 6세 시기에 전적으로 결핍되었던 방식이다 (Alexander와 French, 1946). 이는 친절하고 분별력있는 지지적인 초자아를 세우는 방식이다. 이는 권위에 대한 불편함, 따뜻함과 지지의 결핍, 누나들에 의한 심한 과소평가—직접적으로는 그들의 조소와 엘리스의 구타에 의해서, 간접적으로는 부모의 전반적인 무관심과 그를 중요하지 않은 작은 아이로 취급했던 부모의 태도에 의해서—와 대조적인 방식이었다.

역동진단 : 제리 빙함

아동기 : 어머니는 멀리 있었고 어머니에 대한 기억은 거의 없다. 어머니와 환자 사이에 크고 유쾌했던 유모가 있었다. 세 누이 가운데 둘째 누이는 환자를 욱박지르고 때리고 죽이겠다고 위협하였다. 권위자가 어머니인지 유모인지 불확실하였다. 어머니와 아버지는 아이들 일에 개입하지 않았다. 어머니는 아름답고 지배적이고 겉으로만 생색내고 아이들에 대해서는 무능했다. 어머니와 위의 두 누나들 사이에 갈등이 있었고 환자는 이로부터 도피하고 싶어했다. 0—6세때 느꼈던 감정의 핵심 : 공허한 생활, 억제된 감정, 작고 외롭다는 느낌, 모든 것과 모든 사람은 크고 통제하기 어렵다는 느낌.

현　재 : 미숙하고 열등하고, 작고, 비효율적이라는 느낌은 수줍음과 대인관계 철수와 같은 도피 반응을 유도한다. 능력이 충분히 발휘되지 못하고 분노와 불안이 잘 조절되지 못하며, 생각이 잘 전달되지 못하고 정신이 멍멍해지면서 피학적으로 투쟁한다. 그리고 실패감, 과소 평가의 느낌, 덫에 걸려 있다는 느낌과 같이 자신에게로 적개심이 돌려지는 도피 반응이 일어난다.

강　점 : 직업에 대한 깊은 관심을 보이는 훌륭한 정신. 자신의 무의식을 직면하는 용기. 자신을 발전시키고 아내와 자식을 위해서 그리고 직장에서 잘 지내기 위해서 치료 받겠다는 강한 의지.

References

Alexander, F., and French, T. (1946): *Psychoanalytic Therapy*. New York: Ronald Press.

13

6－16세

W.Somerset Maugham의 조카인 Robin Maugham이 쓴 훌륭한 전기 「서머셋과 모옴가의 사람들」(*Somerset and all the Maughams*, New York : The New American Library, 1966)에 기록된 바에 의하면, 서머셋 모옴의 아동기 초기 환경은 6세부터 16세사이의 지나친 정신적 외상의 영향을 생생하게 드러내 보여주고 있다. Willie는－로빈은 서머셋 모옴을 윌리 아저씨라고 불렀다－파리에서 태어났고 그의 아버지는 파리 주재 영국 영사관의 변호사였다. 부모님들은 모두 영국인이었지만 윌리는 불어만을 사용하면서 성장했다. 그의 세 형들은 대부분의 시간을 학교에서 보냈으며, 이에 따라 윌리는 뛰어난 미인이었던 그의 어머니를 독차지할 수 있었다. 모자간의 사랑은 깊었다. 그가 91세로 사망할 때까지 윌리는 그의 침대 머리맡에 어머니의 사진을 놓아 두었다. 그는 종종 어머니의 죽음에 대해 이렇게 말했다. "나는 결코 그 일을 극복하지 못할거야." 실제로 그는 그 일을 극복하지 못했다. 윌리가 여덟살 때 젊고 아름답고, 사랑스럽던 그의 어머니는 폐병으로 인해 사망하였고 그후 얼마 지나지 않아 그의 나이 아홉살 때, 아버지마저 위암으로 사망하였다. 부모들과 사별한 후 윌리는 어머니의 유모에 의해 Whitstable 목사인 Henry Macdonald Maugham의 보호를 받기 위해 영국으로 보내졌는데, 그 목사는 엄격하고, 인색하며, 아첨쟁일 뿐만 아니라 신사인체 하는 사람이었다. 윌리와 유모가 그 곳에 도

착한 바로 그 날, 그 목사는 그녀까지 부양할만한 여유가 없기 때문에 그녀는 돌아가야만 한다고 그에게 말했다. 그래서 윌리는 그때부터 말도 통하지 않는 이국땅에 남겨지게 되었고, 기술학교에 보내졌으며, 그곳에서 그는 학생들과 선생들로 부터 잔혹한 취급을 받았다. 이런 사실은 그의 걸작품「인간의 굴레(*Of Human Bondage*)」에서 이야기 되어지고 있다. 게다가 그는 말더듬증상이 너무 심하여 얼마동안은 한마디 말도 할 수 없을 때가 있었다. 그는 늘 정신적 고뇌속에서 몹시 불행했다. 그러나 그는 어느 정도의 강인함과 완고함으로 인해 살아 남을 수 있었다.

6 세부터 16세사이에 겪은 그의 정신적 상처는 그를 붕괴시키지는 않았으나 그의 인생을 우울, 위축, 냉소로 채색시켰다. 그러나 그는 고된 작업을 통하여 그에게 명성과 부를 안겨다 준 문학 작품으로 그러한 고통을 승화 시켰다. 그러한 그의 강인함은 출생부터 6 세사이에 형성된 어머니와의 건강한 애정관계에서 비롯된 것으로 보여진다. 그의 소설의 줄거리가 이러한 점을 분명하게 해 준다 : 출생부터 6 세까지의 건강함 때문에 그는 6 세부터 16세까지의 심한 정신적 외상(trauma)에도 불구하고 생존할 수 있는 강인함을 갖게 되었던 것이다 ; 그러나 6 ~16세까지의 정신적 외상은 병리적 현상인 심한 정서문제들을 야기시켰으며 그의 긴 인생을 고통스럽게 만들었다.

전기에서 볼때 그의 바로 윗 형이 35세때 자살했기 때문에 그의 0−6세 기간이 전적으로 애정으로 충만된 기간이었는지는 확실치 않다. 아동기 때의 경험은 여성들에 대한 그의 적대적인 태도나 감정에 영향을 미친 것으로 보여진다. 유명했던 그의 부인, Syrie 의해 이혼당함으로써 그의 짧았던 결혼생활은 끝이 났다. 후에 문학적 걸작으로 승화되어진, 전 생애에 걸친 그의 정서적 왜곡들이 전적으로 6~16세사이의 심한 정신적 외상에서 유래되었다고 생각할 수 있으나, 사실 그렇지 않을 가능성도 있다. 그러나 다음과 같은 사실에서 전자의 가능성을 시사해 준다 : 그의 0−6세 기간이 잘못된 것이었다 하더라도, 그가 6−16세를 지나면서 인격의 붕괴없이 버티어 왔던 사실로 미루어 볼 때, 0−6세사이에 충분한 사랑이 있었던 것 같다*.

미래의 전기 작가들은 주인공의 성격과 성취에 대해 설명하고자 할 경우, 주인공의 아동기 생활을 0－3세, 0－6세, 6－16세 기간으로 나누어 집중적으로 연구해야만 할 것이다.

Freud는 0－6세 기간이 정서적으로 가장 상처받기 쉬운 기간임을 정확하게 관찰했다. 그러나 이러한 사실은 0－6세에서만 발달이 장애될 수 있다거나 혹은 6세 이후에는 어떠한 해로운 영향들도 나쁜 결과를 가져오지 않을 정도로 0－6세사이에 인격이 고정된다는 것을 의미하지는 않는다.

만일 임상가가 그런 효과를 찾아 본다면, 6－16세 기간동안의 정서적 외상의 효과에 관한 풍부한 자료를 찾을 수 있을 것이다. 물론 이 시기의 영향은 0－6세기간의 영향과는 어느 정도 다르다. 왜냐하면 0－6세 때의 경험들은 보다 순수한 바탕－백지상태(the tabular rasa)위에서 작용하기 때문이다. 조건화는 태내에서도 일어나지만 이러한 조건화는 출생시부터 6, 7세 사이에 일어나는 조건화의 정도와 비교해 볼 때, 아주 미미한 정도의 것이다. 일반적인 원리에 따르면, 아동이 어릴수록, 생활경험의 정서적 영향들이 심각하지만 5 세부터 7 세사이에 상당한 정도의 인격의 결정(結晶)이(crystallization of the personality) 형성된다. 6 세이후 (편의상 6－16세라고 하자)의 경험들은 초기 아동기 경험에 의해 이미 상당한 정도로 굳어진 정신, 태도 및 감정과 상호작용한다. 다시 말하면, 6－16세 기간중의 경험에 의해 아동이 어떻게 형성되고 영향 받으며, 어떻게 조형되는가는 6세 이전에 그의 인격이 어떻게 형성되어졌는가에 의해 크게 좌우된다. 물론 이러한 일반 원리는 일생동안 적용된다. 인간은 전생애에 걸쳐 정서적으로 학습하며 언제든지 외상적인 경험들을 체험할 가능성이 있다 ; 그러나 이러한 경험들에 대한 반응들은 대개 외상적 경험 이전에 형성된 인격이 어떠하느냐에 따라 결정된다.

한 개인이 일상적이지 않은 실패, 압력, 또는 인생의 뚜렷한 변화에 대

* 모옴가에 관한 다른 자료를 찾아 보려면 다음의 책을 참조 바람. cordell, R (1961) : *Somerset Maugham*. Bloomington, Indiana : Indiana University press. Pfeiffer, K (1959) : *W. Somerset Maugham*. New York : W.W. Norton.

해 어떻게 반응하느냐는 그가 어떤 유형의 인간인가, 즉 그가 상황에 대처하는 역동에 의해 결정된다. 인생 후기의 외상은 그 자체가 단독적으로 작용하는게 아니다 ; 그 보다는 개인의 정서적 역동, 특히 개인이 정서적으로 상처받기 쉬운 특정 영역을 외적인 인생 경험이 자극했을 때 외상이 일어나게 된다. 다시 말해서 특별히 상처받기 쉬운 정서 부분들은 외부 사건이 충격적인 것으로 경험되어지는 것을 결정하는 주요 결정인자이다. 그러므로 어떤 경험이 한 개인에게는 충격적인 것이 될 수도 있으나, 또 다른 개인에게는 그렇지 않을 수도 있다(Saul, 1971. 제10장). 한 개인은 어떤 일로 인해 심하게 불안정해지지만 또 다른 개인은 그 일에 대해 아주 미미한 반응을 보일 수 있다. 때때로 단순한 말들이 강렬한 반응을 유발하며"신경이 건드려진다"는 사실을 우리 모두 잘 알고 있다.

그러나 여기서는 정서 문제와 정신병리를 유발하는 6－16세 기간중의 영향에 대해서만 관심의 초점을 맞추어 보기로 하자. 한 사례가 자세하게 제시되지 않고 세가지 사례들의 주요 사건들이 제시된다.

Ⅰ. Nell

첫번째 사례는 키가 크고, 유능한 세 자녀를 기르고 있는 갈색 눈동자의 기혼 여성, 넬이 그 주인공인데, 그녀는 절박한 위기감을 호소했다. 그녀는 0－6세동안 정서적으로나 신체적으로 편안하고 안정되어 있었다. 그러나 넬이 여섯살이 되었을 때 어머니는 중병을 앓게 되었고, 넬이 열네살 무렵 어머니는 사망하였다. 아버지가 온가족의 짐을 짊어지게 되었다. 그는 충분한 돈을 벌지 못했기 때문에 넬의 세 오빠들의 대학교육을 위해 돈을 저축하려고 애쓰고 있는 중이었다. 그가 자녀들에게 특히 넬에게 정서적으로 남겨 줄 수 있는 것은 거의 없었다. 경제적으로, 정서적으로 생존하기 위해 투쟁하는 가족내에서 그녀의 생활은 이 기간동안 정서적으로 박탈된 것이었다. 내가 그녀를 만났을 때, 그녀는 삼십대 중반이었는데 그러한 영향이 명백하게 드러났다 : 그녀는 기본적으로는 안정된 좋은 사람이었으나 상당한 긴장속에 있었다.

그녀는 살아 오면서 사랑과 지지를 거의 받아 보지 못했다. 그러나 그녀의 0－6세, 그리고 어머니가 병들고 사망한 이후인 그녀의 6－16세에 비추어 볼때 그녀의 인격 특성은 이해되어질 수 있었다(어머니의 질병과 사망은 그녀로 하여금 불평하지 말아야 하며, 정서적인 지지없이 견뎌내야만 한다고 느끼도록 만들었다). 표면적으로는 이와같이 견뎌냈음에도 불구하고, 내면적으로는 결핍에 대한 강한 분노가 있었고, 이러한 분노가 강해지면 불안, 특히 재앙 예견의 불안이 나타났다. 그녀는 원기왕성했고, 쾌활했으며, 표면적으로는 우울하지 않았으나, 항상 최악의 경우를 예상한다는 점으로 볼 때, 비관적인 견해를 갖고 있었다. 이와같은 방식으로 6－16세동안 그녀가 지니게 되었던 태도, 견해, 기본 감정이 거의 변함없이 유지되고 있었다 : 결핍상황에 직면하면 용기가 생겨났으나, 내면의 적개심은 불안을 일으키고, 재앙 예견을 유도하였다. 만약 그녀가 출생당시 부터 이러한 결핍을 겪었더라면, 분명 그녀는 훨씬 더 불안정한 인간이 되었을 것이다. 그녀의 0－6세기간이 기본적으로 양호했었기 때문에 6－16세 기간의 외상적 경험의 충격이 그렇게 강했음에도 불구하고, 그렇게 심하게는 영향받지 않았던 것이다. 0－6세사이에 받았던 어머니의 애정은 넬에게 내적인 받침대를 마련해 주었고(좋은 초자아)이는 그녀로 하여금 어머니의 병과 사망, 그 이후의 6－16세기간을 견뎌내도록 해 주었다. 그러나 6－16세기간은 영속적인 인격 역동에 그 흔적을 남겼다.

넬의 경우와 같은 커다란 불행이나 신체적 질병이 발생되지 않았던 가족내에서도 6－16세 때의 경험이 외상적인 충격을 주는 경우가 흔히 있다. 이런 경우는 부모들이 유아기때는 아이들에게 따뜻하게 반응하지만, 6세이후에는 아이들에게 흥미를 잃는 경우가 많기 때문에 일어난다. 다른 가족의 경우는 아동의 자아가 분별력이나 통제력을 갖게 되자마자, 어린이가 할 수 있는 이런 일들에 대해 부모가 마음속으로 지나치게 과대평가하게 된다. 그들은 갓난 아이나 돐쟁이 아기에는 자기－조절을 기대하지 않는다. 그러나 어린이가 이 시기를 벗어나자마자 부모는 잘 훈련된 성인의 경우와 같은 완전한 자기 통제를 어린이가 할 수 있다고 생각한다. 이러한 생각은 부모로 하여금 어린이가 필요로 하는 것을 충분히 주지 못하고, 어린이가 할 수 있는 이상의 것을 어린이에게 기대하도록 만든다. 물론 어떤 부모들은 어린 자녀들을 좋아하지 않으며, 자녀들이 상당히 자란 후에야 늦게 자녀들과 좋은 관계를 맺는다.

II. Gloria

또 다른 사례는 글로리아인데, 그녀의 부모는 그녀가 일곱살이 될 때까지는 안정성있고, 애정깊은 환경을 제공해 주었다. 일곱살 당시 부모들은 그녀를 집에서 멀리 떨어진 학교로 보내면서, 기차를 두번 갈아타야 하는 여행을 그녀가 혼자서 감당하도록 만들었다. 이는 글로리아가 감정적으로 감당하기에는 너무 벅찬 일이었다. 실제로 그녀는 그 일을 그럭저럭 견디어 냈지만, 매일밤 잠자리에 들고나서 몇시간 동안 공포속에서 울곤 하였다. 또한 부모들은 그녀가 이런 정도로 그녀 자신을 돌볼 수 있게 되자 그 일 때문에 그녀가 치루어야 했던 고통은 깨닫지 못한 채 그녀에 대한 관심을 잃게 되었다. 부모들은 그들 자신의 관심사에 빠져서 글로리아가 스스로를 돌보도록 내버려 두어도 괜찮다고 생각하기 시작했다 : 부모와 글로리아 사이의 좋았던 관계는 아주 멀어지게 되었다. 성인이 되었을 때 동일한 양식이 지속되었다 : 그녀는 온갖 종류의 일을 자신이 하도록 스스로를 몰아 부쳤는데, 이는 6-16세때의 훈련방식을 반영하는 것이며, 마음속으로 그녀는 이런 점 때문에 분개하고 있었다. 그 결과 그녀는 불안했다. 또한 그녀의 중요한 문제는 친구들과 친밀한 관계를 이루지 못한다는 것이었으며, 결혼 후에는 남편과의 사이에서 친밀한 관계를 이루지 못함으로써 결혼 문제가 야기되어졌다. 0-6세때의 건강함 덕분에 6-16세 기간의 압력으로 인해 심하게 불안정해지는 위기를 모면하고 그녀를 지킬수 있었다. 0-6세기간 동안 형성된 간강한 역동은 그녀의 인격에 건강한 바탕을 마련해 줌으로써 6-16세때의 외상적 경험들이 줄 수 있었던 해로운 영향을 감소시켜 주었다.

III. Joy

죠이는 훨씬 복잡한 병리적 역동을 지닌 소녀였다. 그녀는 형제 중 가운데였고, 0-6세동안에는 많은 사랑을 받았으나 6세때부터는 완벽한 어린 소녀로 행동하도록 키워졌다―완벽하게 옷을 입고, 완벽하게 행동하고, 과외활동 뿐만 아니라 학교 성적이 완벽하도록 기대되어졌다. 그러나 10살인가, 11살경에 문제가 발생했는데, 이때 그녀의 여동생과 오빠는 그녀를 앞지르고 있었고 특히 성적과 인기면에서 그러하였다. 그녀는 이 사실을 견딜 수 없었으며 약 12세부터는 심한 위축상태로 이러한 상황에 반응하였다. 어떠한 종류이건간에 경쟁이 있을 경우, 그녀는 그러한 경쟁상황을 피하게 해주는 일이면 어떤 일이건간에, 마지막 순간까지도 그러한 일을 했다. 한 작은 예로서, 그녀는 정구시합을 피하기 위해 라켓줄을 끊어 버렸다. 이 일이 있은 후 그녀는 우울한 감정에 빠져들게 되었고, 이런 증상을 지닌채 성인기 생활을 시작하였다. 그러므로 0－6세와는 뚜렷한 차이가 있기는 하지만, 6－16세 역시 인격 형성기인 것으로 여겨진다.

이와같은 의미로 볼 때, 임신부터 6세기간은 그 성질이 조금씩 다른 조형적 기간들이 포함되어 있다. 조형이란 실질적으로"조건화"를 의미하며, 이는 일종의 학습이다. 태아에게 미치는 영향은 신생아에게 미치는 영향과는 다르고 유아에게 미치는 영향은 돐쟁이 아기에게 미치는 영향과는 다르며(Mahler, 1965, 1968), 또한 일생에 미친 영향과는 다르다.

요약해 보면, 우리는 짧고, 일시적인 개별적 외상적 경험들의 영향에 관해 토의해 왔던 것은 아니다 : 대부분은 이러한 경험들이 정서적으로 상처받기 쉬운 특정한 부분에 부딪치기 때문에 외상적인 영향을 미치게 된다. 우리는 *지적으로 외상적 영향을 미치는 정서적 관계들*에 대해서 토의하고 있는데, 예를 들면 0－6세동안, 그리고 이와는 다르기는 하지만 6－16세 동안에 일어나는 부모나 형제, 그외 대리 인물들과의 정서적 관계들이 이에 해당되며, 이외에도 이후에 발생되는 또 다른 영향들이 있다.

인간은 전생애에 걸쳐서 상처 받을 수 있지만, 임신부터 6세경까지 상처받는 그런 정도로 항상 상처받는 것은 아니며, 6세경에는 인격의 대부분이 형성되어진다. 6세경에는 상당한 정도로 인격의 결성이 이루어진다 ; 6세경에 우리는 이미 형성된 기본적 인격을 볼 수 있다. 3세 무렵에도 이러한 인격의 기초가 어느 정도 드러난다. 개인은 그 이후의 생애동안에도 상처받을 수 있고 인격의 변형이 일어날 수 있지만, 그러나 그 강도가 훨씬 약하다. 아마도 지속적인 기억, 충분한 언어능력, 쓰기능력이 발달되는 시기가 분기점이 되는 것 같다. 왜냐하면 이러한 능력들은 보다 의식적인 사고, 감정, 이성을 표현하는 언어를 제공함으로써 자아를 강력하게 강화시킬 수 있기 때문이다. 따라서 치료자는 0－6세 기간외에도, 0－3세, 6－16세 기간에 관심을 기울일 필요가 있다. 그러나 후자의 단계, 즉 6－16세 기간동안 일어나는 효과들을 관찰해 볼 때 0－6세때 이미 형성된 초기 역동에 의해 이러한 효과들이 영향 받는다는 사실을 항상 명심하여야 한다.

다시말하면 반동적인 사례들에서 환자의 정서적 불안정은 기본적으로 외부 압력에 대한 반응이며, 그러한 압력에 대한 반응이 적절한 경우에는 첫번째 면담에서 아동기 정서양식을 알아 내려고 시도할 것인지는 환자에 따라 달라질 수 있다. 만일 외부 사건들에 대한 반응이 압력에 비해 지나쳐 보일 경우에는, 첫번째 면담에서 아동기 양식을 알아내는 것이 중요하다. 왜냐하면 그런 자료없이는 정서적으로 상처받기 쉬운 부분들을 알아낼 수가 없기 때문이다. 패트 랄스톤이 이러한 예에 해당된다. 그녀는 사랑에 빠졌던 매우 근사한 남자와 결혼한 후에 심하게 불안해졌으며 그에게 상당한 망상적 질투를 느끼게 되었다. 그녀의 아동기 양식에서 그녀가 겪어야 했던 거부와 결핍을 발견하고 나서야 이러한 반응이 이해될 수 있었고, 그 이전에는 전혀 이해되지 않았다. 그녀는 아동기의 거부와 결핍을 이제껏 마음속에 억압해 왔었고, 이러한 양식에 대한 반응으로 느꼈던 분노 역시 억압해 왔었다. 결혼한 후에 그녀는 안정감을 느꼈으며, 동시에 남편과 친밀한 감정을 느꼈는데, 이는 이제껏 그녀가 자신에게 허용해 왔던 것보다 더 밀착된 그런 감정이었던 것이다 ; 이러한 친밀한 관계에서 좌절되었던 의존적 애정욕구와 분노의 반응이 갑자기 튀어나오게 된 것이다. 내 생각에는 배후 상황에 대한 지식이 없었다면 왜 그녀가 매우 갈망했던 일, 즉 그녀가 선택한 남자와의 결혼에 그런 방식으로 반응했는지를 이해할 수 없었을 것이다.

그러나 또 다른 환자인 35세된 Maria Brown은 아버지로 인한 압력이 그 일부가 되는 외적인 압력을 갑자기 받게 되었는데 이는 그녀 자신의 결함이나 행동에 의해 유발되어진 것이 아니었고, 그러한 압력은 어떤 강한 사람이라도 무너뜨릴 수 있는 것이었다. 그러한 경우, 분석가의 지식과 경험을 동원하여 가능한 한 이들 외부 압력이 줄어들 때까지 정서적으로 지지해주고 또 실질적으로 안내해주는 것이 중요하다. 보다 자세한 반동적 사례들을 참고하려면 「정서 성숙 *Emotinal Maturity*」(Saul, 1971)을 읽어보기 바란다.

Ⅳ. Karen : 청소년 후기의 방황

다음은 내가 정신분석 초년 시절에 만났던 한 환자에 관한 기록이다. 그때는 내가 0—6세때의 주요 특징을 수집해내는 방법을 조금밖에 모를 때였다. 따라서 아동기의 역동들을 끌어내기 위한 두가지 기본 질문법—후기에 내가 개발한—을 그 당시에는 이용할 수 없었다. 그러나 카렌의 경우에는 과연 이 질문법을 사용했던들 어떤 차이가 있었을 것인지 의심스럽다. 주요문제는 그녀의 강한 저항이었는데, 그녀를 치료하기 위해서는 철저한 치료작업을 할 수 있을 만큼 오랫동안 그녀를 붙들고 있어야 하며, 그래야만 만족스럽고 영구적인 효과를 얻을 수 있다는 점을 그 당시 나는 충분히 이해하지 못했다. 이전에 지적했듯이 (Saul, 1972) 분석받는 환자들의 85—90%는 첫번째나 두번째 면담에서 주요 역동에 접근할 수가 있다. 카렌은 이러한 접근이 어려운 10—15%에 해당되었다.

카렌은 매력적이었고, 몸의 균형이 잘 잡힌, 외견상으로는 신체적으로 건강해 보이고, 원만해 보이는 24세된 여성이였다. 그녀의 주된 문제는 직업에 대한 불만이었다 ; 그녀는 무엇을 해야 할지 모르고 있었다. 그녀는 중서부의 중소도시에서 태어나서 그곳에서 성장했으며 노스 이스턴대학에 다니기 위해 집을 떠나겠다고 오랫동안 생각해 오고 있었다. 그녀는 18세때 마침내 가족으로부터 독립했다. 이는 집을 떠나는 첫번째 모험이었고, 일상적인 사소한 일들—세탁, 저축관리 등—을 스스로 처리하는 것이 그녀에게 요구되어졌는데, 그녀는 이러한 일들을 매우 잘 처리하였고 이런 일을 하는 것을 좋아하였다. 그녀의 기숙사방은 그녀가 처음으로 갖게 된 그녀만의 방이었고, 그녀는 그 방을 좋아했다. 기숙사가 남녀공용으로 되었을 때 그녀는 그런 상황을 더욱 좋아하였는데, 그녀 주위에는 "힘이 넘치는 인간들"의 수많은 삶들이 있었다. 카렌은 인생이란 대단히 흥미진진한 것임을 알았지만, 그녀가 인생에서 원하는 것이 무엇인지는 전혀 알 수 없었다—그래서 그녀는 미국 문학을 선택했다.

그러나 이러한 선택은 그녀의 길을 발견하는데 아무런 도움도 주지 못하였다. 그녀는 대학원 공부를 하기를 원치 않았다. 또한 결혼하기를 원치 않았는데 왜냐하면 그녀 말로는 결혼은"충분하지 않았기" 때문이었다. 그녀는 세월이 지나가는 것을 의식하지 못할만큼 마음을 쏟을 수 있는 어떤 일을 찾고 있었다. 그녀가 나를 만나러 왔을 때는 대학을 졸업한지 2년이 지났을 때였다. 그녀는 비서직에 근무하고 있었으나 그 일은 단지 시간을 메꾸기 위한 직업에 불과했다.

일반적으로 환자의 0–6세 까지의 과거력을 자세히 살펴보면, 적어도 당면한 문제의 원인과 연관되는 어떤 단서를 발견하게 된다. 그러나 카렌의 과거력에서는 확실히 아무런 단서도 발견되지 않았다. 그녀는 6세까지 행복했었다고 말했다. 그녀의 언니는 세살 위였고, 가족들 사이는 아주 좋았다. 아버지, 어머니는 가족들 모두와 잘 어울렸다. 아이들은 대부분의 시간을 아버지와 함께 밖에서 공놀이를 하거나 구기시합을 하면서 보냈다 : 음악은 어머니의 담당이었다. 그들은 식사때 오랫동안 이야기를 하였다. 부모들은 정치에 관심이 있었고 카렌은 그러한 관심속에서 성장하면서 안정감을 느꼈다. 실제로 신문이 배달되었을 때 가족 중 제일 먼저 신문을 읽는 사람은 그녀였다.

좀 더 나이들었을 때 카렌은 안정되어 있지 않았다. 그녀의 나이 여덟살부터 열네살까지 그녀의 아버지는 직업을 여러번 바꾸었는데 이런 상황은 불안정한 것이었다. 그러나 내가 아는 바로는 지속적이고 깊은 양식을 만들기에는 카렌이 어느 정도 자란 후에 이런 일이 발생되었으며, 그녀와 가족과의 관계에서 나는 어떤 직접적인 양식을 발견하지 못했다. 물론, 그녀가 아버지와 동일시함으로써 아버지의 잦은 직업 변경이 그녀로 하여금 여러 직업을 전전하게 만들었을 가능성도 있겠으나, 아버지와의 아동기 양식으로 설명하기에는 이와같은 직업 변경이 매우 늦게 일어났기 때문에 이런 점이 사실로 받아들여질 수는 없었다. 분명 그녀의 아버지는 자녀들이 성장해서 우수한 학업성취를 나타낼때까지는 아내의 가족들로부터 인정 받지 못했다. 그녀의 아버지는 결코 불평하지 않았고, 마침내 그는 작은 기업체의 경영인이라는 직업으로 정착하였고, 그는 이 직업을 좋아하였다.

카렌의 아동기 초기 기억은 다음과 같다 : (1) 그녀는 길에 서 있었고 그녀의 외할머니를 바라보고 있었다. 잠시후 두번째 기억이 떠올랐다. (2) 두 살 때 그녀는 한 정치집회에서 단상위로 들어 올려졌고 사람들이 이를 보고 웃었다. (3) 아직 나이 어렸을 때(두살이 조금 지나서) 카렌은 아기 침대에 있었는데 어머니가 그녀에게 푸딩을 먹이고 있었다. (4) 그녀는 어머니와 함께 침대에 앉아 있었고 어머니는 그녀에게 책을 읽어주고 있었다.

이러한 일련의 기억들로 부터 추출되어지는 점은 명백한데, 이러한 기억속에는 어머니나 외할머니 같은 어머니상과의 관계가 드러나고 있으며 그녀는 그들의 관심을 받고 있다는 것이다. 물론 이러한 기억은 병적인 것은 아니지만, 어머니에 대한 애착이 지나치게 강하다는 점을 이러한 기억이 시사해주고 있으며, 이러한 점이 모든 초기 기억을 설명해 줄 수 있을 것 같다. 즉 이러한 기억들은 환자의 현재 역동내에 있는 어떤 점을 알려주고 있기 때문에 기억되었는지 모른다. 다른 말로 하면 현재 성인이 된 그녀가 어머니나 어머니상으로 부터 이러한 종류의 보호와 관심을 강하게 갈망하고 있기 때문에 어머니와의 친밀한 관계, 어머니가 그녀에게 책을 읽어 주거나 푸딩을 먹여주던 일들을 기억하고 있는지 모른다. 그녀가 결혼하고자 하는 강한 욕구가 없다는 점이 중요하게 보여지는데 그녀의 초기 기억속에는 남자가 등장하고 있지 않다. 결혼에 관해서 카렌은 가정을 원하기는 하지만, 그것으로는 충분하지 않을것 같다고 느끼고 있다. 그녀 말에 의하면, 대학 졸업 후에야 가정을 가지고 싶다고 강하게 느꼈으나, 아직 적당한 남자를 만나지 못했다는 것이다. 그녀의 직장은 오랫동안 근무해야 했고, 주말에도 일해야 했기 때문에 그녀는 돌아다닐 시간도 없었고 사람들을 만나고 더 나아가서 적당한 남자를 만날 시간이 없었는데, 이 점이 직업에 대한 불만중의 하나였다. 이런 점들이 모두 첫번째 면담에서 이야기 되어졌다 ; 그녀의 기억에서 어머니에 대한 지나친 애착, 아버지나 다른 남자의 부재에 관한 단서가 얻어졌지만, 이런 단서는 카렌이 당면하고 있는 직업이나 생활에 대한 불만, 또는 다른 문제들, 즉 남자에 대한 그녀의 무관심이나 결혼을 고려해 볼 만큼 그녀에게 관심을 보인 남자를 그녀가 만나지 못했다는 점들을 충분히 설명해 줄 만큼 확실한 것은 아니었다.

일주일이 지난 두번째 면담시간에 카렌은 이렇게 말했다. "나는 내 인생에서 무엇을 해야 좋을지 모르겠어요 ; 나는 정말로 비참해요. 다음 주에 무엇을 할까 생각하면 늘 불안해요—직장을 그만 둘까, 다른 직장을 찾아볼까, 아니면 어떻게 해야 할까 등등, 금요일날 거의 미칠뻔 했어요. 나는 식료품 쇼핑거리가 있다는 게 기뻤는데, 그 일거리로 인해 다음 주에 대해 더 이상 생각하지 않아도 되기 때문이었어요."

나는 물었다. "왜 당신은 그렇게 비참했나요?"

그녀는 응답했다. "왜냐하면 내가 하고 있는 일과 만나고 있는 사람들을 좋아하지 않기 때문이예요. 그런 일들은 생산적이거나 가치있는 일이 아니예요 ; 그런 일은 보상을 주지 못해요. 일주일은 7일이고, 그리고 결코 끝이 없어요. 사람들은 낮은 중하계층이고 그들은 온통 불만투성이고, 어떤 일에도 흥미를 느끼지 않아요."

그녀가 대학 다닐 때는 상황이 보다 나았는지 나는 물었는데 그녀는 말했다. "글쎄요. 어느 정도는 그렇지 않았어요. 그때 나는 나를 끌어줄 수 있는 **누군가**를 원했지, **어떤 일**을 원했던 것은 아니예요. 대학 다닐 때 나는 교수들과는 사이가 멀었어요. 단지 많은 다른 학생들과 함께 강의를 들었을 뿐, 교수와 사적인 관계는 없었어요. 나는 나이든 사람 가운데서 이상적인 인물을 찾고 있었어요. 사적인 관계를 맺었던 유일한 사람은 기숙사에서 생활하던 어떤 부부였는데, 그들에게는 어린 아이가 있었어요. 나는 강의실에서는 앉아만 있었을 뿐이예요."

"남녀 공동 기숙사에서 지내던 남학생들 가운데 남자친구는 없었나요?" 나는 물었다.

카렌은 대답했다. "남자들은 어느 곳에서나 볼수 있는 사람들처럼 멋있었어요. 그들은 에너지가 넘치고 불안정하였고 남보다 뛰어 나고자 노력했어요. 그때 알고 있던 몇몇 남자애들이나 여자애들과 친교관계를 유지해오고 있었으나 그러나 이제는 모두들 상당히 멀리 떨어져 남부나 동부에 살고 있고, 시카고 근처에는 아무도 없어요. 다른 말로 하면 나는 몇명의 친구가 있기는 하지만 특별히 친한 친구는 없어요. 남자들은 그냥 친구일 뿐이예요. 나는 성적인 관계를 한번도 가져 본적이 없었고 아직도 그래요. 한 남자애는 가까운 내 여자 친구와 결혼했어요. 내가 다소 호감을 느꼈던 유일한 남자가 있었는데 그는 나에게 별로 관심이 없어서 그 관계는 끝나버렸어요. 나는 또 다른 남자와 두 서너달 데이트하였는데, 그는 떠오르는 별과 같은 존재였어요. 또한 대학의 유능한 교수딸이던 여자친구도 한명 있었어요. 나는 윌리암이라는 남자애와 데이트한 적이 있었는데, 그는 나에게 별로 친절하지 않았어요. 그는 내가 비참하게 느끼도록 만들었어요. 그는 내가 학교 숙제에는 관심이 없으며 장차 어떤 길로 나아가게 될지 모르겠다고 나를 놀리곤 했어요. 그는 내가 대단한 사람이 아니라는 것을 느끼도록 만들었어요. 그는 새로운 음반을 세 장 샀기 때문에 나랑 데이트하러 나갈 수 없다고 말했어요. 윌리암에게는 나와 함께 나가는 것보다는 새 레코드 세 장이 더 중요했던거예요! 어느 여름날 우리는 나의 고향집에서 부터 학교까지 드라이브를 하였는데, 드라이브 도중에 우리는 싸웠고, 그래서 헤어졌어요."

"그 당시 나는 스트레스가 가득찬 상황에서 학교로 돌아갔어요. 내 옆방 여학생은 난폭한 성질이 있었어요. 내가 인사하러 그녀를 방문했을 때 그녀는 내 앞에서 문을 쾅 닫아 버렸어요. 그녀는 나를 기숙사 밖으로 몰아내려는 켐페인을 벌였어요. 시험기간이 닥쳐왔고, 나는 그녀 친구들에게 고통을 당했어요. 그래서 나는 병이 났고, 그때 내가 만나고 있던 새로운 남자친구는 교수 딸인 내 여자친구와 데이트하기 시작했어요. 그는 내가 너무 소유욕이 강하다고 말했어요. 그는 단지 그녀의 아버지와 좋은 관계를 맺기 위해 그녀를 이용했기 때문에 그녀를 몹시 실망시켰어요. 그러나 그는 그녀를 통해서 다른 중요한 교수들을 만났고, 장학금과 연구원 자리를 얻게 되었어요. 난 그가 인생을 잘 살아 나가고 있다고 인정해요. 1학년때 내 방 친구는 다른 사람에 대해 개의치 않고 그녀 자신의 관심을 소중히 하면서 행복해 했어요. 그녀는 자신의 전체 인생에 대한 계획을 갖고 있었어요 ; 그녀는 이미 잘 알고 있어서 시험에 통과할 자신이 있는 학과만을 선택했어요. 현재 그녀는 법과대학을 졸업했어요."

"나에게 친한 친구들이 몇명 있기는 하지만 그들은 시카고에서 멀리 떨어져 살고 있고, 우리는 거의 편지도 하지 않아요. 여기로 온후 나는 전혀 가까운 친구를 사귀지 않았어요. 직장내의 두 사람이 나를 집으로 초대해서 그들 가족과 인사시켜 주기는 했으나, 친근한 관계는 아니예요. 나는 선생님의 마음속에 무슨 생각이 일어나고 있는지 알수 있어요." 카렌은 이렇게 덧붙여 말했다."선생님은 내가 밖으로 나가 친구를 만나고, 결혼하기를 바라고 있어요."

"아니요"나는 말했다."그렇지 않아요. 나는 당신에 대한 어떤 목표도 갖고 있지 않고, 충고할 말도 없어요. 나는 당신 스스로가 원하는 것을 당신이 성취하는 것을 보고 싶어요. 내가 보기에 당신은 매우 정상적이고, 건강하고, 명석하고, 매력적인 여성이예요. 당신은 나에게 이야기 하기를 당신이 바라는 것은 남자를 만나 결혼하는 것이라고 했지만 내 생각에는 그런 관계가 결혼으로 발전되어가는 것을 막는 어떤 것이 당신 속에 있는 것 같아요. 그러한 저항이 무엇인지를 함께 발견하고, 그러한 저항을 이해하는 것이 우리의 과제입니다. 왜 당신은 먼저 직업을 발견하고 나서야 결혼해야 되죠? 특히 이렇게 외롭고, 소외감을 느끼고 있는데도 말입니다. 왜 당신은 우선적으로 친구를 사귀거나, 결혼을 하면 안되나요? 그리고 마지막으로 왜 당신은 현재의 당신의 직업—막간을 이용하고 선택했다는—에 대해 자신이 어떻게 느끼고 있는지를 알 수 없나요? 왜 결혼이 먼저가 아니고 직업이 먼저이고, 결혼이 나중이어야 하나요?"

세번째 면담에서 카렌은 자신이 어떻게 불행한지, 얼마나 자신의 직업을 싫어하는지에 대해 심하게 불평하였고, 나를 만나러 이곳에 오고 싶지 않다고 불평하였다. 나는 그녀의 이런 말이 자살 가능성을 의미하는지 그녀에게 물었다. 한참 망설인 후 그녀는 대답했다."글쎄요, 그럴지도 모르죠."

나는 말했다."그 문제에 대해 솔직하게 이야기합시다. 우리의 목표는 모든 점을 이해하는 것입니다. 우리가 발견하는 어떤 것이든 직면해 봅시다."

나는 또 다른 과거력을 알아내려고 노력했으나, 얻어내지 못했다. 그래서 나는 초기 기억들에 대한 유일한 단서만을 얻어 낸 채 과거력 수집을 중단했는데, 초기 기억들은 시종일관 어머니에 의해 보호 받고 관심받던 내용들에 관한 것이었다. 기억속에서 외할머니 외에는 다른 사람들이 나타나지 않았다.

나는 처음 만난 환자에게 정신 역동을 충분히 잘 이해하기 전에 자유연상을 하도록 요청하는 것을 좋아하지 않는다. 왜냐하면 일단 자유연상이 시작되면, 분석가는 해석을 하게 되며, 자료는 흐려지는 경향성이 있고, 역동을 알아보는 투시력을 얻기가 한층 어려워지기 때문이다. 마지 못해서 나는 과거력 수집을 중단하고 (왜냐하면 어느 정도 확실하게 과거력 수집은 그녀의 역동을 끌어내는데 실패했기 때문이다.) 그녀의 마음속에 떠오르는 어떤 것이든지 그냥 쏟아 보라고 카렌에게 요구하였다. 그러자 그녀가 시카고에서 어느 정도 떨어진 곳에 직장을 구하기 위해 편지를 썼던 일을 떠올렸다. 그녀는 약 일년전에 이야기 들은 적이 있었던 회사에 편지를 썼다. 카렌은 더 이상 아침에 일찍 일어나고 싶지 않았다. 특히 토요일 아침에 일어나면, 모든 것이 무너지는 듯 했다. 그녀는 울었다.

"나는 그렇게 좋은 사람이 아니예요." 그녀는 나에게 말했다."화가 나요."

"계속 얘기 해 보세요." 나는 말했다."털어 놓아요."

"아마도 나는 모든 것을 포기하고 떠나야겠어요." 그녀는 말했다.

"더 얘기해 봐요. 카렌" 나는 말했다.

"그래요. 나는 어머니에게 전화하고, 언니에게 전화해서 그들에게 화를 내고, 그리고는 전화를 끊어 버렸어요."

나는 카렌의 마음속에서 어떤 감정이 일어나고 있는지에 대해 약간 알기 시작했고, 그래서 그녀에게 물었다. 일년전에 얘기 들었던 그 직장 외에도 또 다른 직장을 구하고 있지 않느냐고. 그녀는 대답했다."나는 모든 것이 끝났다고 생각해요.""나는 단지 울 뿐이예요. 나는 내 직업이 싫은데, 왜냐하면 그 일이 아름답지도 않고 다른 사람과의 친밀한 관계도 없고, 흥미도 없고 대화도 없기 때문이예요."

면담시간이 막 끝나가고 있었다. 나는 또 다른 연상시간을 갖는 것이 보다 안전하다고 느꼈으나, 자료가 어디로 향하고 있는지에 대한 단서는 충분히 얻었다고 생각했다. 그녀가 나를 만나러 오는데 대해 강하게 저항하고 있었고, 치료를 중단하기를 바라고 있었기 때문에 이 시점에서 잠정적인 해석을 감행하는 것이 보다 안전할 것으로 여겨졌다. 세번째 면담이 끝나가고 있었다.

그래서 나는 말했다. "카렌, 내가 보기에는 당신은 아름답고, 친근감있고, 유쾌하고, 흥미로운 그런 직업을 원하지만, 당신은 적어도 한가지 점 때문에 직장 구하는 것을 지연시키고 있어요. 즉 내가 물어 본 모든 직업에 대해 당신은 흥미를 느끼지 못하고 있고, 단지 결점만을 찾아내고 있어요. 마치 당신은 어떤 직업이든지 실제로는 원하지 않으며 성인으로서의 노력과 책임을 원치 않고 있는 것 처럼 들립니다. 아니면 당신은 이러한 이상적인 직업을 원하지만, 누군가가 당신을 위해 그런 직업을 접시에 담아 당신에게 바치기를 기다리는 것 같군요. 당신의 초기 기억들과 당신의 집, 어머니에 대한 당신의 진술이 일치되지 않는 점이 의아하군요. 당신의 어머니는 이런 모든 일을 염려해 주고 당신이 바라는 모든 것을 당신에게 주었죠. 이제 당신은 다 컸고, 스물 네살이고, 대학을 졸업한지 이년이 지난 성인이예요. 이제 스스로 해야 해요. 이 점이 바로 당신이 원하는 것을 나타내 주고 있는데, 당신은 독립적으로 되기를 원하고 있어요. 그러나 이 말은 누군가가 당신을 연단 위로 올려 주거나 어머니가 당신에게 푸딩을 먹여 줄 때 처럼, 당신이 원하는 것을 누군가가 해 줄것이라고 기대할 수 없다는 것을 의미합니다."

"당신은 자신이 원하는 것에 접근하여 이를 성취하기 위해 노력해야 하며, 자발적으로 해야 합니다. 우리는 이미 그런 일을 당신이 할 수 있었던 여러 경우들에 대해서 이야기 나누었는데, 당신은 그런 상황에서 항상 결점만을 찾아내곤 했어요. 그러나 진짜 결점은 당신이 다소는 응석받이로 길러졌고, 과거에 그랬던 것처럼 당신이 능동적으로 원하는 것을 얻으려 하기 보다는 어머니에 의해 그것이 주어지기를 원하고 있다는 거예요. 내가 비정하다고 생각하진 말아요. 나는 대단히 동정적이지만, 나는 당신이 자기 자신의 투쟁-도피반응에 묶여 있다고 생각해요. 당신의 직업 속에서 무언가를 찾아 보려고 먼저 노력하지 않고 무조건 그 직업을 포기하려는 마음이 강하군요. 이런 마음이 당신으로 하여금 눈물을 흘리도록 만들고 있읍니다. 눈물은 당신이 아는 바와 같이 분노에 찬 투쟁반응의 표현입니다. 당신은 화내고 철수하는 경향성이 있는데, 세상에 나아가 당신이 좋아하는 그런 직업을 발견하려는 노력과 책임을 감당하는 투쟁정신을 발휘하려 하지 않는군요."

"그래요. 이러한 일이 당신에게는 일종의 투쟁일테니, 유감이군요. 그러나 이런 일은 또한 성장해나가는 방법이기도 하죠. 사람들은 혼자 스스로 이런 일을 해내는 방법을 터득함으로써 성숙합니다. 다시 말하자면 혼자서 독립적으로 책임을 감당하는 법을 학습함으로써 성장해 가는 거죠. 만일 이런 역동을 이해한다면 당신은 젊고, 강하고, 지적이며, 좋은 대학 졸업생이기 때문에 틀림없이 혼자서 스스로 성공적으로 해낼거예요. 어느 누군가가 이런 일을 할 수 있다면 바로 당신이 할 수 있을 거예요. 기구가 잘못된 것은 아무 것도 없어요."

그녀는 다음 면담시간까지 이러한 해석을 잘 소화했으며, 상당히 잘 이해한 것으로 보여졌다. 이런 점으로 미루어 볼때 그때 내가 희미하게나마 그녀의 역동의 부분들과 그 의미에 대해 어느 정도 그 윤곽을 파악하고 있었기 때문에 그녀에게 자유연상을 시켰던 것이 적중했던 것 같다. 그녀는 점차 활동적으로 되었고, 보다 많은 사람들을 만났으며, 데이트하기 시작했고, 시카고대학에서 일을 구했다. 그 일은 이상적인 것은 아니었으나 월급이 적고 지루한 타이핑 업무보다는 훨씬 나은 것이었다. 그녀는 울고, 억압하고, 위축하는 도피반응들을 극복해 나가기 시작했고, 어머니와 언니에게 전화해서 그들에게 화 내는 투쟁반응도 극복하기 시작했다.

이는 전형적인 청년기, 또는 청년 후기의 갈등이다—흔히 볼수 있는 청소년기 갈등 가운데 청소년기 중간단계 보다 후기 단계의 전형적인 갈등이다. 이는 의존으로 부터 벗어나 독립으로 나아가고, 자아에 대한 책임능력－책임감있는 주체성과 생산성, 일을 수행해 낼 수 있는 능력－을 갖추어 나가는 성인생활의 일부이다. 그리고 개방적인 방법이나 간접적인 숙련된 방법으로 적개심과 투쟁－도피반응에 대해 집요하게 진단 내리고, 주의깊게 질문한다면, 이러한 방식은 최소한 주요 역동의 일부나마 알게 해 준다는 사실을 예시하고 있다 ; 왜냐하면 투쟁-도피반응은 역동의 일부인 주요 좌절로 부터 유래되는 것이기 때문이다.(이러한 투쟁-도피반응은 나중에는 환자에게 불행을 가져다 준다.)

카렌의 사례가 예시하고 있는 세번째 주제는"자기 발견"이라는 공통 문제이다. 다른 말로 하면 자기자신의 정체감 발견이다. 정체감 위기는 일반적으로 해결되지 못한 아동기 양식에 의해 야기되어지며 아동기 양식을 이해하고 벗어남으로써 해결되어질 수 있다. 개개인의 자아 정체감은 일이나 전문직, 또는 가정, 배우자, 자녀에 대한 책임감과 밀접한 관계가 있다.

그러나 추가되어야 할 점은 분석치료에 대한 카렌의 저항이 지속되고 있다는 것이다. 그녀는 보다 안정감을 회복하고 더 나은 직장을 얻고, 몇몇 남성들과 데이트하게 되자 곧 치료를 중단하였다. 그녀가 나에게서 분석받는 것이 어려울 것으로 여겨졌는데, 초기 기억속에 전혀 나타나지 않았던 아버지에 대한 그녀의 양식이 나에게 전이되고 있었기 때문에 그럴 것 같았다. 그러므로 나는 그녀에게 여성 분석가와 분석해보도록 권유하였다. 그러나 그녀는 이 제안을 거절하였고 나를 만나지 않겠다는 강력한 그녀의 주장을 나는 받아들일 수 밖에 없었다. 우리는 서로 호감을 갖고 있었고, 좋은 감정을 갖고 헤어졌으나 시카고를 떠난 이후로 나는 그녀를 만나보지 못했다.

만약 분석가가 환자의 무의식을 충분히 알지 못한다면, 확신을 가지고 치료의 결과를 알지 못한다는 것은 당연한 일이다. 내가 기본 역동에 접근하는데 실패하고 환자가 치료를 중단했기 때문에 그 이후의 치료 역시 실패했던 예로써 카렌의 사례가 제시되었다. 그러나 때때로 환자와 분석가가 모두 인식하지 못한 채 정서 변화가 일어나기도 한다. 이 짧은 몇주일 동안에 나마, 전이는 카렌에게 상당한 여유를 갖게 해주었고, 남성과의 좋은 관계를 맺을 수 있는 통로를 제공해 주었다. 아마도 통찰의 씨앗이 치료적으로 비옥한 땅에 뿌려진 것 같으며, 따라서 카렌은 짧은 치료 경험에서 이득을 얻었던 것 같은데, 이는 분석상황에서 드문 일은 아니다, 그러나 몇년 후에 추후 분석을 위해 카렌에게 제시된 치료적 제안들이 받아 들여지지 않았기 때문에 그러한 전이 효과는 어디까지나 추측일 뿐이다.

V. Mantha Mason : 용기는 모든 것을 극복한다

대부분의 환자들의 역동은 길고도 힘든 교정작업이 요구된다. 그러나 환자가 분석에 잘 반응함으로써 마치 Freud가 그 환자만을 치료하기 위해 치료기법을 발전시킨 듯한 그런 경우도 가끔 있다! 바로 그와같이 만족스런 결과를 보여주었던 한 사례를 소개하면서 이 책의 임상 부분을 마치고자 한다.

출생시부터 6-7세경 까지의 주요 정서양식을 성공적으로 분별해내는 역동진단의 과정은 환자의 정신상태에 의해 영향 받는다. 예를 들어보자. 집에서 조차 혼자 있지 못할 정도로 불안했던 20세된 매력적인 한 여성이 나를 만나러 왔다. 그 당시 그녀의 어머니는 치료를 위해 자동차로 약 한시간 걸리는 거리를 일주일에 다섯번씩 환자(마사)를 데리고 다니고 있었다. 그녀의 어머니는 직업을 갖고 있었는데 그녀는 그 일을 즐기고 있었고, 그 일은 가계에 도움이 되고 있었다. 가족이 꽤 안정되어 있다고는 해도, 과외 수입은 긴요한 것이었다. 분석가를 만나기 위해 매일 아침 긴 여행을 한다는 것이 그녀의 어머니에게 큰 희생이었고, 마사 역시 힘들다는 것이 문제였다. 나는 그 당시 마사를 치료하고 있던 분석가에게 전화했다. 다소 난처하기는 하였으나, 나는 이 문제에 연관된 주변 사람들의 소망을 받아들여 마사를 치료하기로 결정하였다. 일주일에 하루 정도만 면담하는 것이 좋을 것 같다는 나의 생각을 마사에게 기술적으로 알려 주었다. 환자와 어머니에게는 이러한 방법만이 치료적이었는데 왜냐하면, 이런 방법만이 일주일 내내 매일 아침 긴 여행을 하는 고통으로부터 그들을 구제해 줄 수 있었기 때문이었다.

첫번째 시간에는 명백한 아동기 정서양식을 알아낼 수 없었기 때문에 자료가 떠오르는 대로 다루어야만 했다. 마사는 자신의 내면적인 감정을 알아차리는 능력이 있었다. 그녀는 자신의 불안과 분노와의 관계를 신속하게 알아차렸고 이러한 사실만으로도 불안이 극적으로 감소되었다. 대략 9개월 내지 10개월이 지나면서 그녀는 혼자서 외출할 수 있었고, 의학과 관계되는 직장을 얻게 되었다. 그 당시 그녀는 그 일들을 감당할 수 있을 만큼 좋은 상태였으며 불안이 충분히 감소되고 있었기 때문에 나는 그녀의 아동기양식을 알아보기 위해 시간을 할애하기로 결정하였다. 마사의 불안이 훨씬 감소된 당시 시행되었던 면담 내용은 다음과 같다.

"나는 이전에는 알수 없었던 것을 이제 알 수 있어요. 어머니가 너무 지배적이기 때문에 어머니에게 매우 화가 나요. 그리고 아버지에게도 화가 나는데, 그 이유는 아버지가 어머니를 별로 잘 다루지 못한다고 생각되기 때문이예요. 그래도 나는 아버지와 사이가 좋아요. 어렸을 때와는 달리 요즘 어머니에게 화나는 이유는 Charles가 있는 대학에 가고 싶어서예요. 찰스는 열여섯살 이후로 4년동안 사귄 남자친구예요. 우리는 함께 잠을 잤어요. 그러나 어머니는 내가 찰스와는 다른 대학에 다녀야 한다고 주장하셨어요. 내가 대학에 다니면서 신경쇠약에 걸려 집에 돌아온 것과 이런 상황이 연관이 있다고 생각되요. 여섯살 이전, 내가 아주 어렸을 때를 생각해보면, 어머니가 나를 원하지 않는다고 느꼈던 기억이 나요. 부모님들의 태도는'너희들이 여기서 자라서 출가하고 아버지가 정년퇴직 하실때까지 기다릴 수 없다. 우리는 손자들을 돌보아 주지 않겠다' 는 식이었요. 아버지도 그런 말씀을 하셨고 어머니 역시 그러셨지만, 아버지가 그런 말씀을 심각하게 하신 것은 아니라는 기분이 들고, 어머니 역시 그럴거라고 생각되요. 나는 그런 점을 이해할 수 있어요."

이 시점에서 그녀가 부모들에 대한 자신의 태도와 양식을 깨닫고 난 후로 치료는 더욱 가속화되었다. 약 3주일 후에 그녀는 말했다."나는 지금 충분히 안정되고 있고, 내 자신의 역동을 알고 있어요. 이전에는 나의 역동을 직면하지 못했다고 생각되요. 나의 부모님 특히 어머니는 너무 지배적이세요. 그 분들은 몰아치세요. 예를 들면 나는 다섯살 아래인 내 여동생의 선물을 어떤 것으로 살까 생각하고 있었어요. 아마 그 선물은 그녀의 생일선물이었던 것 같아요. 나는 궁리끝에 그 선물을 아주 잘 선택했는데, 어머니는 방에 들어오셔서 내가 무슨 선물을 사야할 것인지를 말씀하시는 거예요. 선물이 너무 작아도 안되고, 너무 커서도 안되고 등등. 그리고는 내가 무엇을 해야 하고 어떻게 해야 하는지를 정확하게 나에게 이야기하시는 거예요……그 점이 바로 못견디겠어요. 전에 말씀드린 것처럼 아버지는 항상 배척에 대해 말씀하세요 ; 아버지와 어머니는 더 이상 일하고 싶지 않다. 돈은 약간 갖고 있지만 우리 자매를 위해 쓸수 있을 만큼 많은 것은 아니다. 왜냐하면 그 돈은 노후를 위해 저축하기를 원하며 또 우리 자매들을 내보내기를 원하기 때문이라는 말씀을 하세요.

"이와같은 통제와 배척의 이야기 외에 당신을 화나게 만드는 다른 점이 있읍니까 ? "나는 물었다.

"네"마사는 대답했다."세번째로 중요한 점은 내 여동생에 대한 편애예요. 그녀는 매우 미성숙해요－우리 부모들은 나에게는 돈을 전혀 남겨주지 않겠지만, 그녀를 위해서는 약간의 돈을 남겨줄 거라고 말씀하세요. 만약 여동생이 옷을 더럽히면 자기가 세탁하지 않고 어머니가 세탁하도록 그냥 둬요. 나는 내 옷을 더럽히지 않아요 ; 나는 옷을 어떻게 관리하는지를 알고 있어요. 그리고 옷을 더럽힌 경우는 내 스스로 세탁해요－그러나 어머니는 이렇게 말씀하세요.'너희 여자매들은 자기 옷하나 제대로 깨끗이 입지 못하는구나, 세탁할 줄도 모르고.'다시 말하면 어머니는 나를 여동생과 똑같이 취급하세요. 전혀 그렇지 않는데도 말예요. 하지만 어머니는 나에게 야단칠 일이 있을 때는 내동생까지 싸잡아서 야단치지는 않으세요."

마사는 계속 호전되었고, 그녀가 몹시 불안해했던 시기에 곁에 있어 주었던 남자친구 찰스와 더 가까워졌다. 그들은 함께 아파트를 얻었고, 너무 행복했기 때문에 혹시 결혼하면 무슨 변화가 있을까 두려워했다. 그러나 무엇보다도 재정적 이유 때문에 그들은 졸업때까지는 결혼을 원치 않았다. 그러나 끝내 그들은 결혼하였다.

불안 때문에 완전히 마비되었고, 두려워서 혼자서는 거리를 걷지도 못했고, 집에서 조차 혼자 있기를 두려워했던 마사가 2년 이내에 좋은 직장을 얻어서 책임감있게 열심히 일을 하고, 동료, 친구들과의 관계를 즐기는 그런 만족스런 결과를 얻게 되어서 기쁘다. 내가 마지막으로 들은 소식에 의하면 그녀는 여전히 행복한 결혼생활을 하고 있다는 것이다.

역동진단 : 마사 메이슨

아동기 : (1) 아버지와 어머니(특히 어머니)는 환자를 지배하고 항상 다구친다. (2) 아버지와 어머니는 거부적이다. 그들은 여자애들을"한 통속"이라고 말하고 그들의 돈은 노후 생활에 쓰여질 것이라고 얘기했다. 환자는 자신이 원치않는 존재라고 느꼈다. (3) 아버지와 어머니는 여동생을 아주 좋아했다. 이 때문에 환자는 어머니에 대한 적개심을 갖게 되었고(형제 경쟁 때문에 그리고 어머니가"지배적"이기 때문에) 아버지에 대해서도 적개심을 갖고 있었지만 근본적으로 아버지와의 관계는 좋았다.

현 재 : 어머니에 대한 불안정한 의존적 애정욕구 (그리고 어느 정도 아버지에 대해서도)는 분노(투쟁반응), 반항(섹스에 의한)을 유도하였고, 독립은 공포증과 같은 불안(도피반응)을 유도하였다.

강 점 : 강한 부모와의 동일시, 기본적으로 0－6세 동안은 사랑 받았음, 높은 지능, 독립에의 갈망, 매력적임, 일부일처주의적 경향성.

마사 메이슨 자신의 이야기

마사는 다음과 같은 이유로 치료 받았던 그녀의 경험을 글로 쓰기를 원했다.

"선생님을 만나기 전에 내가 어떻게 느꼈던가를 되돌아보고 회상해 보려는 시도는 또 하나의 경험이었어요. 나는 행복해졌는데, 우리는 행복할 때는 과거에 대해 생각하지 않아요. 그러나 내가 과거의 일들을 기억하고, 글로 써보려고 했을 때 모든 일들이 생각났어요……. 그때는 너무 두려웠어요. 치료를 시작할 당시 다른 환자들이 치료를 어떻게 성공적으로 받았었는지를 알려주는 글을 읽었더라면, 훨씬 도움이 되었을 거라고 생각해요 ; 언제나 나는 치료를 성공리에 끝낼 수 있으리라고 확신했어요. 그럼에도 불구하고, 그 당시 나는 너무 두려웠기 때문에 다른 환자가 쓴 글을 읽었더라면 위안이 됐을거예요. 자기 자신에 대해 쓴다는 것은 치료적이예요. 적어도 내 경우는 그래요."

다음에 제시되는 이 글은 치료에 대한 마사 자신의 경험담인데 그녀는 내가 시카고를 떠나기 전에 이 글을 나에게 보내 주었다.

"소울박사를 처음 방문하던 당시 나는 완전히 자포자기 상태였고, 내 생활은 불안, 공포, 그리고 우울이 가득차 있었다. 대학생활이나 직장생활에 뛰어들어 정상적인 생활을 해나가는 것이 어려웠기 때문에 스무살 때 나는 모든 것으로 부터 떨어져 나와 은둔자가 되어 버렸고, 부모님들과 집에서 살고 있었다. 정신분석가인 Banholtz 박사에게로 치료받으러 가는 매일 매일의 여행만이 나의 유일한 모험이었다. 그는 우리집에서 자동차로 한 시간 걸리는 곳에서 개업하고 있어서, 어머니가 나를 그곳에 데려다 주어야만 했다. 주말을 제외한, 매일 아침 9시부터 12시까지의 시간이 소요되었다. 불안때문에 나는 혼자 그곳에 가지 못했다."

"나는 치료의 효율성에 대해 빈번히 회의를 느꼈는데 이때마다 벤홀쯔 박사는'정신분석은 시간이 오래 걸린다……'고 나를 안심시켜 주었다. 그랬음에도 불구하고 몇개월에 걸친 치료에 대한 나의 반응은 계속 증상들이 나빠졌다는 것이었다. 자유연상을 요청 받았을 때 나는 면담을 몹시 싫어하기 시작했다. 나에게는 면담이 지루하고 단조로우며, 비생산적인 것으로 느껴졌고, 벤홀쯔박사는 나에게 긍정적인 영향을 끼치지 못했다."

"이 당시 나는 어떤 효과적인 치료도 소용없을 것 같다는 느낌 때문에 완전히 실망하고 좌절되어 있었다.(나는 그 전에 일주일 단위로 서너명의 정신과 의사들을 만난 적이 있었다.) 그후 나는 소올박사를 만나기 시작했다. 내가 그에게 증상들을 이야기 할때 내 태도는 낙관적이지 못했다."

"나는 문자 그대로 불안과 그에 수반되는 공포로 마비되어 있었다. 운전하고, 혼자 있고, 강의 듣는 것을 두려워했고, 때로는 깊은 우울에 빠져 자살까지 생각했었고, 끊임없이 정신적으로 고통받는 상태였다. 나는 건강한 개인이 나의 고통을 어느 만큼 이해할 수 있을지 의심스러웠다. 나는 그럴 수 있다고 믿지 않았다."

"그럼에도 불구하고, 나는 소울박사와의 관계가 좋아지고 있음을 느낄 수 있었다—이전의 분석가와의 관계처럼 냉담하고, 반응이 결여된 허무한 관계가 아니었다. 소울박사가 따뜻하고 친절한 긍정적 태도를 보여 주었기 때문에 문제들을 극복하고자 하는 희망이 되살아나기 시작했고, 애써 노력해 보려는 욕구가 자극되어졌다."

"나중에 밝혀진 바와 같이 치료 받는데는 굉장한 노력이 필요했다. 어렵긴 했지만 아주 정직하게 나는 문제들을 직면하기 시작했다. 강하게 뿌리박힌 공포증을 극복하기란 어려웠지만, 나는 두려워했던 일들을 극복해 내기 위해 외출했다. 그런 시도가 문제들을 다루는데 도움이 되었는데, 그런 일을 할 수 있도록 도와준 것은 소울박사의 긍정적인 태도였다. 나에게 가장 도움이 되었던 것은 그가 진정 나를 좋아한다는 것을 내가 느꼈다는 것인데, 내가 실수를 하거나 다른 사람들이 나쁘다고 생각하는 그런 일을 하더라도 그는 개의치 않고 나를 좋아해 줄 것이라는 느낌이 가장 도움이 되었다.(나는 매우 따뜻하기는 하지만, 때로는 비판적이었던 어머니 밑에서 자라났다.) 뿐만 아니라, 소울박사는 내가 도움과 지지가 필요할 경우에는 언제든지 그를 이용할 수 있다는 점과 언제든지 그에게 전화할 수 있다는 점을 나에게 확신시켜 주었다. 특히 내가 직접 외출하게 되고, 이전에 두려워했던 것들을 처음으로 하게 되었을 때 이런 점이 나에게 안정감을 주었던 그 효과는 아무리 강조해도 지나치지 않는다. 그래서 나는 소울박사에게 전화걸 수 있는 특권을 남용하지 않도록 신중했다 ; 전화를 건다면 도움 받을 수 있다는 것을 알면서도."

"또한 소울박사는 매우 합리적이고, 이성적이고, 그리고 현실적이었다. 그는 사물들을 보는 요란스런 나의 방식을 올바르게 수정시킬 수 있는 숙련된 기술을 지니고 있는 것 같았다. 그는 뒤죽박죽인 내 감정에 대해 분명하면서도 의미깊은 설명을 해주었는데, 나는 그가 남에게 나누어 줄수 있는 상당한 지혜를 갖고 있다고 느꼈다. 그가 치료초기에 했던 일 가운데 하나는 그 이전까지의 상황을 바꾸어 놓은 것이었는데, 나의 문제는 단지 일상적인 변화무쌍한 불안에 불과하며, 내가 그런 불안을 이해한다면, 그런 불안을 잘 해결할 수 있을 것이며, 빠르면 일주일에 한번씩 면담 받더라도 가능할 것으로 믿는다고 그가 말했던 것이다. 어머니는 일을 하고 계셨기 때문에 매일 아침 시간이 소모됨으로써 가계수입이 감소되었을 뿐 아니라 어머니에게는 힘든 노릇이었다. 어머니와 전 가족에게 이런 희생을 강요하고 있다는 죄의식이 해소되었음을 나는 이내 알아차렸다.

"건강을 회복할 수 있다는 새로운 희망을 가지고 나는 내 자신의 불안을 생각해 보기 시작했다. 소울박사가 이러한 연관성을 제안하기 전까지는 나에게 일어났던 상황에 대한 감정적 반응과 뒤따르는 불안 발작 사이의 연관성을 나는 충분히 인식하지 못했었다. 그의 도움으로 나는 무엇이 불안을 일으키는지를 발견하기 시작했고, 내가 다루어야 하는게 무엇인지를 알게 된 이후로는 그것을 내 스스로 극복해 나가기 시작했다. 나는 불안을 야기시키는 명백한 어떤 문제가 있음을 알게 되었다는 것이 기뻤다. 이런 상황은 이전보다 치료를 훨씬 더 짜임새있게 만들었다—과거에는'분석'을 받으면서 불안이라는 벽앞에 막혀 있었으나 불안의 구성요인이 무엇인지를 알 수 없었고, 따라서 불안을 다룰 길이 없다고 느꼈다."

소울박사와 면담할 때마다 나는 바로 지난 주에 경험하였던 불안에 대해 말하면서 면담을 시작했는데 그는 다음과 같이 물었다.'바로 그전에 무슨 일이 일어났읍니까?'또는 '그때 무슨 일이 진행되고 있었죠?' 이것은 불안을 한탄만 하느라고 허비되었던 대부분의 에너지를 분석하고 수정하는 건설적인 노력으로 돌려 놓았다. 사실 내 병이 절정에 달했을 때 나와 가까웠던 모든 사람들의 주요 불평가운데 하나는 내가'나쁜 태도'를 갖고 있다는 것이었다. 그래서 어느 누구도 내 감정을 이해해주지 못한다고 느꼈기 때문에 그 비판은 나를 화나게 만들었다. 그러나 자살을 막는데만 온통 노력을 기울이고 있을 뿐 그밖에는 무엇을 해야 할지를 몰랐었다! 당신은 그것이 어떤 것인지를 모른다!'

"이런 반응에는 깊은 죄책감이 뒤따라 일어났는데, 왜냐하면 부모님과 내 남자친구는 그들이 할 수 있는 모든 면에서 나를 헌신적으로 도왔으며, 또 그들이 사심이 없고 인내심이 강하다는 것을 나는 잘 알고 있었기 때문이었다. 내가 그들로부터 들었던 것보다 더 심하게, 더 자주 그들이 고통을 표현했다고 해도 그건 당연한 일이었다."

"소울박사는 불안반응의 원인들을 구조적으로 탐색하는 프로그램에 의해 불안—무기력—죄의식의 악순환을 무너뜨렸다; 나는 모든 공포와 불안의 원인을 탐색하기 시작했다."

"초기 면담에서 소울박사가 분명히 어떤 의미를 담고있는 질문을 던졌던 기억이 난다. 그 질문은'초기 아동기의 첫 기억은 무엇입니까?'였다. 나는 그 질문에 대해 한편으로는 놀랐지만, 또 한편으로는 마음이 끌렸는데, 놀랍게도 그 질문과 거의 동시에 매우 명백한 기억이 머리에 떠올랐다. 내가 아기침대를 쓰던 어린 유아기가 생각났고, 또 댄틴박사의 유아용 잠옷에 진저리를 냈던 일이 생각났다. 그때 내가 있던 곳은 우리집 건너편에 있는 한 이웃집이었다. 어머니와 아버지가 외출중이었기 때문에 이웃 사람이 나를 돌보고 있었다. 그러나 어머니가 돌아와서 나를 집으로 데리고 가기 위해 나에게 잠옷을 입히고 있었다. 가장 충격적인 부분은 어머니가 목부분의 단추를 채운 기억인데, 숨이 막힐 것 같은 몹시 심한 불쾌감이 느껴졌던 것이다. 그때 좌절감을 느꼈던 기억이 있으며 또 나의 불편함을 어머니에게 이야기할 어떤 방도가 있기를 원했던 기억이 난다. 그렇지만 나는 너무 어렸기 때문에 말할 수 없었고 또한 혼자 힘으로 잠옷의 단추를 풀 수도 없었다 —내 느낌을 이해시킬 만한 방도가 전혀 없었다. 소울박사는 이런 좌절감이 내 문제에 있어서 중요한 역할을 하고 있다는 사실을 내가 알 수 있도록 도와주었다."

"이 기억은 대부분의 나의 문제들이 나를 속박하고 있는 죄의식과 분노의 악순환을 잘못 다루는 것과 관계가 있다는 것을 내가 깨달을 수 있도록 도와주었던 경우 가운데 한 경우에 불과했다. 우리는 그러한 악순환이 초기 아동기의 또 다른 상황에서 느꼈던 감정과 밀접한 관계가 있음을 발견했다

"부모들은 내 나이 두살인가 두살 반때 2주동안 휴가를 간 적이 있었다. 나는 첫 1주일에는 외가에 있었고, 다음 1주일은 친가에 있었다. 아주 차갑고도 외롭게'버림받았다'고 느꼈던 순간들을 회상해내었다; 나중에 조부모님들은 내가 그 분들과 함께 지내던 대부분의 시간을 울면서 보냈다고 말씀해 주셨다. 어머니가 그곳에 왔을 때 나의 반응이 어떠했는가를 어머니는 종종 말씀해 주셨다: 나는 부모들이 돌아왔다는 것을 전혀 믿을 수 없다는 듯이 어리벙벙하게 행동했다고 한다. 또한 어머니가 돌아왔다는 것을 믿을 수 없다는 듯이'이 사람이 내 엄마야'라고 반복해서 말하면서 매달렸다고 한다."

"이런 경험이 아주 오래 전에 일어났다고는 해도 그때 느꼈던 분노와 공포로 부터 어떤 잠정적인 영향들이 있었다는 점이 명백해졌다. 당면한 내

문제 가운데 가장 심한 증상은 혼자 있는 것에 대한 공포였다. 이 공포는 청소년기 이전이나 아동기 동안에 여러번 드러났었다. 어머니가 물건을 사러 가게에 들어간 동안 나 혼자 차안에 남아있던 기억들이 많은데 나는 어머니가 나를 버렸고, 결코 다시 돌아오지 않을거라는 공포 때문에 실제로 겁에 질리곤 했었다. 어머니가 나를 사랑하고 있고, 그런 식으로 나를 버리지는 않는다는 것을 잘 알고 있었음에도 불구하고 이런 느낌이 들었고, 이런 경험은 외상적인 정서 경험들이었다. 어머니는 지극히 따뜻하고 사랑스런 분이었다. 나의 공포들이 불합리한 것임을 알고 있었음에도 불구하고 여전히 두려웠다."

"죄의식―불안의 순환"은 나에게 상당한 분노를 불러 일으켰다 ; 내가 거부 당하고 있다는 느낌 때문에 분노가 느껴졌지만 분명히 따뜻하고 주의깊은 어머니에게 대항하는 것은 정당치 못하다는 생각 때문에 자유롭게 그 느낌을 표현할 수 없었다. 실제로 매일 치료자에게 데려다 주기 위해 모든 생활을 포기하면서 까지 나를 돌보아 주셨던 어머니에게 내가 어떻게 분노를 나타낼 수 있겠는가? 나는 분노감과 이로 인한 죄의식이 함께 혼합된, 울분감에 사로잡혀 있었다. 나는 죄의식 때문에 개방적인 표현을 통해서 분노감을 해소시킬 수가 없었고, 또 어떤 방식으로도 그런 기분을 처리할 수가 없었다. 사실 어떤 경우는 내 자신이 화가 나 있다는 사실 조차 인정하려 하지 않았다! 그래서 그렇게도 급격한 불안이……"

"사랑받고 있지 못하다는 나의 예민한 감정은 여동생과의 경쟁심에 의해 더 복잡해졌다. 나는 내 여동생이 정말 훌륭한 아이이고 또 내게도 친절하다는 것을 알고 있었기 때문에 이 경우 역시 분노감에 죄의식이 추가되어졌다. 그녀를 향한 분노감을 어떻게 정당화할 수 있겠는가? 십대였을 때 우리들은 서로 경쟁하고 있음을 여러번 발견하였다 ; 나는 어머니와 아버지가 그녀를 더욱 좋아하고 있다는―아마도 올바르지 못한―느낌을 지울 수가 없었다. 열여섯살때 건방지고, 반항적이며, 무엇이든지 아는 체하는 지성주의적인 나의 태도에 대해 어머니는 화를 내면서 이렇게 말씀하신 적이 있었다.'너는 영리할런지는 모른다. 넌 네가 대단하다고 생각하겠지. 그러나 너는 결코 Leslie(내 여동생)만큼 친절하고 사랑스럽고 남을 도와주지는 못해'그 한마디는 여동생의 출생이후에 받았던 내 마음의 상처를 때리면서 또 한차례 심한 상처를 주었다. 사실 어머니가 레슬리에게 젖을 먹이고 있을 때 내가 시선을 끌기 위해 그 주변에서 벌렸던 모든 미용체조들(물구나무서기, 옆재주넘기, 춤 등)을 어머니는 기억하신다. 나는 아기 여동생에게 쏠리는 사랑과 관심이 나의 몫이며, 내 몫을 빼긴 것으로 느꼈던 것 같다."

"여동생에 대한 이런 질투외에도 나는 어머니가 몹시 지배적이고 심지어는'두목행세하는'경향이 있었기 때문에 지나치게 예민했고, 무력감과 좌절감을 느꼈다 : 이런 상황에 대해 불안하게 반응하면 할 수록 나는 어머니에 대한 유아적 욕구를 더욱 강하게 느끼는 퇴행상태로 들어갔다. 그래서 내가 몹시 갈망하던 독립을 성취하려는 시도를 하게 된다면 혼자 버려질 것이라는 공포감, 불안들이 일어나서, 이런 시도는 포기되곤 했다. 나는 독립을 원하면서 이를 성취할 수가 없었다."

"내가 기억할 수 있는 한 사건은 어머니가 지배적이었던 한 예를 보여준다. 우리는 함께 쇼핑하러 가서 묘목을 샀는데 그것을 물리기로 결정하였다. 어머니가 다른 가게에 있는 동안 나는 그 묘목을 가게로 가져가서 물리고 난후 지정된 장소에서 어머니와 만날 것을 약속했다. 가게 점원에게 그 묘목을 물려야 하는 이유를 설명하기 위해 줄을 서서 기다리다가 마침내 점원과 이야기를 해서 합의를 보려는 순간에 어머니가 도착해서 재빨리 참견하였다. 어머니는 설명하기 시작했고 합의를 끝내기를 원했다. 내가 아주 유능하다고 느꼈고, 또 그 일을 잘 해내고 있다고 느꼈기 때문에 이런 간섭에 대해 나는 분노를 느꼈다. 이런 어머니의 행위는 내가 사소한 일조차도 혼자 힘으로 처리할 수 없다고 어머니가 느끼고 있다는 명백한 증거라고 나는 생각했다. 이런 예는 내가 어머니와 함께 있을 때마다 일어났던 전형적인 상황을 보여주고 있다."

"근래의 생활에서 내가 두려워하고 있는 특정한 일들을 검토해 보았을 때 이러한 아동기 초기의 분노의 역동이 더욱 명백해졌다. 나는 운전하기를 두려워했다—왜일까? 혼자서 운전하면서 여기저기 돌아다니고 싶어하는 것은 아동이 부모로부터 독립할려는 강한 표현인 것 같다. 그렇지만 나는 빨강 신호등에서 차를 세우는 것이 두려웠다 ; 이것은 내가 저항하고자 하는 부모의 구속과 통제에 대한 공포와 혐오의 상징인 것 같다. 나는 대학생활 가운데 수업시간에 들어가는 것을 두려워했고, 이 때문에 학교를 떠났다. 나는 이런 일도 빨간 신호등처럼 억압된 통제로 간주했다. 왜냐하면 수업이 끝날때까지 교실에 머물러 있어야만 했기 때문이다. 그것은 내가 아주 어렸을 때 불편할 정도로 잠옷 단추가 꽉 조이던 상황을 생각나게 했다."

"이런 요인들이 정상적이며 생산적인 생활을 방해하는 불안의 원인이라는 것을 일단 이해하게 되자 나는 내 공포의 실제 원인을 보다 쉽게 다룰 수 있었다. 그 결과 나는 짧은 거리부터 시작해서 혼자 산책나갈 수 있게 되었고, 직장도 구하기 시작하는 등, 일부 영역에서 부터 우선적으로 노력하면서, 거의 2년동안 나를 압박해오던 공포에서 벗어나기 시작했다."

"소울박사는 내가 철저한 신체검사를 받아 보아야만 한다고 생각했기 때문에 나는 내과의사에게 신체검사를 받아보았다. 그 결과 나에게 당뇨증세가 있음이 밝혀졌고, 나는 현재 당뇨병에 걸려 있다. 그러나 당뇨병이 통제가능한 상태로 된 다음에는 적극적이고, 행복하고, 기능적인 생활을 하는 것이 훨씬 용이해졌다. 신체적인 문제가 악화되면서 정서적인 문제와 복합적인 작용을 하게 되자 일상생활로 부터 철수하는 경향성이 야기되었다. 그러나 당뇨병 진단을 받고 치료가 시작되자 이런 상황은 정서장애의 속박을 탐색해 보려는 나의 노력에 활력소가 되었다."

"소울박사와 면담할 필요가 있다고 느낀 후 몇달이 지났다 ; 생활속의 변화는 급진적인 그런 것은 아니었다. 나는 현재 행복하고, 만족스럽고, 결혼하였고, 직장생활을 하고 있으며, 교회와 사회활동에 적극적으로 참여하고 있다. 나는 고통받는 환자 상태에서 벗어나, 건강하고, 생산적이며, 성취적인 사람으로 변화되었으며, 나를 이와같이 건강한 상태로 되돌려 놓는데 큰 역할을 한 의미깊고, 실행성있는 치료에 참여한데 대해 감사드린다."

References

Mahler, M. (1965): On the significance of the normal separation-individuation phase, in *Drives, Affects, Behavior*, vol. 2, ed. M. Schur. New York: International Universities Press, pp. 161–169.

——— (1968): On human symbiosis and the vicissitudes of individuation, *Annual Progress in Child Psychiatry*, pp. 109–129.

Saul, L. (1971): *Emotional Maturity*, Third Edition. Philadelphia: Lippincott.

——— (1972): *Psychodynamically Based Psychotherapy*. New York: Science House.

제 3 부 아동기 정서양식의 시사점

14

부골화(腐骨化)sequestration

간결하게 요약된 환자의 기본양식의 공식화가 전적으로 완전한게 아니며, 그 세부적인 점이 완전히 정확한 것은 아니라 할지라도, 그러한 진술은 여러가지 점에서 치료에 도움이 되는 효율적인 수단이다.

아동기 양식에 대한 집중적이고 포괄적인 고찰이 끝나면, 어떤 특정 영역이 다음 면담에서 특히 강조되고 명료하게 부각되는 경우가 흔히 있다. 그리고 이러한 고찰은 환자로 하여금 어느 정도 거리를 두고 자신의 문제를 볼 수 있게 해준다. 이러한 과정은 "부골화(sequestration)" 과정으로 불리워지는데 이는 골수염에서 감염된 뼈를 부골분리시키는 과정과 유사하다.(Alexander, 1961, pp 253-256).

예를 들어 설명하겠다. 홀텐즈 톰슨은 출생부터 3세사이에 상대적으로 소홀히 취급되고 이후에는 "단지 작은 아이"의 위치에서 자란 결과로 자신이 부적절하다는 감정이 성인생활에서도 지속되었다.(그녀는 "단지 작은 아이"로서 저녁식사때 가족대화에 끼어들수 없었고, 그녀의 부모가 이미 성취했고, 4살위 오빠에게 성취하도록 기대되어졌던, "의미있고", "가치있는" 어떤 일을 그녀가 성취하리라고는 전혀 기대되지 않았다). 이와 같이 자신이 부적절하다는 감정은 그녀가 하고자 시도했던 모든 일을 방해하였다. 나는 그녀에게 그녀의 지능이나 신체에는 아무런 이상이 없다는 현실을 확신시키려고 노력하였다. 그녀는 실제로 외모와 젊음, 매력, 두뇌,

활력에 있어서 뛰어났고, 무엇이든 할 수 있었고, 그녀 자체로는 잘못된 점이 아무 것도 없다는 점이 지적되었다. 그러자 대학원을 졸업하는 것이 힘들다는 고통거리가 연상되어졌다.

나는 그녀에게 무의식적인 전이 경향성—그녀는 부모와 오빠가 그녀에게 취했던 태도를 내가 그녀에게 취하도록 나를 조정하고 있었다—을 지적하여 주었다.(그녀의 부모와 오빠가 그녀에게 취했던 태도는 "너는 옳다. 이 일은 너에게 너무 힘겹다. 우리는 이 일을 할 수 있지만 너는 작은 아이에 불과하므로 할 수 없다" 는 식이었다) 나는 또한 다음과 같은 점을 그녀에게 정확하고 진지하게 지적해 줄 수 있었다. "당신자신은 아무런 잘못된 점이 없다. 당신은 갖추어야 할 모든 것을 갖추고 있다. 단지 당신은 이와같은 아동기 양식의 흔적 때문에 방해받고 있으며 이는 건강하고 강한 근육속에 있는 부목이 고통을 일으키고 근육의 활동을 억제하고 있는 경우처럼, 당신의 인격내의 이물질 같은 것이다. 당신을 억제하고 있는 것은 아동기 양식—격리되어지고 있는—이다. 당신은 갖추어야 할 것을 갖추고 있으며 탁월하다—이와같은 이물질, 이와같은 아동기 양식의 부분이 누그러져야 하고 감소되어져야 한다.

References

Alexander, 3.(1961) : *Scope of Psychoanalysis*. New York : Basic Booko, pp.253 256.

15

종 결

만약 분석가가 환자와 함께 대화하면서 주요 정신역동 양식을 요약할 수 있고 이러한 양식을 역동진단으로 압축할 수 있다면, 분석이 끝나가는 즈음에 두 사람은 계속 훈습되어야 하는 아직 남아있는 문제가 무엇인지 알 수 있다. 이러한 방식은 종결시기에 악순환이 줄어들고 있다는 그런 막연한 느낌이 아닌, 어떤 구체적인 종결시기를 결정하도록 해 준다.

레이첼 로즈웰은 분석에 대해 대단히 행복해하고, 만족스러워하는 것 같았고 혼자 힘으로 상당한 정도의 진전을 보이고 있었다. 그러나 그녀는 여러 문제 때문에 이따금씩 나에게 전화하고 찾아왔으며, 두세번의 면담후에 이미 자신이 치료를 종결하였으며 이러한 방문을 중단해야 한다고 느꼈다. 그녀와 내가 함께 동의한 것은 어머니에 대한 아동기 양식이 전이속에서 나에게 드러나고 있다는 것이었다. 그녀는 나를 그리워하고, 원하였지만, 나를 찾아오거나 전화를 걸어서 우리가 만나게 되자, 다음과 같은 점을 곧 깨닫게 되었다. 즉 내가 그녀의 인생을 조정하고 있으며, 그녀는 이를 깨뜨려야 하며, 그녀 혼자 힘으로 해내야 한다는 점을 깨달았다. 이러한 양식은 어머니 양식이었는데, 애정받고 싶고, 가까이 가고 싶지만, 가까이 가면 지배받게 되는 어머니 양식이 전이속에 내재되어 있다는 점을 그녀는 이내 알아 차렸다. 이러한 전이양식이 그녀의 행동의 실질적 이유였으며, 분석 받는데 요구되었던 시간, 치료 중단, 치료비 모두가 그녀의 행동에 어떤 영향을 주기는 했으나 실제로는 이런 점들은 그녀의 행동을 합리화하는 구실에 지나지 않았다. 남아있는 다른 문제는 자아 정체감의 결여였는데, 이 문제는 집에 없었고, 그녀에게 무관심했던 아버지, 거리감있고 지나치게 지배적이었던 어머니, 그녀를 밀어내고 어머니의 귀여움을 받았던 남동생으로 인해 야기되어진 것이었다. 이와같은 검토를 통하여 우리는 훈습되야 하는, 아직 남아있는 문제가 무엇인지를 정리할 수 있었고 체계적으로 작업을 진행시킬 수 있었다.

패트 랄스톤은 남편과의 관계가 상당히 개선되었으나, 아직도 나에게 지나치게 신중한 태도를 보였다. 이러한 태도 이면에는 이제까지 어머니에게 느껴왔던 깊은 적개심을 포함한 그녀의 감정을 솔직하게 공개하는 것을 두려워하는 양식이 전이에서 표면화되지 않은채 지속되고 있었다. 이러한 점을 예리하게 정의함으로써 훈습이 요구되는, 남아있는 문제를 명확히 볼 수 있게 되었고, 이런 과정이 빨리 진행될 수 있게 해주었다. 이러한 예들은 거의 모든 환자들에게 해당되었다.

역동진단을 정확하게 공식화하는 것이 항상 용이한 일은 아니며, 때로는 며칠, 몇주일이 걸리고 그리고 여러 번의 수정이 요구된다. 그러나 이러한 공식화가 치료의 필요불가결한 도구일 수 있다. 왜냐하면 매회 분석 면담이 이러한 정서적 세력들과 반응들의 핵심적 상호작용의 여러 부분들이나 여러 측면들을 나타내기 때문이다. 그러므로 마음속으로 공식화를 요약해 두는 것은 매우 유용하고 필수적이지만 새로운 자료와 통찰이 드러날 때는 이러한 새로운 내용에 따라 공식화를 항상 수정할 수 있어야 한다.

이미 지적된 바와 같이 역동진단이 내려지기 까지 행해졌던 면담들의 세부적 기록들을 보관하고 때때로 이런 기록들을 다시 읽어보는 것이 치료적으로 상당히 도움이 될 수 있다. 어느 누구도 모든 세부적인 점들을 완벽하게 기억하지는 못하며, 이러한 기록들을 다시 읽어봄으로써 치료를 효율적으로 끌어가는데 중요한 세부점들을 분석가가 기억해내는 경우가 종종 있을 것이다.

아동기 정서양식을 정확하게 요약하고 이러한 양식의 핵심을 역동진단으로 공식화함으로써 뒤따르는 이득은 전이를 인식하고 이해하는데 이러한 공식화가 길잡이가 된다는 것이다. 분석가는 항상 전이에 대한 선입견을 피하고 전이가 나타나는 대로 받아 들여야 한다. 그럼에도 불구하고, 그는 짐작되는 가능성있는 전이를 알고 있어야 하며, 이러한 가능성있는 전이가 드러날 때 이를 놓치지 않아야 한다. 한 환자가 어릴 때 성기를 드러내 놓았다가 벌을 받았노라고 얘기했다. 0－6세 사이에 뚜렷하게 드러난 이러한 자료로 비추어 볼 때 자유롭게 연상하는 것이 이 환자에게 두려움을 유발시킬 수 있다는 점에 분석가는 주의해야 한다 (분석가에게 비밀을 말하는데 대한 두려움).

보통 나는 방해받지 않고 집중할 수 있는 시간여유가 있는 저녁때 이와 같은 0－6세의 공식화와 고도로 응축된 요약, 즉 역동진단 작업을 한다. 그리고 나서는 이러한 역동진단을 환자와 함께 세밀하게 검토하는데, 그와같이 간결한 진단을 내리는 근거가 되는 생각과 말들을 모두 검토해 나간다. 이때 환자는 흔히 아동기 양식의 공식화와 현재 생활양식에 미친 아동기양식의 효과를 명확히 해주는 수정된 내용을 이야기한다. 고도로 응축된 초기 아동기양식과 현재 역동의 핵심을 공식화하는 것이 쉬운 일은 아니며, 상당한 정신적 노력이 집중되어져야 한다.

이미 진술된 바와같이 이 과정으로 인한 정서 충격이 상당히 강할 수 있다. 예를 들면, 역동진단이 내려지고 난 다음, 면담을 시작하는 에미 콜튼의 첫마디는 다음과 같았다. "'결핍'과 '분노'로 되돌아 갔어요. 나는 지난 주일에 이 단어를 사용하는데 저항감을 느꼈는데 그것은 이 단어를 소화해 내는데 시간이 필요했기 때문이예요. 지난 주일 이후로 나는 계속 울었고, 위경련이 났어요. 아직도 매우 불안해요. 이번 면담은 눈물을 닦아 내야하는 크리넥스 시간이 될 것 같군요. 나는 선생님이 내린 역동진단을 전혀 이해할 수 없지만, 행복했던 아동기에 대한 나의 신화를 그 진단이 박살내었다는 생각이 드는군요. 나의 아동기가 실제로 어떠했는지에 대해 우리가 몇년동안 검토해 왔음에도 불구하고 나는 그런 신화를 믿고 있었어요. 우리가 그 작은 카드를 만들기 전까지는 나의 아동기가 불행했었다는 생각은 들지 않았어요.!" 에미는 이 면담동안 진정되었는데 나는 그녀가 방해받지 않고 이야기하도록 내버려 두었고 면담이 끝나갈 무렵에야 그녀가 실제로는 훌륭하고, 여러 면에서 뛰어난 사람이며 특히 젊고, 강하며, 섬세한 마음을 지녔고 비상한 상상력, 기본적인 건강, 아름다운 외모와 인격을 갖추고 있다고 지적해 주었다. 그 카드에는 "그녀 자신이 그대로" 나타나 있지 않으며, 손가락 속에 들어있는 가시와 같이 그녀의 인격속에 있는 이 물질이 드러나 있었다고 말해 주었다. 그 카드에는 해결되어져야 하고, 완화되어야 하고, 벗어나야 하는, 그리고 가능한 한 제거되어야 하는 그런 문제들이 진술되어 있었다. 그녀는 이러한 점을 이해할 수 있었고, 이에 따라 그녀 자신과 그녀의 문제에 대한 보다 명료한 조망을 얻게 되었고, 분석치료도 보다 원만하고, 효율적으로 해나갈 수 있었다.

비록 완전하거나 정확한 것이 아니더라도, 그리고 어느 정도 그 핵심 내용이 틀렸다 하더라도, 역동진단을 내려보는 것이 도움이 된다. 왜냐하면 역동진단은 최소한 주요 문제의 뼈대 윤곽을 드러내 주기 때문이다. 이러한 진단은 검토되고, 수정되어야 하는 하나의 모형이라고 볼 수 있다. 각 면담시간의 분석작업이 진행되면서 분석가와 환자가 생각하고 있는 아동기 양식을 수정할 수 있는 많은 내용들이 발견될 것이다. 그러므로 이러한 진단 뼈대를 출발점의 한 모형으로 받아들이면서 분석가와 환자는 환자내의 주요 세력들의 상호작용에 대한 아이디어를 가지고 더 많이 알아 나가면서 역동진단을 수정할 수 있다. 이는 통상적인 과학적 방법이다 : 작업가설을 세울 수 있는 충분한 사실들을 수집하고 난 다음 보다 많은 사실을 토대로 이론을 검증하고, 전체 상황에 맞도록 이론을 수정한다. 이러한 예가 바로 홀텐즈 톰슨(140페이지 참조)이다. 그녀의 사례에서 최초의 역동진단의 초점은 어느 정도 불완전하였다.

몇개월의 분석과정에서 가족이 함께 모인 상징적 장면이 명백하게 부각되었다. 이 장면에서 홀텐즈의 부모와 오빠는 낮동안에 일어났던 일들에 대해 토론하고 있었다. 홀텐즈는 단지 어린 여자아이에 불과하였고 그녀가 무슨 말을 하더라도 의미가 없는 이야기로 취급되었고 부모는 그녀에게 침묵을 지키라고 강요하는 편이었다. 큰 소리로 그들의 말을 참견하거나, 강요된 침묵에 대해 화를 냄으로써, 그녀는 식탁에서 쫓겨 나곤 했다. 이러한 경험이 그녀로 하여금 존중받고 있지 않다는 느낌을 갖게 했고, 또한 의미있는 어떤 일을 해보려고 노력하는 것이 헛수고라는 느낌을 갖게 했다. 자신이 존중받고 있고, 유익한 일을 해내고 있다는 그런 기분을 한번도 느껴본 적이 없었다. 그녀가 경험한 것은 온통 비난과 배척 뿐이었다. 직접적으로나 간접적으로 그녀는 화를 내었고 이 때문에 그녀는 쫓겨나곤 하였다. 이러한 경험이 그녀의 전체 인격과 사람들에 대한 기대에 상당한 영향을 끼쳤고, 그녀는 항상 자신이 수용되지 못하고, 존중받지 못하고, 항상 실패할 것이라고 기대했었다. 그리고 이런 점이 글을 쓰지 못하는 문제에 상당한 영향을 주고 있었다. 그녀는 자신이 말하거나 쓰는 것은 무엇이든 가치가 없으며, 비난만 받게 될 것이라고 두려워했다. 이로 인하여 말하고 쓰는데 대한 억압이 일어나게 되었다.

이와 같은 최초의 역동진단에서 저질러진 나의 실수는 홀텐즈의 초기 2-3세 시기 생활에 대해 충분한 관심을 기울이지 못했다는 것이었다. 0-3세의 기간동안, 그녀의 아버지는 항상 집밖에 나가 있었다. 그녀는 아버지에 대한 어떤 일도 기억하지 못했다. 게다가 그녀의 어머니마저 계속 일을 함으로써 살림을 꾸려 나가고 있었기 때문에 홀텐즈는 양친중 누구도 자주 볼 수 없었다. 따라서 관심받지 못하고 배척받고 있다는 느낌과 존중받지 못하고 있다는 느낌은 출생부터 3세까지로 거슬러 올라가며, 가족 대화에서 소외되고 있다는 이후의 충격은 이러한 토양 위에 내려진 것이었다 (배척과 소외, 존중받지 못하고 있다는 초기의 느낌). 그녀는 3세경에 이미 그녀의 인격내에 이러한 취약성을 갖고 있었던 것이다. 그녀가 가족 토론에서 제외되었을 때 과잉반응이 일어났는데 그 이유는 초기 아동기때 부모들이 일하러 밖으로 나감으로써 이러한 과잉반응의 기초공사가 이루어졌기 때문이었다. 0-3세의 기간동안 부모의 사랑속에서 충분한 안정감을 느끼지 못했기 때문에 그녀는 후기의 소외감을 견디지 못했다.

분석하는 동안 이러한 자료가 명료하고 구체적으로 드러났을 때 그녀의 역동진단을 완전히 다시 쓸 필요는 없었으나 보다 정확하고 완전하게 진단을 수정해야 했다.

다른 사례에서는 환자가 집밖에서의 압력에 강하게 반응하고 있었기 때문에 초기 자료에서 가족내의 긴장이 드러나지 않았다. 몇달 동안의 분석

기간이 지나고 그가 외적인 압력을 어느 정도 견딜 수 있게 되었을 때 0-6세 기간을 검토한 결과 가족내 압력이 드러났다. 가족내 압력과 외부압력이 혼합됨으로써 그의 미성숙한 자아가 견딜 수 있는 것 보다 더 강한 긴장이 초래되었고, 극단적인 철수에 의한 퇴행이 야기되었다.

대부분의 환자들은 그렇지 않지만, 어떤 환자들은 0-6세기간을 검토해 나가면서 충격을 받지 않는다. 그러나 그런 환자라 할지라도 분석가가 면담동안에 검토 내용과 역동진단을 환자에게 읽어줄 때 충격을 느낀다.

환자의 아동기양식과 역동진단을 잘 안다는 것이 치료종결의 문제에 어떤 새로운 점을 제공하는 것은 아니지만, 다음과 같은 방식으로 보다 합리적이고, 정확한 결정을 내릴 수 있게 해준다.

분석가는 다음과 같은 점을 자신에게 질문하고 환자와 토의해야 한다. 아동기 관계내에 있었던 정신병리적 요소들이 적절하게 훈습되어졌는지, 역동진단에서 종국적으로 공식화된, 환자의 현재의 동기로 나타나고 있는 이러한 요소들이 충분히 해결의 방향으로 나아가고 있는지. 각 관계와 현재 역동의 각 부분이 체계적으로 검토됨으로써 종결의 기준이 보다 구체적으로, 정확하게 설정될 수 있으며, 그러한 종결을 위한 합리적인 지침이 제공될 수 있다—분석이 증상의 완화 수준 보다 더 깊게 진행될 수 있도록 해주는 합리적이고 체계적인 지침, 또는 분석과정이 완만하게 진행된다는 인식.

과거 0-6세 동안 좋은 관계를 경험해 보지 못했던 개인으로 하여금 계속 치료 받도록 한다는 것은 극히 어려운 일이다.

테리 웨스톤은 치료 초기에 강한 저항으로 불안정하였고, 계속 그러하였음에도 불구하고 치료를 진행시켜 나갈 수 있었는데, 내 생각으로는 0-6세동안 아버지와의 관계가 상대적으로 좋았었기 때문이었던 것 같다. 윌마 브레이크의 초기 관계는 입원할 정도의 정신증적 붕괴가 일어날 만큼 심하게 장애된 관계였지만, 그러나 초기 아동기 대인관계에서 좋은 관계를 경험할 수 있었기 때문에 분석치료를 계속하고, 치료에 대한 심각한 저항을 극복해 낼 수 있었다. 그녀는 결국 비교적 행복한 결혼 생활로 안정되었다.

Freud가 이야기하였듯이 치료 초기에 환자는 과거 아동기 때 친절했던 인물이 차지했던 자리에 분석가를 앉히는 경향이 있으며, 이로 인해 분석가와 분석을 할 수 있게 된다. 그러나 만약 환자에게 그러한 좋은 이미지가 없다면, 아무리 분석가가 예리하고 빈틈없다 하더라도, 환자로 하여금 저항을 버릴 수 있도록 해주는 긍정적 전이가 형성될 수 없으므로 분석이 시작되게 할 방도가 없는 것이다.

16

자기 분석

개인이 자기 분석을 함으로써 자신을 도울 수 있을까? 분명히 Freud는 어느 정도 그렇게 하였으며(Jones, 1952) 그의 공포증을 감소시켰다. 자기 자신을 분석하는 어려움은 두가지 문제에서 일어난다 : 통찰은 필수 불가결한 최초의 단계이지 마지막 단계는 아니다 ; 통찰은 정서적 문제를 드러내기는 하지만 그것을 해결하지는 않는다. 정서적 문제의 해결은 주로 치료에서 "전이" 속에서 이루어진다. 즉 환자의 인간관계의 표본인 아동기양식이 분석가에게 나타날 때 이와 같은 전이가 해결되어지는 것이다. 자기 분석에서는 이런 과정을 "끌어갈" 전이가 없다.

그러나 통찰과 문제해결의 진전은 대부분 분석 이후에 일어난다. 그리고 분석이 잘 된 경우라면 진전은 일생동안 계속된다. 다른 말로 하면 분석은 통찰을 제공함으로써 그 이후의 생활에서 통찰과 연습을 통하여 아동기 양식으로 부터 성장해 나가는 과정을 유도한다. 대부분의 "치유"는 통찰과 생활속의 훈련 모두를 요구한다. 만약 어떤 개인이 지나치게 의존적인 자신의 경향성을 잘 알고 있다면, 그의 일상생활속의 여러 면에서 그러한 점이 나타나는 것을 보면서 의식적으로 노력할 수 있고 그러한 점을 줄여 나갈 수 있다. 적개심, 자만심, 과잉 경쟁과 같은 다른 경향성 역시 마찬가지이다.

그러므로 적절한 심리적 능력을 가진 사람이 찾아내고자 하는 것이 무엇인지를 알고 있다면 그 자신의 아동기 양식과 현재 생활에서 이런 양식이 일으키고 있는 문제를 인식할 수 있을 것이다. 또다른 경우로는 몇번의 면담만으로도 개인의 양식을 찾아내는 숙련된 치료자로부터 아동기 양식과 현재 양식을 알아냄으로써 문제의 핵심적 요소를 충분히 깨닫게 되고 이에 따라 스스로 자기 문제를 해결해 나갈 수 있을 것이다. 이와같은 경우라면, 치료자를 몇번 방문함으로써 올바른 궤도로 들어서게 된다. 그러므로 아동기 정서문제에 대한 철저한 이해와 인식이 도움이 될 수 있으며, 일단 적절한 통찰을 얻게 되면, 최소한의 도움을 받고서도 자신의 삶을 통하여 상당한 분석적 진전을 성취할 수 있을 것이다.

References

Jones, E. (1952): *The Life and Work of Sigmund Freud.* New York: Basic Books.

17

결 혼

앞서 우리가 얘기했던 바와 같이 각 개인은 출생부터 약 6세경까지 그에게 감정적으로 중요했던 사람들이 그에게 가했던 압력으로 인해서 형성되어진 아동기 양식을 다양한 형태와 강도로 다른 사람에게 반복하는 경향이 있다. 이러한 양식을 반복하는 경향성은 나이나 성과 관계없이 나타난다. 우연히 만나게 된 남자들과 여자들은 서로에게 이러한 아동기 양식을 반복하는 경향이 있다. 결혼은 아동기때 형성된 이와같은 양식을 두 성인이 서로에게 반복하는 특별한 경우이다.

첫번째 결혼의 특징은 친교이다. 성인의 관계는 상대적으로 자유롭고 거리감이 있으며, 자아는(성숙한 기준, 지각, 판단력) 어느 정도의 안정감과 조화를 유지하면서 두 사람사이의 감정교류를 통제할 수 있다. 그러나 친밀감이 깊어지면서, 억압되어졌던 과거 아동기 양식이 조만간 서로에게 향해지게 된다. 이는 아동기의 대인관계 양상인데(Hanry Stack sullivan의 용어를 빌리면), 초기 아동기부터 알려지지 않았던 이런 양식이 친교가 지속되면서 성인판으로 부활되는 것이다(Mullahy, 1970).

어린 아이는 성인이나 윗 형제들에게 반항하기에는 신체적으로 너무 약해서 흔히 음식을 먹지 않거나 수동적인 은밀한 복종과 같은 방식으로 저항과 적개심을 표현한다. 남편은 그의 아내에 비해 최소한 두가지 유리한 점을 가지고 있다. 첫째는 신체적 강인함이다. 예를 들면, 어떤 여자 환자는 수년동안 그녀의 남편이 즐기는 오락은 그녀를 강간하는 것이었다고 나에게 말했다. 남편의 또 다른 유리한 점은 가족을 부양한다는 것인데, 전통적으로 여성해방 이전부터 그랬던 것처럼 남편의 직업은 그로 하여금 신체적으로나 심리적으로 하루종일 집밖에 머물도록 해주며, 결혼 문제로 부터 벗어나도록 해 주며, 명예와 경제적 안정감을 갖도록 해준다.

아내의 독특한 이점은 보다 미묘하다. 모든 면에서 정상적인 모든 남성들은 여성들이 자신의 어머니인냥 반응하는 경향성이 있는데 아내가 유리한 점은 바로 이러한 남성들의 경향성으로 부터 비롯된다. 이러한 경향성은 보통 가장 깊은 아동기 양식의 결과이다. 아마도 이러한 이유로 모권제도(matriarchies)의 성질을 띈 결혼생활이 가장 원만한 것 같다 (나의 경험으로 비추어 볼때) – 이러한 결혼생활에서는 경쟁사회에서 강한 남자들이 일단 자기 가정의 울타리 안으로 들어오게 되면, 집안의 여주인인 아내에게 순종한다.

앞서 기술된 내용은 아동기 양식으로 부터 몇가지 기본적인 결혼생활의 일반화를 유도해 보려는 시도였다. ; 신경증적인 예외가 발견될 수 있는데, 예를 들면 아동기양식의 장애 결과 극단적으로 지배적인 경우이다.

결혼생활에서 두 사람사이의 가장 복잡한 양상은 성적 결합이다. 성교를 위해서는 남성이 발기되어야 하는데 이는 의식적 통제아래 조정되어지는 것이 아니다. 성적 충동이 강하게 작용하지만, 이러한 충동은 또한 정서적 상태에 대해서도 지극히 민감하다. 어느 정도의 남성 성교 불능, 여성 불감증은 성인 인구의 절반에서 일어난다고 한다. 일반적으로 아동기 초기의 훈련이 성유희에 대해 억압적이고, 최소한 결혼때까지는 성이 잘못된 것이라는 생각을 주입시키고 있다는 사실을 고려해 볼때 이러한 현상은 놀라운 일이 아니다. 또한 성적 감정은 가장 강한 정서적 애착에 따라 일어나며 이러한 감정이 보통 가족원에게로 향해지고, 이에 따라 근친상간적으로 되기 때문에 이러한 감정은 일상적인 금기가 된다. 체격이 크고 건장하며 매력적인 어떤 남편은 어떤 일정한 상황에서만 성적 발기가 가능했는데, 그 상황이란 경고없이 방으로 뛰어들어 실제적으로 그의 부인을 강간하는 경우였다. 침실에서나 부드러운 관계에서는 그는 성적으로 무력하였다. 그의 부인이 기술한 바에 의하면 그는 사랑을 하는 것이 아니라 증오를 하였다.

성적 능력에 아무런 문제가 없었던 다른 남편은 성교할때 그의 아내가 성적 극치감을 느끼지 못하면 자신도 만족감을 느끼지 못했는데, 그의 아내는 아주 어렵게만 성적 극치감을 느낄 수 있었으며, 특히 남편의 태도가 강요적일 때는 더욱 어려웠다.

물론 여성들 역시 문제를 가지고 있다. 어떤 부부는 아주 잘 어울렸지만, 시간이 지나면서 부인은 남편에 대한 성적 흥미를 느끼지 못하게 되었다. 그녀는 남편에 대해 아무런 불만도 없었지만, 더이상 남편을 육체적으로 원하지 않았고 그녀를 흥분시키려고 노력하는 남편에 대해 화를 내기까지 하였다. 그러나 그녀는 다른 남자를 만나고 나서는 그가 그녀의 어깨를 만지기만 하여도 성적 흥분을 느끼게 되었다.

그러므로 성교에 대한 육체적 욕구조차도 아동기양식에 민감하며, 남편과 아내사이의 상호관계를 복잡하게 만들 수 있다. 여기서는 이러한 아동기양식이 동성애에 미치는 영향에 대해서는 언급하지 않겠다(Saul과 Beck, 1961).

육체적인 성적 기능이 얼마나 예민한 것인가를 분석가는 흔히 보게 된다:

어떤 부부는 결혼전 이십대에 2년 동안 "사랑하는 사이"였고, 가끔 잠도 같이 자고 만족스런 성교도 하였다. 그리고 나서 그들은 결혼하였는데 그의 아내는 결혼 직후부터 남편이 그녀에게 지나치게 의지하게 되었다고 불평하였고, 애정이나 성적 관심을 거의 나타내지 않았고, 이로 인해 그녀는 육체적으로 감정적으로 충족감을 느끼지 못하는 굶주린 상태로 되었다.

결혼생활에 있어서 아동기 양식이 가장 숙명적으로 표현되는 경우는 자녀에 대한 부모의 태도인데, 이러한 태도는 결혼에 미치는 아동기 양식의 효과에 따라 직접적으로 또는 간접적으로 자녀에게 표현되며 때로는 부모가 자녀를 어떤 인물과 동일시함으로써 자녀를 그러한 인물로 규정짓고, 그러한 상을 자녀에게 기대하는 경우가 있다. 이러한 아동기 양식이 부모로 하여금 좋은 부모역할을 하도록 작용한다면 이런 부모는 자녀가 건강하게 성장하도록 이끌어 줄 수 있다. 그렇지 않는 경우라면 자녀의 발달을 억제하고 왜곡시킴으로써 신경증, 정신증, 인격장애, 약물남용, 그리고 범죄행위를 유발시킬 수 있다. 그러므로 이러한 아동기 양식은 각 세대가 살아가는 이 세상이 어떤 세상이 될 것인가를 결정할 수 있으며, 인류의 불행을 가져올 수 있으며, 인류의 생존이라는 궁극적인 질문에 해답을 줄 수 있다.

References

Mullahy, P. (1970): *Psychoanalysis and Interpersonal Psychiatry: The Contributions of Harry Stack Sullivan*. New York: Science House.

Saul, L., and Beck, A. (1961): Psychodynamics of male homosexuality, *Intl. J. Psycho-Analysis* 42: Parts I–II.

18

책 임

자신의 일을 발견한 사람은 축복받은 사람이다 ; 그에게는 더 이상의 축복이 필요없다.

Thomas Carlyle

I

반동적인 사례는 예외이지만, (예, 비교적 건강한 사람이 전쟁과 같은 비상시의 과도한 환경적 압박 아래 붕괴된 경우), 아동기 양식이 개인의 생활을 지배하는 정도는 신경증의 정도를 결정한다. 왜냐하면 신경증이란 성인 생활속에서 아동기 감정, 사고, 행동양식이 지나치게 지배적인 상태이기 때문이다. 만약 이러한 지배의 강도가 자아를 압도할 정도로 강하다면, 개인은 정신증 수준에 있게 된다. 만약 적대적인 요소가 지배적이고 행동화된다면, 그 개인은 범죄자 수준에 있게 된다.

퇴행의 개념은 Freud의 논문들에서 제시되고 있는데, 그는「입문강의(*Introductory Lectures* 1916)」에서 퇴행의 개념을 명료하게 설명해 주고 있다. 그러므로 우리는 퇴행이 어떤 상태로 되돌아 가는것인지에 대해서는 잘 알고 있는데, 퇴행은 정서발달에서 이전의 상태나 이전의 양식으로 되돌아 가는 것이다. 그러나 Freud는 리비도 발달의 성숙단계인 "생식기 수준(genital level)", "대상관심(object interest)" 개념의 범위를 벗어나는 주제가 되는, 퇴행이 어떤 상태로부터 (*from*) 일어나는가에 대해서는 별로 관심을 두지 않았다. 저자의 생각으로는 분석가의 현실적인 임상 경험으로나 이론이 아닌 일상적 환자 관찰로 미루어볼 때 퇴행이란 자립상태로 부터 벗어나는 것이며, 그 자신과 그에게 의존하는 다른 사람-그의 배우자, 자녀, 그리고 그의 직업과 사회에서 관계를 맺고 있는 다른 사람들-에 대한 책임(*responsibility*)으로 부터 벗어나는 것이라고 여겨진다. 부모로 부터 감정적으로 경제적으로 도움을 받고있는 학생은 공부하고 시험에 통과하는 책임만을 가지고 있다-반면 아이젠하워는 독일 군대를 격파하는 책임을 맡고 있다. 그러므로 자립과 책임의 정도와 종류는 상당히 차이가 있는데, 그러나 그것을 행하는 능력-에너지, 판단, 참여의식, 관심, 의무-에는 자아와 원본능, 초자아의 모든 세력들이 포함되어야 하며, 저자의 견해로는 이러한 능력이 정서적 성숙의 핵심적 요소이다.(Saul, 1971, 1,2, 3장).

적절하고 충분한 성숙과정(이러한 조건없이는 성인생활이 불가능하다)은 이러한 아동기 정서양식으로 부터 충분히 "벗어나는" 과정을 포함한다: 지나치게 강한 애정욕구, 동일시, 자기도취, 열등감, 경쟁과 같은 아동기 양식이 있으며, 또한 상대적이고 현실적인 자립과 자아, 친지, 사회에 대한 책임을 성취하려는 소망에 따라 지나치게 현실을 왜곡하는 아동기 양식도 있다.(Saul, 1971. pp.23-46).

이 장의 참고문헌에 수록된 논문들을 검토해 볼 때 성숙한 기능을 수행하는 능력의 기본요소인 책임(자신과 타인, 일에 대한)은 이제까지 직접적이고 확실한 관심을 받지 못했었다.

II.

먼저 책임의 본질을 "발달사적"으로 고찰해보고 난 다음 그 정신역동적 의미를 살펴보기로 하자. 개인의 과거력에서 보여지는 책임은 거의 모든 종, 특히 인간을 포함한 표유동물에서의 그것과 동일하다. 그러므로 책임은 기본적인 생물학적 힘, 동기 및 능력이다. 개체발생적으로 아직 태어나지 않은 태아는 어떠한 책임도 질 수 없다고 보여진다. 출생이후에야 유아는 스스로 숨을 쉴 수 있으며, 곧 이어 유동식을 받아들인다. 이러한 기능들-호흡과 소화기능-이 잘 안정된 이후라 할지라도 유아가 스스로 감당해야하는 책임의 량은 미미하며 어떤 의미로는 숨쉬는 정도의 책임 이외에는 아직 아무런 책임도 없다고 볼 수 있다. 다른 사람, 즉 어머니나 어머니 대리인이 유아를 위해 모든 책임을 감당해야 한다—음식, 공기, 따뜻함, 안식처, 보호 그리고 생명과 연관되는 모든 일들. 그렇지 않으면 유아는 단 며칠도 견디지 못하므로 살아남지 못한다.

이러한 임신과 출산시기에 있어서 자식에 대한 책임은 너무나 벅차고 힘겨운 일이므로, 어머니는 이러한 일을 다른 사람과 함께 나누어 감당해야 한다. 전통적으로 이런 점을 남편과 함께 지게 되는데 남편의 일은 아내와 자식을 위해서 집과 음식을 마련하는 것이다. 때로는 아이를 돌보아 주는 조부모, 성장한 자녀, 친척, 친구, 고용인과 같은 주변사람들이 도와줌으로써 일이 분담된다. 유아는 점차 기어다닐 수 있게 되고, 그리고 걸을 수 있게 되는데 이는 스스로 움직이는 책임을 일부 감당할 수 있음을 의미하며, 이전에는 아이를 돌보아 주는 사람이 옮겨주는 대로 따라야 했으나 이제는 어느 정도 그런 상태에서 벗어났음을 의미한다. 조만간에 아이는 혼자서 먹을 수 있게 되고, 옷을 혼자 입을 수 있게 됨으로써 다른 사람이 그런 일을 감당하지 않아도 되게 된다. 나중에는 식탁을 준비하고 치우는 일을 거드는 정도의 책임을 감당할 수 있게 된다. 그리고 나서는 집안에서 뿐만 아니라 집밖에서도 스스로를 돌볼 수 있게 되고 학교를 오갈 수 있고, 간단한 심부름을 할 수 있다. 그리고 신문배달을 한다든가 간단하지만 사회적으로 유용한 일을 함으로써 약간의 돈을 벌 수 있게 된다. 학교숙제를 감당하고, 집밖에서는 사람들과 어울리는 정도의 일을 감당할 수 있게 된다. 청소년기의 어려운 과제는 이성관계를 조정하는 것이며 이후에는 후기 청년기나 초기 성인기의 두가지 중요한 결정을 감당하게 된다 : 직업선택이나 생활대책, 배우자 선택과 자녀양육이다. 이와같이 기생적이었던 태아와 완전히 무기력했던 유아(그의 생존이 부모나 부모 대리자에게 맡겨 · 져 있으므로)가 자기 자신과 배우자, 자녀, 그리고 사회에 책임을 지는 성인으로 성장해 나간다. 저자의 생각으로는 Freud가 대체로 리비도 발달에 따라 인격 성숙을 기술할 수 있었던 것과 같이, 이러한 인격 성숙이 책임의 발달에 따라 기술되어 질 수 있을 것 같다.(Benedek, 1950, 1959).

아마도 책임은 리비도의 표명 즉 "대상관심"의 표명으로 생각될 수 있을 것 같다. 그러나 그 원천이 무엇이든지 간에 책임은 인격발달에 있어서 그리고 인격발달 장애에 있어서 엄청나게 중요하므로 그 자체에 대한 특별한 인식과 검토가 요구되어 진다. 책임의식, 책임지는 능력, 책임 맡고자 하는 의지는 장기적 발달의 결과이며 어린이가 양육된 방식, 아동과 가족원(또는 대리자와의)과의 정서관계의 정신역동에 따라 좌우된다. 모든 인간 기능과 마찬가지로 이는 정서 세력과 무의식적 양식에 의해 억제되거나 확대되어질 수 있다.

III.

개인의 책임의 발달력에 이어서, 가장 공통적인 책임의 정신역동을 고찰해 보겠다. 이러한 점들은 거의 모든 환자들에게서 보여지며 퇴행과 연관된다. (1) 책임 회피는 일반적으로 열등감, 자기도취, 투쟁－도피반응의 감정을 야기시킨다. (2) 책임을 수행하면서도 이에 항의하는 상태 역시 투쟁－도피반응을 일으킨다. 퇴행심리의 세부점들이 무엇이든지간에 그 주요 효과는 일반적으로 책임을 포기하는 경향성이다. 현실철수는 인간관계로 부터의 철수이며 자기와 타인에 대한 책임 회피이다. (Saul, 1971).

그러나 드물게는 가까운 인간관계로 부터 철수함으로써 책임상황으로 뛰어드는 경우도 있다(예 올리버 딕슨, 300 페이지). 다른 사람은 현대 감당해 내고 있거나 과거 아동기때 다른 사람이 감당했던 책임을 자신이 감당하지 못하게 되면 의례히 환자는 자신이 다시 어린이가 된 것처럼 느끼며, 그 결과 다른 사람으로 하여금 자기를 위해 어느 정도 책임을 감당하게 하며 이러한 상황은 자존심을 해치는 열등감을 야기시킨다. 이에 뒤따라 자아에 대한 과잉 보상적 과대평가가 일어나기도 하며, 강화된 이차적 자기도취가 생기기도 한다. (Freud, 1914). 내재되어 있는 손상된 자기도취는 분노, 죄의식, 불안을 유도한다. 그러나 만약 개인이 책임을 회피하지 않고, 책임을 수용하고 이행하지만, 그 책임이 그의 정서적 능력 이상의 것을 요구하고 강한 퇴행적 세력과 상반되는 것이라면, 그는 화가 나게 되고 적대적으로 되는데, 왜냐하면 정서적으로 견딜 수 있는 이상의 것이 그에게 요구되기 때문이다. 어떠한 좌절이라도 좌절에 대한 반응으로는 으레히 투쟁－도피반응이 일어나며, 모든 부수적인 현상들이 뒤따르면서 분노와 퇴행이 일어난다.

책임과 자립, 성숙으로 나아가려는 진보적 경향성과 초기의 수동적-수용적-의존적 아동기 양식으로 되돌아가려는 퇴행경향성 사이에 기본적인 본능적 갈등이 있다. 책임은 모든, 거의 모든 정신역동속에 포함되어 있다. 책임 능력의 손상은 책임을 완전히 회피하는 단순 정신분열증으로 부터, 신경증, 약물남용, 인격이상에 이르기까지 모든 정신장애에서 나타나며, 많은 신경증적, 정신증적, 범죄적 인격에서도 나타난다.

세가지 인격기능 요소가 책임감당 능력의 원천으로 보여진다. 그러한 능력의 일부는 원본능으로 부터 나오는데, 원본능은 우리가 얘기한 바와 같이 인간의 전체 성숙과정에서 중요한 요소로서, 이러한 점은 동물양식에서도 관찰되어진다. 또한 일부 능력은 초자아에 의해 촉진되어지는데, 초자아는 권위인물로 부터 배운 이상적인 의무와 이러한 의무에 대한 지각이며, 특히 어릴 때 아이를 양육했던 인물과의 동일시에 의해 이러한 책임의식이 유도된다. (Freud, 1940 b). 또한 책임을 감당한다는 것은 "현실원칙"의 자각, 의식, 인식과 연관되고, "정신 에너지"와도 연관되는 자아기능이라고 보여진다. 지능, 신체적 활력, 고착, 퇴행, 적개심과 성숙, 사고와의 연관성은 자세한 검토가 요구된다.

물론 책임에는 개인의 특수성이 있다. 어떤 사람은 어떤 일을 책임 맡으면 쉽게 해내지만, 다른 일에는 그렇지 않다. 어떤 여성은 자녀들과 함께 있을 때는 쉽게 지치지만, 직장에서의 일은 즐겁고 효율적으로 잘 처리한다. 이와 반대로 다른 여성은 아이들의 요구는 기꺼이 받아주지만, 집밖에서의 책임은 감당할 수 없다

일반적으로 책임은 심한 정서문제가 있는 사람은 물론 비교적 건강한 사람에게도 매우 중요하다. 우리가 강조했던 바와 같이 책임은 투쟁-도피반응을 일으킨다는 점에서 중요하며, 따라서 모든 형태의 퇴행과 도피, 모든 형태의 적개심에서 중요하다. 이는 어느만큼 수용하고 어느 만큼 투자하느냐 하는 "받고-주는" 균형 즉 정서적 균형에 있어서 중요한 요소이다.

물론 책임은 모든 정신역동에 포함되며 단지 앞서 지적된 두가지 주요 정신역동에만 연관되는 것은 아니다. : 이와같은 "받고-주는" 역동은 지나치게 책임 맡았다는데 대한 항의와 분노, 책임회피로 인한 자존심과 자기

평가의 손상인데 이러한 역동은 보편적인 기본 역동으로 여겨진다. 실제로 성숙은 한 마디로 거의 완전히 정의될 수 있는데, 그 단어는 "책임" 이다. 성인이 된다는 것, 성숙된 어른이 된다는 것은 자신과 타인에 대한 책임을 질 수 있다는 의미이며, 성인이 된다는 것은 성숙의 다른 본질적 요소인 홀로 된다는 감정을 내포한다. 여기서 홀로 된다는 것은 그 자신의 궁극적 결정을 혼자 감당한다는 의미와 거의 동일하다. 개인이 결정하여, 행하거나, 행하지 않은 것에 대한 전적인 책임을 궁극적으로 감당함에 있어서 성인은 혼자이다. 성인이 되기 위해서는 거의 대부분 홀로 서야하며, 스스로 책임져야 한다 ; 그 보상은 매우 귀중한 것인데, 왜냐하면 이에 대한 보상은 해방감과 안정감이며 그 자신의 생활과 그에게 의지하고 있는 사람의 생활을 책임져 나갈 수 있다는 느낌이기 때문이다.

IV.

책임억제의 발생적 역동을 다소 단순화시켜 본다면 다음 세가지 경우로 나타난다. ; (1) 아동기 양식에 의해 그의 책임이 억제되었던 개인들 (2) 과도한 책임이 지나치게 빨리 강요되었기 때문에 이에 반항하는 개인들 (3) 지나친 에디프스 경쟁 또는 형제경쟁, 그리고 포기하고 노력을 중단하게 만드는 아동기 양식의 문제와 같은 온갖 종류의 잡다한 정신역동을 갖고 있는 사람들.

첫번째 경우의 예를 들어보자. 30 대 초반의 한 젊은 여성은 대학졸업후 결혼도 할 수 없었고, 직장도 갖지 못했다(셀리 베이트스 291 페이지). 그녀의 첫 기억은 자신이 몸이 아파서 방안에 갇혀 있고 창밖으로 아이들이 노는 것을 바라보는 장면이었다. 이 기억은 그녀의 전체 인생을 집약적으로 나타내 주고 있다. 그녀는 부모나이 40 이 다 되어 태어난 외동이였고, 아동기 내내 병을 앓았다. 그녀의 부모는 지나치게 과잉보호적인 태도를 갖게 되었고, 그녀의 활동을 제한하였다. 조금만 날씨가 나빠도 부모들은 그녀를 밖에 나가지 못하게 했다. 그녀의 어머니는 참을성이 부족하였다. 그녀가 집안에서 아주 단순한 일이라도(예를 들면 감자 깎는 일) 한번 해보려고 하면, 어머니가 이런 일을 너무나 빨리 효율적으로 해치워 버리고 그녀가 이런 일을 하지 못하게 했기 때문에 결국 그녀는 노력하는 것을 포기하게 되었다. 성인이 되었을 때 그녀는 어떤 책임도 감당하기 싫어 했고, 자신은 그런 일을 할 수 없다고 느꼈다. 그녀는 몇번 직장에서 일을 해 보았지만, 이런 일들은 너무 어렵게 느껴졌다. 결국 그녀는 모든 일을 부모가 해주는 집에만 머무르게 되었다. 그녀는 열등감과 좌절감 때문에 도움 받고자 찾아왔다. 과잉보호와 방임에 대해 그녀가 몹시 분개하고 있음이 이내 밝혀졌으나, 분석의 도움 없이는 적절한 자립과 책임능력을 성취할 수 없었다.

두번째 경우의 예를 들어 보면, 여섯 남매 중 가장 맏이였던 소년은 여섯살이 되기 전부터 어린 동생들을 돌보도록 강요 받았고, 자라서는 아기보기, 신문배달, 그리고 나중에는 임시직과 잔디깎기로 돈을 벌어야 했다. 이와같이 때이른, 갑작스런 책임 강요로 놀고 싶은 그의 욕구는 희생되었고, 어린 동생들에 대한 질투와 분노가 야기되었고, 그 결과 이십대가 되었을 때 그는 책임 맡는 것을 증오하고 회피하게 되었다. 그는 초기 알콜중독과 우울, 미래에 대한 불안 때문에 도움 받으러 왔다.

세번째 경우의 예는 이민 가족의 아들이 주인공이다. 그에게는 나이가 세살 아래인 여동생이 있었는데 그의 어머니는 그를 편애하였다. 어머니는 그에게 헌신적이었고, 과잉보호적이었고, 그를 위해 모든 일을 해주었다. 그의 아버지는 노력가였고, 경제적으로 성공하였으나 아직도 외국식 말투를 쓰고 있었는데 그의 어머니는 자신이 보기에 아들이 아버지보다 월등하다는 점을 강조하곤 하였다. 그의 어머니는 아들이 집안의 챔피온이며, 그의 아버지와는 비교될 수 없을 정도의 명성과 재산을 얻게 될 것이라고 굳게 믿고 있었다. 과잉보호속에서 아들은 책임지는 것을 싫어하면서 성장하였으나 성공에 대한 자기도취적인 강렬한 욕구를 갖게 되었다. 그는 자신이 아버지보다 낫다는 자기도취적 충족감을 얻기 위해 일속에 파묻혔고 나중에 이러한 태도는 모든 경쟁자를 능가하려는 욕구로 전환되었다. 동시에 그는 편안히 쉴 수 없었는데 왜냐하면 그에게 있어서 휴식은 어머니에게 무가치한 존재였던, 그의 여동생처럼 된다는 것을 의미했기 때문이었다. 설흔살이 되면서 긴장이 너무나 심하게 되었고, 그는 정신을 잃을 것 같다는 두려움 때문에 분석 받으러 왔다.

V.

앞서 언급된 것은 어머니에 대한 아이의 의존성, 사랑에 대한 욕구와 같은 기본적인 인간 동기였다. 이와같은 기본적인 세력은「인간의 의존성 *Dependence in Man*」(Parens와 Saul 1972)에 자세하게 검토되고 있다. 적개심과 공격성은 현재 보다 많은 연구들을 유도하고 있다. (Brenner, 1971 ; Carthy 와 Ebling, 1964 ; Chagnon, 1968 ; Erikson, 1965 ; Sorr, 1968 ; Hartmann 등, 1949 ; Saul, 1976). 나는 책임감의 문제는 다른 기본적 정서세력 및 정신능력과 함께 기본적인 정서세력 및 능력이다고 생각한다. 책임의 위치는 이러한 다른 기본적 정서 세력및 정신 능력보다 더 상급이라고 나는 생각한다.

역사적으로 미국 개척정신은 개인에게 자신과 가족, 지역사회를 위해서 책임을 감당하도록 요구하였다 ; 일하지 않은 사람은 먹지 말라. 따라서 초기 식민지는 유럽 귀족 정치의 봉건주의 이상과 대조적인, 자립적이고 책임감있는 인격의 도덕적, 윤리적 이상을 빠르게 발전시켰다.

Thomas Jefferson은 모든 것을 포기하고 Monticello로 철수하고자 하는 퇴행적 욕구와 보다 높은 성숙과 책임의 모순적인 양면성을 지닌, 흥미로운 연구대상이다.

근면에 대한 깊은 관심과 뛰어난 능력, 이에 뒤따르는 탁월한 창조적 생산성은 수동적－의존적－수용적이고, 책임을 감당할 능력이 없는 경계선 정신분열증 환자의 극단적인 수동성과 대조적이다. 신경증에 대한 정신분석적 관찰과 더불어 앞서 지적된 이러한 대비는 책임을 감당하는 능력과 책임을 즐기는 태도가 대상 관심수준으로 리비도가 발달된 결과이며, Freud (1940)가 기술한 바와 같은 변천을 겪게 된다는 점을 강하게 시사한다.

Bill Williams는 제멋대로 행동하도록 지나치게 방임된 결과 어머니에 대한 극단적인 수동, 의존적 애착으로 고착된 상태였다. 우수한 지능과 운동솜씨에도 불구하고 집밖에서의 생활은 그에게 고통스러웠다. 공업학교를 다니면서 그는 초조해지고 반사회적 태도를 보이게 되었고, 그의 아름답고 지적이고 근면한 젊은 아내에게 노골적으로 비열하게 굴었다. 그는 학업을 게을리하게 되었다. 어느날 밤에는 아내가 그를 버리고 가는 악몽을 꾸었다. 며칠 뒤에는 그가 군대에서 도망치는 꿈도 꾸었다. 이러한 꿈에 대해 그는 공업학교를 연상했다. 이와같은 꿈에서 그는 아내에 대한 책임, 자립을 위한 훈련으로 부터 벗어나고자 하는 소망과 이러한 책임을 감당하는데 대한 분노를 드러내 보이고 있었다.

빌 윌리암스의 정신역동과 대비되는 정신역동을 가진 환자는 Linda Basset였다. 어렸을 때 그녀의 어머니는 애정깊은 점진적인 태도가 아닌 독선적이고 독재적인 태도로 욱박지르면서 그녀를 훈련시켰다. 이러한 태도는 린다로 하여금 자율성과 주체성이 지배받고 간섭받고 있다는 느낌을 갖게 해 주었다. 그녀는 매력적이고, 지적으로 우수한 성인으로 성장하였다. 그녀는 아내로서, 세자녀의 어머니로서 자신의 주체성을 발견하였다. 그러나 주체성이 손상받았다는 과거 아동기 감정이 지속됨으로써 결혼 생활만으로는 자신을 실현시킬 수 없다고 느꼈고, 큰 사회에서 그녀자신이 어떤 종류의 성공을 성취해야만 자기 실현을 하는 것이라고 느꼈다. 이러한 감정은 그녀로 하여금 지역사회에서 여러 영역의 막중한 책임을 맡도록 자극하였고 나중에는 지능과 책임감, 근면으로 성공을 거두자 그녀는 보다 큰 국가 조직의 책임을 맡게 되었다.

이와같이 빌 윌리암스의 투쟁—도피반응은 초기 성인기 책임에 대한 강한 분노를 야기시켰고, 이러한 책임을 벗어나서, 수동적이고 의존적이며, 책임을 지지않는 어머니 앞의 아이와 같은 위치로 돌아가려는 퇴행적 욕구를 유도하였다. 린다의 정신역동은 불필요한 벅찬 책임을 맡고 이런 책임을 즐기도록 그녀를 자극하였다 ; 그녀의 남편은 그녀를 돕는 일에 아주 행복해 하였으므로 자녀들이 자라서 위의 아이들은 대학으로 떠나고 아래 아이들은 보다 덜 관심을 요구하게 됨에 따라 그녀는 비교적 편안하고 여유있는 생활을 선택할 수 있었다.

이 두 환자는 우리가 여기서 토의하고 있는 책임의 종류를 예시해 주고 있다.

정신분석적 치료는 거의 대부분의 환자들이 독립적으로 책임감있게 생활을 계속해 나가도록 하는데 지대한 관심이 있으며 병원에 대한 의존이나 그를 돌보아 주는 타인에 대한 의존으로 부터 벗어나 그 자신의 독립적인 책임을 감당하도록 하는데 관심이 있다. 이러한 관심이 항상 명백하게 인식되어야 하며, 정신역동이 철저하게 이해되고 분석되어야 한다.

물론 적응과 책임의 관계는 개인의 나이, 적응하도록 기대되어지는 환경이 고려되어져야 한다. 앞서 언급된 바와 같이 나이어린 유아는 당연히 책임으로 부터 자유로우며, 이러한 책임은 일반적으로 성숙기동안 최대의 정점까지 증가되었다가 늙어가면서 개인의 체력과 에너지가 약화되면서 책임도 줄어든다.

개인이 자기 자신의 아동기 정서양식을 잘 알게 되면 개인생활에서 문제를 일으키는 정서양식의 부분을 조절하고 해결하는 능력이 강화된다. 다른 말로 하면 이러한 통찰은 자신에 대한 책임 감당 능력을 증가시킨다. "너 자신을 알라"—이는 건강하고 중요한 목표이다. 이러한 목표를 달성하는데 필요한 수단은 최소한 부분적으로는 고등학교, 대학교 수준에서 모든 학생들에게 교육에 의해 제시되어져야 한다. 이러한 교육목표는 몇번의 면담으로 개개 학생의 아동기 양식을 분별하는 능력을 갖춘 전문가에 의해 달성되어질 수 있다. 이는 인격도야에 치중하는 교양 교육의 요체가 되어야 한다.

요약하면 책임은 기본적인 세력이나 능력으로서 발달이나 정신병리를 유도한다. 책임은 동물왕국 특히 포유동물 세계에서도 관찰되어진다. 신생아는 거의 완전히 무력하다 ; 오랜 발달과정으로 자아와 배우자, 자식, 사회에 대한 책임 감당 능력이 형성된다. 책임은 정신분석 영역에서 거의 연구되지 못했으며, 책임은 주로 자유의지와 정신결정론의 문제가 제기될 때 혹는 개인 행위에 대한 법심리적 문제가 제기 될 때 다루어졌다. 책임의 기본 역동은 대부분 대조적인 퇴행적 힘과의 갈등에서 일어난다. 퇴행되어 버리고, 책임을 도피하는 개인은 으례히 열등감을 느끼게 되고, 그의 손상된 자기충족감은 투쟁—도피반응을 일으키고 이에 따라 적대감, 불안, 보다 심한 현실철수가 뒤따른다. 책임을 포기하지는 않지만, 책임에 대한 내적인 저항을 느끼고 있는 개인 역시 이러한 저항으로 인해 투쟁—도피반응이 일어나게 되는 고통을 겪어야 하고, 이러한 투쟁—도피반응에는 불안과 분노,

퇴행하려는 경향성이 동반된다. 책임에는 개인의 특수성이 있다. 어떤 사람은 일에 대한 책임과는 달리, 집과 자녀들에 대한 책임을 쉽고 즐겁게 감당한다. 다른 사람은 이와 반대이다. 각 환자의 아동기 양식에서 책임과 그 역동을 명료하게 인식하고 이를 철저히 분석하는 것이 정신분석 이론과 치료에 대단히 중요하다.

자신과 타인에 대한 책임을 감당하는 능력은 인격의 세요소, 원본능, 자아, 초자아로부터 파생된다고 보여진다. 형태학적 연구는 인간과 모든 종류의 포유동물에서 원본능적인 책임은 부모로서의 사랑과 보살핌으로 표현되고, 음식과 피난처를 찾는 작업 속에서 나타난다고 하였다. 이에 더하여 책임을 이해하고 실천하기 위한 자아에 대한 직접적인 호소는 치료적으로 중요하다. 성장기의 어린이를 보살펴주고 관심을 베풀어 준 부모의 행동은 책임을 감당하는 부모 행동의 모델이 된다. 따라서 이러한 모델은 아동의 초자아의 내적 부분이 된다. 또한 책임은 자기도취감과 연관되어 개인의 자기존중과 긍지를 강화시켜 준다. 책임을 거부하는 것이 부모와 초자아에 대한 부정적이고 적대적인 도전일 수 있다. 책임을 즐기는 능력은 대상관심 수준으로 리비도가 발달된 결과로 나타난다. 역사적으로 이 나라에서의 책임관은 일하지 않는 사람은 당연히 먹지 말아야 한다는 개척정신이 그 기원이다.

References

Benedek, T. (1950): Climaterium: a developmental phase, *Psychoanal. Quart.* 19:1–27.

______ (1959): Parenthood as a developmental phase, *J. Am. Psychoanal. Assn.* 7(3): 389–417.

Brenner, C. (1971): The psychoanalytic concept of aggression, *Intl. J. Psychoanal.* 52(2):139.

Carthy, J. D., and Ebling, F. J., eds. (1964): *The Natural History of Aggression.* London and New York: Academic Press.

Chagnon, N. (1968): Yanomamo social organization and warfare, in *The Anthropology of Armed Conflict and Aggression*, ed. M. Fried, M. Harris, and R. Murphy. New York: Natural History Press, pp. 128–129.

Erikson, E. (1965): Psychoanalysis and ongoing history: problems of identity,

hatred and nonviolence, *Am. J. Psychiatry*, pp. 241–250.
Freud, S. (1914): On narcissism: an introduction, *S.E.* 14:73–102.
——— (1916): Some thoughts on development and regression, *S.E.* 16:339.
——— (1940a): An outline of psychoanalysis, Part I, *S.E.* 23:144.
——— (1940b): Ibid., Part III, Chap. IX.
Hartmann, H., Kris, E., and Lowenstein, R. M. (1949): Notes on the theory of aggression, in *Psychoanal. Study of the Child.* New York: International Universities Press, III/IV, pp. 9-36.
Mark, V., and Ervin, F. (1970): *Violence and The Brain.* New York: Harper & Row.
Matthews, L. (1964): Overt fighting in mammals, in *The Natural History of Aggression*, ed. J. D. Carthy and F. J. Ebling. London and New York: Academic Press, pp. 23–32.
Parens, H., and Saul, L. (1971): *Dependence in Man.* New York: International Universities Press.
Rochlin, G. (1973): *Man's Aggression, The Defense of the Self.* Boston: Gambit.
Saul, L. (1971): *Emotional Maturity*, Third Edition. Philadelphia: Lippincott.
——— (1976): *The Psychodynamics of Hostility.* New York: Jason Aronson, Inc.
Storr, A. (1968): *Human Aggression.* New York: Atheneum.

19

자녀양육과 예후

가정내에서 행복하게 지내는 것이 모든 야망의 궁극적인 결과이며 모든 기업가와 노동자가 노력을 기울이는 목표이며, 모든 욕망의 행동을 추진해나가는 궁극적인 방향이다.

Samuel Johnson

이 책에서 제시된 임상관찰들은 초기 아동기에서 그 행동의 근원을 추적해 볼 수 있는 성인 행동을 이해할 수 있도록 도와주었다. 이러한 과정에서 우리는 해결하고자 노력했던 문제들의 원인을 추적하였다. 0－6세 사이의 아동을 관찰해보면, 그가 성인이 되었을 때 어떤 문제를 갖게 될 것인지를 예견할 수 있을까? 이러한 예견이 정확하게, 그리고 상당히 자신있게 과학적인 입장에서 내려지기 위해서는 초기 아동기 동안 아동의 주변에서 그를 돌보아 주는 사람과 아동간의 정서적 상호관계를 속속들이 자세하게 알고 있어야 한다. 이러한 관찰을 한다는 것은 그 자체로 상당히 어려운 일이다. 예견이 기록되었다가 20－30년이 지나 성인이 되었을 때의 관찰과 비교되어야 한다. 이러한 연구는 엄청나게 어려운 과업이지만, 이미 이런 연구가 실행되었다.(Escalona 1963, 1968). 그러한 이러한 결정적인 질문에 대해 여러 다른 연구자들로 부터 충분한 결과가 아직 제시되고 있지 않은 현재, 이 책에서 제시되었던 관찰로 부터 어떤 결론이 내려질 수 있을 것인지? 나는 그럴 수 있다고 생각한다.

우리는 성인에게 나타나는 증상과 문제를 관찰하였고, 초기 아동기때 일어났던 인간관계의 문제에서 그 기원을 발견하였다. 임상사례들을 검토하면서 아동기 양육방식에 따라 성인기에 나타나는 문제들이 결정된다는 사실을 밝혀낼 수 있었다. 그러므로 우리는 부모들을 위한 "금기(don'ts)" 목록을 작성할 수 있다. 그러나 이러한 금기 목록이 보다 짧은 핵심적 내용으로 표현될 수 있을지? 본 저자는 다음과 같은 결론을 제시한다.

아동양육의 기본태도는 쉬운 일은 아니지만, 단순한 것이다. 기본적으로 중요한 핵심은 아동과 부모(또는 아동주변에 있는 사람) 사이의 좋은 감정(*good feeling*)이다. 적절한 자녀양육은 기술의 문제가 아니며, 엄격함이나 수용의 문제가 아니며, "때려야 하는지 또는 때리지 말아야 하는지", 그런 문제가 아니다……중요한 점은 무엇보다도 좋은 감정이 오고 가도록 하는 것이다. 어떻게 하면 이렇게 할 수 있을까? 이 질문에 대한 대답 역시, 자신의 아이에게 좋은 감정을 가짐으로써 그렇게 할 수 있다는 것이다. 아이는 이 세상에 무력한 상태로 태어난다; 아이는 부모와 주변의 사람들이 자신에게 느끼고 행동하는 방식 그대로 그들에게 반응한다. 만약 아이가 그들의 사랑을 느끼고, 그의 인격과 존재가 존중받고 있음을 느끼고, 그리고 그의 욕구와 감정을 이해하려는 그들의 노력을 느낀다면, 아이는 바로 그러한 감정으로 반응할 것이며, 그 주변에 있는 사람들과 동일시할 것이며, 이에 따라 주변 사람들을 닮게 될 것이다. 아주 단순하게 목표는 쌍방적으로 오가는 좋은 감정을 갖도록 한다는 것이다: 부모에게서 아이에게로, 아이에게서 부모에게로 오가는 좋은 감정.

어린이를 원하고, 사랑하고, 존중하며, (가능한 범위내에서)이해하는 가정에서 아이가 태어나고, 출생부터 3세까지 사랑속에서 안정감을 느낄 수 있는 그런 가정에서 성장한다면, 그 결과로 어느 정도의 정서적 안정과 정서적 건강의 기초가 형성되며, 3세부터 6세까지 덜 이상적인 환경에 부딪치더라도 이를 견딜 수 있는 자아 힘이 갖추어진다고 결론 지을 수 있다. 만약 어린이가 그의 0-6세 전기간 동안, 그리고 7-8세까지도 이와같은 상호적인 좋은 감정을 계속 경험하게 된다면, 훨씬 더 안정된 강인함과 적응력의 기초가 형성될 것이다. 만약 이와같이 바람직한 상황이 청년기까지 계속된다면, 그에게 아주 극단적인 외적 압력이 가해지지 않는 한 그는 일생동안 심한 정서적 문제 없이 지낼 수 있을 것이다－예를 들면 극단적인 외부 압력이란 정신병적인 범죄나 전쟁시 적에 의한 체포와 고문.

어린이가 성인 생활을 어떻게 발전시켜 나갈 것인지를 예측해 본 이와같은 예후 평가는 일반적으로 분석적 치료의 예후평가에도 동일하게 적용된다. 0－6세동안 좋은 관계를 경험해보지 못했던 개인들은 치료 받으러 올 수 없거나 치료를 오래 끌고 갈 수 없음이 앞서 지적되었다 ; 그들은 전이의 기초가 되는 좋은 관계를 실제 경험해보지 못했던 것이다. 만약 0－6세동안 유일하게 한 사람과의 관계만 좋았었다면 (예 테리 웨스톤 113페이지), 환자가 지속적으로 치료를 끌어나가는 것이 어려운 경우가 많고 분석이 오래 걸리고 힘겹게 진행될 것이다. 0－6세 동안 사랑받고 좋은 감정의 교류를 보다 충분히 겪었다면, 빠르고 효과적인 치료에 대한 예후가 보다 밝을 것이다.(예를 들면 마사 메이슨의 사례 368 페이지).

References

Escalona, S. (1963): Patterns of infantile experience and the developmental process, *Psychoanalytic Study of the Child* 18:197-244.

——— (1968): *The Roots of Individuality: Normal Patterns of Development in Infancy*. Chicago: Aldine.

제 4 부 연구되지 않은 영역

정돈과 단순화는 주제의 통달을 위한 첫번째 단계이다—실제적인 적은 모른다는 것이다.

Thomas Mann, 신비스러운 산

개인 인격내의 강점, 왜곡, 갈등, 문제의 원천으로서 모든 사람들의 삶에 대한 아동기 양식의 영향은 흥미로운 질문을 제기한다.

이러한 질문들은 그 중요성에 비추어 볼때 거의 이론적인 관심을 끌지 못했다. 여기서 제시되는 주제들에 대한 논의는 이러한 주제들의 이론적 위치를 정립해 주고 치료와 예방의 효율성을 높히는데 도움을 줄 것이다. 다음 장은 최종적인 것이라기 보다 시사적인 것이다.

20

선천성 갈등? Built-In conflicts?

0－6세 동안 어린이의 정서적 궤도내에 있던 사람들이 어린이를 취급했던 방식이 영구적인 정서적 양식을 만들어 낸다는 증거가 앞장과 사례들에서 제시되었다. 만약 이러한 양육방식에 위협, 좌절, 부작위(不作爲)와 작위(作爲)의 남용(abuses of omission and commission)이 포함된다면, 아동의 투쟁－도피반응이 이러한 인물들－부모, 형제, 또는 친척들－에게로 대부분 되돌려지게 된다. 반대로 만약 어린이가 사랑과 존경을 받게 된다면, 아이는 다른 사람에게 이러한 감정과 태도로 반응하며, 사회화에 요구되는 "의무"와 "금기" ("dos", "don'ts")에 직면할 때 투쟁－도피반응을 최소한으로 나타낼 것이다－성인은 사회와 문화속에서 살아가고 있으며 그 본질상 동물적 존재로서 살아가는 것이 아니기 때문에 이러한 의무가 요구된다. 만약 인간관계가 건강하다면, 투쟁－도피반응과 적개심, 철수반응은 최소화될 것이며, 어린이는 신경증, 정신증, 인격장애, 약물남용, 범죄로부터 비교적 자유로울 것이다.

양호한 아동기 정서양식은 충분히 성취될 수 없는 이상에 불과한 것일까? 만약 그렇다면 부모의 무지나 부모의 정서장애 때문일까, 아니면 어린아이 내부에 있는 선천적인 요인들 때문일까? 만약 후자의 경우가 진실이라면, 내재된 요인들이란 무엇일까? 본 저자는 기질적 장애와 극심한 정신증을 제외한 일반적인 신경증적 정서장애가 유전적인 장애라는 견해는 용납하기 어려우며, 이제까지 이에 대한 확실한 증거도 없었다. 그러나 사랑을 많이 받았던 일부 어린이들도 투쟁－도피반응의 강도에 있어서 상당한 개인차를 보여주고 있는데, 이러한 현상은 정신장애가 부분적으로나 간접적으로는 유전적 장애일 가능성을 제시해 준다. 예를 들면, 가능한 범위내에서 잘 키워진 "과다행동증 어린이" (0－6 세에 대한 관찰은 항상 제한되어 있다)가 몇년동안의 약물사용 이후에야 행동이 개선되어지는 경우이다.

그러므로 우리는 다음과 같은 질문을 무시할 수 없다. 거의 완벽한 아동양육과 이상적인 아동기 정서양식에도 불구하고 피할 수 없는 갈등, 즉 인간성 내부에 "선천적으로 타고난" 갈등 "(built-into conflicts)" 이 있는 것일까 ? 만약 이러한 갈등들이 인식된다면, 그런 갈등을 개선시킬 희망은 있을까 ?

신경증에서의 갈등 개념은 처음부터 Freud의 중심 개념이었다. 처음에 그는 억압되어있는 세력과 억압하고 있는 세력들사이의 주요 갈등을 인식하였다. ; 억압되어진 세력은 주로 성적 충동이라고 Freud는 생각하였다. Freud의「자아와 원본능 *The Ego and The Id* (1923)」이후, 억압하고 있는 세력에게로 관심이 전향되면서(최초의 주요 연구는 Anna Freud의 「자아와 방어기전 *Ego and the Mechanisms of Defence*, (1937)」이다) 자아방어가 강조되었다. 그러나 또다른 일반적인 갈등이 있는데 이는 원본능과 자아, 초자아 사이의 갈등이라기 보다, 본능 자체내의 갈등으로 간주될 수 있다 (최소한 부분적으로는) (Alexander, 1961, 90－111 페이지). 이러한 단순한 예는 과잉 보상적 갈등이다. 아마도 이 갈등에서는 자아와 역본능(counter-instincts)이 함께 연합되어 억압되고 있는 것을 누르고 있는 것 같다. Freud에 의해서 동성애와 관련되어 최초로 기술된, 모든 분석가가 익히 잘 알고 있는 한 소년의 사례가 있는데, 그는 어머니에게 지나치게 밀착되어 있었고, 지나치게 어머니와 동일시 하였으며, 그 결과 너무 의존적으로 되고 여성적으로 되었다. 성인으로서 이러한 사람은 독립성과 남성성 (masculinity)을 지나치게 강조하는데 이는 마치 그의 자아가 자신의 여성성 (feminity)을 부정하고 억압하기 위하여 특별한 힘과 활력을 소집한 것처럼 보인다. 그러므로 이러한 갈등을 "본능적 갈등" 이라고 부르는 것은 지나친 단순화인데, 왜냐하면 이러한 갈등내에서 자아 역시 결정적인 역할을 감당하기 때문이다(Alexander, 1961).

Freud는 나중에 신경증을 유발시키는 아동기 외상의 개념, 특히 성적인 외상의 개념을 발견하고, 이를 소개하였다. 나중에 Freud는 성적 유혹의 외상이 실제로 일어난 것이 아니라 단지 환자의 상상이었다는 사실을 발견하고는 아동의 자아가 다루기에는 너무나 강력하기 때문에 억압되도록 강요받는 원본능과 아동의 미숙한 자아가 투쟁한다는 개념으로 전환하였다. 이 개념 역시 외상의 개념이 포함되어 있기는 하지만, 일시적인 외상적 경험이 아닌 오래 계속되는 해로운 양육방식 (*long sustained injurious treatment*)이 평생의 문제를 야기시킨다는 것이다. 「자아와 원본능」이후, 원본능 충동들과 자아, 초자아의 억제 세력(Freud 표현을 빌리면, 초자아의 명령을 받은 자아에 의한 억압)들 사이의 갈등은 "구조적" 갈등("structural" conflict)으로 알려지게 되었다. 그러나 원본능들 사이의 갈등, 또는 "본능적 갈등" ("instinctual conflicts")에 대해서도 유의해야 하는데 그 두가지 이유는 분석적 이론상 그러한 관심이 필요하며, 모든 갈등은 적개심과 공격적 충동, 퇴행적 충동으로 입증되는 투쟁-도피반응을 일으키기 때문이다; 이러한 반응들은 정신병리적 문제와 모든 인간적 문제들을 야기시킨다.

에디프스 갈등은 선천적으로 조건지워진, 본래적인 갈등으로 여겨진다; 이는 성적 충동과 생물학적 부모의 성 차이로 빚어진, 필연적인 결과이다. 남성에게 있어서 여성은 경쟁대상인 다른 남성과의 관계에서 포획물, 대상이 된다. Freud가 지적한 바와 같이 작은 소녀는 어머니를 소유할 수 있는 생물학적 조건이 갖추어지지 않았다. 각인 때문에 다시 말하면, 각인된 대상, 강한 감정이 향하는 원래의 대상에게로 성적 감정이 부착되는 경향성이 있기 때문에 이러한 생물학적 차이는 중요하며, 이러한 방식에 따라 여성의 리비도 발달에서는 복잡한 문제가 발생된다(Freud, 1933). 그러나 양호한 아동양육, 즉 아동과의 좋은 관계에서는 눈에 띄일 정도의 문제를 남기지 않은 채 에디프스 컴플렉스가 해결된다.

아마도 형제 경쟁은 필연적이지만, 외적으로 자극되어진 갈등이라는 점에서 에디프스 컴플렉스와 구별될 수 있다. 물론 반복해서 강조된 바와 같이 이러한 갈등내의 정서적 세력의 강도와 그 결과는 개인 아동에 대한 개별적인 취급과 이로 인한 아동기 정서양식에 의해 강하게 영향 받는다. 필연적으로 보이는 또 다른 갈등들이 추가된다.

1. 발달과 성숙세력 대 이와 반대되는 퇴행세력(Saul, 1971)
2. 자기도취 대 대상관심－자기 자신과 자신의 안녕에 대한 관심 대 타인에 대한 관심(Freud, 1916).
3. 사랑과 성사이의 갈등. 사랑과 성은 상호 보완적이어야 하는데, 우리는 애정이 전제되는 조건의 성을 좋아한다；그러나 흔히 이 둘은 대립적이며, 어떤 사람은 사랑하지 않는 사람에게도 성적으로 개방적이며, 이런 경우 성은 보다 더 육체적인 세력이 되는 반면 대상에 대한 사랑과 존경이 있는 경우에는 성은 억제될 수도 있다(Freud, 1912).
4. 일부일처주의와 성적 난잡성 사이의 갈등. 성적 충동은 가리지 않고 이성 대상과 관계를 갖도록 유도하지만, 그런 상황은 동물세계의 장기적 짝짓기와 같은 인간사회의 일부일처주의적 짝짓기 세력(Carrighar, 1965)으로 보여지는 정착하는 경향성, 그리고 아동의 적절한 정서발달을 위해 요구되는 안정감을 줄 수 있도록 한 남자와 여자가 결합하는 경향성을 배제하지 않는다.

이러한 네가지 갈등은 훈련과 사회적 기준에 따라 형성된 구조적 갈등이라기 보다는 본능적 갈등이다.

정서적 갈등은 이를 해결하려는 자아 투쟁과정에서 지력(the intellect)을 발달시키는 것 같다. 또한 모든 갈등은 어느 정도의 마찰과 좌절, 이로 인한 적개심을 불러 일으키는데 이는 물리적 세계에서 모든 과정들이 어느 정도의 열을 발생시키는 것과 같다. 우리가 언급한 네 갈등 중 어떠한 갈등이나 다른 갈등이 개개 환자에게 보다 더 지배적인 경향이 있다.

이론적으로나, 치료적으로, 그리고 인간의 적대감의 약화를 위해서, 이와같이 분명한 본래적 갈등을 주목해 보는 것이 중요하다；발달과 성숙 세력과 퇴행적 세력사이의 갈등；자기도취(자기 관심)와 대상관심간의 갈등 ; 사랑과 성사이의 갈등 ; 일부일처주의적 욕구와 난잡한 성충동간의 갈등. 그러나 적절한 자녀 양육이 실행된다면, 부적절한 자녀 양육의 심각한 결과와는 대조적으로 어떤 본래적인 갈등이든, 최소한의 불행과 긴장만을 일으킬 것이다.

일상적인 생활 및 문학작품속의 경험과 마찬가지로, 임상적 경험은 앞서 언급된 모든 갈등의 사례를 충분히 제공해 준다. 애정과 성사이의 갈등, 결혼과 성적 난잡사이의 갈등은 비슷하다. 성적 관계에 있는 사람과의 관계는 사랑하고, 결혼하여 함께 아이를 낳기를 바라는 사람과의 관계와 상당한 차이가 있다. 이러한 현상은 실연 당한 사람이 성에 탐익하여 자신을 잊어 보려고 노력하거나, 거꾸로 성에 지쳤을 때 사랑과 결혼에 정착하여 행복해지는 경우에 명백하게 드러난다. Ernest Dowson의 유명한 시 "Cynara" 에서 이러한 점이 시적으로 표현되고 있다.

> 확실히 돈으로 산 그녀의 빨간 입술의 키쓰는 달콤했다 ; 그러나 나는 쓸쓸했고, 옛사랑이 그리웠다 ; 잠에서 깨어나 회색 빛 새벽을 보았을 때 나는 시나라 당신에게 충실했노라, 나름대로는……

어떤 환자들은 성적 난행 욕구를 방어한다 ; 다른 환자들은 일부일처주의적 경향성에 대해 방어한다.

애정문제와 연관된 자기도취와 대상관심사이의 갈등은 Niebelungen의 전설에 곡을 붙인 유명한 Wagner의 오페라에서 그려지고 있다. 기형이고, 추악한 난쟁이 Alberich는 라인강의 처녀들에게 관심이 있었고, 그녀들을 사랑하고, 그들로 부터 사랑받기를 갈망하였다. 그녀들이 그를 매정하게 거절했을 때 이 거절로 인해 그의 마음은 완전히 여자로부터 돌아섰고, 반지로 상징되는 돈(황금)과 권력을 갈구하게 되었다. 이 주제는 Richard 3세 (Freud, 1916)와 연관지어 Freud에 의해 서술되어졌는데, Shakespeare 극중에서 Richard 3세는 자신이 기형이고, 사랑받을 수 없으므로 권력으로 돌아섰다고 말했다. :

> 나는 사랑하는 이를 시험해 볼 수 없으므로 저 녀석을 시험해 보기로 마음 먹었다.
>
> 그리고 이 시대의 게으른 쾌락을 증오한다.

리비도 이론에 따르면 그는 "항문기" 수준으로 도피함으로 배척과 자만심의 상처를 주는 사랑에 대해 자신을 방어하고 있다고도 말할 수 있겠다.

이 세가지 형태의 타고난 갈등은 대부분 리비도의 방향(the direction of the ligido)을 다루고 있으므로 어느 정도 유사성이 있다.

그러나 성숙과 퇴행세력사이의 갈등은 약간 다른 범주에 속한다 ; 스트레스는 퇴행 경향성을 유발시키기 쉽다. 다른 말로 하면, 생활 속에서 심하게 상처받거나, 고통이 자아를 압도하게 되면, 개인은 심리적으로 철수하는 경향이 있고, 초기 양식으로 되돌아가는 경향이 있다. 여기에는 일반적으로 책임으로 부터의 도피가 포함된다(18 장 참고).

내적인 것이든, 외적인 것이든 삶의 문제와 씨름하는 과정에서 "상담"에 의해 도움 받을 수 있다 ; 그러나 일단 개인이 삶을 포기하고 삶으로 부터 심리적으로 철수했다면, 책임을 직면하고, 적응하고, 수행해나가기 위한 성숙한 기능을 감당할 수 있도록 도와주는 철저한 분석작업이 요구된다.

어떤 범죄자들－살인과 다른 폭력을 저지르는－은 사회내에서의 패배의 산물이라고 생각되어져 왔다. 그러나 우리는 이와같은 적대적인 폭력범죄가 사회에서 고통받는 이들에게만 국한되는 것이 아니고, 누구에게도 일어날 수 있으며, 기본 원인은 개인의 정신병리에 있다는 사실을 직면해야 한다(Saul, 1976). 그들은 반사회적이며, 정서적으로 장애된 개인들이다. 물론 사회가 어떤 역할을 한다는 게 사실이다 ; 그러나 이전에 생각했던 것처럼 그런 요인이 단일한 직접적인 요인은 아니다. 다른 말로 하면, 흑인가나 빈민가의 환경이 불량한 자녀 양육을 초래하지만, 그러나 불량한 자녀양육은 사회 모든 지역에서 일어날 수 있다.

0－6 세의 아동기(Freud, 1940)는 사회경제적 지위 및 다른 신경증과 상관없이, 인격장애가 형성될 수 있는 기간이다. 폭력을 휘두르는 반사회적 인격장애자가 발생되는 원인이 있다는 것은 비록 "완전 치유"와 "재활"이 항상 가능하지는 않다 하더라도 최소한 이론적으로는 예방이 가능하다는 의미이다. 치료하고 치유하려는 모든 노력이 강구되어야 한다 ; 그러나 일단 반사회적 인격이나 범죄적 인격이 형성되고 난 다음에는 그런 인격이

변화될 전망은 비교적 밝지 못하다(Saul, 1965). 어렵더라도 적절한 자녀 양육에 의한 예방이 최대의 희망으로 남아 있다. 이는 철저한 치료적 접근이 시도되었으나 현재로서는 선량한 사람들을 보호하기 위하여 범죄자들을 사회로 부터 격리시키는 방법외에는 별 도리가 없다는 결론에 이르렀음을 의미한다. 이와 같은 결론에 우리가 아무리 저항하더라도, 오직 힘과 격리만이 폭력자들을 다스릴 수 있다는 결론에는 일리가 있다.

인격내의 구조적, 본능적 갈등이 폭력의 원천이라는 개념에 비추어 볼때, 범죄자를 처벌함으로써 사회를 보호하는 전체 체계는 적어도 이런 유형의 범죄자에게는 비효율적인 방법이라는 사실이 직시되어져야 한다. 왜냐하면 적개심과 폭력의 원천은 부모-자녀관계에 뿌리깊이 박혀있는 심리적인 것이기 때문이다. 사형의 철페나 운동장의 증설, 혹은 또 다른 법률 제정과 같은 방법들이 비록 당장에는 효과가 있는 것처럼 보일런지는 모르지만, 폭력의 문제는 이러한 단순한 방법으로는 해결될 수 없다. 원자에너지와 같은 가장 위대한 인류의 발견이 어느 날엔가는 적대적인 목적 달성을 위해 호전적인 인간들에 의해 쓰여질 수 있을 것이다. 이러한 폭력 우범자들에 대한 어떤 해결책을 우리가 발견하지 못한다면, 그들은 인류를 멸망시킬 수도 있을 것이다.

아마도 인간은 그 자신의 생존을 위해 지나치게 빨리 동물로 부터 발전되고 진화된 것 같다 ; 인간은 소위 하등 동물들이 새끼를 기르는-사랑과 적절한 보살핌으로-원시적인 본능적 방법으로 부터 멀어지게 되었고 이에 따른 위대한 지적 발달의 댓가는 현재의 심각한 정서문제의 높은 발생율로 나타나고 있는데, 이러한 정서문제들은 본능적인 기제의 문제 특히 자녀 양육 방식의 문제로부터 빚어지고 있다. 본래적인 갈등이 존재하든, 존재하지 않든지 간에, 많은 아이들은 지적으로는 뛰어나지만 잘못된 양육방식으로 인하여 그들의 부모를 증오하고 마음속으로 죄를 범하는-인간에게 적대적이고 위험스런-성인으로 성장해 간다는 사실을 우리는 확실하게 알 수 있다. 결국 그들은 부모에 대한 아동기 증오를 모든 인간들에게 전이시킴으로써 인류를 파멸시킬 수도 있을 것이다.

아이로니칼하게 갈등은 인간의 지력을 발달시켜 왔지만, 이러한 높은 지능과 문화적 현실은 성숙 대신에 심각한 정서 문제를 유발시켰다고 보여진다. 그러나 아직 지력은 인간을 구원해 줄 유일한 희망인데, 왜냐하면 인간은 이성적인 판단에 의해 인류 전체의 생존에 심각한 위협을 가져오는 요인들을 통제하는데 요구되는 자기보존 본능을 지켜 나갈 수 있기 때문이다—공기오염, 핵무기, 인구폭발과 같은 위협들. 이러한 이성적 판단을 내리기 위해서는 인간의 모든 적개심의 원천에 대한 기본 지식이 요구된다—현재의 외적인 문제에 대한 반동, 아동기 정서양식, 있음직한 타고난 갈등.

요약해 보면, 원본능과 자아, 초자아 사이에 갈등이 존재하며, 훈련의 힘과 정상성, 사회생활의 요구 사이에 갈등이 존재한다. 이러한 갈등들은 구조적인 갈등들이다. 혹은 갈등이 대립적인 원본능들 자체내에서 일어날 수도 있다. 그 구별이 항상 분명한 것은 아니다.

일부 인간 정서갈등은 보편적인 것으로 보여진다. 이 가운데 두가지 갈등, 에디프스갈등과 형제갈등은 대인관계내에서 일어나는 것이다. 이와 다른 본래적인, 선천적으로 조건지워진 갈등이 있는데, 이는 (1) 발달적-성장적 세력과 퇴행적 세력사이의 갈등 ; (2) 자기도취와 대상관심간의 갈등 (3) 사랑과 성의 갈등 ; (4) 일부일처주의와 난잡한 성 사이의 갈등이다. 이러한 네가지 갈등들은 구조적 갈등이 아닌 본능적인 갈등이다. 잘못된 양육방식이 정서장애를 일으키는 정도로, 이러한 네가지 갈등들이 심각한 정서장애를 일으키는 것은 아니다.

갈등에는 좌절, 스트레스, 불안이 동반되며, 이런 결과로서 투쟁-도피 반응이 자극된다 ; 도피반응은 퇴행 경향성을 일으키고, 투쟁반응은 인류의 중심문제인 적개심을 불러 일으킨다. 이러한 갈등들을 극복해 나가려는 자아 투쟁은 지력 발달에는 도움되지만, 이는 역으로 다른 정서문제의 원인이 될 뿐만 아니라 치유와 예방의 수단이 될 수도 있다.

References

Alexander, F. (1961): The relation of structural and instinctual conflicts, in *The Scope of Psychoanalysis.* New York: Basic Books.

Carrighar, S. (1965): *Wild Heritage.* Boston: Houghton Mifflin.

Freud, A. (1937): *The Ego and The Mechanisms of Defence*. London: Hogarth Press.
Freud, S. (1912): On the universal tendency to debasement in the sphere of love, *S.E.* 11, p. 177.
______ (1916): Introductory Lectures on Psychoanalysis, Part III, *S.E.* 16, p. 214.
______ (1923): The ego and the id, *S.E.* 19.
______ (1933): New introductory lectures on psychoanalysis, *S.E.* 22, p. 112.
______ (1940): An outline of psychoanalysis, Part II, *S.E.* 23.
Saul, L. (1965): "Hostility" and "Criminal Acting Out and Psychopathology," chapters in *Crime, Law and Corrections*, ed. R. Slovenko. Springfield, Ill.: Charles C. Thomas.
______ (1971): *Emotional Maturity*, Third Edition. Philadelphia: Lippincott, pp. 23–78.
______ (1976): *The Psychodynamics of Hostility*. New York: Jason Aronson, Inc.

21

의지력, 책임감, 치료

우리는 아동기 양식에 문제가 있으면, 모든 종류의 정서장애가 야기된다는 점을 알고 있으며, 이를 논증하려고 시도하였다. 문제가 되는 아동기 양식이 개인의 일상적인 사고, 감정, 행동에 영향을 끼침으로써 그와 같은 결과가 초래된다. 적절한 사례에 시행된 정신분석 치료는 문제가 되는 아동기 양식을 약화시킴으로써 자아가 그러한 양식의 자동적인 명령으로부터 해방되도록 도와준다. 그러나 이러한 치료과정은 보통 시간이 오래 걸리며, 이러한 치료적 상황은 문제를 극복해 나가는데 요구되는 환자의 자아를 온전하게 지켜 나가려고 애쓰는 중요한 상황이다. 이러한 시도가 성공적이라면 아동기 양식의 강력한 자동성(automaticity)과 자아의 합리적 통제가 부딪치는 과정에서 무의식적 힘을 약화시킬 수 있을 뿐만 아니라 자아를 강화시키거나 최소한 일시적으로나마 문제를 처리할 수 있도록 자아를 도움으로써 개인이 자신이나 미래의 생활에 심각한 해를 끼치지 않도록 방지할 수 있음이 발견된다.

I.

일반적으로 자아는 세가지 기능을 담당하고 있다고 기술된다;

(1) 외적, 내적 세계에 대한 지각이나 자각;

(2) 이러한 지각과 기억, 이성, 감정의 통합

(3) 실행적 방향으로의 행동

정신분석 치료는 자기 지각 (self-perception)을 높히기 위해 통찰을 이용하며 정서 왜곡을 줄임으로써 자신의 동기와 반응에 대한 정확한 지각과 이에 따른 외부세계에 대한 정확한 지각을 촉진시킨다. 이러한 통찰은 자아 내에서 자기 지각과 다른 자아기능과의 통합이 충분히 일어날 수 있게 해 준다. 이러한 (1), (2)의 자아기능과 이러한 기능들이 치료적으로 다루어지는 방법에 대해서는 많은 문헌에서 다루어졌다. 그러나 세번째 자아기능, 실행적 방향으로의 행동은 별로 관심을 끌지 못했다. 우리는 이제까지의 토론에서 다음과 같은 결론을 유도해 낼 수 있다. 환자의 기본 역동이 탐색되고 이해되는 상황에서, 분석가는 다양한 활동이나 해결책을 직접적으로 암시하거나 격려함으로써 그리고 보다 강한 자신의 의지력을 발전시키도록 환자를 도움으로써 자아의 실행적 기능을 동원할 수 있고, 이용할 수 있다.

정신분석이 역사적으로 발전되어 온 과정을 검토해 볼 때, 정신분석에서 직접적인 암시와 의지가 소홀히 다루어지고, 나아가서 비난받아 왔던 이유가 명백해진다.

원래 정신분석은 최면술사(hyponotist)의 암시와 의지에 따라 결정되는 최면술(hyponosis)로 부터 발전되어 왔었다. Freud는 무의식과 본능의 거대한 힘과, 행동을 결정짓는 이러한 힘들의 존재가 전혀 인식되지 못하고 있음을 이내 발견하였다. 이러한 발견은 그로 하여금 암시나 의지를 사용하는 방법으로 부터 멀어지게 하였고, 그대신 무의식적 자료와 본능, 그들의 변천, 그리고 의식적 자아를 포함한 전체 정서생활에 대한 그들의 영향을 탐색하도록 하였다. 또한 정신분석이 시작된 빅토리아 당대에서는 악마, 마귀 또는 사악한 사고 및 행위, 정서를 격파하기 위해 권위자의 힘이 이용되어졌다. 이러한 힘은 개인들로 하여금 용납될 수 없는 그들의 충동과 감정을 억압하도록 강요하였다. Freud는 환자의 무의식속에 작용하고 있는 이와같이 억압되고 용납되지 못한 충동들을 자유연상과 꿈을 통하여 탐색하였고 이들을 발견하였다. 그는 이와같은 억압을 제거하고 무의식을 의식화시키는데 치료적인 노력을 기울였다.

Freud의 생애에서 전환점이 되고, 그가 "의지 (Will)" 를 과소평가하게 된 계기를 제공한 것은 초기 Dora사례였는데, 그녀는 예후가 밝아보이는 치료를 시작한 후 갑자기 치료를 종결하였다(Freud, 1905). 이 사례는 Freud로 하여금 대단히 중요한 전이의 개념을 공식화하도록 유도하였다. Freud는 그녀가 K씨에 대한 그녀의 감정을 Freud 자신에게 전이하였기 때문에 갑자기 치료가 종결된 것이라고 설명하였다. "그녀는 그에게 복수해 주고 싶은 대로 나에게 복수하였다." 또한 그는 환자에 대한 치료자의 영향력의 한계를 지적하였고, 다음과 같은 진술로 나타나는 환자 자신의 의지력의 한계에 대해서도 지적하였다. "모든 이론적인 관심과 도우려고 하는 의사의 온갖 노력에도 불구하고, 심리적인 영향력이 이용될 수 있는 정도에는 한계가 있다는 사실을 새삼 깨닫게 되었으며, 이러한 한계를 환자 자신의 의지와 이해의 한계로 받아 들였다." Farber(1966)가 지적한 바와 같이 Freud는 그때 의지의 동기를 연구하려고 결심하였고, 의지 그 자체의 심리를 고찰하지는 않았다.

빅토리아 시대의 도덕과 의지에 따라 살아가는 환자들의 행동을 검토하면서 Freud는 그들의 "의지력"으로 표현되는, 자기-충족적, 자기기만적으로 합리화된 이유가 아닌, 그들 행동의 진정한 원인을 발견하였는데, 그들 행동의 진정한 원인은 무의식적 소망과 본능이었다. May(1969)는 "'의지'가 아닌'소망'과'욕구'가 어떻게 우리의 행동을 결정하는지를 기술하면서" 서구인의 정서적, 도덕적, 지적 자아상을 뿌리채 흔들었던 새로운 인간상을 Freud가 제시했다고 결론지었다. 그러나 이러한 새로운 인간상이 부각되면서, 의지, 결단, 개인의 책임의식에 대한 피할 수 없는 평가절하가 필연적으로 뒤따르게 되었다. 새로 부각된 인간상은 결정지워진 인간의 모습이었다-주체적으로 행동을 조정하는 것이 아니라 행동하게끔 조정당하는 (not driving any more but driven) 인간상에 동의하면서 인간은 "무의식에 따라 생활한다"고 표현하였다. Freud는 다음과 같이 진술하고 있다. "정신적 자유와 선택에 대한 뿌리깊은 신뢰는……전혀 비과학적인 것이며 정신생활에 적용되는 결정론의 주장에 굴복해야 한다." (1938).

Alan Wheelis(1956)는 다음과 같이 쓰고 있다 :

지성인들 사이에서 "의지력"이란 용어는 가장 명백한 무지의 상징이 되었다. 혼자 힘으로 신경증적 고통으로 부터 벗어나고자 노력하는 것은 유행이 뒤진 고루한 방식이 되었다 ; 의지가 강할수록 "역공포증적 방어(counter-phobic maneuver)" 라는 꼬리표가 붙여지게 되었다. 이전에는 인간의 운명이 의지에 의해 결정되었으나, 이제는 억압된 정신생활에 의해 결정된다. 유식한 현대인은 그들의 등을……카우치……에 대고 있으며 그렇게 함으로써 그들 스스로 노력하는 것을 소홀히 할 수도 있다. 의지가 평가절하됨으로써 용기도 이와 동일한 취급을 받았다 ; 왜냐하면 용기는 의지력이 있어야만 존재할 수 있으므로 용기를 주는 의지력보다 더 높게 평가되지 않았다. 우리는 결단성(determination)을 버리고 정신 결정론(determinism)을 취하게 되었다.

May(1969)는 다음과 같이 간파하고 있다.

확산되고 있는 현대인의 두드러진 경향성은 자기자신을 수동적인 존재로 보고, 의지와 상관없는 심리적 세력들의 산물로 보려는 경향성이며, …그러므로 현대인은 이러한 확신을 갖게 되었다. 비록 그가 "의지" 를 발휘한다 하더라도…착각으로 의지를 믿는다 하더라도……그의 행위는 어쩔 도리가 없는 것이다. 이러한 내면적인 무기력의 경험, 이와같은 의지의 부정이 우리의 결정적인 문제이다.

Arieti(1972)는 다음과 같은 점에 주목하였다.

빅토리아 시대의 풍조와 투쟁하는 것이 주요 관심사였던 정신분석 초기 당시에는 의지가 해방의 동인(動因)(the agent of liberation)이 아닌, 억압의 동인으로 간주되었다……. 그 결과 20세기의 심리학, 정신의학, 정신분석의 대부분은 의지의 개념을 물리치는데 제휴하였다. 의지의 주제가 다루어진 논문이나 책의 장들은 이내 학술모임이나 교과서에서 제거되어졌으며, 전혀 관심의 대상이 되지 못했다. 의지나 결단력에 관한 어떤 연구－동기와 구별될 때－라도 악평을 받았고 비과학적이라고 간주되었고, 연구자는 소설가, 신학자, 또는 철학자라고 격하되었다.

Arieti는 계속해서 Freud가 의지의 문제에 있어서 자가 당착적이었음을 지적했다 : Freud는 무의식적 소망을 인간 행동의 주요 결정인으로 보았으나, 또한'원본능이 있는 곳에 자아가 있음이 틀림없다'고 진술하였다. Freud는 정신분석의 목표가 고삐풀린 원초적 무의식적 소망과 같은 원본능을 해방시키는 것이 아니라, "원본능에 의해 무의식적으로 결정된, 우리가 원치않는 그런 억압" 으로 부터 자아를 해방시키는 것이라고 생각하였다. Arieti는 "정신분석이 억압적인 기능을 하는 것이 아니라 의지의 영역을 확대시키는 기능을 한다" 고 믿었다.

만약 정신분석가들이 인간의 정신이 엄격한 결정론에 의해서만 지배된다고 정신분석가들이 믿는다면, 자가당착에 부딪치게 된다. 만약 인간 행동이 오로지 무의식적 요인과 본능에 의해서만 결정된다면 어떻게 정신분석이 치료로서의 효력을 발휘할 수 있단 말인가? Knight(1954)는 이러한 질문에 다음과 같이 답하였다: "인간의 행동이나 결정이 자유의지의 작용이나 자유 선택을 나타내 보인다 할지라도 자세히 검토해 보고 분석해보면, 그런 행동이나 결정은 무의식적인 결정인이 그 바탕을 이루고 있음이 드러날 것이다. 원인이 되는 요인들이 존재하고 작용하고 있으나 개인이 의식수준에서 이를 자각하지 못하고 있을 뿐이다." Knight는 정신치료는 "환자로 하여금 자유에 대한 주관적인 느낌을 갖도록 결정적으로 작용한다" 고 말하였다. Knight는 심리적으로 성숙한 사람의 마음속에 있는 주관적인 내적 자유감이 착각임을 시사하고 있다.

Arieti(1972)는 다음과 같이 믿고 있다.

> Knight와 다른 분석가들이 착각이라고 말하는 것은 자유에 해당되는 것이 아니라 "완전한 자유" 에 해당된다. 우리는 결코 완전한 자유를 누릴 수 없으며 그렇게 생각하는 것은 착각이다. 문제는 결정론과 자유선택 사이에 있는 것이 아니라 상대적인 결정론과 상대적인 자유선택 사이에 있다.……선택의 능력을 증가시키고 모든 가능한 방식으로 결정적 요인들의 강도를 줄이고, 육체적인 필연성에서 벗어나 자유의지를 추구하는 것, 이것이 인간의 목표 가운데 하나이다……나는 정신분석의 위대성이 억압에 의해 부여된 자유의지의 속박을 인식하고, 이러한 속박을 벗어나는 방법을 발전시키는데 있다고 믿는다.

II.

엄청난 통찰의 증대와 정신역동 지식의 증가와 더불어 우리의 임상 경험은 일정한 조건 아래서 주의깊게 선택된 환자에게 사용된다면, 암시 및 의지의 치료적 요소가 재생될 수 있음을 보여주고 있는데, 이와같은 방식으로 통찰과 지각, 통합 기능에 더해서 자아의 실행적 기능이 동원될 수 있으며, 그 결과로 통찰과 지각의 통합 기능이 줄어드는 것이 아니라 오히려 치료적 효율성을 높힐 수 있다는 것이다.

정신역동이 철저하게 이해되고 분석가가 무엇을 하고 있는지를 명료하게 알고 있는 경우에 암시와 환자의 의지력에의 호소, 치료자의 의지력 적용과 같은 방식이 현명하게 이용된다면, 이와같은 방식은 환자를 무기력하게 만드는 불안, 우울, 억압이 분석에 의해 약화될 때까지 이러한 정서에도 불구하고 환자로 하여금 퇴행으로 부터 벗어나도록 도와주고 스스로 활동하려는 결단력을 높히도록 도와주는 지렛대와 같은 역할을 하게 된다. 대부분의 환자들은 분석가가 그들에게 황금시대를 가져다 주기를 수동적으로 기다리면서 위축되어 있는 상태가 아닐 때, 즉 자립적으로 기능하고 있을 때 최선을 다 하게 된다.

물론 분석가가 환자의 가치관이 아닌 자신의 가치관에 따라 어떤 점을 환자에게 설득시키려고 그의 영향력을 이용해서는 안되며, 그리고 철저하게 검토된 환자의 정신역동에 따라 평가될 때 치료적으로 잘못된 것으로 평가되는 그러한 변화를 환자에게 강요해서는 안된다는 점이 분석 치료의 요체이다.

또한 분석가가 전이와 역전이 상황을 정확하게 안다는 점 역시 필수적이다. 그리고 분석가가 암시를 사용함으로써 전이 상황 자체를 어떻게 변화시키는가에 대한 주의깊은 인식이 그러한 평가에 포함되어져야 한다.

부모에 의해 지도받은 경험이 부족한 환자들은 성인 활동을 안내해 줄 부모와의 강한 동일시가 당연히 결여되어 있다. 이러한 환자들은 분석가와의 동일시를 원하고 분석가의 지도를 원하는 경향이 있는데, 만약에 분석가가 현명하고, 강하고, 친절하다면, 그리고 아주 좋은 대인관계를 갖고 있다면, 분석가의 지도가 치료적일 수 있다. 그러나 다른 환자들은 지나치게 통제받아 왔고 지배받아 왔으며, 이러한 통제가 스스로 결단을 내리고 책임을 감당하는 능력을 억제해 왔다. 흔히 이러한 환자들은 지시를 내리는 역전이(a directing counter-transference) 상황으로 분석가를 끌어 들이려고 무의식적으로 조정한다. 이러한 상황은 치료적으로 해로운데, 왜냐하면 이러한 환자들은 복종적 태도로 부터 벗어나서 스스로 결정을 내리고, 자신의 인생을 성공적으로 독립적으로 이끌어 가는 것을 배워야 하기 때문이다. Freud(1910)는 다음과 같이 쓰고 있다: "대부분의 인간들에게는 권위자로부터 어떤 도움을 받고자 하는 욕구가 너무나 강렬하기 때문에 만약 그러한 권위자가 위태롭게 된다면, 이 세상은 흔들리게 될 것이다."

III.

정신분석에서 치유의 역동(the dynamics of cure)에 관해서 아직 의견 대립이 있기는 하지만, 정신분석이 자아를 통하여 그 기능을 발휘한다는 점에는 일반적으로 동의하고 있다. 분석가는 환자의 자아와 함께 작업하는데, 아동기 양식 및 현재의 생활양식, 그리고 전이를 연관지우는 해석을 통하여 환자의 무의식을 의식화시키면서 분석가는 자아와 함께 작업한다(예를 들면 지나간 아동기의 억압된 현실과 환자의 현재의 현실을 연결시킨다.) 자아에는 통속적으로 "의지력"이라고 불리워지는 세력이 있다. 그러한 의지력이 어떤 것을 만들어 낸다 한들, 그리고 개인이 아무리 자유롭게 그러한 의지력을 발휘한다 한들, 우리가 보는 바와 같이 문제들은 미해결 상태로 남아있다. 그러나 현상적으로 그러한 힘은 관찰될 수 있고 우리의 관심을 끌고 있다.

대부분의 환자들은 분석받는 동안 그들의 자아와 함께 작업함으로써 도움 받을 수 있다. 그러나 성공적인 정신분석의 훌륭한 후보처럼 보이는 일부 환자들이 분석을 발전시켜 나가지 못하거나 후퇴해 버리는 경우가 있다. 흔히 이러한 실패는 그들 내부에서 일어나는 퇴행적 힘의 강도 때문에 일어난다. 이러한 환자들은 그들의 자아내에 명백한 취약성이 있음을 드러내고 있는데, 이러한 자아는 강화되어져야 한다. 이와같은 환자들의 잠재적인 자아 강도를 강화하는데 도움이 되는 일정한 태도와 해석이 정신분석 체계 내에서 이용될 수 있다는 점이 발견되어졌다.

이 장에서 언급된 각 저자들의 모든 치료와 본 저자의 치료는 엄격하게 볼 때 분석 치료인데, 분석적 치료란 환자의 무의식적 동기와 반응에 대한 이해가 그 기초가 된다(예를 들면 환자의 아동기, 현재 생활, 전이에서 심리적 현실로 보여지는 그의 정신역동). 이는 「정신분석의 개요 *Outline of Psychoanalysis* (1940)」에서 표현되고 있는 Freud의 진술과 "정체감과 기법의 요점 Identity and a point of Technique (Saul과 Warner, 1967)" 이라는 논문내용과 일치된다. 경험에 비추어 볼때 자아의 건강한 기능과 이에 동반되는 환자의 독립이 자기 신뢰, 책임의식을 고취시킬 수 있다. 이 장의 주제는 분석치료 장면에서 이러한 목표가 어떻게 성취될 수 있는가를 명료화하는 것이있다. Freud의 문장을 인용해 보다 :

> 나아가 전이관계는 다른 두가지 이점을 가지고 있다. 만약 환자가 분석가를 그의 아버지(또는 어머니)의 위치에 올려 놓는다면 그는 초자아가 자아에 대해 행사하는 힘을 분석가에게 부여하는데, 왜냐하면 우리가 아는 바와 같이 그의 부모는 환자의 초자아의 원천이기 때문이다. 이제 새로운 초자아는 신경증에 대해 일종의 사후 교육 (after-education)을 시행할 기회를 갖게 된다 ; 사후 교육은 부모의 교육이 비난 받아야 하는 실수를 교정할 수 있다. 그러나 이 시점에서 이러한 영향력이 잘못 사용되어서는 안된다고 경고되어져야 한다. 분석가가 교사나 모델, 이상적인 인물같은 입장에서 행동하고픈 유혹을 느낀다 하더라도, 분석 관계에서 그런 일은 그의 과제가 아니며, 그가 자신의 기호에 따라 자신이 행동하도록 내버려 둔다면, 이는 실제로 그의 과제에 불성실하게 된다는 점을 잊어서는 안된다. 그렇게 한다면 부모가 자녀의 독립심을 눌러서 꺾어버린 것과 같은 실수를 분석가가 반복하는 것이며 한 종류의 의존심을 다른 종류의 의존심으로 대치시키는 것에 불과하다. 환자를 치료하고 교육하려고 시도하면서 분석가는 환자의 개체성 (individuality)을 존중해야 한다. 분석가가 합법적으로 행사하게 될 영향력의 정도는 환자에게 나타나고 있는 발달과정의 억압 정도에 따라 결정될 것이다. 많은 신경증적 환자들은 아주 어린애 같은 상태에 머물러 있으므로 분석과정에서 그들은 어린애처럼 다루어질 수 밖에 없다.

환자의 자아강도를 강화시키는 과정에서 분석가는 그 자신을 모델로 제시하지는 않으나, 일시적으로 그 자신의 자아강도, 결단력, 인내력을 나타내 보여준다.(만약 이러한 품성을 충분히 갖고 있지 않다면, 그는 분석가가 되지 말아야 한다.)

표현되는 자아강도에 따라 분석받는 환자들은 대략 네 종류의 집단으로 분류된다.

1. 앞서 Freud가 지적한 바와같이 "지나치게 유아적인" 환자들이 있는데, 이들은 생활문제를 직면해 나갈 정도로 성숙해지기 위해서 자아가 강화되어야 한다. 그들은 부분적으로 유아적인 수준에 고착되어 있다.
2. 정신분석 받는 동안 부분적으로 퇴행하는 환자들이 있는데 이들은 자아 강화를 도와주는 분석적 개입 없이는 전진할 수 없다.
3. 퇴행하려는 강한 경향성을 지닌 환자들이 있는데, 이런 환자들은 자아 행동을 정지시키는 퇴행을 예방하기 위해 즉각적으로 자아가 강화되어야 한다.
4. 스트레스가 가득찬 현실상황에서 자신감을 잃게 됨으로써 심한 퇴행 속에 빠져 들거나 그럴 위험이 있는 환자들이 있는데, 이들은 학교를 퇴학 당하거나 해고당하는 심각한 문제를 피하게 해주는 응급처치를 받음으로써 이러한 퇴행 상태로부터 벗어나도록 도움 받아야 한다.

자아를 강화시켜 주었던 임상 사례들을 예시하기 전에 이러한 기법 사용의 두가지 전제조건을 제시해 보겠다. 첫번째 전제조건은 환자가 충분히 긴 시간동안 분석을 받은 결과 정신역동과 전이가 명료하게 이해되고, 분석가가 진실과 현실에 기초를 둔 치료적 영향력을 발휘할 수 있을 만큼 긍정적 전이가 강해야 한다는 것이다. 그러므로 어떤 결정을 내리는데 충고나 도움을 구하기 위해서 일시적으로 자문의뢰된 그런 환자에 대해서 지금 우리가 이야기하고 있는 것은 아니다. 이와같이 자문 의뢰된 사례들일지라도 일부 사례에서는 문제를 신속하게 명료화할 수 있고 환자로 하여금 스스로 결정하도록 도움 줄 수 있다. 만약 이러한 치료적 개입이 행해지고 만족스럽게 문제가 해결된다면, 통찰과 분석가에게로 향하는 자발적인 긍정적 전이가 합쳐져서 효과가 나타날 수 있는데 이러한 현상은 "전이 치유

(transference cure)" 라고 불리워 진다. 물론 이는 위험스런 것이며 진정한 영속적인 분석 효과가 아니다.

두번째 전제조건은 환자가 퇴행속에 깊이 빠져 있어서 분석이 벽에 부딪치는 경우이다. 진전이 없는 상황에서 전이와 저항을 철저하게 분석한 다음, 자아를 강화시킬 방법을 찾아보려고 노력하는데, 대부분은 환자의 현실감과 의지력에 호소하게 된다. 대체적으로 아동기, 현재생활, 전이에 내포된 정신역동에 관한 해석은 환자들에게 지적인 통찰만 갖도록 해주지만, 이러한 "지적" 통찰은 이후의 분석과 치료 진전에 중요하게 될 것이다.

환자로 하여금 분석 상황에 뛰어들고 그들 자신의 목표를 성취하도록 도와주는 것이 기본적인 치료 방향이라고 기술될 수 있다. 첫째로 우리는 환자 자신의 목적을 개념화하도록 도와주는데, 이러한 목적이 모호한 경우가 자주 있다. 보통 성숙에 대한 환자의 욕구와 그의 자아이상은 그 자신의 가치와 목표를 나타낸다. 환자가 목표를 파악하고 있다고 판단되는 경우에는 분석가는 환자와 함께 목표에 대해 토의하고 그러한 목표를 성취하려는 환자의 노력을 지지하고 있음을 알린다. 만약 치료 목표가 환자와 신경증적 산물이라고 느껴지는 경우라면 분석가는 이에 대해 적절하게 해석을 한다. 만약 목표가 보다 정상적이고 건강한 환자 자아의 부분으로 보여진다면 분석가는 이러한 목표에 대해 토의한다. 만약 환자가 이러한 목표를 추구해서는 안될 이유가 없는 경우로 보여진다면, 환자가 포기하려고 하더라도 그로 하여금 건강한 목표를 달성하기 위해 인내하도록 격려해 준다. 다시 말하면, 환자가 자신없어 하거나 장벽이 있다 하더라도, 그리고 그의 신경증적 문제가 어떠한 문제라 하더라도, 우리는 이러한 어려움이 극복될 수 있음을 느낀다는 것이다.

분석가 자신의 가치나 목표를 환자에게 강요하지 않도록 주의하면서 분석가는 환자 자신의 현실적 목표의 진가를 인식한다. 만약 환자가 몇가지 모순된 목표를 갖고 있다면 분석가는 보다 현실적으로 성취될 수 있는 목표들을 명료화해 준다. 이는 각 목표의 정서적, 실용적 결과를 털어놓고 토의함으로써 가능해진다. 이는 자아와 함께 작업해 나가는 인지치료의 형식으로서, 이전에는 무의식적이었던 동기와 역동에 대한 분석적 통찰을 활용함으로써, 합리적인 의사결정 과정의 표본을 환자에게 제공해 준다.

모든 의식적, 무의식적 요인들이 철저히 이해되기 전에는 분석 받는 동안 중요한 결정이 내려져서는 안된다는 기본 원칙이 지켜져야 한다. 외적인 개입이 전혀 없이 분석이 진행되는 경우는 지나친 내성, 퇴행, 문제해결 없는 끊없는 토론이 유도될 수 있다는 점을 분석가는 알고 있어야 한다. 환자가 생활과 책임으로 부터 완전히 철수한 채 유익하게 분석이 진행될 수 있는 경우는 거의 드물다. 분석이 진행되자면 자아가 현실 문제를 다루어야 한다. 반면 관련되는 모든 요인들과 문제점들을 철저하게 이해하지 못한 채 목표를 너무 빨리 세우는 경우는 부가적인 신경증적 문제와 실패, 계속적인 퇴행을 유도할 수 있다.

환자가 스스로 그 자신의 목표를 세우는 것을 도웁기 위하여 분석가가 그를 어떻게 보고 있는가를 대략적으로 알려줌으로써 과소평가된 그의 자기상을 교정해 준다(Saul과 Warner, 1967). 이와같은 "거울반사" 기법 "(mirroring" technique)을 사용하면서, 분석가는 환자 인격내의 건강하고, 정상적인 부분을 환자에게 공개적으로 솔직하게 알려주고 그가 이러한 부분을 사용함으로써 목표를 달성할 수 있다는 사실을 알려준다. 이와같이 명백히 건강한 부분이 있다는 사실은 환자를 놀라게 하며, 환자로 하여금 그러한 건강한 부분을 사용하도록 자극하게 된다. 환자의 심리적 현실이 지적되면서 그에게 용납될 수 있는 자아동조적 방식으로 이러한 장점들이 제시될 수 있으며 이러한 결과 자신의 목표를 성취하는데 건강한 인격 부분을 이용할 수 있도록 격려되어 진다. 이와같은 건강한 자아가 환자에게 납득되어질 때 환자는 분석가에 대한 믿음과 존경이 바탕이 되는 "급격한 신뢰의 증가 (leap of faith)"를 보이게 되고, 나아가서는 그의 삶을 직면해 나감에 있어서 그의 자아를 사용하게 된다. 분석가는 이와같은 현실적인 "자아 초상화 (ego portraits)"를 명료화하기 위해 유추해석 (analogies) 이나 생물학적인 상징 (biological vignettes)을 사용한다. 예를 들면 그의 자아가 이제는 완전하고, 제대로 기능을 발휘하는 부품들로 구성된, 훌륭한 경주용 차와 같으며 방향을 정해서 그 차를 끌고갈 운전사만 있으면 되겠다는 식으로 상징적으로 비유해 줄 수 있다.

분석가는 정신내적 갈등으로만 쏠려지고 있는 에너지를 전환시켜 환자로 하여금 외부 세계를 다루는데 보다 많은 에너지를 사용하도록 도우려고 노력한다. 자아는 이제까지 어떤 해결책도 찾을 수 없었던 내적 갈등과 씨름하느라고 지쳐있는 상태이다. 자아는 외부세계에 있는 해결될 수 있는 실질적 문제를 접함으로써 다시 기능적으로 될 수 있다. 이러한 자아기능에는 자기애적으로(자기에게로 관심이 향해지는) 부착된 내적 대상(narcissistically(self-interested) cathected internalized objects) 만을 다루는 대신에 외부 대상에게로 리비도를 부착하는(외부 대상에게로 관심과 주의, 정서적 방출을 보내는) 기능이 포함된다. "자기의 생명을 구하는 자는 잃을 것이며, 자기의 생명을 잃는 자는 구할 것이다." (Matthew 10 : 39) —이는 "대상관심" 을 표현하고 있는데 적절한 경우에는 이런 성경구절까지도 인용될 수 있다.

분석가의 능력과 경험뿐만 아니라 그의 인격이 모든 치료에서 중요한 역할을 하는데 아동기때 아동의 자아가 부모의 자아강도를 이용했던 것처럼 분석과정에서 환자의 자아가 일시적으로 치료자의 자아강도를 이용해야 하는 과정에서는 특히 그러하다.

IV. 사례 예시

앞서 언급된 네가지 범주의 예가 제시되면서 자아를 강화하는 기법(ego-strengthening techniques)이 소개될 것이다.

첫번째 유형은 Freud가 "너무 어린아이 같아서 분석에서도 어린애처럼 다루어질 수 밖에 없다" 고 기술했던 환자들이다. 이러한 경우에 분석가는 최대의 체계와 지지를 제공해 주어야 하며, 의존적이고 복종적인 전이를 벗어나도록 분석해야 한다는 점을 인식하면서 때로는 권위적으로 환자를 대해야 한다. Wolf Man에 대한 Freud의 분석(1918)이 이러한 기법을 사용한 예이다. 처음에 울프맨은 분석받을 가치가 있는 흥미로운 자료를 내놓는 것처럼 보였으나, 초기가 지나자 Freud에 대한 의존적이고 수용적인 정서가 동반되는 장기간의 퇴행으로 빠져 들었다. 울프맨의 자아강도를 자극하기 위하여 Freud는 분석을 종결할 마감시간을 임의적으로 정해 놓았다.

이에 대해 울프맨은 남아있는 분석시간을 보다 귀중하게 여기고, 더욱 열심히 파고들고 자신이 내놓은 자료를 이해하기 위해 더욱 열심히 노력하는 반응을 보였다. Freud와 Ruth Mack Brunswick (Gardner, 1971)를 계속 만나면서 울프맨은 퇴행적이고 의존적인 매달림을 더욱 명백하게 드러내 보였다. Freud는 그를 경제적으로 보조하였는데 그는 자신이 실제로 Freud 가족 가운데 귀염둥이 아들이라는 망상을 갖게 되었다. Ruth Brunswick는 울프맨이 Freud의 왕국의 구성원이 아니라는 자아-이양적(자신이 받아 들일 수 없는)현실을 그에게 자각시키기 위해 가혹하게 현실에 직면시키는 방법을 사용하였다. Blum (1974)이 지적한 바와같이 오늘날 울프맨은 다소의 정신증적 망상, 어린아이 같은 특징을 지닌, 보다 고전적인 경계선 인격을 보여주고 있는 것으로 생각된다.

* * * * *

유아적인 수준에 부분적으로 고착된 여성을 자아 강화시킨 사례로서 한 젊은 여대생사례가 있다. Amanda는 학구적 생활과 사회생활을 감당하는 것이 그녀의 능력으로는 힘겨웁다고 느꼈기 때문에 입학 후 이주일이 지난 뒤 대학을 그만 두었다. 그리고 나서 대학 촌에서 허드랫일을 해보려고 시도하였다. 삼주일이 지나 그녀는 이 일도 그만 두고 다른 방도가 없다고 느끼면서 마지못해 집으로 돌아갔다. 그녀는 유아원 교사직을 구했으나 한달 뒤에 너무 벅차다고 느껴 그만 두었다. 그녀는 점점 우울해졌고, 심각한 자살 위기에 있었고, 입원해야 했었다. 강하게 이끌어 올리는 8개월의 병원 프로그램은 그녀가 병원 밖에서 생활할 수 있도록 준비시켜 주었다. 그녀의 과거력을 보면, 왜 그녀의 인격이 이러한 생활장면을 이겨 나갈 정도로 성숙되지 못했는지, 왜 그녀가 그러한 실패를 느끼고, 자신감을 갖지 못하게 되었는지가 나타난다. 그녀는 네 자녀중 막내였고 어린 아기때 매우 아름답고 천사같았다. 그녀의 부모, 형제, 친적들은 그녀를 대단히 귀여워하였다. 어떤 면으로는 이러한 현상은 부담스런 네번째 아이에 대해 느꼈던 어느 정도의 배척을 과잉보상하는 과잉보호와 같은 것이었는지 모른다. 그녀는 아주 제멋대로였고, 그녀의 수동적-수용적-의존적 경향성은 주위에서 그녀를 위해 모든 일을 처리해 주는 방식에 의해 길러진 것이었다. 예를 들면, 그녀는 사람들이 너무나 안아주는 바람에 네살때까지 걸을려고 하지 않았다.

그녀는 고기를 씹는 것이 귀찮다고 유동식만을 먹었다. 그녀의 언니와 오빠들은 그녀를 윽박지르곤 하였는데, 그녀는 그들에게 항의하거나 싸우려 하지 않고, 그들을 피했다. ; 이러한 상황이 어머니에게로 후퇴하는 수동성을 증가시켰다. 그녀는 고등학교에 갈 때까지는 좋은 학생이었으나, 다른 아이들하고는 잘 어울리지 않았다. 고등학교에서 그녀는 공부하는 것을 피했고 매력과 명석하다는 명성으로 이 시기를 버티었다.

대학에서 집으로 돌아오자마자 그녀는 자신을 돌볼 수도 없을 정도로 퇴행되어 버렸고, 이러한 퇴행상태에서 우울, 자살시도의 반응을 보였고, 치료 받기 위해 입원했는데, 정신역동적 정신치료(Saul, 1972), 화학요법이 행해졌고 예정된 활동에 그녀를 참여시키려고 시도되었다. 수동-의존적 욕구와 강한 유아적 분노가 신경증적 문제의 주요 요인이었는데 수동적 의존 욕구는 아동기때 지나치게 욕구가 충족됨으로써 야기되어졌고, 유아적 분노는 독립이나 책임이 기대됨으로써 유발되었다. 이와같은 분노에 도피반응이 동반되었는데, 이로 인해 활동과 책임을 회피했고, 책임져야 할 일로 부터 도망갈 구실을 만들기 위한 의도적인 실패가 일어나는 도피와 실패양식이 분노와 함께 발전되었다. 그녀의 병원 활동은 단계적인 성취를 얻기 위해 조정되어졌다. 또한 분석가는 그녀가 자기 비판을 줄이도록 격려하였고, 현실적인 그녀의 젊음과 건강, 장점, 명석함을 지적하면서, 지나치게 뛰어나고자 하는 그녀의 잠재적 욕구를 줄이도록 격려하였다. 물론 그 과정에서 많은 실패가 있었으며, 그녀의 기본적 능력과 성취 잠재력에 대해 끊임없이 지적해 주어야 했다. 분석가를 비판적인 감독자로 보는 그녀의 견해는 그녀 자신의 엄격한 초자아의 투사라고 해석되어져야 했다. 지지적이지만 그렇다고 지나치게 관대해서도 안되고, 독립적인 생활을 격려하지만 지나치게 기대해서도 안되는 팽팽한 줄위를 분석가는 걸어가야만 했다.

분석가는 자아-동조적(자아에 의해 수용될 수 있고 환영받는) 해석과 지나치지 않는 관심과 격려를 조화시켜 나가야 했다. 개입의 요체는 회피적이고 철수적이며, 자기－파괴적인 생각과 행동을 유도하는 주기적인 퇴행의 불행한 결과를 지속적으로 지적해 주는 것이었다. 또한 삶을 직면해 나갈 수 있는 기본 요소를 그녀가 갖추고 있으며, 보다 유쾌해지도록 노력하려는 의지를 그녀 자신이 가져야 한다는 점을 상기시켜 주어야 했다. 그리고 어떤 활동들이 그녀에게 성취감을 주었으며, 수동적 행동이나 도피가 어떻게 우울을 악화시켰는지를 돌이켜 보도록 유도하였다. 대부분 그녀는 현재의 우울한 상태 이상으로는 볼 수 없었는데, 나아지려는 노력을 계속 이끌어 가기 위해서 분석가는 그녀가 충분한 잠재력을 가지고 있다고 지지해 주어야 했다. 약물치료는 그녀의 활동성을 높혀 주는데 어느 정도 도움이 되었다. 분석가와 그녀가 일년정도 온 힘을 기울여 노력한 끝에 그녀는 병원에서 퇴원하여 집에서 장기간 지낼 수 있을 만큼 안정되었고, 마침내 한 젊은 남자에게 흥미를 느끼기 시작했다 ; 이러한 변화로 치료를 촉진시켜 주는 보다 높은 기동력이 생기게 되었다.

분석받는 동안 부분적인 퇴행이 일어남으로써 자아 강화를 위해 분석적 개입이 요구되었던 사례는 삼십대 중반의 한 젊은 기혼 여성의 경우이다. 그녀는 기분이 우울했으며, 오랫동안 시달려 온 남편에게, 심지어는 사춘기 자녀들에게 조차 거의 매일 화를 터뜨리곤 하였다. 그녀는 합리화의 명수였는데, 분노발작에 대한 온갖 구실을 생각해내었고, 피해망상적인 냄새가 나는 생각을 갖고 있었다(예, 함께 외출했을 때 남편이 다른 여자들을 바라 보았다. 남편이 그녀를 “내리누르는” 태도를 보였다. 등등). 그녀가 미묘하게 배척받고 있고, 피해를 입고 있기 때문에 화가 난다는 것이었다.

이 사례는 상당히 관례적인 분석 사례였다. 분노의 기본 원인은 초기 아동기에 있음이 이내 밝혀졌다. 그녀가 잘못 다루어진 방식은 결코 밖으로 드러나지는 않았다. 그러나 세살 이전에 그녀 주변에 있었던 다른 사람들의 기억은 나지만, 어머니에 대한 기억은 전혀 없었다. 세살 무렵 아버지가 갑자기 사망하였기 때문에 어머니는 일을 해야 했고, 그녀와 함께 지내줄 수 없었고, 또 그녀에게 관심도 없었다. 몇달 동안 분석이 진행된 후 Mary는 아동기동안 이러한 무관심 때문에 어머니에게 화가 나 있었고, 이를 억압하였고, 의식적으로도 억제했었다는 점을 이해할 수 있었다 ; 35년이 지난 지금까지도 그녀의 어머니는 메리가 자신에게 얼마나 화를 내고 있는지 전혀 모르고 있었다.

메리는 세살반때 느꼈던 감정 – 사랑받지 못하고 중요하게 여겨지지 않는다는 – 을 30대인 지금까지도 계속 느끼고 있었다. 사랑받고 인정받고자 하는 그녀의 욕구는 아동기때만큼 강하게 지속되고 있었다. ; 좌절감 역시 그랬고, 이로 인한 분노 역시 아동기 그대로였다. 그녀에게는 가까운 친구가 없었다. 고향에는 몇명의 친구가 있었으나 고향을 떠나 새로운 도시로 옮겨 가서는 친구가 한 명도 없었다. 그녀는 항상 고향을 그리워하였고, 자주 고향에 들리곤 하였으나, 고향에서도 현재 사는 곳에서도 가까운 인간관계가 없었는데, 그 이유는 그녀가 사람들과 가까이 지내는 것을 견디지 못했기 때문이었다. 그녀가 양친 중 누구와도 가깝게 지내 본 적이 없었고, 타인과 밀착된 아동기 양식을 가져본 적이 없었다는 것이 그 첫번째 이유이다. 두번째 이유는 타인과 친밀감을 느끼게 된다면, 어머니와의 관계 – 무시와 무관심 – 가 반복되는 고통을 겪게 될 뿐이며 이러한 고통은 견디기 어려울 것이므로 감히 그런 시도를 하지 말아야겠다고 그녀가 생각했기 때문이었다. 간단히 말하면, 사랑과 친교에 대한 그녀의 욕구는 좌절 및 분노 감정과 분리될 수 없었다.

약 일년정도 분석받고 난 다음 그녀는 이러한 점을 이해할 수는 있었으나 이를 해결할 수는 없었다 ; 전이에서의 분노와 남편에 대한 분노가 조절되기 어려웠으므로 우울증이나 망상증 또는 두 증상 모두가 재발될 위험이 있었다. 그녀는 자신이 외롭고, 사랑받지 못하고, 인정받지 못하고 있다고 심하게 호소하였다. 물론 아동기 양식과 현재의 생활양식, 그리고 전이에서 나타나고 있는 이러한 점이 가능한 범위내에서 충분히 해석되어졌다. 우리가 현실을 솔직하게 이야기한 후, 빠른 호전이 나타났다.

"아무도 자신이 바라는 사랑, 인정, 지위를 완전하게 얻을 수는 없습니다. 당신만이 학대받도록 선택되어진 것은 아닙니다. Thoreau는 이렇게 말했습니다. '수많은 사람들은 아주 절망적인 삶을 살아가고 있다.' 왜 ? 그 이유 가운데 하나는 그들이 이러한 것들을 얻지 못했기 때문입니다. 그러나 어떻게 그런 것들을 얻을 수 있을까요? 모든 사람들이 바라는 그런 완전한 사랑을 줄 수 있는 사람이 있을까요? 모든 사람들은 완전한 사랑을 원합니다; 그러나 그런 사랑을 줄 수 있는 사람은 거의 없습니다."

"메리, 이런 일이 그렇게 고통스럽다니 유감이군요. 그러나 이것이 바로 현실입니다. 당신이 세살 때 바랬던 것을 설흔 다섯살에 바랠 수는 없읍니다. 세살때에는 당신은 분명 그런 사랑을 받았어야만 했으나, 이제는 더 이상 그런 사랑을 바랄 수 없는데 왜 그런 사랑을 얻으려고, 당신의 삶을 좌절로 끌어들이고, 당신이 얻을 수 있 는 사랑을 망치려고 하나요? 당신은 가능성있다고 생각되는 것을 얻기 위해 현실적으로 얻을 수 있는 것을 희생하고 있읍니다—삼십년 동안 지속되어 온 욕망 때문에 그리고 과거에 어머니로 부터 받았어야 했던 것을 갈구하는 마음 때문에 당신은 현재 남편과 자식, 친구로 부터 사랑받고 현실을 희생시키고 있읍니다."

"당신은 원하는 것을 얻지 못하고 실제로 받았어야 했던 것을 받지 못하고, 그래서 원한을 품게 되고, 벌레를 먹으려고 정원에 들어가는 그런 어린아이와 같습니다. 당신의 훌륭한 분별력을 발휘하여, 정원 밖으로 나오세요. 그리고 현실속에서 당신이 가지고 있는 것을 즐기기 바랍니다. 당신이 일상생활에서 얻을 수 있는 실질적인 만족감을 위하여 과도한 아동기 욕구와 진부한 아동기 양식과 분노로 부터 벗어난다면 훨씬 더 많은 것을 얻게 될 것입니다. 용감하게 사람들과 가까워지도록 해 보세요; 과감히 베풀고 사랑을 받아들이세요. 시행착오를 거치면서 당신은 그런 일들을 어떻게 해나가는지를 배우게 될 것입니다. 사랑하고 사랑받는 일이 최대의 즐거움이기는 하지만, 그러나 그것이 유일한 즐거움은 아니라는 사실을 명심하세요. 당신은 충분한 자질이 있고 건강하고, 매력적이며, 여러가지 취미를 가지고 있고, 음악적 재능이 있읍니다. 그런 것들을 이용하여 즐기고 계속 화내는데 인생을 허비하지 마세요."

물론 위에 언급된 내용은 한번의 연설이 아니었으며, 이해할 수는 있으나 해결할 수는 없는 문제와 씨름하는 그녀의 자아를 북돋아 주고 도와주려는 목적으로 메리와 반복적으로 대화 나눈 이야기의 골자였다. 이는 그녀가 어머니로부터 받고자 갈망하였으나 받지 못했던 그런 관심과 도움과 같은 것이었다. 그녀를 가치있게 받아들지 않았던 어머니의 명백한 실수로 인하여 생긴 열등감을 중화할 수 있는 그녀의 실질적인 강점에 대해서도 언급되어졌다.

* * * * *

스물 네살의 보통 정도의 매력을 지닌 Ella는 자아기능을 정지시키는 퇴행을 예방하기 위해 즉각적인 자아 강화가 필요했던 사례로 제시되어진다. 그녀는 불안을 호소했다. 그녀는 부모의 나이 마흔이 다 되어 태어난 외동이였는데 혼자서 부모의 관심을 온통 다 받았고, 부모들은 과잉보호하면서 그녀의 의존심을 조장하였다. 그녀의 어머니는 강인한 성격을 지니고 있었고, 매우 유능하였다 ; 엘라가 부엌일을 할라치면, 그녀의 어머니가 이런 일을 도맡아서 효율적으로 신속하게 처리해 버렸기 때문에 어머니와의 경쟁은 생각조차 할 수 없었다. 이러한 극단적인 의존심 때문에 그리고 주도권과 책임 감당의 시도를 부모가 봉쇄했기 때문에 엘라는 외동이로서 그들에게 속박되어 있었다. 부모들이 그녀를 지배하고 붙들고 있다는데 대한 무의식적 분노로 부터 불안이 야기되었다. 분노는 강한 죄책감을 불러 일으키고, 이러한 분노는 그녀 자신에게로 향해졌다 ; 다른 한편으로는 피학성에 의해서 부모에게 속박되어 있었다. 간단히 말하면, 그녀의 문제는 부모에 대한 "자기 – 패배적인 피학적 의존성" 이었다.

분석 받은지 얼마 안되어 엘라는 그녀 자신의 집과 생활을 갖고 싶다는 강한 소망을 의식하게 되었으나 그러한 소망을 실천할 수 있는 방법에 대해서는 완강하게 저항하였다. 그녀는 다른 도시에 살고 있는 친구로 부터 초대를 받았다. 그녀는 당장이라도 가보고 싶다고 말했으나 막상 예정된 시간이 다가오자, 가지 않을 온갖 구실을 만들어 냈다 : 돈이 너무 많이 든다 ; 그들과 함께 거기서 무엇을 할 것인가 ? 그 친구에게는 남자친구가 있었는데, 엘라는 상당히 아름다웠지만, 남자들을 끌지 못하고, 남자들과 잘 지내지 못했다 ; 그녀는 부모로 부터 여행비 받는 것을 원치 않았다 ; 만약 불안이 너무 심해진다면 어떻게 할 것인가 ? – 등등의 구실을 제시하였다.

나는 말했다. "이 모든 이유들은 가지 않으려는 합리화라고 생각되는 군요 ; 진정한 이유는 우리가 이제 잘 알고 있는 이유이지요 : 부모에 대한 당신의 지나친 애착과 보금자리를 떠나는 모험에 대한 두려움입니다. 당신은 카우치에서 안정감을 가질 수 없었어요. 왜 그렇게 불안한지 그 이유를 알고 난 다음에는 발걸음을 떼어놓으려고 결심해야 하며 불안을 인내하려고 노력해야 합니다. 만약 당신이 네살짜리 어린아이라면 그런 일은 정당합니다 ; 네살짜리 아이는 혼자서 여행할 수 없으며 예기치 못한 상황을 잘 처리할 수 없습니다. 그러나 당신이 네살짜리 아이처럼 느끼고 있다 하더라도 당신은 스물 네살이며 강하고 건강하고 매력적이며, 지적입니다. 당신 스스로 이런 상황을 처리하지 않아도 될 이유는 없습니다. 불안을 두려워하지 마세요 ; 마음이 불편하기는 하지만 그건 결코 위험한 일이 아닙니다. 나쁜 일이 일어나는 것이 아니라 단지 마음이 불편해질 뿐입니다. 그러나 연습을 통하여 당신 스스로 삶을 끌어 나갈 수 있을 때까지 당신은 불안을 견디고 직면해야 합니다. 분석한다고 당신의 힘이 강해지는 것은 아닙니다. 당신이 자기 일에만 몰두할 수 있을 만큼 강해질 때까지 기다릴 수는 없습니다. 오히려 그 반대입니다. 당신이 한가지씩 어려움을 극복해 나감으로써 강한 힘을 얻게 됩니다. 당신이 감정적으로 강해질 수 있으려면 당신 스스로 문제를 처리하는 경험을 쌓아가야 합니다. 만약 당신이 이 말에 진정으로 저항을 느낀다면 나에게 전화를 주세요. 그러나 불안을 견디어 보겠다는 결심이 선다면, 그럴 필요 없습니다."

엘라는 친구를 만나러 여행을 떠났고, 다녀와서 이렇게 말했다. "선생님 말씀이 옳았어요! 약간 불안했지만 그래도 아주 재미있었어요. 온갖 구경을 했고, 좀 더 머물고 싶다고 생각했어요." 물론 이런 일이 항상 쉬운 것은 아니다. 어떤 환자들은 공포에 질려 보금자리로 달아나 버린다.

그러나 새끼가 무력한 동안에만 보호 받다가 독립적인 삶을 끌어가는 방향으로 성숙해 나가는 것이 자연의 건강한 양식이다. 새는 날 수 있을 때 둥지를 떠나는데, 우리는 이러한 현상에 대해 환자와 토론하는 것을 주저하지 않는다. 물론 엘라가 집에서 충분히 즐겁게 지낸다면, 분석가가 구태여 이런 문제를 끄집어 낼 필요가 없다. 그러나 그녀는 집에서 너무 비참했기 때문에 필사적이었고, 때로는 자살까지 생각했다. 그녀가 비효과적인 방법으로 성취하고자 노력했던 독립과 성숙에 대한 욕구는 그녀의 건강한 생물학적 부분이었고, 분명 이러한 욕구가 그녀로 하여금 치료 받으러 오게 하였던 것이다. 그녀는 다른 친구들은 결혼하고 직업도 갖고 있다고 호소하였으나 집을 떠나 다른 곳으로 가지 못했다. 부연하면 그녀는 대학에 갔으나 너무 불행하고 불안해서 1년이 지나 집으로 되돌아 왔다.

만약 엘라가 친구를 방문하는 주말여행을 두려워한다면, 기회가 왔을 때 직업을 갖는 것에 대해서도 그녀가 저항을 일으킬 것이라고 생각해 볼 수 있다. 나는 그녀의 기본적 조건에는 잘못된 점이 없다는 현실을 강조하는 해석 방식에 따라 여행문제와 마찬가지로 직업문제에서도 동일한 저항이 있음을 그녀에게 이야기해 주었다 : 그녀는 적절한 외모와 젊음, 건강, 장점, 지능을 지녔으며, 다른 사람이 할 수 있는 어떤 일이라도 해낼 수 있었다. 물론 그녀는 직장 일도 처리할 수 있었다. 처음에는 아무리 힘이 든다 하더라도 밖으로 나와서 책임을 감당하는 과정 없이는 결코 강해질 수도 자립할 수도 없다.

"당신은 당신 자신의 생활을 가져 보려고 무척 바라지만, 그것을 성취하기 위해 노력하는 것은 거부합니다. 그러나 성취하려고 노력하고, 책임을 완수하려고 애쓰는 일이 당신을 다치게 하지는 않을 것입니다 : 오히려 그 반대로 그런 일은 당신을 보다 강하고, 더욱 성숙되게 만들 것입니다. Freud가 말한 바와 같습니다.'필연성은 엄격한 주인이지만 그 아래서 우리는 강해진다.'" 나는 이런 말을 하면서 그녀의 자아에게 하루종일 집안 침대에서 허송세월하면서 분석이 자신에게 독립과 성숙을 가져다 줄 것이라고 기다리지 말고, 현실을 직면하고 자신의 의지력을 발휘하고 자신이 비록 수동적이고, 수용적이고, 의존적(passive, receptive, dependent RPI)인 네살짜리 아이처럼 느껴진다 하더래도, 책임감 있고, 생산적이고, 독립적인(responsible, receptive, independent-RPI) 성인(saul, 1971)같이 행동하도록 호소하였다. 나는 다음과 같이 말했다. "만약 당신이 미덕을 갖고 있지 않다면, 그런 미덕을 갖고 있다고 가정하라—그러면 언젠가는 그런 미덕을 갖게 될 것이다."

말할나위 없이 분석가는 환자의 정서적 안정과 능력을 평가해야 하며 환자의 정서적 능력 이상으로 밀고 나가려고 시도해서는 안된다. 2년동안 분석가와 환자가 끈질기게 노력한 끝에 엘라는 실제로 직업을 갖게 되었고, 일을 계속해 나갔으며, 집을 떠나 여자 친구와 함께 아파트에서 살게 되었다.

자아를 강화시키는 응급조치가 필요했던 심각한 퇴행 사례의 주인공은 잘생기고 명석했 대학생 John이었는데, 그는 고등학교에서 전 과목 성적이 A였고 운동에도 역시 뛰어났다. 어떤 치료자도 그의 정서적인 동기 이상으로 그를 끌고 갈 수 없었기 때문에 대학 1학년 말경에 그는 정신분열증으로 무너졌는데 그리스도가 이 세상을 구하려 오신다는 그의 망상 내용에는 자기도취적 요소(자기중심적 명예와 칭송을 추구하는)가 처음부터 분명하였다. 그는 집에서 몹시 귀여움을 받았고, 형과 누이동생에 대해 강한 자기도취적 경쟁심을 느꼈었다. 대략적으로 볼때 죤은 자기 자신에 대한 지나친 자기도취적 욕구(대부분 그에 대한 부모의 지나친 기대로 인한)와 수동적－수용적－의존적(PRD)욕구(아무것도 줄수 없었고, 주지 않았던 부모에 의해 강화된)간의 갈등을 겪고 있었고 이러한 주요 갈등 때문에 자기 자신을 위한 명예를 얻겠다는 동기외에는 어떤 다른 동기도 없이 성장하였다. 그는 거의 완전하게 붕괴되어 대학 근처의 병원에서 1년동안 입원해야 했다. 병원에 입원해 있는 동안, 불행하게도 병원에 대한 의존과 학생에게 요구되는 자주적 생활로 부터의 도피가 병원치료자에 의해 조장되어졌고 이에 따라 그의 자신감은 더욱 더 손상되었다. 그는 아름답고, 재능있고, 명석한 여학생과 교제 중이었다. 그러나 그는 “그녀에게 아무 것도 줄것이 없으므로” 그녀와 헤어져야 한다는 이야기를 병원 치료자로 부터 들었다.

그가 처음 왔을 때 그의 좋은 자아 이미지－그의 기본적인 자기신뢰와 자기존중－는 이미 정신병으로 인해 흔들려지고 박살나 있었다. 그리고 이와 같은 상태는 현재의 반동적인 우울과 자포자기를 유발하였다. 그러나 그는 이제 분석 받을 수 있었고, 현실적 지각을 지켜나가기 위해 비상한 주의가 필요했지만, 그에 대해 분석되어진 모든 점들을 자유롭게 그와 함께 이야기하고 해석하는 것이 가능하였다.

치료 목표는 병전 상태와 비슷한 기능수준이지만 더욱 건강하고, 성숙하고, 현실적인 감정이 뒷받침되는 합리적인 기능수준으로 되돌아가게 하려는 것이었다. 아동기때 처럼 경쟁상대인 형을 패배시키기 위해서, 또는 부모에게 과시하기 위해서가 아니라 독립과 안정된 미래의 직업을 위한 수단을 얻기 위해서 그는 학교 공부를 계속해야 했다. 이 당시 그는 아무런 노력도 하고 있지 않았는데 왜냐하면 그는 마음속으로 자기 자신이 이제는 더 이상 의미있는 존재가 아니라고 생각했고 최고의 명예를 추구해야 한다고 느끼면서도 한편으로는 자신이 아무런 존재도 되지 못할 것이라고 확신했기 때문이었다.

분명한 어조로 나는 그에게 다음과 같이 이야기했다. "그것은 현실이 아니라, 당신의 우울이 그렇게 이야기하고 있는 것입니다. 자기도취적인 지나친 명예욕에 대한 반동, 패배에 대한 분노, 자존심의 타격, 당신에게로 되돌려진 분노, 이런 감정들이 당신의 마음속에 있읍니다. 당신은 예전처럼 여전히 훌륭합니다. 당신은 여전히 운동가의 체격을 지니고 있고, 과거와 같은 명석한 두뇌를 갖고 있는데, 단지 적응을 못하고 있다는 것 뿐입니다. 당신은 훌륭한 자동차와 같아요. 예를 들면 아직 달려보지 못한 새로운 케딜락인데, 달리려고 하지 않는군요 ; 부품이 모자란다거나 고장나서가 아니라 단지 기화기가 작동이 잘 안되기 때문이예요."

죤은 단기 과정을 수강할 만큼 점차 회복되었고 얼마후에는 이러한 대학공부외에 시간제 일도 할수 있게 되었다. 그럼에도 불구하고 그는 철수하고자 하는 강한 충동을 느끼고 있었다. 물론 그가 다시는 입원이 필요할 정도로 퇴행하지 않는다는 것이 중요했기 때문에 그의 내면에 있는 정서적 힘들의 균형이 주의깊게 평가되어야 했다. 그가 끔찍하게 고통스럽다는 점에는 의문의 여지가 없었으나, 그에게 다음과 같이 얘기해 주었다. "지금이 당신의 의지력을 발휘해 볼 기회입니다. 당신이 지금 그렇게 고통스럽다니 안됐군요. 그러나 병원으로 되돌아가는 식으로 도피하고자 하는 당신의 소망에 굴복할 수는 없어요. 만약 그렇게 도피 한다면 당신은 더욱 고통스러울 거예요. 투지력을 발휘하도록 힘을 내요. 웃입술을 꽉 물거나 다른 행동들을 취해봐요. 이를 악물고 견뎌야 합니다. 아무리 고통스럽다 하더라도 일을 해요. 그러면 당신은 강해질겁니다."

죤은 그의 의지력을 발휘해서 공부도, 일도 해 내었다. 나중에 그는 몇

과목을 수강할 수 있었고, 학위를 받기 위해 열심히 노력하였다. 매번 그에게 의지력을 발휘하라고 호소되었고, 아무리 끔찍하게 느껴지더라도 일을 해내라고 설득되어졌다. 해석을 내릴때 관련된다고 생각되는 모든 인용구들이 이용되었다. 추가과정을 등록하자 마자 그는 두렵고 우울한 상태에서 필사적으로 나에게 전화했다. 그러나 그가 물러서지 않도록 하기 위해 모든 조치가 취해졌다. "책임과 자립생활을 향하여 앞으로 나아가는 각 단계에서 당신이 어떻게 반응했었는지 이제 우리는 잘 알고 있어요. 당신은 숫소처럼 그때마다 저항했어요. 그러나 그 길은 당신 자신을 구원하는 길입니다 ; 정신병으로 부터 벗어나 성숙과 마음의 평화를 얻는 길입니다." 또 다른 경우에 그에게 이런 말을 해 주었다. "당신 자신을 잊어 버려요 ; 마음을 비워요 ; 당신이 얼마나 훌륭한지, 열등한지, 그런게 문제가 아니예요. 당신의 일은 단순히 한 장의 문서, 학위를 얻는 거예요. 다른 일은 모두 잊고, 그 일만 하도록 해요. 하루 하루를 살아 가도록 해요—필요하다면, 한시간씩, 한시간씩 살아가요. 당신은 젊음과 장점과 두뇌를 가지고 있고, 기본 조건에는 아무런 잘못이 없어요—일을 위해 그들을 활용하도록 해요.'어떤 일이 닥치더라도, 당신의 힘으로 해야 합니다' ; '잃으면 얻을 것이다'"

"Beethoven은 설흔살까지는 베토벤이 아니었어요. 그는 귀머거리가 되었어요. 당신처럼 그는 자살하려고 했지만 마음을 고쳐 먹었어요. 살아야겠다. 그리고 계속 음악을 하겠다. 나머지는 당신도 알다시피 그는 연주가에서 작곡가로 변신했고, 나이 설흔살에야 심포니 1번을 작곡한 늦된 대가였어요."

"네" 죤이 말했다. "그러나 나는 베에토벤이 아니예요."

"그가 귀가 안들리는 장애를 극복하기 전까지는 아무런 존재도 아니었어요. Thomas Mann도 그런 말을 했는데, 그는 일반대중 앞에서 그리고 자신을 위해서 이렇게 말했어요('베니스에서의 죽음'에서)'모든 위대한 것은 불행과 고통, 가난과 결핍, 신체적 허약, 악과 정열, 그외 수많은 장애물에도 불구하고, 이를 극복한 결과로 나타난다.' 당신은 이러한 고통속에서 보다 나은 사람이 될 것입니다.'자기 자신을 정복한 사람은 도시를 장악한 사람보다 위대하다' 당신은 그 일을 해낼 수 있어요. 꼭 학위를 따도록 해요. 분석은 당신에게 문제를 보여주지만, 치료는 자동적으로, 마술로, 카우치 위에서 이루어지는게 아니예요－그것은 오직 삶속에서 생활의 어려움을 직면해 나가면서 이루어지는 거예요. 충격적인 아동기 양식으로 부터 벗어나 성숙해 나가자면, 분석만으로도 안되고 생활속에서의 경험이 필요합니다."

물론 죤에게 제시된 일부 인용문은 의도적으로 이용되어졌는데, 왜냐하면 그 인용문이 외상적인 아동기의 자기도취가 아닌, 건강하고 적절한 자기－존중에 설득력이 있었기 때문이었다. 그는 실제로 운동에서나 지능에서나 모두 우수하였다. 만약 그의 에너지가 이와같은 내면적인 바퀴돌림에서 부터 자유로워진다면, 그리고 바퀴가 오로지 대상관심에 의해서만 돌아가게 된다면 의심할 바 없이 그는 성취해 낼 수 있을 것이다. 환자뿐만 아니라 분석가도 지치는 아주 멀고 먼, 어려운 길이었다 ; 그러나 분석적 이해와 자아 지지를 통하여 그는 점차 자기자신을 잊어 버리고 당면한 일에 그의 에너지를 쏟을 수 있게 되었다. 그는 얼마나 자신이 위대한가를 모든 사람에게 보여 주어야 한다는 강박적인 감정에 쫓기는 일없이, 점점 안정되고, 침착해지고, 편안해지고, 좋은 일을 하고 있다는데 대해 만족해 하고, 독립과 안정, 그리고 경쟁적이거나 과시적이 아닌 긍정적인 사랑을 획득한데 대해 만족스러워 했다.

항상 환자 자신의 정신역동에 따라 적절한 태도를 토의하는 것이 지적될 수 있다. 예를 들면 죤의 경우 병적으로 적대적이고 죄의식적인 그의 경쟁심에 대한 어떤 대안이 있을까? 우리는 "세상은 서로 의지해 가면서 살기 마련이다"는 태도에 대해 토론하였다.

"이웃 사람은 당신과 같아요." 나는 심리적인 현실에 접근해가면서 이야기했다. "이웃 사람 역시 생활속에서 안정감과 평화, 만족감을 얻으려고 노력하고 있고 햇빛 비치는 장소를 얻으려고 노력하고 있어요. 당신은 '서로 의지하면서 살아가는 태도에서 이런 점을 이해할 수 있고, 그런 점을 인식할 수 있어요." 이런 방식은 환자에게 가치관을 강요하는 것이 아니라 그의 자아에게 선택의 기회를 주고 있는 것이며, 이전에 정신증적 붕괴를 야기시켰던 고정된 아동기 정신역동으로 부터 벗어나는 길을 제시해 주고 있는 것이다. 죤과 분석가는 인내하였고 죤은 학위를 취득하였다. 성공은 다른 성공을 낳았다. 이제 그는 자신감이 회복되어 계속 일하고 있으며 보다 나은 자리를 얻기 위해 열심히 일하고 있다.

부연하면 죤이 분석받을 수 있는 상태로 되고, 이런 상태로 계속 머루르기 위해 약물이 사용되어졌다. 우리의 경험으로는 심하게 붕괴되었던 한 젊은 남자가 일단 안정되었다가 몇년후에 다시 재발되었다 ; 그러나 비교적 짧은 기간의 치료 만으로도 충분히 회복될 수 있었고, 그는 일상적인 생활로 다시 되돌아 갈 수 있었다.

억제되고 억압되어 있던 중년여성의 자아가 강화되어진 사례는 Edith였는데, 그녀는 쉰 일곱살의 적절하고 기품있는 기혼여성으로서 그녀의 자세는 오랜 세월의 우울과 불안정을 나타내 주고 있었다. 그녀는 여러가지 일상적인 기득권을 가지고 있는 것으로 보여졌다—자문 기술관의 성공적인 경력을 가진 배려깊은 남편과 행복하게 결혼해 사는 두 자녀들. 그녀의 가족이 그녀를 대학에 보내줄 만큼 뒷바라지를 해주지 못했던 열아홉살 당시 그녀는 결혼하였는데, 그녀의 불안정한 입장은 그녀로 하여금 최초의 청혼을 수락하도록 만들었다. 그녀에게는 일곱살 연장인 오빠가 있었다. 불행하게도 그는 여동생을 괴롭히는 것을 즐기는 이기적이고, 심술궂은 인간이었다. 어머니는 그녀의 나이 여덟살 때 돌아가셨는데, 어머니는 꼼꼼하고 적절하였으나 다정하지는 않았다고 회상되어졌다. 근면성과 학업성취와 더불어 올바른 외모, 사회적인 체면이 강조되어졌다. 에디트는 이러한 성공의 공식에 충실히 반응하였다. 그러나 그녀의 성취에 대한 칭찬은 없었다 ; 그녀가 의무를 이행하는 것은 당연하다고 여겨졌기 때문에 가족들은 단지 주의를 기울이거나 인식할 뿐이었다. 아버지는 처음에는 이러한 엄숙한 가족 가운데서 약간의 온정을 베풀었고, 집에 자주 왔던 처녀 이모도 그랬다. 또한 에디트가 세살 때 유모가 있었는데, 그녀는 헌신적이었고, 에디트에게 신체적인 애정을 나타냈다. 에디트의 아버지는 어머니의 사망후 우울해졌고, 위축되었다. 에디트의 처녀 이모는 그들과 함께 살려고 집으로 들어왔고 암울하고 심각한 가정에 활기를 불어 넣으려고 노력하였다. 그러나 그녀 역시 사회체면과 예의를 강조하였고 개성과 창의성은 억제하였다.

에디트는 잘 알려지지 않은 잡지에 시를 썼으며, 아버지나 이모에게 이것을 들키지 않으려고 주의했는데, 왜냐하면 두사람 모두 시는 어리석은 사치라고 비난하였기 때문이었다－취미장난에 불과하다는 것이었다. 에디트에게는 그녀보다 생활방식이 덜 엄격한 아주 가까운 친구가 항상 두세명이 있었고 그녀는 마음속으로 친구들을 대단히 부러워했다. 아버지의 법률사무소 일은 그의 우울과 위축으로 인해 점점 줄어들었고, 에디트는 자신의 의복과 용돈을 조달하기 위해 개인 약국에서 방과후에 일을 해야 했다. 그녀는 뛰어난 학생이었고, 두 군데의 일류 여자대학에 입학이 허용되었으나, 아버지가 장학금 신청을 허락하지 않았기 때문에 대학에 갈 수 없었다. 그녀는 주변 남자들 앞에서 수줍어했고, 불편해했는데, 고등학교때 데이트 경험이 거의 없었다. 그러므로 그녀가 Fritz와 열아홉살 때 결혼 했다는 사실이 크게 놀라운 일은 아니다. 그는 그녀보다 열살이나 나이가 많았고, 이미 성공한 기술인이었고, 사회적으로 유명인이었기 때문에 그녀의 이모와 아버지를 안심시켰다. 프리쯔는 그녀에게 그의 자문직을 위해서 여러 곳으로 여행다녀야 하며, 그의 새로운 고객들에게 좋은 인상을 주는 것이 중요하다고 설명해 주었다. 에디트는 여행다닌다는 것이 즐거웠고, 사람들에게 좋은 인상을 주도록 잘 길들여져 있었다. 그러나 그녀는 결혼생활이 바라던 행복을 가져다 주지 못하고 있음을 결혼 직후 알게 되었다. 충분한 안정감이 때로는 권태로울 정도였지만, 프리쯔는 엄격하고, 엄숙하고, 인색한 사람임이 드러났다. 그는 말도 함부로 하지 않았고, 최소한의 말로써 자신을 정확하게 나타내려고 노력하였다. 그의 성적 기교 역시 엄격하였고, 이런 일은 순정적인 에디트를 실망시켰다. 그녀는 이러한 불만들을 견디는 것을 배웠고, 결혼 4주년이 되기전에 두 아들이 태어났기 때문에 이런 고통을 견디는 것이 그래도 수월하였다. 에디트는 자녀들에게 모든 에너지를 쏟았고, 철저하게 그들에게서 기쁨을 얻었다. 에디트가 처음 위기를 느꼈던 것은 아들들이 아직 십대가 되지 않았을 때였다.

그녀는 꼬박꼬박 교회에 나가는 교인이었고, 교회 목사에게 상당히 마음이 끌리고 있었다. 그 목사는 남편과 아버지에게 부족했던 온화함과 매력,

지력을 갖추고 있는 것처럼 보였다. 그녀는 목사와 함께 있으려는 명백한 시도로서, 점점 더 많은 시간을 교회에 할애하고 있는 자신을 발견하였다. 목사가 그녀의 관심과 감정에 응하면서 이내 그들은 연애감정에 빠져 들었는데, 이런 감정은 성적 관계없이 5 년동안 지속되었다. 두 사람은 성적 감정이 표현된다면 파멸이라는 점에 동의하였고, 모든 다른 방법으로 상호 애정과 존경하는 마음을 지켜 나갔고 함께 조화를 이루면서 지내고 있다고 느꼈다. 그들 두사람의 배우자들은 그들이 성실하게 "신의 일을 해나가기 위해" 노력하고 있는 좋은 친구라는 점 외에는 어떤 의심도 하지 않았다. 에디트는 마음이 부풀어 올랐고, 전에는 느껴 보지 못했던 생명감을 느꼈다. 그녀는 다시 시를 쓰기 시작했고, 목사와 함께 시를 감상하였다. 프리쯔의 일 때문에 가족이 남아메리카로 이사가야 했을때 두 사람의 관계는 갑자기 끊어졌다. 에디트는 모든 것을 상실한 것처럼 느꼈지만, 편지를 쓰고, 다시 미국에 돌아오게 되면, 관계가 그대로 유지될 것이라는 희망을 가졌다. 그러나 이런 계획은 수로로 돌아갔는데, 왜냐하면 두 사람다 그들의 편지가 다른 사람에게 노출될까 두려워 편지를 쓰지 않았기 때문이었다. 목사는 점차 그녀로 부터 마음이 멀어지더니 그녀보다 유능한 다른 여성에게로 마음을 돌리고 말았다.

그녀는 이러한 환경아래서 서서히 무너지면서 울적하게 되었다. 그녀의 자녀들은 모두 대학에 다니느라 집을 떠나 있었고, 프리쯔는 점점 더 대화가 없어지면서 자신의 방식으로 보다 더 굳어지고 그녀에게 점점 더 적게 주었다. 그녀는 성적으로 감정적으로 굶주렸다 : 그녀는 정신과 의사의 도움을 구했고, 삼년동안 융 분석을 받았다. 이 분석은 그녀에게 약간 도움이 되었는데, 왜냐하면 이 분석으로 끊임없이 떠오르는 자살 충동이 억제될 수 있었기 때문이었다. 또한 이 분석은 그녀로 하여금 상징주의, 신비주의, 꿈 분석에 눈뜨게 해주었다. 그러나 이후의 15 년 세월은 황량하기 그지 없었고, 그녀는 죽지 않으려고, 열심히 일 해야만 했는데 주로 병원 자원봉사자로 일하거나 남편의 광적인 우표수집과 관련된 수많은 서신 왕래를 처리하는 남편의 비서로서 일하였다. 그녀의 마음은 이런 일을 하면서 딴 곳에 있었고, 프리쯔와 함께 살고 있는 것이 너무 싫었다. 자살하고 싶다는 생각이 다시 떠오르기 시작했고, 그녀는 분석 받아 보고자 했다. 그녀는 약물 과민증의 과거력이 있었기 때문에 약물 처방을 원치 않았고, 또한 집에 약을 두면 그녀가 과량 복용할까봐 두려워했다.

분석이 시작된 첫 일년동안은 무능력하게 만드는 우울과 무력감으로부터 그녀가 벗어나도록 해주고 그녀에게 살아갈 이유를 찾아 주려고 시도하면서, 분석이 진행되었다. 그녀는 초기 아동기동안 어느 정도의 정서적 보살핌을 받았으며, 이러한 정서적 지지가 그녀로 하여금 자신이 가치가 있는 인간이라는 내적인 지각을 갖도록 해주었고, 아동기이후의 엄격한 환경과 결핍을 견디도록 해 주었다는 점이 분명하였다. 또한 박탈자들에 대한 그녀의 분노가 위험할 정도로 그녀 자신에게로 돌려지고 있다는 점이 명백해졌다. 그녀는 이러한 점을 지적으로는 알고 있었으나 자신에게는 그것을 변화시킬 능력이 없다고 생각했다. 그래서 다음과 같은 점들이 그녀에게 암시되었다. 즉 그녀는 그렇게 무기력하지 않으며, 그녀가 그렇게 오랫동안 실행하고자 원했던 것처럼, 남편의 삶으로부터 그녀의 삶을 분리시킬 수 있으며, 그의 비서노릇을 중단할 수 있으며, 그녀 자신의 인생을 만들어 나갈 수 있다. 처음에 그녀는 이러한 일이 프리쯔에 대한 배신이며, 남편이 그녀를 필요로 하고 있다고 말하면서 이의를 제기하였다. 마침내 그녀는 "그 일을 시도해 보겠다" 고 하였으나, 곧 이어서, 그녀는 자신이 남편에 대한 죄의식에 시달려야 하며, 그런 일을 해낼만큼 충분한 능력이 없다고 호소하였다.

인생의 공백기를 메꾸기 위하여 시쓰기와 같은 이전의 취미생활로 되돌아 가야 한다고 제안되었다. 또 다시 그녀는 시란 "어리석은 짓" 이라고 생각했던 아동기 태도 때문에 죄책감을 느꼈다. 그녀는 이러한 감정들을 극복할 수 없었기 때문에 어떤 시도 쓸수 없었지만, 분석가로 부터 격려 받고 나서는 예술과 시에 대한 관심이 다시 불붙기 시작했다. 처음에는 자신의 그림과 시를 과소 평가하였다. 그러나 분석시간에 그녀의 작품을 가져오도록 요청 받자, 그녀는 작품을 가져왔고, 우리는 함께 작품 내용을 검토하였다. 이러한 검토는 그녀의 무의식을 이해하는데 도움이 되었고, 또한 그녀의 자신감을 높혀 주는데 유용하였음이 입증되었다. 분석가는 그녀에게 다음과 같이 과장됨이 없이 솔직하게 이야기 해주었다. 그녀는 명석하고 재능이 있는 사람이지만, 엄격하고 베풀지 못했던 가족들로 인하여, 그리고 그녀의 자기 비하로 인하여 그동안 그러한 창의적인 힘이 내내 억압되어졌다고.

그녀는 점점 창의적이고 생산적으로 되었고, 계속 격려 받으면서 고등학교 학생들을 위한 시청각 예술 감상회를 개최하였다. 그녀의 접근방식은 심리학적 방식이었다 : 그녀는 위대한 예술의 충격을 전달하기 위해 그녀 자신의 감정과 생활 경험을 이용하였다. 이 강좌는 대번에 성공하였고 그 주제에 대한 원고청탁과 삽화 주문이 들어왔다. 그녀는 불안해졌고 자신의 성공을 믿을 수가 없었다. 그녀는 파멸될 것이라는 공포와 불면, 가슴 두근거림증이 생겼다. 그녀의 꿈은 친정 가족들이 그녀의 성공에 대해 벌을 내린다는 두려움을 암시했다. 그녀의 남편은 그녀의 새로운 생활과 성공에 대한 명백한 질투와 분노를 나타내면서 이러한 불안을 더욱 부채질 하였다. 그러나 남편은 그녀의 새로운 생활에 따라 그에게 요구되는 변화에 적응하기 위해 다른 분석가를 만나 보겠다고 동의하였다. 그녀는 성공할 권리가 있으며 그동안 충분히 고통받아 왔고, 열심히 일해 왔으며, 실질적인 재능을 갖고 있다는 점이 강조되어졌다. 그녀가 이런 이야기를 믿기 어려워했기 때문에 반복해서 몇번이고 그녀에게 이런 이야기를 해 주었다. 그녀는 성공에 대한 죄의식 때문에 분석가가 그녀에게 화를 내고 있다고 상상하곤 하였다. 그러나 죄의식의 불합리성이 계속 해석되어지고, 격려받고, 위안받으면서 그녀는 성공적인 책을 써나갔다. 그녀는 시험적으로 다른 창의적인 기획안을 내 놓았고, 창의적인 자기 표현을 계속해 나가라는 강한 지지를 받았다.

그녀가 자신을 더욱 가치있게 생각하게 되자, 보다 대등하고 솔직하게 그리고 현실적으로 남편을 대했기 때문에 남편과의 관계가 개선되었고, 더 이상 남편의 발닦개처럼 그에게 봉사하지 않았다. 분석이 시작된지 3년후에 그녀는 자기 자신과 자신의 창의성을 가치있게 여기기 시작했다. 더욱 중요한 것은, 그녀는 자신의 의지력에 대한 진정한 감정을 발전시키게 되었고, 이에 따라 내적인 비판없이 그리고 타인의 비난에 대한 두려움없이, 그녀 자신의 목표를 선택하고, 추구해 나갈 수 있었다. 그녀의 유일한 후회는 좀 더 일찍 그녀의 잠재적인 창의성을 해방시키지 않았다는 것이었다. 또한 그녀는 새롭게 풀린 그녀의 창의적 에너지를 다른 사람에게 투자하여, 자기자신을 창의적으로 발견하고, 생산적으로 발전시켜 나가려는 다른 사람들을 도와 주었다. 그녀의 중년의 나이는 삶과 창의성에 대한 새로운 열정을 조금도 방해하지 않았다.

성인 남녀가 만족스런 성숙한 생활을 성취하기 위해서는 세가지 주요한 과제가 기본적인 것으로 여겨진다. 첫째는 자기를 지켜나가고, 자신의 일과 생계의 수단을 발견하는 과제이다 ; 그가 진정으로 즐기는 일을 통하여 경제적 안정을 얻는 사람은 행운아이다. 두번째 과제는(그러나 반드시 두번째는 것은 아니다) 배우자를 발견하는 과제이다. 이 선택은 결정적으로 중요한데, 그 이유는 안정되고 행복한 결혼생활속에서 태어난 아이들만이 장래의 온갖 정서적 장애를 피할 수 있기 때문이다. 세번째 과제이자 마지막으로 성취되어지는 과제는 "자기 자신을 발견하는 것"이다—자기 자신의 주체성을 인식하고 그 속에서 안정감을 느끼는 이 과제는 일과 배우자 선택에 따라 강하게 영향 받으며, 성취하는데 50여년의 세월이 걸린다. 세가지 기본과제는 모두 아동기 정신역동에 의해 강하게 영향 받으므로, 이 세가지 기본과제는 상호 밀접한 관계가 있다. 개인의 주체성은 가정주부와 어머니로서의 역할이 포함되는, 개인의 일과 밀접하게 연관된다.

V. 논 의

Freud(1919)는 다음과 같이 진술하면서 직접적인 암시가 자아를 강화시키는데 도움이 된다고 예견하고 있었다.

이러한 일은 상당히 가능성있는 일로써, 대규모적인 정신분석 치료의 적용은 우리로 하여금 정신분석의 순금과 직접적인 암시의 구리를 거리낌없이 혼합하도록 만들 것이다……. 그러나 정신치료가 어떤 형태를 취한다 하더라도, 또한 어떠한 요소들이 정신치료로 부터 합성되어져 나온다 하더라도, 가장 효과적이고, 가장 중요한 요소는 엄격하고, 어느 편에도 치우치지 않는 그런 정신분석에서 채택되어진 요소들이다.

우리가 이제까지 토의했던 격려, 암시, 환자의 결단과 의지력에의 호소는 건전하고 기본적인 분석치료 희석시키거나 분석기법의 대용수단이 아니며, 적절하게 사용된다면 분석치료의 한 부분이 될 수 있다. 비유하자면, 그러한 개입방법은 강철을 보다 더 단단하게 만들기 위한 황연합금과 같은 것이다.

이제 모든 정신치료자들은 보다 많은 사람을 보다 능률적으로, 보다 효과적으로 치료해야 한다는 압력을 느끼고 있으며, 자아에 미치는 보다 직접적인 영향력을 발휘하여 그러한 목적을 달성하는 문제에 관심이 높아지고 있다. Alexander와 그의 초기 시카고 동료들은 치료의 질을 희생시키지 않으면서 면담의 빈도를 줄이려고 시도했던 개척자들이었다(Alexander와 French, 1946). 환자와 분석가가 "치료동맹" 관계속에서 보다 능동적인 역할을 맡고 책임을 분담하는 면대면 정신치료가 이제 보다 보편화되고 있다. 직접적인 직면, 정서유출 (emotional flooding), 특정 증상을 목표로 하는 행동치료와 같은 기법들이 이제 보다 빈번하게 사용되고 있고 연구되고 있다(Frank, 1973).

자아 심리학 영역내의 새로운 연구들(Laughlin, 1970 ; Hartmann, 1964)은 자아가 어떻게 보다 잘 이해하고, 보다 효율적으로 작용하는가에 대해 깊이 이해할 수 있도록 길을 열어 주었다. 이러한 과정은 "해석과 자아기능(Interpretation and ego function)" 에 대한 Menaker의 최근 논문(1968)에서 예시되어진다. 그녀는 다음과 같이 지적하였다. "자아는 자체내에서 긴장을 감소시킴으로써 안정을 추구하는 폐쇄적 체계로 보아서는 안되며, 최대한의 잠재력의 실현을 확산적으로 추구해 나가는 개방체계로 인식되어져야 한다. 그래야만 개인들 사이의 거래와 치료적 상호작용에서의 의사소통의 본질과 기능이 고려될 수 있기 때문이다. 그녀는 다음과 같이 역설하였다.

환자는 보다 높은 수준의 자아 통합, 최대의 자아 표현과 자아 실현을 성취하고, 그의 윤리적 목표와 일치되고 그의 사랑과 친교의 개념 및 욕구와 일치되는 자아 개념을 성취하기 수단으로 치료 받고자 하며, 이러한 환자 자신의 선택이 치료동기를 결정한다. 갈등뿐만 아니라 자아－이상의 야망(*ego-ideal aspiration*) 역시 환자로 하여금 치료 동기를 갖도록 해준다는 사실을 명심해야 한다. 비록 환자편에서는 이런 사실이 표현되지 않거나 무의식적으로 남아 있다 하더라도, 치료자가 이런 사실에 주의를 기울이고 있다면, 치료자의 해석은 그러한 추구와 야망을 지지하는 방향으로 조절될 것이다. 치료자는 환자가 자기 자신을 초월하는 능력이 있다고 믿으면서 치료적 과제에 접근한다. 이러한 치료자의 신뢰는 유아의 성장 능력에 대한 어머니의 신뢰가 유아의 실제적 발달에 결정적인 것처럼 환자의 개선에 결정적이다. 암시에 의해서도 직접적인 표현에 의해서든 이러한 신뢰의 전달은 해석에 있어서 결정적, 치유적 요인이된다.

환자의 노력이 현실적이고, 건강하고, 성숙된 것이라면 분석가가 이를 지지하고, 억압적이고 비뚤어지게 하는 아동기 양식으로부터 벗어날 수 있는 환자의 능력을 신뢰한다는 표현이 보다 정확할 것이다. 우리는 다음과 같은 의견을 제시한다.

일부 사례에서 철저한 분석적 이해와 더불어 직접적인 암시가 사용된다면, 시간이 절약될 뿐만 아니라, 잠재적인 능력이 보다 빠르게 발휘됨으로써 환자는 신경증적 상태에서 벗어나게 되고 더욱 생산적으로, 능동적으로, 독립적으로 되고, 안정되며, 창조적으로 됨으로써, 자신에 대해 보다 만족하게 되고 생활을 즐기게 될 것이다. 직접적인 암시라는 독특한 기법에 관하여 약간의 설명이 필요할 것 같다. 첫째, 이러한 기법 사용은 환자의 정신역동과 자아의 실질적, 잠재적 강도에 대한 철저하고 정확한 일상적 문제를 보다 현실적으로 혹은 경계선 수준으로, 그러나 최소한 병실 생활이 아닌 바깥 생활수준으로 다룰 수 있는 지점까지 환자를 끌어올리는 정도에서 만족해야 한다. 이러한 환자들은 그 정도이상으로 향상될 잠재력이 결여되어 있다. 그러나 최소한 그들은 심한 퇴행의 재발이 예방되는 정도로 도움받을 수 있다.

정신역동이 명백하고 환자의 자아가 강화될 수 있다고 믿어지는 경우라면, 이러한 자아 강화의 시기와 구체적인 기법을 분석가가 결정해야 한다. 흔히 자아강화의 시기는 분석 초기, 즉 분석이 시작된지 몇달 이내로 정해진다. 직접적인 암시는 환자에게 수용될 수 있고, 환자의 감정에 맞는 자아-동조적인 방식으로 시작되어야 한다. 분석가는 그가 이야기하는 모든 것을 뒷받침 해 줄 수 있는 적절한 자료를 풍부하게 지니고 있어야 하며 일시적으로 장애가 되는 증상에도 불구하고 보다 효과적인 수준에서 기능할 수 있다는 사실을 환자에게 전달해 줄 수 있어야 한다. 효과적으로 기능하는 것을 방해하는 이러한 증상과 감정적 태도는 바르게 설명되어야 하며, 이에 따라 환자는 정신병리가 그의 전체 인격의 작은 부분에 지나지 않는다는 사실을 확실하게 알게 된다. 또한 기본적이고 현실적인 환자의 자아지각의 변화와 역동에 대한 보다 나은 이해와 더불어 환자를 비효율적이고 퇴행적으로 만든 고착상태가 무너질 수 있으며, 그의 인격이 다시 원활하게 자유로워질 수 있다는 점이 지적되어져야 한다. 이와같은 중요한 대목을 설명함에 있어서 흔히 비유법이 효과적인데, 예를 들면, 통나무를 잠시 움직여 줌으로써 다시 통나무가 자연스럽게 강위로 떠내려간다는 식이다. 다른 기계적인 비유 역시 유용한데 예를 들면 환자의 인격은 정상적인 상태로서 단지 기화기만 조정되면 달릴수 있는 정교하게 조절되는 경주용 차와 같다는 식으로 설명되고, 평행대나 시소의 비유는 한쪽에서 다른 쪽으로 조금만 무게가 움직여도 전체 평형대가 흔들린다는 식으로 설명된다.

이러한 환자들은 자존심이 보다 쉽게 상처받기 때문에 환자의 자존심을 보완하는 식으로 그러나, 현실을 왜곡시키지 않고, 항상 완전하게 현실적인 비유법을 이용하는 것이 좋다. 이러한 비유가 열심히 노력하여 자아 이상을 성취하고, 자아를 강화하는데 고무적일 수 있다 ; 나중에는 분석의 훈습과정에서 환자의 자기도취적 욕구와 외모에 대한 지나친 예민성을 줄이려고 시도될 수 있다.

Saul과 Warner(1967)는 "자아 정체감과 기법의 요체"에서 환자 인격의 성숙 부분을 지적하고, 이러한 부분과 문제를 야기시키는 아동기 부분을 비교하는 기법의 중요성을 강조했다. 정신역동이 잘 이해되는 사례에서는 가능성있는 해결책이 환자와 함께 공개적으로 토의될 수 있으며, 그리고 난 다음 이러한 해결책을 실천하는데 직접적인 암시와 격려가 이용될 수 있다.

Freud(1940)가 다음과 같이 자아의 주요 특징을 요약했을 때 자아의 실행적 행동과 행위에의 잠재력을 고려하고 있었던 것으로 보여진다.:

지각과 근육행동사이의 예정된 결합의 결과로, 자아는 수의적 움직임을 통제한다. 자아는 자기-보존의 과제를 가지고 있다. 외부 세계를 고려하면서 자아는 자극을 자각하고 그에 대한 경험을 축척하고(기억속에), 지나치게 강한 자극을 피하고(도피를 통해), 그리고 마지막으로 그 자신의 이득을 위하여 외부 세계에 방편적인 변화를 일으키는 것을 학습함으로써(활동을 통하여) 과제를 수행한다.

우리의 생각으로는 대부분의 개인들은 이와같은 방식으로 자아기능을 활용하는 잠재력을 지니고 있으며, 그 자신의 의지에 따라 이와같은 기회를 효과적으로 이용할 수 있는 사람들은 "의지력"을 가졌다고 할 수 있다. 원본능이 있는 곳에 자아가 발전 될 수 있도록 모든 가능한 방법을 동원하여 환자 자아의 일상적 기능을 강화하는 것이 치료자의 과제이다.

Jerome Frank(1973)는 정신분석에 미친 미국 문화의 영향을 논의하면서, 직접적 암시와 같은 특수한 기법의 사용을 유도했던 요인을 다음과 같이 시사했다:

미국인들은 행동지향적이고, 결과에 조바심을 친다. 이러한 요인이 환자 증상의 발달사적 원천을 한가롭게 탐색하는 방식을 탈피하고 현재생활에서 환자 증상을 존속시키는 세력들을 탐색하는 방식을 선택한 환기적 치료(evocative therapy)로의 방향 전향과 관계가 있다. 이러한 세력들에게로 초점을 맞춤으로써 미국 정신치료자들은 증상을 보다 신속하게 교정하는 것이 가능하다고 생각한다…….

위의 문장에다 우리는'병리적인 아동기 양식으로 부터 벗어나도록 촉매작용하는 것이 가능하다고 생각한다'라는 구절을 추가한다.

요 약

정신분석적 치료 상황 가운데 어떤 특수한 상황에서 자아 힘을 동원하는 것이 요구되는데, 말하자면 다음과 같은 환자들에게 자아 강화가 요구된다.

(1) "지나치게 유아적"이어서 삶을 효율적으로 직면할 만큼 성숙되기 위해 자아 강화가 필요한 환자들;

(2) 부분적으로 퇴행함으로써 자아강화를 도우는 분석 개입없이는 진진할

수 없는 환자들;

(3) 분석도중 자아 행동을 정지시키는 퇴행을 예방하기 위해 즉각적인 자아 강화가 요구되는 강한 퇴행 경향성을 지닌 환자들;

(4) 스트레스가 가득찬 현실상황이 자신감을 잃게 함으로써 심한 퇴행속에 빠져 들고, 학교 퇴학이나 직장 해고와 같은 심각한 문제를 피하게 해주는 응급 조치를 받음으로써 이러한 퇴행상태로 부터 벗어나야 하는 환자들.

자아강도를 강화시키려는 모든 시도들은 정신역동에 대한 철저한 이해와 특히 전이, 역전이에 대한 철저한 이해를 필요로 한다. 그 밖에 또 환자의 자아는 보다 효과적인 기능을 수행할 수 있는 잠재력을 지니고 있어야 한다. 통상적으로 환자는 다양한 정도의 퇴행 때문에 이러한 잠재력을 인식할 수 없으며 분석가는 전이와 저항을 포함한 무의식적 자료에 대해 철저한 분석적 해석을 먼저 내린다. 그리고 나서야 분석가는 보다 직접적인 접근방식으로 개입 방식을 바꾸면서, 환자의 자아 힘을 지적해 주고, 환자가 그 자신의 목표를 달성하는데 이러한 힘을 사용할 수 있는 방식에 대해 정확히 이해할 수 있도록 도와준다. 목표는 점진적으로 문제를 풀어나가고 궁극적으로 신경증적 문제를 해결하는데 환자 자신의 의지력과 자아기능을 사용할 수 있도록 그를 돕는 것이다. 정확하고 정직하게, 환자의 자아 잠재력을 반사시켜 주고 그의 자아를 사용하도록 그를 격려해 주고, 비슷한 상황에서 다른 사람들이 그들의 의지력을 사용했었던 사례를 제공해 주는 것이 도움이 된다. 분석가는 환자에게 분석가 자신의 목표를 강요해서는 안되며 환자가 가지고 있는 목표와 문제의식, 힘을 이용하면서 작업해 나가야 한다.

몇개의 분석 사례들은 환자 자신의 자아 힘이 동원되고 이용되는 것을 도웁는 방식들을 예시하고자 제시되었다.

우리는 어떤 새로운"기법"을 제안하려는 게 아니라 치료적 효과를 위해 이용 될 수 있고, 동원될 수 있는, 의지력으로 인식될 수 있는 어떤 힘이 있다는 점을 시사하려고 했을 뿐이다; 외적, 내적 스트레스를 모두 직면하도록 환자를 격려하면서 환자의 역동에 대한 통찰과 현실을 지적해주고 통상적인 과정에 의해 주로 접근되어진다.

References

Alexander, F., and French, T. (1946): *Psychoanalytic Therapy*. New York: Ronald Press.
Arieti, S. (1972): *The Will to be Human*. New York: Quadrangle Books.
Blum, H. (1974): The borderline childhood of the Wolf Man, *J. Am. Psychoanal. Assn.* 22 (4): 721–741.
Farber, L. (1966): *The Ways of the Will*. New York: Basic Books.
Frank, J. (1973): *Persuasion and Healing*. Baltimore & London: Johns Hopkins University Press.
Freud, S. (1905): Fragment of an analysis of a case of hysteria, *S.E.* 7: 7–121.
______ (1910): Leonardo da Vinci and a memory of his childhood, *S.E.* 11: 59–137.
______ (1918): From the history of an infantile neurosis, *S.E.* 17: 3–122.
______ (1919): Lines of advance in psychoanalytic therapy, *S.E.* 17: 167–168.
______ (1938): *General Introduction to Psychoanalysis*. Garden City, New York: Garden City Publishing Co., p. 95.
______ (1940): An outline of psychoanalysis, *S.E.* 23.
Gardner, M. (1971): *The Wolf Man*. New York: Basic Books.
Hartmann, H. (1964): *Essays on Ego Psychology*. New York: International Universities Press.
Knight, R. (1954): Determinism, "freedom" and psychotherapy, in *Psychoanalytic Psychiatry and Psychology*, ed. R. Knight and C. Friedman. New York: International Universities Press.
Laughlin, H. (1970): *The Ego and Its Defenses*. New York: Appleton-Century-Crofts.
May, R. (1969): *Love and Will*. New York: W. W. Norton.
Menaker, E. (1968): Interpretation and ego function, in *Use of Interpretation in Treatment*, ed. E. Hammer. New York: Grune and Stratton.
Saul, L. (1971): *Emotional Maturity*. Third Edition. Philadelphia: Lippincott.
______ (1972): *Psychodynamically Based Psychotherapy*. New York: Science House.
Saul, L., and Warner, S. (1967): Identity and a point of technique, *Psychoanal. Quart*. 36:532–545.
Wheelis, A. (1956): Will and psychoanalysis, *J. Am. Psychoanal. Assn.* 4(2): 256, April.

22

정신역동론의 인과론과 결정론에 관한 주해

나는 정신분석의 위대성이 억압으로 인한 자유의지의 속박을 인식하고 이러한 속박을 제거하는 방법을 발견한 점이라고 생각한다.

Sylvano Arieti, The Will to be Human,
New York : *Quadrangle Books*, 1972.

우리가 아는 바로는 어떠한 통계적인 방법도 이전에는 가능하지 않았으나, 최근에는 Freud와 정신인과론, 정신결정론에 대한 반동으로 보여지는 통계적 방법들이 제안되고 있다. Freud가 이러한 견해를 아주 명백하게 진술했으므로 「정신분석 입문 *Introduction to psychoanalysis*」 1920년 판에서 그의 견해를 인용해 보기로 하겠다.

정신생활에서 무의식을 의식수준으로 끌어 올림으로써 우리는 정신분석을 비판하는 불행한 사조를 불러 일으켰다. 이러한 비판적 사조에 지나치게 놀랄 필요는 없으며, 저항이 일어나는 이유가 단지 무의식의 개념에서 제기되어지는 문제점이거나, 또는 무의식적 경험에 상대적으로 접근하기 어렵다는 제한점 때문이라고 생각해서는 안된다. 나는 그러한 저항의 원천이 다른 데 있다고 생각한다. 인류는 그 발달과정에서 과학의 지배를 받게 되면서 그의 소박한 자기애(its naive self-love)에 가해진 두가지 심한 모욕을 견디어야 한다.

그 첫번째 모욕이 가해진 것은 지구가 우주의 중심이 아니라, 그 규모가 상상도 안되는 우주계의 한 작은 점에 불과하다는 사실이 발견되었을 때였다. 이 발견은 우리의 머리속에 "Copernicus"의 이름과 연합되어 있지만, 사실은 그 이전에 Alexander 과학이 상당한 정도로 이와 동일한 지식을 가르쳐 주었다. 그 두번째 경우는 특별한 창조물이라는 인간의 외견상의 우월성이 생물학적 연구에 의해 상실되어지고 동물왕국 출신이라는 인간의 혈통과 근절될 수 없는 인간의 동물적 속성이 혹평 받으면서 일어났다. Charles Darwin, Wallace, 그리고 그 이전의 과학자들의 영향을 받은 이러한 재평가는 당대 과학자들의 격렬한 비판을 받으면서 이루어진 것이다. 그러나 가장 자극적인 모욕은 세번째 것으로서, 현대 심리학에 의해서 인류가 위대하다는 절대적인 신념위에 가해졌다. -현대 심리학은 "나 "는 제 집에서 조차 주인이 아니며 "나"는 정신생활내에서 무의식적으로 진행되고 있는 현상들에 대한 아주 빈약한 정보에 의지하고 있음을 증명하고자 한다. 우리 정신분석가들이 최초로, 그리고 유일하게 인간에게 그의 내면을 보도록 경고한 것은 아니다. 우리는 이러한 점을 지속적으로 주장하고, 모든 개인에게 중요한 경험적 자료에 근거하여 이러한 점을 확인해야 하는 운명 속에 놓여 있는 것처럼 보인다. 정신분석 과학에 대항하는 만연된 저항과 학문적 세련됨에 대한 경우의 생략, 반대자들의 편견없는 논리적 자제력의 결여는 바로 앞서 지적된 그러한 상황으로 부터 비롯된 것이다.

정신과정의 인과론과 대립되는 견해는 양자론과, 널리 알려진 하이젠베르그 원리(Heisengerg, 1930)를 포함하는 이론으로서 통계적 확률이 그 바탕이 되고 있다. 이 원리는 일부 정신분석가들에 의해 정신분석에 대한 공헌이 지적되고 있기 때문에 그 내용을 간단히 고찰해 보는 것이 가치있을 것 같다. (Arieti, 1975 a, b ; Hood, 1975 ; Lewy, 1961 ; Chessick, 1974). 명료화를 위해서 토론이 지나치게 단순화되는 경향성은 있지만, 그 내용은 현대 물리학 기초교과서에 나오는 내용과 유사하다. 분명 이 책은 정신생활과 정서생활의 대뇌 신경-생리학적 기초에 관심이 있는 것은 아니다. 이 장은 아원자(亞原子)의 관찰에서 제시되는 불확정성 원리 (the concept of uncertainties)가 정신역동론에서 제시되는 정신생활과 정서생활의 인과론 및 결정론을 반박하는데 이용될 수 없음을 보여 주고자 한다.

하이젠베르그 원리는 양자역학 (quantum mechanics)의 기초 부분으로서, 분자와 그 주변의 움직임 및 상호작용을 포함하는 현상을 설명하는데 매우 성공적으로 기여하고 있다. (Dirac「양자역학」서문 1958 참고) 양자역학의 미시적 영역에서 시간과 공간내의 미시적 입자나 양자의 운동과 관련되는 어느 물리적 량의 한 쌍에 관한 관찰에는 한계점이 있다. 예를 들면 개별적인 원자적 소립자의 정확한 방향과 속도는 위치의 정확성이 상대적으로 희생되고서야 결정될 수 있다.(또는 그 역현상이 일어난다.) 이러한 상황은 하이젠베르그의 부정성(否定性)원리 (Principle of Indeterminacy)의 부분으로서, 하이젠베르그의 불확정성 원리로도 알려져 있으며, 하이젠베르그의 불확정성관계로 불리우는 등식에 의해 다양한 방식으로 표현된다. (보다 자세한 내용 참조는 다음 저서들과 이들의 참고 문헌 이용 바란다. Heisenberg's *The Physical Principle of Quantum Theory*, 1930 ; *Jammer's The Physiology of Quantum Mechanics : The Interpretation of Quantum Mechanics in Historical Perspective*, 1974).

이러한 원리들이 정신역동론에서 어떤 역할을 하게 될지 이해하려고 시도하면서, "불확정성"보다는 "부정(不定)성"이라는 용어가 보다 적절할 것 같다 ; 왜냐면 이 원리가 실험 측정의 한계성을 다루고 있기 때문이다. 앞서 진술된 바와 같이 어느 시점에서 원자적 입자의 위치나 운동량 가운데 어느 하나를 정확히 관찰하는 것은 가능하지만, 그 두가지를 모두 정확히 관찰할 수는 없으며, 따라서 위치 측정의 정확도는 운동량 측정의 정확도와 반비례 관계(reciprocal relationship)에 있다. 다시 말하면 위치가 보다 정확하게 측정될 수록 운동량은 보다 덜 정확하게 측정되고, 그리고 운동량이 정확하게 측정된다면, 이번에는 위치가 보다 덜 정확하게 측정된다.

결정적으로 중요한 점은 이러한 불확정 정도, 적어도 최소 불확정 정도가 정량적으로 결정될 수 있다는 것이다. 입자의 위치에 대한 불확정과 그 운동량의 불확정(운동량은 질량 곱하기 속도)의 곱은 항상 10^{-27} 정도의 값을 갖는 프랑크 상수 (Planck's constant)라고 불리우는 값과 동일하거나 그 보다 크다. 이 상수는 자연의 속성인데 예를 들면 중력상수가 두 물체 사이의 인력의 크기를 나타내는 것과 같다.

원리가 어떻게 적용되는지 그 예가 제시된다 ; 이러한 예는 상대성 물리학 (the relevant physics)을 단순화시켜 대략적으로 제시하고 있다. 하이젠베르그의 원리는 다음과 같은 수학 공식으로 나타내진다.

$$\Delta X \times \Delta m v \simeq h/2\pi = 0.16 \times h$$

부호는 다음과 같이 정의된다.

ΔX = X 위치의 불확정 정도(어떤 준거 지점으로부터의 센티미터 cm)

m = 질량(gr)

v = 속도 (초당 센티미터, cm/sec)

Δmv = 운동량의 불확정 정도, 또는 질량 곱하기 속도

h = 프랑크상수 (6.7×10^{-27}에르그** - 초, erg-seconds)

$\simeq$ 표시는 "대략 동등하다"는 의미이다.

이제 당구공 대신 원자적 입자를 사용한 당구치기를 상상해 보자.

일반적으로 (위치 불확정) × (운동량 불확정 m × v)은 $0.16 \times h$와 대략 동일하다 :

$$\Delta X \times \Delta m v \simeq 0.16 \times h$$

이는 다음과 같이 표현될 수 있다.

$$\Delta X \times m \times \Delta v \simeq 10^{-27}\text{에르그}-\text{초}$$

즉 위치 불확정의 합계(ΔX) × 질량(m) × 속도 불확정의 합계(Δv)는 대략0.16×h 또는 10^{-27}으로 답이 나와야 한다.

예 1 :

10^{-13}	×	10^{-24}	×	10^{10}	$\simeq 10^{-27}$에르그 - 초
(핵의 크기 cm)		(핵의 질량 gr)		(속도 불확정 정도 cm/sec)	

예 1에서 핵의 위치를 우리가 "정확하게"안다고 가정해 보자. 예를 들면, 그 자신의 크기와 동일한 정확도에 따라, 등식 균형 (예 0.16 h = 10^{-27}으로 답이 나오는)을 이루기 위해 치루어야 하는 댓가는 운동량의 불

** 역자주 : 에르그 erg는 에너지의 단위

확정이며, 여기서 이는 10^{10}cm/sec 속도의 불확정으로 나타난다.
($10^{-13} \times 10^{-24} = 10^{-37}$따라서 이 등식에서 10^{-27}이 되려면 Δv는 10^{10}이 되어야 한다.)

예 2:

10^{-9} × 10^{-27} × 10^{9} ≃ 10^{-27}에르그-초
(원자의 크기 cm) (전자의 질량 gr) (속도의 불확정 정도)

예 2에서 우리는 원자에서의 전자 (electron)를 생각하고 위치의 불확정 정도를 전체 원자의 크기(비교적 큰)로 제한하여 보기로 하자. 그러나 전자의 질량은 예1에서의 핵의 질량에 비해서 매우 적으며 (전자의 질량은 10^{-27}, 핵의 질량은 10^{-24}), 예 1에서 우리가 얻었던 것과 같은 크기의 속도 불확정 정도를 얻게 될 것이다: 예 $10^{-9} \times 10^{-27} = 10^{-26}$이므로 이 등식이 10^{-27} 상수가 되려면 Δv는 10^{9}이어야 한다.*

이제 통상적인 크기의 당구공이 있는 상황을 상상해 보자. "완벽한" 당구치기, 즉 D X(위치의 불확정 정도)≃0.01($\frac{1}{100}$)cm라는 의미가 함축된 이런 상황에 합리적으로 요구되는 조건을 가정해 보라. 당구공의 질량(m)은 100그램이라고 해보자:

위 등식에 값을 대치해 보면

$$\underset{1/100\,\text{cm}}{\Delta X} \times \underset{100\,\text{gm}}{m} \times \Delta v \simeq 10^{-27}\text{에로그-초}$$

* 지수 표기법을 상기해 보자: $10 \times 10 = 10^2 = 100$; $10 \times 10 \times 10 = 10^3 = 1000$; $10^6 = 1,000,000$ 즉 작은 숫자 '지수'는 '지수(10)'가 곱해진 횟수를 가르키며, 따라서 지수는 숫자를 표시할 때 사용되는 소수점의 왼쪽에 놓인 숫자의 갯수를 나타낸다. 마이너스 부호가 있는 경우에는 소수점의 오른쪽에 위치한 숫자의 갯수를 나타낸다.

예를 들면 $10^{-2} = 110 \times 10 = .01$ 또는 1/100;
$10^{-3} = 1/10 \times 10 \times 10 = .001$ 또는 1/1000; $10^{-6} = .000001$
또는 1/1,000,000: 10^{-37}은 소수점이하 37자리가 있다. 37에서 27로 지수를 바꾸려면 소수점 10자리를 이동시킨다.

또는 $10^{-2} \times 10^{2} \times \Delta v \simeq 10^{-27}$에르그－초

그리고 $10^{-2} \times 10^{2} = 1$ 이므로

$\Delta v \simeq 10^{-27}$ cm/sec 값을 얻는다.

만약 실제로 당신의 당구치기 속도가 100cm/sec, 10^{2}이라면, 하이젠베르그원리에 따라 속도 불확정은 대략10^{29}** 정도이며 이는 당구공 주머니에 공을 집어 넣는데 요구되는 정확도 보다 혹은 10^{25}만큼 더 정확하다!

여기서 중요한 점은 하이젠베르그의 불확정성원리가 원자와 분자의 미세한 영역에서는 분명히 효율적이지만, (앞서 예1, 2 참고) "효과적인"당구치기와 같이 규모가 큰 경우에는 적용되지 않는다는 것이다. 이러한 의미에서 이 원리는 원자적 영역과 비교해 볼때 그 규모가 거대한 거시적 영역인 아마도 10^{23} 분자를 포함하는 정신기능에 적용될 수 있다고 생각되지 않는다. 단일 세포나 단일 대뇌 세포의 단일 신경충동의 전기활동 잠재력은 불확정성 원리로서 그 의미가 해석되어지기에는 너무 방대한 전기량을 포함하고 있다.

이와 유사하게 이 원리의 개념을 기억과정과 같은 과정을 다루는 많은 철학적 문제에 확대 적용해 볼 수 있다 ; 그러나 만약 이러한 시도가 진지하게 이루어지려면, 이러한 유사 원리가 고정될 지지적 이론이 있어야 한다. 이는 h와 유사한 상수에 대한 물리적 의미를 함축한다. 물론 양자 역학에 의해서, 그리고 하이젠베르그의 불확정성 원리에 의해서 설명되고 이 원리가 적용되는 대뇌 단일 전기활동을 포함하는 협응적이고 전후 연결적인 행동이 있을 수 있다. 그러나 Bohm(1951)이 그의 양자이론에서 지적한 바와 같이, 우리는 "지나치게 추론적인 입장"에 있으므로, 아직 이 문제는 미해결 상태이다.

만약 분석가가 환자의 감정, 사고, 행동에서 어떤 원인을 발견할 수 없다면, 전자(electrons)가 다른 전자를 정확하게 관찰하는데 이용될 수 없기 때문에, 그러한 상황이 벌어진 것은 아니다 ; 또한 뇌나 정신의 활동에 인과론이 적용될 수 없다는 증거를 이러한 원리가 제시해 주고 있는 것은 아

** 10^{-27}(소수점 이하 27자리)이 10^{2}로 나누어지면 (소수점 왼편으로 두자리 또는 100) 소수점 오른편으로 29자리가 된다.

니다. 인과론의 적용이 잘못된 것이라면, 본래적인 한계성이 있는 아원자 입자의 관찰 방법이 아닌, 다른 근거에서 그러한 부당성이 추론되어져야 한다. 환자에 대한 어떤 면을 이해하는데 실패할 때, 우선적으로 찾아보아야 할 것은 정신역동론적 이해와 방법에 대한 우리 자신의 한계성이며, 그 후에 다른 요인들을 계속 찾아 보아야 한다.

물리학의 정확한 관찰에서 조차 이러한 불확정성과 부정성이 있음을 고려해 볼 때, 그리고 무의식의 작용을 관찰하기 위해 우리가 사용하는 관찰법의 미숙성을 고려해 볼때, 특히 무한정한 개인차와 개인의 아동기 영향 및 아동기 양식들의 무한정한 변인들을 생각해 볼 때, 우리는 분석가로서 겸손해야 하고, 겸허해야 한다. 정신분석 초기 당시 일차적 자료에 대한 분석가의 관찰과 해석이 어려웠고, 극히 불확실했기 때문에 이 책에서 그러한 과정을 조금이나마 정확하게 바꾸어 보려고 노력하고 있다—이로 인한 과잉 보상적 반응이 과거에 있었을 것이며, 독선주의가 침투되었을 것이라고 생각해 볼 수 있다.

References

Arieti, S. (1975a): Psychiatric controversy: man's ethical dimension, *Am. J. Psychiatry*, pp. 39–42, January.

______ (1975b): Letter to the editor, *Am. J. Psychiatry*, 132: 978–979, September.

Bohm, D. (1951): *Quantum Theory*. Englewood Cliffs, New Jersey: Prentice-Hall.

Chessick, R. (1974): *Technique and Practice of Intensive Psychotherapy*. New York: Jason Aronson, Inc.

Dirac, P. A. M. (1958): *Quantum Mechanics*. Oxford, England: Oxford University Press.

Freud, S. (1920): *A General Introduction to Psychoanalysis*. Garden City, New York: Garden City Publ. Co.

Heisenberg, W. (1930): *The Physical Principles of the Quantum Theory*. New York: Dover Publications, Inc.

Hood, J. (1975): Free will and psychiatry (letter to the editor), *Am. J. Psychiatry* 132: 978, September.

Jammer, M. (1974): *The Philosophy of Quantum Mechanics: The Interpretations of Quantum Mechanics in Historical Perspective*. New York: Wiley & Sons.

Lewy, E. (1961): Responsibility, free will and ego psychology, *Intl. J. Psycho-Analysis*, 42: 260–270.

끝맺음 말

아동기 양식과 인간의 조건

인간이 악을 만들어내고, 이로 인해 고통 받고 있음을 생각해 보라

Charles W. Peale

잔인성과 폭력은 개인적인 것이든, 집단적인 것이든간에 인간의 굴레이다—자연계를 통털어 인간은 그 개체들이 개별적으로나 집단적으로 서로를 괴롭히고 상처를 주고 죽이며, 오늘날에는 폭탄 폭발이나 공해, 전리층의 파괴, 인구과잉에 의한 믿기 어려운 완만한 고문으로 그 자신과 다른 많은 종을 멸종시킨다고 알려진 유일한 종이다. 그러나 모든 인간들이 다 똑 같은 것은 아니다. 어떤 사람들은 잔인성과 살상에 저항하고, 이를 혐오한다. ; 폭력에 대항하고 조화와 사랑을 추구하는 조직들이 발달되어 왔다. 비록 항상 그런 이상에 따라 살아가는 것은 아닐지라도 대부분의 세계 종교들의 메시지가 바로 그러한 것이다. 무엇이 이러한 차이점을 만들어 내는가? —거의 양심의 가책을 느끼지 않으며, 느낀다 하더라도 아주 가벼운 가책을 느끼면서 잔인성과 폭력, 살인을 행하는 사람들과 이러한 행동을 한탄하고 경멸하는 사람들의 차이 및 비인도주의적 감정과 행동, 그리고 자비와 열정과 사랑의 인도주의적 동기사이의 불균형은 왜 일어나는 것일까? 이것이 가장 중요한 질문이다. 아동기 양식의 이해속에 최소한 그 해답의 일부가 들어 있다.

모든 인간은 그의 타고난 성질과 환경요인의 상호작용으로 인한, 초기 아동기의 조형적 시기동안 그의 인격과 성질의 핵심적 부분을 이루는 동기와 반응양식을 발전시킨다. 예를 들면 습관적인 감정, 사고, 반응, 행동양식, 개인내의 적개심의 압력이 어느 정도인지, 그의 적개심을 얼마나 쉽게 행동으로 폭발시키는지, 이러한 점들은 개인의 아동기 양식의 특징에 따라 결정된다. 이러한 아동기 양식은 아동이 특히 0—6세 동안 어떻게 길러졌는지에 따라 형성됨으로써 육아방식은 인간에 대한 적개심을 행동화하는 인류의 성향을 결정하는 요인이 된다.

저자가 쓴 다른 책(적개심의 정신역동론, 1976)에서 다양한 형태와 방향으로 나타나는 인간의 적개심과 아동기 양식과의 관계가 다루어지고 있다.

* * * * * *

그림 설명

"아동기의 무엇이 한 녀석은 강도로 또 다른 녀석은 사기꾼으로 만드는지 궁금하단 말이야"

Drawing by D.Fradon ; 1966 The New Yorker Magazine, Inc.

인명 찾아보기

찾 아 보 기

인격형성에 미치는

아동기 감정양식

초판인쇄일 : 1998년 10월 20일
초판발행일 : 1998년 10월 30일
재판발행일 : 1999년 3월 2일
3판발행일 : 2005년 1월 10일
4쇄발행일 : 2009년 7월 20일
5쇄발행일 : 2015년 7월 30일
지 은 이 : Leon J. Saul
옮 긴 이 : 이근후•박영숙•문홍세
펴 낸 이 : 오무근
펴 낸 곳 : 도서출판 **하나의학사**
출판신고 : 제25100-2013-000061호(1988. 4. 1)
주 소 : 서울시 서대문구 거북골로7-7 하나빌딩 1층
전화번호 : (02) 730-2555, 2556
팩 스 : (02) 730-2557
이 메 일 : hanampc1@naver.com

정가 19,000원

ISBN 979-11-85696-19-5 93510